TABLEAU

DU

CLIMAT ET DU SOL

DES ÉTATS-UNIS D'AMÉRIQUE;

SUIVI

D'ÉCLAIRCISSEMENTS SUR LA FLORIDE, SUR LA COLONIE FRANÇAISE A SCIOTO, SUR QUELQUES COLONIES CANADIENNES ET SUR LES SAUVAGES.

PAR C. F. VOLNEY,

COMTE ET PAIR DE FRANCE, MEMBRE DE L'ACADÉMIE FRANÇAISE,
HONORAIRE DE LA SOCIÉTÉ SÉANTE A CALCUTA.

PARIS,

PARMANTIER, LIBRAIRE, RUE DAUPHINE.
FROMENT, LIBRAIRE, QUAI DES AUGUSTINS.

M DCCC XXV.

ŒUVRES
DE C. F. VOLNEY.

DEUXIÈME ÉDITION COMPLÈTE.

TOME IV.

IMPRIMERIE DE FIRMIN DIDOT,
RUE JACOB, N° 24.

PRÉFACE.

Le nouvel Ouvrage que je présente au Public est le fruit de trois ans de voyages et de résidence aux *États-Unis*, dans des circonstances de temps et dans une situation d'esprit bien différentes de celles de mon voyage en Turquie.

Lorsqu'en 1783, je partais de Marseille, c'était de plein gré, avec cette alacrité, cette confiance en autrui et en soi, qu'inspire la jeunesse : je quittais gaiement un pays d'abondance et de paix, pour aller vivre dans un pays de barbarie et de misère, sans autre motif que d'employer le temps d'une jeunesse inquiète et active à me procurer des connaissances d'un genre neuf, et à embellir, par elles, le reste de ma vie, d'une auréole de considération et d'estime.

Dans l'an III, au contraire (en 1795), lorsque je m'embarquais au Havre, c'était avec le dégoût et l'indifférence que donnent le spectacle, et l'expérience (1) de l'injustice et de la persécution. Triste du passé, soucieux de l'avenir, j'allais avec défiance chez un peuple *libre*, voir si un ami sincère de cette liberté profanée trouverait pour sa vieillesse un asile de paix dont l'Europe ne lui offrait plus l'espérance.

Ce fut dans ces dispositions que je visitai successivement presque toutes les parties des États-Unis, étudiant le climat, les lois, les habitants, et leurs mœurs, principalement sous le rapport de la vie sociale et du bonheur domestique... et tel fut le résultat de mes observations et de mes réflexions, que considérant d'une part la perspective orageuse et sombre de la France et de l'Europe entière; les probabilités de guerres longues et opiniâtres, à raison de la lutte élevée entre des préjugés au déclin et des lumières croissantes; entre des despotismes vieillis et de jeunes libertés insurgentes;... d'autre part, l'avenir pacifique et riant des États-Unis, de la facilité à devenir propriétaire à raison de l'immense étendue des terres à peupler; de la nécessité et des profits du travail; de la liberté des personnes et de

---

(1) J'avais été dix mois dans les prisons, jusqu'après le 9 thermidor.

PRÉFACE.

l'industrie; de la douceur du Gouvernement, fondée sur sa faiblesse même; par tous ces motifs, j'avais pris la résolution de rester aux États-Unis, lorsqu'au printemps de 1798, une épidémie d'animosité contre les Français, et la menace d'une rupture immédiate, m'imposèrent la loi de me retirer. Ce serait peut-être ici l'occasion de me plaindre des violentes attaques publiques dirigées contre moi dans les derniers temps de mon séjour, sous l'influence d'un personnage tout-puissant; mais l'élection de 1801, en faisant justice de celle de 1797, m'a rendu une indemnité suffisante (1).

---

(1) Je ferai néanmoins remarquer aux Américains toute l'absurdité du principal grief par lequel on me rendit *suspect* (car à cette époque le langage et le régime devinrent un vrai *terrorisme*). L'on me supposa l'agent secret d'un gouvernement dont la hache n'avait cessé de frapper mes semblables : l'on imagina une *conspiration* par laquelle j'aurais (moi seul Français) tramé en *Kentucky*, de livrer la Louisiane au Directoire (qui naissait à peine), et cela quand des témoins nombreux et respectables dans ce Kentucky, comme en Virginie et à Philadelphie, pouvaient attester que mon opinion, manifestée à l'occasion du ministre G****, était que l'invasion de la Louisiane serait un faux calcul politique : qu'elle nous brouillerait avec les Américains, et fortifierait leur penchant pour l'Angleterre; que la Louisiane ne convenait sous aucun rapport à la France : que son colonisement serait trop dispendieux, trop casuel; sa conservation trop difficile, faute de marine et de stabilité dans notre gouvernement, lointain, va-

De retour en France (prairial an 6), il me sembla utile de faire, pour mes concitoyens, un travail dont j'avais senti le besoin pour moi-même; je conçus le projet de rassembler dans un cadre resserré, outre mes propres notions,

---

riable, embarrassé, etc., etc.; qu'en un mot, par la nature des choses, elle ne convenait et finalement n'appartiendrait qu'à la puissance voisine, qui avait tous les moyens d'occuper, de défendre et de conserver. — Cette opinion, contraire à celle de la plupart de nos diplomates, m'a attiré leur improbation, presque leur animadversion en Amérique et en France. J'ai néanmoins continué de la défendre dans le temps où il y avait quelque courage à la manifester. Aujourd'hui qu'elle a reçu la plus haute des approbations, il doit m'être permis de m'en faire quelque mérite.

L'on serait bien étonné si l'on savait que la colère de M. John A*** à l'époque même où le grand *Washington* me donnait des témoignages publics d'estime et de confiance, n'avait pour motif qu'une *rancune d'auteur*, à cause de mes opinions sur son livre de *la Défense des Constitutions des États-Unis*. Comme homme de lettres, et comme étranger, souvent questionné dans un pays de toute liberté, j'avais été dans le cas de manifester mes opinions, quand leur auteur n'était pas encore au premier poste de l'État. Malheureusement j'avais adhéré au jugement de l'un des meilleurs *reviseurs* anglais, qui traitant ce livre de compilation sans méthode, sans exactitude de faits et d'idées, ajoute qu'il la croirait même *sans but*, s'il n'en *soupçonnait un secret, et relatif au pays apologisé, que le temps seul pourra dévoiler*. Or, en interprétant mon auteur, je prétendais que ce but était de capter, par une *flatterie nationale*, la faveur populaire et les suffrages des électeurs; quand le fait eut vérifié la prophétie, le prophète ne fut pas oublié.

celles qui étaient éparses en divers livres, en rectifiant quelques préjugés établis à une époque d'enthousiasme. Dans le plan que je traçai, je posais d'abord pour base le climat et le sol; puis suivant la méthode que je crois la plus riche en résultats (celle par ordre de matières), je considérais la quantité de la population; sa répartition sur le territoire; sa distribution en genres de travail et d'occupation : les habitudes, c'est-à-dire les *mœurs,* résultant de ces occupations; la combinaison de ces habitudes avec les idées et les préjugés de l'origine première. Remontant à cette origine par l'histoire, le langage, les lois, les usages, je faisais sentir l'erreur romanesque des écrivains qui appellent *peuple neuf* et *vierge,* une réunion d'habitants de la vieille Europe, Allemands, Hollandais, et surtout Anglais des trois royaumes. L'organisation de ces éléments anciens et divers en corps politiques me conduisait à rappeler succinctement la formation de chaque colonie; à montrer dans le caractère de ses premiers auteurs, le levain d'esprit qui a servi de moteur à presque tout le système de conduite de leurs successeurs, selon cette vérité morale trop peu remarquée, « que dans les *corporations* comme dans les individus, les premières habitudes exercent une influence prédominante sur tout le reste de l'existence. » — L'on eût vu dans ce levain une des principales causes de la différence de caractère et d'inclination, qui se fait de plus en plus remarquer entre diverses parties de l'*Union*. — La crise de l'indépendance, en m'obligeant de retracer sommairement ses causes et ses évènements, m'eût fourni des remarques nouvelles sur ses suites moins connues, moins observées : une foule de faits omis ou défigurés eût établi entre la révolution d'Amérique et la nôtre, une ressemblance bien plus grande qu'on ne la suppose vulgairement, et dans les motifs, et dans les moyens d'exécution, et dans la conduite des partis, et dans les fluctuations, même rétrogrades, de l'esprit public; enfin jusque dans le caractère des trois assemblées principales, dont la première, chez les deux peuples, passe également pour avoir devancé d'une génération les connaissances régnantes, et la dernière, pour avoir été en arrière des principes acquis (1795) : en sorte que ces grands mouvements politiques, appelés *révolutions*, semblent avoir quelque chose d'*automatique*, qui dépendrait moins des combinaisons de la prudence, que d'une marche et d'une série mécanique de passions.

En traitant de la période trop peu connue depuis la paix de l'indépendance, jusqu'à la création du gouvernement fédéral, j'eusse démontré l'influence de cette époque d'anarchie sur le caractère national; l'altération de l'esprit public et de ses principes, par la rentrée des mécontents *Loyalistes,* et l'immigration d'une foule de marchands anglais *Torys*: l'altération de la bonne foi et de la simplicité primitives, d'abord par le papier-monnaie et le défaut de lois et de justice, puis par la richesse temporaire et le luxe permanent que la guerre d'Europe a introduit dans ce pays neutre : j'eusse fait sentir les avantages que toute guerre d'Europe procure aux États-Unis; l'accroissement sensible qu'ils ont retiré de la dernière, malgré la politique faible et vacillante de leur gouvernement; la direction naturelle et progressive de leur ambition vers l'archipel des Antilles et le continent environnant; la probabilité de leur extension, malgré les divisions de parti et les germes d'un schisme intérieur; j'eusse développé les différences d'opinion et même d'intérêt qui partagent l'*union* en *États de l'Est* (New England), et en États du Sud; en pays atlantiques et en pays de Mississipi : la prépondérance de l'*intérêt mercantile* dans les uns; celle de l'*intérêt agricole* dans les autres : la faiblesse de ceux-ci, causée par les esclaves; la force de ceux-là, causée par leur population libre et industrieuse : j'eusse indiqué une cause de schisme encore plus active dans le choc de deux opinions contraires, dites *républicaine* et *fédéraliste;* l'une soutenant la prééminence du gouvernement monarchique ou plutôt despotique sur toute autre forme de gouvernement; la nécessité du pouvoir arbitraire et absolu dans toute espèce de régime, motivée sur l'ignorance, les passions, l'indocilité de la multitude, et autorisée par l'expérience et l'exemple de la plupart des gouvernements et des peuples anciens et modernes; en un mot, toute l'ancienne doctrine politico-religieuse, de la *prérogative royale* des *Stuart* et des ultramontains : l'autre opinion soutenant, au contraire, que le pouvoir absolu est un principe radical de destruction et de désordre, en ce qu'il n'exempte les gouvernants ni des passions, ni des erreurs, ni de l'ignorance communes aux autres hommes : qu'il tend au contraire à les produire en eux, à les exalter : que la facilité de pouvoir tout, menant à vouloir tout, a une tendance immédiate et directe à l'extravagance, à la tyrannie : que si la multitude est ignorante et méchante, c'est parce qu'elle reçoit une telle éducation de tels gouvernements : qu'en supposant que les hommes naissent vicieux, l'on ne peut les redresser que par un régime de raison et de justice : que cette raison et cette justice ne peuvent s'obtenir que par des connaissances qui veulent étude, travail, débat contradictoire, toutes choses qui supposent une indépendance d'esprit, une liberté d'opinion dont les hommes tiennent le droit de la nature même, etc., etc. En un mot, toute la doctrine moderne de la *déclaration des droits*, sur laquelle s'est élevée l'indépendance des États-Unis.— J'eusse discuté, d'après ce que j'ai ouï des hommes les plus impartiaux, quelles conséquences peuvent avoir ces dissensions : s'il est vrai qu'une scission en deux ou trois corps de puissance, à une époque plus ou moins reculée, serait aussi orageuse, aussi fâcheuse qu'on le croit vulgairement ; si, au contraire, trop d'unité et de concentration dans le gouvernement n'aurait pas des effets pernicieux à la liberté, dénuée d'asile et de choix ; et si trop de sécurité, trop de prospérité ne corrompraient pas radicalement un *ieune peuple* (1), qui, en affectant de se donner ce nom, avoue bien moins sa faiblesse actuelle, que ses projets de grandeur future ; peuple qui mérite surtout ce nom de *jeune*, par l'inexpérience et l'emportement avec lesquels il se livre aux jouissances de la fortune, et aux séductions de la flatterie.

J'eusse alors considéré, sous un point de vue moral, la conduite de ce peuple et de son gouvernement, depuis l'époque de 1783, jusqu'en 1798 ; et j'eusse prouvé par des faits incontestables, qu'il n'a régné aux États-Unis, proportionnellement à la population, à la masse des affaires, à la multiplicité des combinaisons, ni plus d'économie dans les finances (2),

---

(1) Toutes les fois que l'on fait remarquer aux Américains quelque imperfection ou quelque faiblesse dans leur état social, dans leurs arts et leur gouvernement, leur réponse est : « *Nous sommes un jeune peuple :* » ils sous-entendent *laissez-nous croître*.

(2) Affaire d'Alger, et construction des frégates à 1,700,000 fr. la pièce.

ni plus de bonne foi dans les transactions (1), ni plus de décence dans la morale publique (2), ni plus de modération dans l'esprit de parti, ni plus de soin dans l'éducation et l'instruction (3), que dans la plupart des États de la *vieille Europe :* que ce qui s'y est fait de bon et d'utile, que ce qui y a existé de liberté civile, de sûreté de personne et de propriété, a plutôt dépendu des habitudes populaires et individuelles, de la nécessité du travail, du haut prix de toute main-d'œuvre, que d'aucune habile mesure, d'aucune sage police du gouvernement : que sur presque tous ces chefs, la nation a rétrogradé des principes de sa formation : qu'à l'époque de 1798, il n'a manqué à un parti que d'autres circonstances pour déployer une usurpation de pouvoir, et une violence de caractère tout-à-fait contre-révolutionnaires : en un mot, que les États-Unis ont dû leur prospérité publique, leur aisance civile et particulière, bien plus à leur position insulaire, à leur éloignement de tout voisin

---

(1) Traité *Jay* comparé à celui de Paris.
(2) Affaire de M. Lyons en plein congrès.
(3) Scandaleux désordres du collège de Princetown, et nullité des autres.

puissant, de tout théâtre de guerre, enfin à la facilité générale de leurs circonstances, qu'à la bonté essentielle de leurs lois, ou à la sagesse de leur administration.

Sans doute, après tous les éloges prodigués par des écrivains d'Europe, et amplifiés par les nationaux, après la proposition faite en congrès de se déclarer la nation *la plus éclairée et la plus sage* du globe, c'eût été là d'audacieuses censures; mais parce qu'une censure quelconque n'est pas une preuve certaine de malveillance; parce qu'une censure même injuste a moins d'inconvénients que la flatterie; et parce qu'aujourd'hui je ne serai pas soupçonné de ressentiment, je me fusse permis des observations dont la vérité, même sévère, eût été utile et avouée des bons esprits : et en rendant ce service d'un ami désintéressé, j'eusse cru rendre un hommage d'admiration à l'institution qui, en ce moment, honore le plus les États-Unis, la *liberté de la presse* et des *opinions* (1).

---

(1) Depuis l'avénement de M. Jefferson à la présidence, les fédéralistes n'ont cessé de l'assaillir d'invectives dans les papiers publics; et telle est la solidité des principes sur lesquels il opère, qu'il a tout laissé dire sans que son caractère en fût

Enfin, considérant ce pays relativement aux immigrants français, j'eusse examiné, d'après mes propres sensations et l'expérience de beaucoup de mes concitoyens, quel genre de ressources et quels agréments de société peuvent trouver dans les villes nos rentiers et nos commerçants; de quelle espèce de bonheur ils pourraient jouir dans les campagnes; j'avoue qu'à cet égard mes résultats eussent pu paraître bizarres; car, après avoir été sur le point de me fixer aux États-Unis, je n'eusse pas néanmoins encouragé beaucoup de nos Français à suivre mon exemple. La raison en est, qu'autant ce pays offre de facilité aux Anglais, aux Écossais, aux Allemands, même aux Hollandais, par l'analogie du système civil et moral de ces peuples, autant il oppose d'obstacles aux Français par la différence du langage, des lois, des usages, des manières, et même des inclinations; je le dirai avec regret: mes recherches ne m'ont pas conduit à trouver dans les Anglo-Américains ces dispositions fraternelles et bienveillantes dont nous ont flattés quelques

---

ébranlé dans l'opinion publique : peut-être même s'y est-il affermi.

écrivains; j'ai cru au contraire m'apercevoir qu'ils conservent envers nous une forte teinte des préjugés nationaux de leur métropole originelle : préjugés fomentés par les guerres du Canada; faiblement altérés par notre alliance dans l'*insurrection*; très-fortement ravivés dans ces derniers temps par les déclamations en congrès, par les adresses des villes et corporations au président M. J. A***, à l'occasion des pillages de nos corsaires ; enfin encouragés jusque dans les colléges par des prix d'amplifications et de thèses diffamatoires contre (1) les Français. L'on ne peut d'ailleurs nier qu'il existe entre les deux peuples un contraste d'habitudes et de formes sociales peu propres à les unir étroitement : les Anglo-Américains taxant les Français de légèreté, d'indiscrétion, de babil; et les Français leur reprochant une roideur, une sécheresse de manières et une taciturnité qui portent les apparences de la morgue et de la hauteur ; enfin une telle négligence de ces attentions, de ces égards auxquels nous attachons du prix, que sans cesse

_____

(1) Voyez la notice des prix de Princetown, en 1797 et 1798.

l'on croit y voir l'intention de l'impolitesse, ou le caractère de la grossièreté. Il faut qu'en effet ces plaintes ne soient pas sans fondement, puisque je les ai également recueillies de la part des Allemands et des Anglais. Pour moi, à qui les Turks ont de bonne heure fait une éducation peu exigeante sur les formes, je me suis plutôt attaché à rechercher la cause qu'à sentir les effets de celles-ci, et il m'a semblé que cette *incivilité* nationale tenait moins à un système d'intentions, qu'à l'independance mutuelle, à l'isolement, au défaut de besoins réciproques où les circonstances générales placent tous les individus aux États-Unis.

Tel était le plan dont j'avais tracé l'esquisse, et dont quelques parties déja étaient assez avancées; mais entravé par les affaires tantôt privées et tantôt publiques, arriéré surtout depuis un an par de graves incommodités, j'ai senti que le temps et les forces me manquaient pour porter le travail à son terme, et je me suis décidé à ne publier que le *Tableau du climat et du sol*, qui, sans nuire au reste, peut en être séparé.

En mettant au jour ce nouvel Essai, je suis loin d'avoir la confiance que plus d'un lecteur pourrait me supposer; car le brillant succès de mon Voyage en Egypte, loin de me donner la certitude d'en obtenir un semblable, me donne au contraire la présomption de la défaveur, soit parce que le sujet de l'ouvrage actuel est effectivement moins varié, plus sérieux, plus scientifique; soit parce que trop d'éloges accumulés sur un livre, finissent par lasser la bienveillance sur l'auteur, et qu'en tout temps il existe de ces Athéniens qui donnent la *coquille noire,* uniquement par l'ennui d'entendre toujours dire du bien de ce *pauvre Aristide.* J'ai même pensé quelquefois qu'il eût été plus prudent, plus habile à mon amour-propre d'écrivain, de ne plus écrire du tout; mais il m'a semblé qu'avoir bien fait un jour, n'était pas une raison de ne plus rien faire le reste de la vie ; et comme j'ai dû la plupart des consolations de l'adversité au travail et à l'étude, comme je dois les avantages de ma situation présente aux *lettres* et à la considération des bons esprits, j'ai désiré de leur rendre un dernier tribut de gratitude, un dernier témoignage de zèle.

D'autre part, je dois m'attendre à de scrupuleuses critiques de la part des intéressés directs, les *Américains*, dont la plupart des écrivains semblent prendre à tâche de réfuter les *Européens*; comme si, par une fiction bizarre, ils s'établissaient les représentants et les vengeurs des indigènes, leurs prédécesseurs; sans compter le zèle presque fanatique que les *loyaux Anti-Gallicans* mettent à décrier tout ce qui vient d'une nation de jacobins et d'athées; mais le temps qui nivelle tout, fera justice de la détractation comme de la flatterie; et parce que je n'ai pas eu la prétention d'être exempt d'erreur, il me restera du moins le mérite d'avoir attiré l'attention et provoqué de nouvelles lumières sur divers sujets auxquels l'on n'eût peut-être pas sitôt songé.

La table des matières va indiquer l'ordre que j'ai suivi, et les sujets que j'ai traités.

Je n'ai point adopté pour l'orthographe des noms anglais la méthode de la plupart des traducteurs, qui se contentent d'écrire les mots tels qu'ils les trouvent : les Anglais n'attribuant pas aux lettres les mêmes valeurs que nous, il en résulte une grande différence dans la prononciation d'un même mot tracé, ainsi le nom respectable de *Washington*, est prononcé par eux presque *Oua-chinn-tonn* : et ils ne nous comprennent pas quand nous le défigurons en *Vazingueton* (1). J'ai donc trouvé commode pour mes lecteurs de leur présenter la vraie prononciation francisée, sauf à renvoyer en note la manière d'écrire en anglais; ainsi j'ai dit *Soskouâna*, au lieu de *Susque-hanna* : *grîne* (vert), au lieu de *green*; *strît* (rue), au lieu de *street*; *Ouàit* (blanc), au lieu de *white*, etc. — C'était la méthode de nos écrivains au commencement du siècle dernier; et je n'ai pas d'aversion pour les anciens *us*, quand il leur arrive d'être raisonnables.

Les cartes que j'ai jointes ne portent pas de grands détails sur l'état politique, parce que

---

(1) On a suivi en effet cette méthode dans la première édition. Mais, soit que l'auteur n'ait pu se charger de revoir les épreuves, soit que l'exécution ait présenté des difficultés auxquelles on ne s'était pas attendu, le travail s'est trouvé très-défectueux. Ce système d'imitation, suivi pour quelques mots, ne l'était pas pour quelques autres; de sorte que, loin de se trouver diminuée, la confusion s'est augmentée. Il fallait, ou mettre plus d'unité dans l'exécution ou rétablir l'orthographe anglaise. Nous avons cru devoir prendre ce dernier parti. L'étendue d'une note ne nous permet pas d'exposer les raisons qui nous y ont décidé, nous les exposerons dans le second tirage de la notice sur les écrits de Volney.

(*Note des éditeurs*).

ce n'est pas de lui que j'ai traité; mais ils sont nombreux, soignés, et la plupart nouveaux sur l'état physique dont je me suis spécialement occupé.

TABLEAU
DU CLIMAT ET DU SOL
DES ÉTATS-UNIS.

CHAPITRE PREMIER.

Situation géographique des Etats-Unis, et superficie de leur territoire.

Pour donner l'idée la plus simple de la situation géographique des *États-Unis*, je devrais dire que leur territoire occupe cette partie de l'Amérique du nord, qui a pour bornes, à l'orient, l'océan d'Afrique et d'Europe; au midi, la mer des Antilles et le golfe du Mexique; au couchant, le *grand fleuve* de la Louisiane (1); au nord enfin,

---

(1) Le *Mississipi*, mot altéré de *Metchin-sipi*, qui signifie grande rivière dans la langue des *Miâmis*, tribu de sauvages qui habite aux sources des rivières *Miâmi* et *Wabash*. Il est remarquable que les premières notions que l'on eut en Canada sur le *Mississipi*, vinrent de ce côté, et de la part de ces sauvages, qui tous les ans font une excursion guerrière d'ancienne haine contre les *Chactâs* et les *Chikasaws*, situés vers le bas du *grand fleuve*.

celui du Canada, et les cinq grands lacs dont il tire ses eaux. Dans un temps où l'on reconnaît si bien l'avantage des limites *naturelles*, celles-ci sont tellement caractérisées, qu'il est difficile de croire qu'elles ne se réalisent pas tôt ou tard ; mais la précision de l'état politique actuel veut que l'on en retranche, au midi, la presqu'île et le littoral des Florides ; et au nord, le cours inférieur du Saint-Laurent depuis le lac Saint-François, ainsi que l'Acadie et le nouveau Brunswick, c'est-à-dire, presque toutes les anciennes possessions des Français dans le Canada inférieur.

Mesuré du nord au sud, ce vaste territoire comprend plus de 16 degrés de latitude, savoir : depuis le 31e précis, jusque vers le 47e latitude nord. De l'est à l'ouest, il a plus de 25 degrés de longitude, ce qui semble produire une surface immense ; mais parce que la côte atlantique fuit diagonalement du nord-est au sud-ouest, et parce que les cinq lacs du Canada rentrent par une grande courbe, jusqu'au 40e degré de latitude, la superficie réelle se trouve diminuée de plus d'un tiers.

Le géographe *Hutchins* qui, le premier après la paix de l'indépendance (1783), essaya de calculer cette surface, l'estima un million de milles anglais carrés (environ 112,000 anciennes lieues carrées de France) : en sorte que le territoire des États-Unis égalerait près de quatre fois l'étendue de la France, à l'époque de 1789 ; presque autant de fois l'étendue de l'Espagne et du Portugal réunis, et près de sept fois celle de la Grande-Bretagne, y compris l'Irlande. Les *anglo-américains* citent ces comparaisons avec complaisance, et leur amour-propre, qui aime à anticiper sur l'avenir, mesure déja les étrangers sur cette échelle de proportion : cependant, si l'on observe que sur ce vaste pays ; il n'existe, en 1801 (1), que 5,214,801 habitants, dont environ 880,000 esclaves noirs, c'est-à-dire, un sixième du tout ; et que ces habitants y sont en grande partie disséminés, l'on sentira que cette étendue est, dans le temps présent, une véritable cause de faiblesse, et ne promet pas dans le temps à venir, d'être un moyen d'union ; d'ailleurs *Hutchins*, qui n'a point connu les sources du *Mississipi*, et pas très-bien le nord de *l'Ohio*, (2) a amplifié beaucoup de terrains, et les calculs de ce géographe, quoique homme estimable, et quoique suffisants à mon objet, n'ont point l'autorité péremptoire que ses successeurs lui attribuent par écho.

Maintenant, si nous comparons les États-Unis

---

(1) Recensement publié à Philadelphie le 21 septembre 1801 (*General Advertiser*).

(2) J'ai vu dans les mains de M. Jefferson une lettre à lui écrite par Hutchins, en date du 11 février 1784, dans laquelle il reconnaît avoir commis de très-fortes erreurs dans le calcul du *North-west territory*.

à notre hémisphère, sous le rapport des latitudes, nous trouvons que leurs parties méridionales, telles que la *Géorgie* et la *Caroline*, correspondent aux pays de Maroc et de la côte barbaresque, presque au rivage d'Égypte; et il est remarquable que l'embouchure du *Mississipi* coïncide en sens inverse à celle du Nil, l'une par les 29, l'autre par les 31 degrés de latitude, le Nil venant du sud, le Mississipi du nord, tous les deux avec des phénomènes de débordement, de richesse et de bonté presque semblables. L'analogie des pays américains se continue sur la *Syrie*, le centre de la *Perse*, le *Tibet* et le centre de la *Chine*. Savanah, Tripoli, Alexandrie, Gaza, Basra, Ispahan, Lahor, Nankin, sont à un degré près sous le même parallèle. Les parties du nord au contraire, telles que le *Massachusets* et le *Newhampshire*, correspondent au sud de la France, au centre de l'Italie, à la Turkie d'Europe, à la mer Noire, au centre de la Caspienne, aux déserts tartares et au nord de la Chine : Boston et Barcelone, Ajaccio, Rome, presque Constantinople et Derbend, ont aussi, à un degré près, la même latitude : de tels rapports indiquent de grandes diversités de climats; et en effet, les *États-Unis* cumulent les extrêmes de tous les pays que je viens de citer; seulement l'on y observe une gradation relative aux latitudes, et plus encore au niveau des terrains, dans laquelle certains caractères particuliers me font distinguer quatre nuances principales.

La première, celle du climat le plus froid, comprend les états dits de *Nord-Est*, ou *Nouvelle-Angleterre*, dont la limite physique est tracée par la côte méridionale de Rhode-Island et de Connecticut sur l'Océan; et dans l'intérieur du pays, par la chaîne montueuse qui verse les eaux de la *Delaware* et de la *Susquehannah*.

La seconde nuance, que j'appelle climat moyen, s'applique aux États du milieu, c'est-à-dire, au sud de *New-York*, (1) à la *Pensylvanie*, au *Maryland*, jusqu'au fleuve *Potomac*, ou plus précisément, jusqu'à la rivière *Patapsco*.

La troisième, celle du climat chaud, comprend les *états au sud*, c'est-à-dire, le plat pays de la Virginie, des deux Carolines, de la Géorgie jusqu'à la Floride, où les gelées cessent d'être connues par le 29e de latitude.

La quatrième enfin, est le climat des *pays d'Ouest*, tels que le *Tennessee*, le *Kentucky*, le *Nord-d'Ohio*, ou *North-west-territory*, placés derrière la chaîne des montagnes *Alleghany*, et au couchant des états précédents; ce climat a pour caractère distinctif d'être plus chaud de près de trois degrés de latitude que les pays qui lui cor-

---

(1) J'appellerai toujours l'état de New-York *le New-York*, et n'appliquerai point l'article à la ville de ce nom.

respondent sur la côte Atlantique, avec la seule séparation des montagnes *Alleghany*, ainsi que je l'exposerai par la suite.

CHAPITRE II.

Aspect du pays.

Pour un voyageur européen, et surtout pour un voyageur habitué, comme moi, aux contrées nues de l'Égypte, de l'Asie et des bords de la Méditerranée, le trait saillant du sol américain est un aspect sauvage de forêt presque universelle qui se présente dès le rivage de l'Océan et qui se continue de plus en plus épaisse dans l'intérieur des terres. Pendant le long voyage que je fis en 1796, depuis l'embouchure de la Delaware par la Pensylvanie, le Maryland, la Virginie et le Kentucky, jusqu'à la rivière Wabash; de là au nord, à travers le North-west-territory, jusqu'au *Fort-Détroit;* puis par le lac Érié à Niagâra, à Albany, et l'année suivante, de Boston jusqu'à Richmond en Virginie, à peine ai-je marché trois milles de suite en terrain nu et *déboisé*: (1) sans

---

(1) J'emploierai ce mot pour répondre au mot anglais *cleared, éclairci,* c'est-à-dire, *nettoyé de tous bois.*

cesse j'ai trouvé les chemins, ou plutôt les sentiers bordés et ombragés de bois-taillis ou de futaies, dont le silence, la monotonie, le sol tantôt aride, tantôt marécageux; et surtout dont les arbres renversés par vétusté ou par tempête, gisants et pourrissants sur la terre; dont enfin les essaims persécuteurs de taons, de mosquites et de *gnats*, (1) n'ont pas les effets *charmants* que rêvent au sein de nos cités d'Europe, des écrivains romanciers. Il est vrai que sur la côte atlantique, cette forêt continentale offre déjà d'assez grands vides, à raison des marais saumâtres et des champs cultivés qui s'étendent chaque jour davantage autour du foyer absorbant des villes : elle a également des lacunes considérables dans le *pays d'Ouest*, surtout depuis la Wabash jusqu'au Mississipi, et vers les bords du lac Erié, du Saint-Laurent, dans le Kentucky et le Tennesse, où la nature du sol, et plus encore les incendies anciens et annuels des Sauvages ont occasioné de vastes déserts, appelés *Savanas* par les Espagnols, et *Prairies* par les Canadiens et par les Américains qui adoptent ce mot : je ne compare point ces déserts à ceux que j'ai vus en Syrie et en Arabie, mais plutôt à ce que l'on nous dit des *steps* ou déserts de la Tartarie, les *prairies* étant comme les *steps* couvertes de plantes ligneuses, épaisses et hautes de trois

---

(1) Petit moucheron noir, pire que les *cousins*.

et quatre pieds, et formant pendant l'été et l'automne, un brillant tapis de fleurs et de verdure que l'on trouve bien rarement dans les déserts chauves et pelés de l'Arabie. Dans le reste des États-Unis, et surtout dans la partie montueuse de l'intérieur, d'où les fleuves se versent en sens opposés à l'Océan atlantique et au Mississipi, l'empire des arbres n'a reçu que de faibles atteintes, et l'on peut dire, par comparaison à notre France, que le pays n'est qu'une vaste forêt.

Si l'on pouvait rassembler sous un seul coup d'œil l'ensemble de ce pays, l'on verrait que cette forêt est divisée en trois grands *cantons* distincts, à raison des genres, des espèces, et de l'aspect des arbres qui la composent : les espèces de ces arbres, selon la remarque des Américains, sont indicatives de la nature et des qualités du sol qui les produit.

Le premier de ces cantons, que j'appelle *forêt du sud*, embrasse la partie maritime de la Virginie, des deux Carolines, de la Géorgie, des Florides, et s'étend généralement depuis la baie de Chesapeak jusqu'à la rivière de Sainte-Marie, sur un terrain de gravier et de sable, large depuis 30 jusqu'à 50 lieues : tout cet espace, peuplé de pins, de sapins, de mélèses, de cèdres, de cyprès et autres arbres résineux, offre à l'œil une verdure constante, mais qui n'en serait pas moins stérile, si les banquettes des fleuves et les terres d'alluvion et de marécages n'y traçaient des veines que l'agriculture rend très-productives.

Le second *canton*, ou *forêt du milieu*, comprend la partie montueuse des Carolines et de la Virginie, toute la Pensylvanie, le sud du New-York, tout le Kentucky et le nord de l'Ohio, jusqu'à la rivière Wabash. Toute cette étendue est peuplée de diverses espèces de chênes, de hêtres, d'érables, de noyers, sycomores, acacias, mûriers, pruniers, frênes, bouleaux, sassafras et de peupliers, sur la côte atlantique; et, en outre, dans le pays d'ouest, de cerisiers, de marroniers d'Inde, de papâs, d'arbres concombres, de sumacs, etc., toutes espèces qui indiquent un sol productif, base véritable de la richesse présente et future de cette partie des États-Unis : cependant ces espèces forestières n'excluent jamais entièrement les résineux qui se montrent épars dans toutes les campagnes, et par massifs sur les montagnes, même d'un ordre inférieur, tel que le chaînon de Virginie appélé *Sud-ouest*, où par un cas singulier ils dérogent à leur signe habituel de stérilité; car le sol rouge foncé et gras de ce chaînon est très-fertile.

Le troisième *canton* ou *forêt du nord*, encore composé de pins, sapins, mélèses, cèdres, cyprès, etc., part des confins du précédent, couvre le nord du New-York, l'intérieur du Connecticut et de Massachusets, donne son nom à l'état de *Ver-mont* (1), et ne laissant aux arbres forestiers que les rives des fleuves et leurs alluvions, il s'avance par le Canada vers le nord, où il fait bientôt place au genévrier, et aux maigres arbustes clair-semés dans les déserts du cercle polaire.

Telle est en résumé la physionomie générale du territoire des États-Unis : une forêt continentale presque universelle; cinq grands lacs au nord; à l'ouest, de vastes *prairies;* dans le centre, une chaîne de montagnes dont les sillons courent parallèlement au rivage de la mer, à une distance de 20 à 50 lieues, versant à l'est et à l'ouest des fleuves d'un cours plus long, d'un lit plus large, d'un volume d'eau plus considérable que dans notre Europe; la plupart de ces fleuves ayant des cascades ou chutes depuis 20 jusqu'à 140 pieds de hauteur; des embouchures spacieuses comme des golfes; dans les plages du sud, des marécages continus pendant plus de 100 lieues; dans les parties du nord, des neiges pendant 4 et 5 mois de l'année; sur une côte de 300 lieues, 10 à 12 villes toutes construites en briques ou en planches peintes de diverses couleurs, contenant depuis 10 jusqu'à

---

(1) Altération du mot français *Vert-Mont*, que les habitants ont adopté par penchant pour les Français de Canada, et qui est la traduction de l'appellation anglaise, *Green-Mountain*.

60,000 ames; autour de ces villes, des fermes bâties de troncs d'arbres (*log houses*), environnées de quelques champs de blé, de tabac ou de maïs, couverts encore la plupart des troncs d'arbres debout brûlés ou écorcés : ces champs debout, c'est-à-dire non gisants, séparés par des barrières de branches d'arbres (*fences*), au lieu de haies; ces maisons et ces champs encaissés, pour ainsi dire, dans les massifs de la forêt, qui les englobe; diminuant de nombre et d'étendue à mesure qu'ils s'y avancent, et finissant par n'y paraître du haut de quelques sommets que de petits carrés d'échiquier bruns ou jaunâtres, inscrits dans un fond de verdure : ajoutez un ciel capricieux et bourru, un air tour-à-tour très-humide ou très-sec, très-brumeux ou très-serein, très-chaud ou très-froid, si variable, qu'un même jour offrira les frimas de Norwége, le soleil d'Afrique, les quatre saisons de l'année, et vous aurez le tableau physique et sommaire des États-Unis.

CHAPITRE III.

Configuration générale.

Pour bien concevoir la construction générale de ce vaste pays, il faut prendre une connaissance plus détaillée de la chaîne des montagnes qui en est le trait dominant. Cette chaîne part du Canada inférieur et de l'embouchure du Saint-Laurent sur sa rive méridionale, où ses caps sont appelés par les marins *monts de Notre-Dame et de la Magdeleine :* en remontant le fleuve, elle s'en écarte peu à peu, et séparant les eaux de son bassin vers nord-ouest, d'avec les eaux du *Nouveau-Brunswick*, de *Nova-Scotia* et du district de *Maine* (1) vers sud-est, elle trace de ce côté la frontière des États-Unis, jusqu'au Newhampshire : là elle pénètre par une ligne presque sud dans l'intérieur du Vermont, sous le nom de *Green-mountains*, divisant le bassin de la rivière Connecticut d'avec celui des lacs Champlain et Georges ; et après avoir jeté de ce côté des rameaux qui repoussent à l'ouest et au nord-ouest les sources de l'Hudson, elle vient traverser ce fleuve à *West-point*, par un chaînon très scabreux, qui a mérité le nom de *High-lands* (*Terres-hautes*) : ici l'on peut dire que la chaîne subit une double interruption, soit parce qu'elle est coupée par des eaux, soit parce qu'ayant jusque-là été de granit, son prolongement ultérieur va être de grès. La tête de ce prolongement remonte plus haut sur la rive ouest de l'Hudson, au groupe de Cats-Kill, et dans une masse de montagnes qui donnent les sources de la Delaware. De ce

---

(1) *Maine* n'est encore qu'un district de Massachusets ; mais il ne peut tarder d'être constitué en état.

local part un faisceau de sillons montueux qui, après s'être incorporé la chaîne précédente, s'avance du nord-est au sud-ouest, à travers les États de New-York, de Pensylvanie, de Maryland et de Virginie, s'écartant de la mer à mesure qu'il marche au midi : par un cas singulier en géographie, plusieurs de ces sillons coupent à l'angle droit le cours des plus grands fleuves de ces états sur la côte atlantique, et ils ne leur laissent de passage que par des brèches, qui attestent que la violence seule des eaux a pu rompre l'obstacle de leur digue : arrivés à la frontière de la Virginie et de la *Caroline-nord*, ces sillons, jusqu'alors parallèles, se réunissent en un nœud que j'appelle l'arc de l'Alleghany, parce que ce chaînon principal y enveloppe par une courbe tous ses collatéraux de l'est : un peu plus loin au sud, encore dans la Caroline-nord, un second nœud réunit à l'Alleghany tous ses collatéraux de l'ouest (1), et forme un point culminant de têtes de fleuves, d'où partent, vers le nord, le grand *Kanhawa*; vers l'ouest, le *Holstein*, branche nord de la *Tennessee*; et vers l'est, les rivières *Pédee* et *Santee*, et toutes les autres des deux Carolines. De ce nœud part encore vers l'ouest une branche de montagnes qui, par une première bifurcation au nord-ouest, fournit les nombreux rameaux de Kentucky, et par une

---

(1) Les sillons du Kentucky.

seconde, droit à l'ouest; s'avance sous le nom de montagnes *Cumberland*, à travers l'état de Tennessee, où elle divise nord et sud, le bassin des rivières *Cumberland* et *Tennessee*, jusqu'à leur embouchure dans l'Ohio; tandis que la chaîne propre d'*Alleghany*, restée presque seule, continue sa route au sud-ouest, et achève de limiter les deux Carolines et la Géorgie, où elle reçoit les noms divers de montagne *du Chêne-Blanc* (1), *du Grand-Fer*, de montagne *Chauve*, et même de montagne *Bleue*. Parvenue à l'angle de la Géorgie, elle change de direction et encore de noms; et sous ceux d'*Apalaches* et de *Cherokees*, se portant droit à l'ouest jusqu'au Mississipi, elle devient la ligne de partage entre le bassin de la Tennessee au nord, et les nombreuses rivières qui versent au sud dans le golfe du Mexique, par les Florides. La longue continuité de cette chaîne l'avait fait appeler par les sauvages du nord montagne *sans fin*: les Espagnols et les Français, qui la connurent d'abord par la Floride, appliquèrent à toute son étendue le nom d'*Apalache*, qui était celui d'une tribu sauvage, conservé encore dans une rivière considérable du pays (2); mais les géographes anglais et anglo-américains, qui l'ont connue par le

---

(1) *White-oak; Great-iron, Bald-mountain, Blue-mountain.*

(2) *Apalachi-cola,* mot double dans lequel *cola* signifie *rivière* chez les sauvages *Creeks.*

nord, l'ont constamment désignée sous celui d'*Alleghany*, que je crois être sa dénomination sauvage, traduite dans le mot *Endless*, ou *sans fin*, par le géographe Évans, qui semble mettre ces deux mots en comparaison synonyme. Quoique moins sonore qu'*Apalache*, le nom d'*Alleghany* a obtenu dans l'usage une préférence que je ne lui disputerai point; mais, pour plus de clarté, j'appellerai *Apalache* le rameau qui, comme je l'ai dit, se détourne à l'angle de la Géorgie, et qui, moins élevé et moins rapide, se divise en une foule de monticules et de sillons dont est couvert le pays jusqu'au Mississipi : là ils se terminent brusquement en escarpements scabreux, appelés *Cliffs*, régnant depuis le coteau de *Natchez* jusque vers l'embouchure de l'Ohio : ils ne traversent point le Mississipi, dont l'autre rive, basse et plate, est un marécage de 20 lieues de largeur moyenne, depuis son embouchure jusqu'à celle d'Ohio, distante de 7 degrés (140 lieues); là finit la forêt continentale, et commencent les immenses *steps* ou *savanes* qui se prolongent vers l'ouest, jusqu'aux montagnes nord du Mexique et aux *Stony-mountains*, que j'appellerai dans le cours de cet ouvrage chaîne *Chipéwane*, du nom générique de la race des sauvages qui l'habitent.

Il résulte de cette disposition de terrain que je viens de décrire une sorte de partage physique des États-Unis en 3 longues contrées parallèles, prises dans le sens de la côte, c'est-à-dire du nord-est au sud-ouest, savoir :

Une 1re contrée orientale située entre l'Océan et les montagnes (*vulgairement côte atlantique*).

Une 2e contrée occidentale située entre le Mississipi et les montagnes (*pays d'ouest* ou *Back-country*).

Une 3e enfin, celle de ces montagnes elles-mêmes, qui est intermédiaire aux deux autres : et parce que chacune de ces contrées a des caractères particuliers de climat, de sol, de configuration et de structure intérieure, il me paraît convenable d'entrer dans quelques détails relatifs à chacune.

§ I.

Côte Atlantique.

La *côte atlantique*, ainsi nommée de l'Océan qui la baigne, et où elle verse toutes ses eaux, s'étend depuis le Canada jusqu'à la Floride, sur une largeur croissante du nord au sud, qui varie depuis 20 jusqu'à 70 lieues. Elle est le siége originel et principal des États de l'Union, qui y sont rangés dans l'ordre suivant.

Georgie, Caroline-sud, Caroline-nord, Virginie, Maryland, Delaware, Pensylvanie, New-Jersey, New-York, Connecticut, Rhode-island, Massachusets, Newhampshire, Vermont et *Maine*.

Dans toute sa longueur, le pays est d'un niveau peu élevé, plus plat dans les États du sud jusqu'au Maryland, même jusqu'en New-Jersey : plus inégal et presque montueux dans les États du nord, surtout en Connecticut, Massachusets et Rhode-island. L'on peut considérer Long-island (*Ile longue*) comme un point de partage assez précis entre ces deux caractères de terrain : car de cette île allant au nord jusqu'à la rivière Sainte-Croix (1), et même jusqu'à l'embouchure du Saint-Laurent, le rivage est élevé, rocailleux, parsemé de récifs qui tiennent au noyau du continent adjacent : au contraire, allant de Long-island vers le sud, la côte est continuellement une plage basse presque à fleur d'eau et de pur sable : ce sable, qui s'annonce pour un délaissement de la mer, se retrouve fort avant dans les terres. Il y sert de lit à la forêt de pins, sapins, et autres résineux dont j'ai parlé : à l'approche des montagnes, il se mêle avec une portion d'argile ou de gravier que les eaux ont amenée des hauteurs voisines : il en résulte un terrain jaunâtre, maigre, et meuble, qui domine dans la lisière moyenne des États du sud, dans le Maryland, la Pensylvanie, et le haut New-Jersey, à tel point que l'on peut considérer ces trois derniers États comme de grandes alluvions des fleuves *Potômac*,

---

(1) Frontière des États-Unis vers les possessions anglaises du Canada.

Susquehannah, Delaware et *Hudson*. Plus au nord, spécialement en Connecticut, Rhode-island et Massachusets, le pays est sillonné de monticules et de chaînons qui rendent âpre et raboteuse toute la *Nouvelle-Angleterre* proprement dite : l'on serait même tenté de croire cette contrée un prolongement de la *lisière montueuse*, si la nature granitique de ses pierres et la confusion de ses sillons ne la distinguaient des *Alleghanys*, essentiellement formés de *grès*, et qui concourent sur une ligne plus intérieure et plus occidentale.

§ II.

Pays d'Ouest, ou bassin de Mississipi.

La seconde *contrée* qui est située à l'est des Alleghanys, mérite le nom de *Bassin* de Mississipi, en ce que la presque totalité des rivières qui l'arrosent, versent médiatement ou immédiatement dans ce fleuve. Ce bassin a pour limites, à l'est, les Alleghanys; à l'ouest, le Mississipi; au nord, les lacs *Michigan*, *Érié* et *Ontario*; au sud enfin les Florides : l'on remarquera que vers le sud, dans la Géorgie occidentale, la majeure partie des eaux se rend au golfe du Mexique, et semble former une contrée distincte; mais le peu d'étendue qu'aurait cette contrée, relativement aux autres, et l'analogie de son climat, de ses productions, même de ses relations futures, m'engagent à comprendre dans le pays d'ouest ou de Mississipi, tout ce qui est situé au couchant de la rivière *Apalache*, que je regarde comme la limite naturelle de la côte atlantique, dans l'intérieur et vers sud-ouest.

Les États contenus dans le bassin de Mississipi sont, la *Géorgie occidentale*, le *Tennessee*, le *Kentucki*, le grand district *Nord-d'Ohio*, appelé *North-west-territory*, et quelques portions occidentales des États de Virginie, de Pensylvanie et de New-York. Les habitants de la côte atlantique donnent à toute cette partie le nom de *Back-Country* (*Pays de derrière*), indiquant par-là leur attitude morale, constamment tournée vers l'Europe, berceau et foyer de leurs intérêts et de leurs pensées : par un cas singulier et cependant naturel, à peine eus-je traversé les Alleghanys, que j'entendis les riverains du *grand Kanhawa* (1) et de l'*Ohio*, appeler aussi la côte atlantique *Back-Country* (*Pays de derrière*); ce qui prouve que déja leur situation géographique a donné à leurs regards et à leurs intérêts une direction nouvelle, conforme à celle des eaux qui leur servent de routes et de portes vers le golfe mexicain, foyer principal de l'ambition spéculative de tous les Américains.

---

(1) Rivière considérable de la Virginie occidentale qui verse dans l'Ohio.

Si l'on examine avec plus de détail cette grande contrée, l'on trouvera que la nature du sol et certaines limites naturelles de fleuves et de montagnes y forment une subdivision de 3 grands districts bien distincts.

Le premier est le pays situé au sud de la rivière *Tennessee* et du chaînon de l'Apalache qui l'enveloppe, d'où les rivières se versent au golfe du Mexique et au bas du Mississipi. Dans sa partie maritime, qui est la Floride, le sol est absolument plat, sablonneux et stérile au bord de la mer; marécageux, formant des prairies naturelles, quand on avance dans les terres, et alors gras et fécond principalement sur les banquettes des fleuves, où le riz et le maïs croissent de la plus grande taille. A peine trouverait-on une pierre de 2 ou 3 livres à la distance de 12 à 15 lieues du rivage. A mesure que l'on remonte vers l'intérieur, le pays devient plus collineux, le sol plus rocailleux, et aussi moins fertile, comme l'attestent les arbres de sa forêt, l'ilex, le pin, le sapin, les chênes rouge et noir, le magnolia, les cèdres rouge et blanc, le cyprès, et une foule d'arbustes indigènes des pays chauds. Un voyageur botaniste anglais (1) en a fait un vrai paradis terrestre; mais en renvoyant ses descriptions poétiques aux ro-

---

(1) Bartram.

mans sentimentaux, ce sera traiter raisonnablement ce pays, que de le comparer au Portugal ou à la côte de Barbarie, et assurément ce lot est beau.

Le second district a pour limites, au sud, la rivière de Tennessee; au nord, celle d'Ohio; à l'est, les Alleghanys; et à l'ouest, le Mississipi. Il comprend l'État de Kentucki et celui de Tennessee, que j'ai vu se constituer en 1796. Tout cet espace est prodigieusement brisé de monticules et de sillons rapides, et cependant la plupart boisés. Il est surtout traversé de l'est à l'ouest par le chaînon dit *Cumberland* qui a jusqu'à 30 milles de largeur, et qui court entre la rivière du même nom et celle de Tennessee. Dans les vallons et dans ce qu'il y a de plaines, le sol est généralement d'une qualité excellente, étant une espèce de terreau noir, gras, meuble, et profond depuis 3 jusqu'à 15 pieds, par conséquent d'une extrême fertilité. Les arbres forestiers qu'il produit, bien supérieurs par leur diamètre et leur grandeur aux arbres effilés et maigres de la côte atlantique, sont : les chênes rouge, noir, blanc, les noyers hickorys, de 4 ou 5 espèces, les peupliers-tulipiers, les vignes sauvages, grimpant à 20 et 30 pieds, les frênes, les érables à sucre, les acacias, les sycomores, marroniers d'Inde, arbres-à-gomme, pins, cèdres, sumacs, pruniers sauvages, pruniers-persimons, et cerisiers sauvages, dont quelques-uns ont jusqu'à un mètre 2 tiers de diamètre.

Cette nature meuble et perméable du terrain y occasione aux ruisseaux et aux rivières une particularité que j'ai vue en quelques lieux de la Syrie, même de la France, mais nulle part dans une proportion aussi étendue; car, dans tout le Kentucky et le Tennessee, l'on ne cesse de rencontrer des entonnoirs du diamètre depuis 50 jusqu'à 500 pas sur une profondeur de 15 à 50, ayant dans leur fond un ou plusieurs trous ou crevasses dans lesquels s'engouffrent, non-seulement les eaux pluviales voisines, mais encore des ruisseaux et des rivières déja considérables. Ils disparaissent tout à coup au sein des broussailles, devant le voyageur stupéfait, et achèvent leur cours dans des lits souterrains. En général, les ruisseaux et les rivières, dans leur cours visible, y déchirent et y creusent la terre perpendiculairement jusqu'à un lit de pierres calcaires qui lui sert de *noyau*, ou plutôt de *plancher presque horizontal*. De ce mécanisme il résulte,

1° Que presque tous les ruisseaux et rivières du Kentucky et du Tennessee sont encaissés comme dans des fossés, entre deux rives à pic, hautes depuis 50 pieds, comme celle de l'Ohio, jusqu'à 400 pieds, comme l'écore de la rivière *Kentucki* à *Dixon's-point*;

2° Que le pays se trouve raboteux et sillonné de ravines profondes; d'ailleurs, traversé des chaînons latéraux des Alleghanys, aussi brusques dans leur pente, qu'ils sont étroits sur leurs sommets (1);

3° Que le terrain ne pouvant être arrosé par irrigation, les habitants de Kentucky et un peu ceux du Tennessee se plaignent déja d'une aridité qui s'accroît à mesure que le pays se déboise, et qui dissipe, d'une manière fâcheuse, les illusions des *spéculateurs de terre* et les promesses des voyageurs romanciers.

Je dois citer ici un fait physique singulier, bien constaté en Kentucky, savoir, que beaucoup de sources y sont devenues plus abondantes *depuis que les bois des environs ont été coupés;* j'ai discuté sur les lieux avec des témoins dignes de foi, les causes de ce phénomène : il nous a paru que jadis les feuilles de la forêt accumulées sur la terre, y formaient un lit épais et compacte, comme on le voit encore là où cette forêt subsiste; et que ce lit retenant les eaux pluviales à sa surface, leur donnait, surtout en été, le temps de s'évaporer avant qu'elles pussent pénétrer dans l'intérieur :

---

(1) C'est néanmoins sur ces sommets que les sauvages, imités en cela par les Américains, avaient établi leurs sentiers ou routes : l'exemple le plus pittoresque que j'en aie trouvé, est la route tracée sur la *crête du Gauley* (Gauley-ridge) dans les montagnes du Kanhawa; cette crête n'a pas 15 pieds de large en plusieurs endroits de sa longueur, qui est de plus d'un quart de lieue; et l'on a à droite et à gauche une pente rapide de plus de 6 à 700 pas de profondeur.

aujourd'hui que ce lit de feuilles n'existe plus, et que le sein de la terre est ouvert par la culture, les pluies qui ont la faculté de l'imbiber y établissent des réservoirs plus durables et plus abondants ; mais ce cas particulier ne détruit point la doctrine plus générale et plus importante que la coupe des forêts, particulièrement sur les hauteurs, diminue généralement la masse des pluies et des fontaines qui en résultent, en empêchant que les nuages ne se fixent et ne se distillent sur les forêts : le Kentucky lui-même en offre la preuve ainsi que tous les autres États de l'Amérique, puisque l'on y cite déja une multitude de ruisseaux qui ne tarissaient pas il y a 15 ans, et qui maintenant manquent d'eau chaque été. D'autres ont totalement disparu ; et plusieurs moulins, dans le New-Jersey, ont été abandonnés par cette cause (1).

Un autre phénomène remarqué en Amérique, trouve peut-être son explication dans le fait que je viens de citer. L'on ne traverse point de forêt dans ce continent sans rencontrer des arbres renversés ; et l'on observe que la racine n'est qu'un chevelu superficiel, en forme de champignon, à peine de 18 pouces de profondeur pour des arbres

---

(1) Il faut aussi remarquer que jadis les lits encombrés d'arbres renversés, et de roseaux, gardaient mieux les eaux, et qu'aujourd'hui nettoyés, ils les laissent écouler trop vite.

de 70 pieds. Si ces racines ne pivotent point, n'est-ce pas afin de profiter de l'humidité superficielle qui les couvre et du terreau gras résultant des feuilles pourries dans lequel elles trouvent une substance bien préférable aux couches de l'intérieur restées sèches, et par suite, plus dures à pénétrer? Et maintenant, que par le laps des siècles ces végétaux ont *contracté cette habitude*, il faudra des siècles pour la changer.

Le troisième district a pour limites, au sud, le cours de l'Ohio; au nord, les lacs du Saint-Laurent, et toujours à l'est et à l'ouest l'Alleghany et le Mississipi. Cet espace, appelé par les Américains *North-west-territory*, ne compte encore aucun État constitué, faute de population suffisante : (1) sa surface est presque plane ou commodément ondulée : à peine y citerait-on une montagne ou un sillon de 100 toises d'élévation, et dans tout son ouest, depuis la rivière *Wabash* jusqu'au *Mississipi*, ce ne sont que vastes et plates prairies. Néanmoins c'est d'un tel local que coulent en sens opposés une foule de rivières considérables qui, les unes vont au golfe du Mexique par le Mississipi, les autres à la mer du Nord par le Saint-Laurent, et d'autres encore à l'Atlantique par le Mohawk, l'Hudson et la Susquehannah : d'où il résulte que les monts Alleghanys, de qui

---

(1) Il faut 60,000 ames.

ces derniers fleuves tirent leurs sources, ne sont en quelque sorte que la rampe de ce plateau qui les égale presque en niveau. Sur ce vaste espace les pentes opposées sont si douces, que les rivières, hésitant dans leurs cours, s'y égarent en sinuosités et en marécages ; et que dans les crues de l'hiver il y a jonction d'eaux navigables en canot, entre les sources de la Wabash qui va à l'Ohio, du Miami, qui va au lac Erié, de la rivière Huron, qui tombe à l'entrée de ce même lac, de la *grande-rivière* qui tombe dans le lac *Michigan*, et ainsi de plusieurs autres.

Par contraste avec le Kentucky, les rivières de *North-west-territory* coulent à fleur de terre, à raison non-seulement de ce niveau plat, mais encore de la qualité *argileuse* du sol, qui empêche l'eau d'y pénétrer : circonstance heureuse pour le commerce et l'agriculture de cette contrée : aussi l'opinion commence-t-elle à préférer ce pays au Kentucky ; je présume qu'un jour il sera la Flandre des États-Unis pour le blé et les pâturages : j'ai vu, en 1798, au bord du grand *Sioto*, un champ de maïs, à la vérité en première année de culture, où cette plante avait généralement 4 mètres de hauteur, et des épis en proportion : à cette même époque, à l'exception de quelques habitations éparses, ce n'était au-dessus du *Moskingom* qu'un désert de forêts, de marais, et de fièvres : j'ai traversé 40 lieues de cette forêt depuis Louisville, près des rapides de l'Ohio, jusqu'au *poste Vincennes* sur la Wabash, sans rencontrer une cabane, et, ce qui m'a étonné, sans entendre le chant d'un oiseau (quoiqu'en juillet). Elle finit un peu avant la Wabash; et de là au Mississipi, pendant 80 milles, l'on ne trouve que les *prairies*, dont j'ai déja parlé comme de steps tartares; et là réellement commence une *Tartarie américaine*, qui a tous les caractères de la Tartarie asiatique; d'abord chaude dans sa partie méridionale, elle devient de plus en plus froide et stérile vers le nord : dès le 48ᵉ de latitude, elle est glacée dix mois de l'année, dépourvue de hauts bois, noyée de marécages, traversée de fleuves qui, dans une espace de 1000 lieues, n'ont pas 15 lieues d'interruptions ou de *portages* : elle offre à tous ces titres les caractères de la Tartarie; il ne manquait que d'en voir les indigènes devenir cavaliers; et cette circonstance vient d'avoir lieu, depuis 25 à 30 ans, par les vols que les sauvages *Nihiçaoué* ou *Nadouessis* (1), jusqu'alors piétons, ont fait des chevaux espagnols errants dans les savanes du nord du Mexique. Avant 50 ans ces nouveaux Tartares pourront devenir des voisins incommodes à la frontière des États-Unis : et le

---

(1) Ces *Nihiçaoué* forment 10 à 12 tribus établies entre le lac du Cèdre et le Missouri, d'où ils paraissent venir originairement.

système colonial des bords du Missouri et du Mississipi éprouvera des difficultés que n'ont pas connues les pays de l'intérieur de la confédération.

§ III.

Contrée des montagnes.

La troisième grande lisière parallèle est cette ligne de terrain montueux, dont j'ai déjà parlé, laquelle s'étend de l'embouchure de Saint-Laurent aux confins de la Géorgie, partage les eaux de l'est et de l'ouest, et forme comme une haute terrasse ou rempart entre les deux contrées *Atlantique* et *Mississipi*. On peut estimer à environ 400 lieues la longueur de cette bande, sur une largeur très-variable, mais assez généralement de 30 à 50 lieues.

Cette contrée, quoique très-étroite comparativement, exerce néanmoins une grande influence de température sur les deux adjacentes dont elle diffère par le climat, le sol, et même par les productions. Vers le Sud, l'air y est plus pur, plus sec, plus élastique, plus sain : vers le nord, et dès le Potòmac, les brumes et les pluies y sont plus communes, les animaux plus grands et plus vifs; et les arbres forestiers, sans être aussi gros que ceux de l'ouest, le sont plus que ceux de l'est, et surpassent les uns et les autres en élasticité.

Cette chaîne de montagnes diffère de celles de notre Europe, en ce que plus longue et plus régulière dans ses sillons, que les Alpes et les Pyrénées, elle est cependant bien moins haute qu'elles. Des mesures prises en divers points avec présision, vont en fournir des preuves instructives et satisfaisantes.

En Virginie, le pic *Otter*, point dominant de tout le pays, n'a de hauteur que 1218 mètres 2/3 (4000 pieds anglais) (1).

Dans le même canton, M. Jonathan Williams(2), parti du lieu où finit la marée, au-dessous de Richmond, et mesurant sa route jusque sur la première chaîne de *Blue-ridge*, a trouvé au col (*cap*) de *Rockfish*, 350 mètres d'élévation (1150 pieds anglais). Près de là, un pic dominant lui a donné 554 mètres (1822 pieds anglais); plus loin, après la ville de *Staunton*, montant un chaînon de l'*Alleghany*, il a trouvé 577 mètres (1898 pieds anglais); un second chaînon, celui de *Calf-pasture*, lui a donné 683 mètres (2247 pieds au-

---

(1) Voyez les notes de M. Jefferson, page 49, édition de Paris, 1785. Je préviens le lecteur, que j'ai évalué le pied anglais à raison de 304 millimètres, et que j'ai négligé les petites fractions.

(2) Neveu du docteur Franklin, auteur de plusieurs mémoires de physique, insérés dans l'*American Musœum*, et dans les *Transactions de la société philosophique de Philadelphie*.

glais); enfin, un troisième chaînon, celui qui partage les eaux, et qui n'est coupé par aucune, mesuré à 6 milles sud-ouest de *Red-spring* lui a donné 822 mètres (2706 pieds anglais).

En Maryland, Georges Guilpin et James Smith ont levé, en 1789, les niveaux suivants :

Sur le fleuve Potômac, à partir du terme de la marée, c'est-à-dire, des rapides de *George-town*, jusqu'à l'embouchure de *Savage-river*, dans une étendue de 218 milles anglais (environ 73 lieues), le niveau est de 352 mètres 2/3 (1160 pieds anglais); dans ce compte, les rapides de *George-town* sont portés pour 11 mètres 1/4 (37 pieds anglais), et la grande chute de *Matilda* pour 23 mètres 1/10 (76 pieds anglais), y compris ses rapides qui se prolongent 3 milles au-dessus d'elle.

Depuis l'embouchure de *Savage-river* jusqu'au lieu dit *Moses-williams*, sur le sommet de l'Alleghany, dans un espace de 8 3/4 milles, le niveau est de 637 mètres 1/2 (2097 pieds anglais, total 990 mètres (3257 pieds anglais).

En sorte que l'Alleghany, que j'ai moi-même traversé dans cette partie, et qui m'a paru y être le plus élevé, n'a pas, au-dessus de l'océan, plus de 822 mètres, ou 405 toises. Blue-ridge, à la brèche de *Harper's-ferry*, sous l'embouchure de la rivière *Chenando*, m'a paru avoir à peu près la même hauteur qu'à Rock-fish-gap; ainsi son terme moyen peut être évalué à 350 mètres, c'est-à-dire, moins de la moitié de l'Alleghany (dans la Virginie).

En Pensylvanie, la hauteur de l'Alleghany, au-dessus du plat pays, n'est, selon le docteur *Rush*, que de 395 mètres 1/5 (1300 pieds anglais); et en effet, les voyageurs remarquent que l'on y arrive par une suite de pentes douces et graduelles, sans beaucoup s'en apercevoir.

Dans l'État de New-York, aux montagnes appelées *Catskill*, le plus haut pic mesuré en 1798 par *Peter de la Bigarre* (1), a donné de hauteur 1079 mètres (3549 pieds anglais) au-dessus des eaux de l'Hudson, qui éprouve la marée jusqu'à 10 milles au-dessus d'Albany.

En Vermont, le pic de *Killington* mesuré par *Samuel Williams*, comme le plus élevé de toute la chaîne, n'a que 1049 mètres 2/3 (3454 pieds anglais) (2).

Enfin, les montagnes *Blanches* (White-hills) dans le New-Hampshire, qui sont vues de trente

---

(1) Transactions of the society of New-York, part. 2, page 128.

(2) Voyez History of Vermont by Samuel Williams, pag. 23, 1 vol. in-8°, imprimé à Walpole, New-Hampshire, 1794. L'auteur observe qu'à ces latitudes la région de la congélation constante est 2452 mètres (8066 pieds anglais) : M. *Samuel Williams*, qu'il faut distinguer de M. *Jonathan Williams*, a été professeur de mathématiques à Cambridge près Boston, et est un ecclésiastique retiré dans le pays de Vermont.

lieues en mer, et que M. *Belknap* évalue (1), d'après des voyageurs, à 3040 mètres (10,000 pieds d'élévation), ne sont portées, par M. S. Williams, qui en donne des raisons motivées, qu'à 2361 mètres (7800 pieds anglais).

La chaîne de l'Alleghany ne doit donc être considérée que comme un rempart d'une hauteur moyenne de 700 à 800 mètres (environ 350 à 400 toises), ce qui diffère absolument des grandes chaînes du globe, telles que par exemple les

Alpes évaluées à	3000 mètres
Les Pyrénées	2700
Les Andes	5000
Le Liban	2905

et l'on conçoit que cette circonstance doit beaucoup influer sur la météorologie des États-Unis et de tout leur continent, ainsi que je le développerai par la suite.

Les voyageurs européens remarquent tous avec surprise, que les montagnes américaines ont dans leur direction plus de régularité, dans leurs sillons plus de continuité, dans la ligne de leurs sommets plus d'égalité que les montagnes de notre continent. Ce caractère est surtout frappant en Virginie et en Maryland dans le sillon de *Blueridge*. Ce sillon, que j'ai traversé ou suivi depuis

---

(1) History of New-Hampshire by Belknap, page 49, tome III. Voyez aussi *Samuel Williams*, page 23.

la frontière de Pensylvanie jusqu'au fleuve James, m'a toujours présenté l'aspect d'une terrasse de 1000 à 1200 pieds d'élévation sur la plaine avec une pente très-roide et un sommet si égal, qu'à peine y voit-on des ondulations et quelques *brèches* ou *gáp* qui servent de passage. La base de cette masse n'excède pas quatre à six milles (deux à trois lieues). En venant au nord, cette chaîne s'abaisse ainsi que ses parallèles; et parce que quelques bifurcations ont causé en Pensylvanie une confusion de noms qui embarrasse même les géographes, je tenterai d'abord de les éclaircir.

En Virginie, l'on distingue nettement trois sillons principaux bien caractérisés, qui sont :

1°. Le sillon *Blue-ridge*, situé le plus à l'est, qui tire ce nom, signifiant *Chaîne-bleue*, de son apparence bleuâtre lointaine quand on vient du pays plat maritime : il porte le nom de *South-mountain*, ou *Montagne du Sud* dans les cartes d'Evans et d'autres géographes, sans que l'on en puisse donner une bonne raison. En général, les montagnes des États-Unis, nommées au hasard par les colons de chaque canton, n'ont qu'une nomenclature insignifiante et souvent bizarre. Quoi qu'il en soit de *Blue-ridge*, ce sillon part du grand arc ou nœud de l'Alleghany; il est même le prolongement le plus direct de cette chaîne en venant du sud : il traverse le fleuve James au-dessous de la jonction de ses deux branches supé rieures; le Potômac au-dessous de la *Shenandoa;* la Susquehannah au-dessous de Harrisburg; et les voyageurs observent que le lit de cette rivière, jusque-là navigable sur un fond calcaire, devient intraitable à cause des rocs et des grès de *Blueridge*. En Pensylvanie, ce sillon, moins continu et moins élevé, prend, selon les cantons, les noms divers de *Trent,* de *Flying,* de *Holy-hills;* mais il n'en est pas moins le même rameau qui traverse le *Schoolkill* sous Reading; la Delaware au-dessous de sa branche ouest et de la ville d'Easton; d'où il va se perdre au groupe de *Catskill,* vers les bords de l'Hudson.

La seconde chaîne, appelée *North-mountain,* montagne *du Nord,* sans plus de raison que la précédente, part aussi du grand arc de l'Alleghany, et se tenant parallèle, mais occidentale à Blueridge, elle traverse les hautes branches du James, douze à quatorze milles au-dessus de leur jonction; le Potômac vingt-quatre milles au-dessus de la Shenandoa; mais lorsqu'elle atteint les branches ouest de la rivière *grande Conegochigue,* elle se divise en plusieurs rameaux, qui jettent de l'incertitude sur sa suite. Quelques géographes veulent voir son prolongement dans le chaînon de *Tuscarora,* quoique divergent, lequel, après avoir traversé la rivière *Juniata,* va se perdre dans les déserts rocailleux et marécageux du nord-est de la Susquehannah: d'autres suivent North-mountain dans le chaînon de *Kittatiny*, lequel, plus direct, court parallèlement à Blue-ridge, jusqu'à la Delaware, qu'il passe au-dessus de sa branche ouest et de Nazareth : après quoi il côtoie la rive orientale de ce fleuve, et va se terminer, avec les sillons de Blue-ridge, au groupe de Cats-kill et aux montagnes qui séparent les sources de la Delaware du cours de l'Hudson.

En Pensylvanie, l'on confond assez généralement *Blue-ridge* avec *North-mountain*, parce que les caractères de l'un et de l'autre étant moins marqués, chaque canton a donné l'épithète de *bleue* à sa chaîne la plus élevée, et des noms particuliers à chaque rameau différent ; mais la continuité géographique de North-mountain par *Kittatiny*, et de Blue-ridge par les *Flying* et *Holy-hills*, telle que je l'ai tracée, me paraît la mieux établie par la direction générale de ces chaînes, par la nature de leurs pierres et par leurs concours à former une vallée calcaire qui se prolonge entre elles sans interruption depuis la Delaware et les territoires d'Easton et de Nazareth, jusqu'aux sources de la Shenandoa, par-delà Staunton (1).

---

(1) Ce n'est pas sans avoir examiné cette question avec soin, que je m'écarte de la projection de M. Arrow-Smith, qui, négligeant totalement le sillon d'Holy-hill et de Flying-hill, détourne au-dessous de Harrisbourg le chaînon de Blue-ridge dans Kittatiny : ce géographe peut avoir eu des notes

3.

La troisième chaîne principale, l'*Alleghany* proprement dit, est le sillon le plus élevé à l'ouest qui, partageant toutes les eaux, sans être traversé d'aucune, a mérité le nom d'*Endless* ou Sillon *sans fin*. Celui-là pris à son extrémité sud, vient de l'angle de la Géorgie et de la Caroline, où il reçoit les noms divers de montagnes *du Chêne-blanc*, *du Grand-fer*, de montagne *Chauve*, et même de montagne *Bleue* (1). Là il verse à l'ouest quelques branches de la rivière *Tennessee*; à l'est les fleuves des deux Carolines, auxquelles il sert de limite occidentale : arrivé en Virginie, il forme l'arc dont j'ai parlé; en se courbant vers le nord-ouest, et enveloppant les sillons précédents; puis il reprend sa route nord nord-est, envoie à l'Ohio les eaux du grand Kanhawa et de la

---

de voyageurs qui, influencés par l'opinion vulgaire des colons de Pensylvanie, et par le nom de Blue-ridge qu'ils donnent en quelques cantons au Kittatiny, ont adopté ce système. Mais outre que l'autorité d'Évans, de Fry et de M. Jefferson, m'a paru d'un poids supérieur, j'ai moi-même vu, en traversant la Susquehannah sur la route d'York à Lancastre, un chaînon situé un mille au-dessus du bac de Colombia, lequel prolonge évidemment Blue-ridge, que l'on voit longtemps à l'ouest de cette route plus ou moins distant. Ce chaînon, égal en hauteur sur les deux rives, ne laisse à la rivière qu'un étroit passage, sur un rapide; et tout atteste qu'il a été forcé comme le Potômac sous Harper's-ferry.— Il continue sa route nord-nord-est. — Le lit de la rivière est calcaire au bac de Colombia.

(1) White-oak, Great-iron, Bald, Blue-mountain.

Monongahéla ; à l'océan Atlantique, celles des fleuves James, Potômac, Susquehannah, etc.: mais vers les sources de la branche ouest de ce dernier, il se divise en rameaux divers, dont les plus considérables se dirigent à l'est, et vont à travers toutes les eaux de la Susquehannah, se terminer au Catskill et aux sources de la Delaware sur l'Hudson; tandis que d'autres rameaux à l'est enveloppent les sources mêmes de la Susquehannah, et par *Tyoga*, vont fournir celles des lacs Iroquois ou du Génessee : à moins que l'on ne veuille attribuer ces rameaux à un sillon plus occidental qui, sous les noms de *Gauley*, de *Laurel* et de *Chesnut-ridge*, vient aussi se terminer dans cette contrée.

Outre les trois chaînes principales de la Virginie que je viens de décrire, il est encore plusieurs sillons intermédiaires, qui souvent les égalent en hauteur, en roideur, en continuité : tels sont ceux de *Calf-pasture*, de *Cow-pasture* (1) et de *Jackson*, que j'ai traversés en me rendant de Staunton à *Greenbriar*. C'est dans ces dernières montagnes que sont situées les eaux thermales de diverses qualités, célèbres en Virginie pour leurs cures, et désignées sous les noms de *Warm-spring*, source chaude tempérée; *Hot-spring*, source très-chaude; *Red-spring*, source rouge, etc.; *Warm-*

---

(1). Pâture du veau et de la vache.

spring que j'ai vu, est une source sulfureuse ammoniacale d'environ 20 degrés de chaleur : elle est située au fond d'un profond vallon en forme d'entonnoir, que tout indique avoir été le cratère d'un volcan éteint.

A l'ouest de l'Alleghany, vers le bassin d'Ohio, il est aussi plusieurs sillons remarquables; j'en ai traversé un premier sous le nom de *Reynick* (1) et *High-ballantines*, 8 milles à l'ouest du *town* ou village de *Green-briar*, et il m'a paru aussi élevé, mais bien plus large que Blue-ridge. De son plateau j'en vis une foule d'autres vers sud-ouest et nord-est. Quinze milles plus loin, par une route tortueuse, j'entrai dans une série d'autres chaînons que je ne cessai de traverser, pendant 38 milles, au nombre de 8 ou 10 jusqu'à celui de Gauley, le plus élevé, le plus rapide de tous, et le plus étroit sur sa crète. Je regarde tout l'espace de ces 38 milles, comme une seule et même plate-forme assez élevée. Par-delà le Gauley l'on ne traverse plus de haut chaînon qu'avec le cours des eaux dont on suit la direction, et souvent le lit; mais j'ai remarqué que le lit du grand Kanhawa se fait souvent jour à travers l'un des pays les plus scabreux que j'y aie rencontré. Beaucoup de ces sillons se dirigent sur l'Ohio, et nous verrons que

---

(1) Nom du colon primitif ou principal sur la route : presque tous les noms de lieu aux États-Unis ont pareille origine.

quelques-uns doivent l'avoir traversé : ce Gauley-ridge prend son origine aux sources du grand Kanhawa, au sud-ouest de l'arc d'Alleghany ; et sous le nom de *Laurel-hill*, de *Chesnut-ridge*, il va dans le nord se terminer aux têtes de la Susquehannah : au sud, les colons de Kentucky et de Tennessee ont étendu le nom de grand *Laurel* au rameau principal qui sépare le Kentucky de la Virginie ; et ils ont communiqué le nom de *Cumberland* à sa continuation, qui côtoie et limite la rivière de Cumberland jusqu'à son embouchure. Je n'ai pas de renseignements suffisants sur cette partie. Le gouvernement des États-Unis a en main un moyen très-simple de s'en procurer un corps complet ; ce serait de soumettre tous les arpenteurs par une ordonnance du collége de William et mary de Williamsburg, où ils subissent leur examen et reçoivent leur patente, à ajouter des détails de topographie aux stériles procès verbaux de leurs alignements. En peu d'années, l'on aurait sans frais un système complet des montagnes et des eaux.

Il me reste à donner sur la structure intérieure de ces montagnes, c'est-à-dire sur la disposition et la nature des bancs et couches de pierre qui leur servent de noyau, les renseignements que j'ai pu me procurer ; quelque incomplets qu'ils puissent être, j'ai lieu de croire qu'ils seront de quelque intérêt, ne fût-ce que par leur nouveauté ;

leur ensemble et le soin que j'y ai donné pour satisfaire les lecteurs qui attachent à la géographie physique l'importance que mérite cette science. Pour qui sait observer des faits et en tirer de sages inductions, la structure de notre globe est un livre bien autrement instructif et authentique sur ses révolutions et sur leur histoire, que les traditions, vagues d'abord et sans autorité, des peuples ignorants et sauvages, érigées ensuite en systèmes dogmatiques chez les peuples civilisés.

CHAPITRE IV.

Structure intérieure du sol.

Pendant le cours de mes divers voyages dans les États-Unis, j'ai attaché un intérêt et un soin particuliers à recueillir des échantillons des bancs et couches de pierres que j'ai trouvés les plus dominants et les plus répandus : me trouvant quelquefois à pied plusieurs jours de suite, je n'ai pu me charger que de petits volumes; mais ils ont suffi à mon objet; et tous ces morceaux réunis ou comparés à ceux que des voyageurs étrangers m'ont communiqués ou donnés à Philadelphie, m'ont servi à déterminer à Paris, avec les secours de quelques minéralogistes, le genre et les dénominations de leurs couches-mères, et à mettre en ordre une espèce de géographie physique des États-Unis (1).

En jugeant d'après ces moyens d'instruction, je crois pouvoir établir avec assez d'exactitude que le grand pays compris entre l'Atlantique et le Mississipi est divisé en 5 régions où natures différentes de sol classées comme il suit.

§ I.

Région granitique.

La première région, qui est celle des granits, a pour limite la mer Atlantique, à prendre depuis *Long-Island* jusqu'à l'embouchure du Saint-Laurent; de là une ligne remontant ce fleuve jusqu'au lac Ontario, ou plutôt jusqu'à *Kingston* (alias Frontenac), et au lieu appelé *Mille-îles*; se portant, par les sources et le cours du Mohawk jusqu'au fleuve Hudson, le long duquel elle revient à son point de départ, *Long-Island*. Dans tout cet espace, le sol est assis sur des bancs granitiques qui forment la charpente des montagnes, et qui n'admettent, que par exception, des bancs d'autre nature. Le granit se montre à nu dans

---

(1) On peut voir ces échantillons chez M. la Métherie, rédacteur du Journal de physique.

tous les environs de la ville de New-York : il est le noyau de *Long-Island* (*Ile longue*), autour de laquelle des sables ont été entassés et moulés par la mer : on le suit sans interruption sur toute la côte de *Connecticut*, de *Rhode-Island*, de *Massachusets*, en exceptant le cap *Cod*, qui est formé de sables apportés par le grand courant du golfe du Mexique et de *Bahama* (1), dont j'aurai occasion de parler. Le granit se prolonge encore sur le rivage de *New-Hamsphire* et de *Maine*, où il est mêlé de quelques grès, et aussi de pierres à chaux, dont ce dernier pays approvisionne Boston. Il compose les nombreux écueils de la côte d'*Acadie* et le noyau des montagnes dites de *Notre-Dame* et de la *Madeleine*, situées à droite de l'embouchure du Saint-Laurent. Les rives de ce fleuve sont généralement schisteuses, cela n'empêche pas le granit de s'y montrer fréquemment en blocs détachés, et en écueils adhérents au lit. On le retrouve dans tous les environs de Québec; dans la masse du roc qui porte la citadelle; dans les montagnes assez hautes, qui sont au nord-ouest de cette ville; enfin, sous la cascade dite de Montmorency, où une petite rivière, qui vient du nord, se jette dans le Saint-Laurent, d'une hauteur de 180 pieds : le lit immédiat de cette chute est un banc calcaire horizontal, gris-noir,

---

(1) Les Anglais le désignent sous le nom de *Gulph-stream*.

de l'espèce appelée primitive ou cristallisée : mais il est porté sur des bancs de granit gris-brun, d'un grain très-serré, qui est presque perpendiculaire à l'horizon : partout où ces bancs se montrent le long du Saint-Laurent, ils sont plus ou moins inclinés, et jamais parallèles à l'horizon : sur la rive droite de ce fleuve, en face de Québec, abonde un granit coloré de rouge, de noir et de gris, le même que j'ai trouvé au palais de la législature (*state-house*) à Boston, dont les environs le fournissent; et tous deux semblables au bloc-piédestal qui porte la statue du tsar Pierre Ier à Saint-Pétersbourg ; ce bloc, venu du lac Ladoga. L'île où est située la ville de *Montréal*, est calcaire; mais tout le rivage qui l'entoure offre des blocs de granit roulés, venus sans doute des hauteurs adjacentes. Le sommet de la montagne de *Bel-œil* est de granit, ainsi que le chaînon des montagnes *Blanches* de New-Hampshire, auquel on peut dire qu'il appartient. Les rameaux de la Nouvelle-Angleterre sont aussi de granit, excepté les environs de *Middleton* et de *Worcester*, qui sont de grès. L'on m'assure que le rameau occidental de *Green-mountains*, et la majeure partie du lac Champlain qu'il limite, sont calcaires, quoique les rocs de Ticonderoga soient de grès; et que le rameau oriental, qui traverse l'état de Vermont, est de granit : alors il paraît que le granit traverse le lac Saint-Georges, ou l'isthme qui le

sépare du fleuve Hudson pour remonter aux sources de ce fleuve et de *Black-river ;* de là il se porte jusqu'au Saint-Laurent, à Mille-îles et à Frontenac, où on le trouve toujours rougeâtre, formé en gros cristaux, et surchargé de feld-spath. M. Alexandre Mackenzie, dans son voyage récemment publié (1), fournit les moyens d'en suivre les prolongements bien plus loin dans le nord de ce continent. Cet estimable voyageur, dont j'ai eu occasion de connaître à Philadelphie la personne et le mérite, observe (tome III, page 335), « qu'un
« granit de couleur grise obscure, se trouve dans
« tout le pays qui s'étend depuis le lac Winipik
« jusqu'à la baie de Hudson; que même on lui a
« dit qu'il y en avait également depuis la baie
« de Hudson jusqu'à la côte du Labrador. »

Par conséquent tout le nord de l'Amérique, jusqu'à Long-Island, est une contrée granitique.

Quelques lignes auparavant, M. Mackenzie avait dit que des rochers de la nature de la pierre à chaux, disposés par couches minces, et presque horizontales, d'une pâte assez molle, se voyaient sur la rive *Est* du lac Dauphin, sur les bords des lacs du *Castor*, du *Cèdre*, du lac *Winipik* et du lac *Supérieur*, ainsi que dans les lits des rivières qui traversent la longue ligne de toutes ces eaux.

---

(1) Voyages d'Alexandre Mackenzie dans l'intérieur de l'Amérique du nord, traduits par Castera, 3 vol. in-8°.

Il ajoute : « Ce qui est aussi bien remarquable,
« c'est que dans la partie la plus étroite du lac Wi-
« nipik, large de deux milles au plus, la rive ouest
« est bordée de cette même qualité de rochers cal-
« caires, escarpés de 30 pieds d'élévation; tandis
« que sur la rive opposée, celle d'est, des rochers
« encore plus hauts, sont du granit mentionné
« ci-dessus. »

De l'ensemble de ses descriptions que j'abrége,
il résulte que la région des mêmes pierres calcaires
que nous verrons régner dans tout l'ouest des Alleghanys, s'étend, par une ligne nord-ouest, au
delà du lac Michigan, jusqu'aux sources du Mississipi; et de là à celles de la rivière *Saskatchi-
wayne*, rejoignant ainsi la grande chaine des monts
Stony ou *Chipawas*, qui elle-même est un prolongement de la Cordillère des Andes; et il faut remarquer, dit encore M. Mackenzie, « que c'est dans
« la ligne de contact de ces immenses chaînes de
« granit et de pierres à chaux, que sont placés tous
« les grands lacs de l'Amérique du nord. » Fait
physique, vraiment digne de l'attention des naturalistes géologues.

Revenant au sud du fleuve Saint-Laurent, le
granit tapisse le comté de Steuben jusqu'aux sources de la rivière Mohawk (1), dont il accompagne

---

(1) Il paraît que le lit de la Mohawk sépare la contrée granitique de la contrée des grès.

le cours, sans que je puisse assurer qu'il la traverse, excepté à sa petite chute au-dessus de Schenectady. On ne le voit point à sa grande chute appelée *Cohoës*, dont le lit est de pierre serpentine de la même espèce que j'ai trouvée à Monticello (1) en Virginie, espèce très-répandue dans tout le chaînon dit *Sud-Ouest*; mais il reparaît dès au-dessous d'Albany, sur la rive orientale de l'Hudson, qui coule constamment entre deux côtes raboteuses et couvertes de maigres taillis de chênes et de sapins : à 20 milles au-dessous de Poughkeepsie commencent des sillons transverses, rocailleux et stériles qui m'ont retracé la Corse et le Vivarais ; ils brisent la route pendant 25 milles, et de toutes parts ils montrent des blocs de granit grisâtres, disposés par bancs inclinés à l'horizon de 45 à 50 degrés, et couverts de mousses, de sapins et autres arbres verts rabougris. Le fleuve coule au milieu de bancs semblables, jusqu'à *West-point*, où il a forcé la barrière des rocs que lui opposait le dernier de ces sillons transverses, au pied duquel finissent les *High-lands* (*Terres-hautes*), et commencent les *Terres-basses* ou *maritimes*.

Dans ce dernier pays, qui règne en plaine jus-

---

(1) Habitation de M. Jefferson en Virginie, sur le chaînon appelé *South-west-mountain*, que l'on devrait plutôt appeler le *Sillon rouge*, à cause de sa terre argileuse de cette couleur, absolument semblable au sol d'Alep en Syrie.

qu'à New-York, la rive gauche du fleuve ne cesse de montrer des bancs de granit rougeâtre ou grisâtre sortant de terre, de manière à faire penser qu'ils y pénètrent fort avant.

Des recherches minéralogiques, entreprises par une société de médecins de New-York (1), constatent que le granit traverse le territoire de cette ville, le fleuve Hudson, la rivière de *Harlem*, et qu'il s'étend dans tout le premier rang des collines de New-Jersey. La direction de ces bancs, surtout depuis la frontière de Connecticut, est du nord-est au sud-ouest, c'est-à-dire parallèlement à la côte; leur inclinaison est presque verticale à l'horizon, et leur chaîne est jugée se prolonger jusque dans le Vermont. Le docteur Mitchill, voyageur pour cette société, observe, dans le compte qu'il lui a rendu de ces faits (en 1797), que depuis la mer jusqu'à *West-point*, c'est-à-dire dans les terres basses et d'alluvion maritime, le granit est mêlé de *quartz, feld-spath, schorl, mica* et *grenat*, tantôt par grumeaux, tantôt par feuillets; que la région granitique finit brusquement sur la rive de l'Hudson, à l'île Pollepell, en face d'un gros roc de *Fish-kill*, (20 milles au-dessous de Poughkeepsee), et qu'à la distance de 40 *rod* * (200 mètres) plus loin commence une région

---

(1) Voyez Medical repository, tome 1er, n° 3, imprimé à New-York, 1797.

schisteuse, qui sort de terre sur la rive du fleuve, comme si elle y servait de lit au granit : il conjecture que ce schiste s'étend jusqu'à Albany, et qu'il sert d'appui à la chute de *Cohoës ;* ce qui ne peut s'admettre qu'autant qu'il appellerait *schiste* la serpentine dont on m'a remis l'échantillon, et qui elle-même est le lit immédiat de la chute. Ce schiste, ajoute M. Mitchill, sert aussi de lit à des bancs calcaires épars dans le pays : il cite un bloc de ce genre à un mille de Claverac, et à 4 milles du fleuve *Hudson* et du village du même nom, lequel présente une masse proéminente de 800 acres de surface, remplie de coquillages, sans analogues dans la mer voisine distante de 140 milles, c'est-à-dire de plus de 46 lieues.

M. Mitchill cite d'autres bancs calcaires près de New-York, à l'endroit où les eaux se partagent et versent, les unes dans l'Hudson, et les autres dans le *Sound*, ou bras de mer en face de Long-Island ; il pense qu'à une époque inconnue de l'histoire l'Océan a séjourné sur ce terrain, et son opinion s'étaie de tous les faits qu'il cite sur les montagnes de *Catskill.*

Il a trouvé ces montagnes de Catskill composées du même grès que Blue-ridge dont il les juge être un prolongement ; ce fait fixe de ce côté la limite réciproque des granits et des grès qui composent, comme nous l'allons voir, une seconde région très-étendue. Ces grès à Catskill sont portés sur un lit d'ardoise friable qui, au feu, rend une forte odeur de bitume, et qui présente ses bancs tantôt bouleversés en désordre, et tantôt inclinés à l'horizon, depuis 50 jusqu'à 80 degrés. M. Mitchill crut d'abord ce terrain *primitif*, parce que les granits et les grès ne contenaient pas de fossiles ; mais bientôt plusieurs indications contraires, telles que, 1° l'aspect des rocs formés de gravier, de cailloux, de quartz rouge et blanc, de jaspe roux et de grès, tous évidemment roulés et triturés par les eaux ; 2° les couches horizontales et très-régulières de ces rocs ; 3° les coquilles fossiles, inconnues dans ces mers (excepté le clam et le scolop), et trouvées sur leurs cimes dans un terrain d'argile et de cailloux ; tous ces faits l'ont déterminé à voir, dans cette disposition de terrain, trois grandes époques de formation : la 1re époque, celle qui plaça les sables ; la 2e, celle des eaux qui les roulèrent et les triturèrent ; la 3e, celle de l'existence des coquillages vivants.

Enfin, il remarque que le côté escarpé de ces montagnes verse à l'ouest, tandis que la pente d'*est* est aisée et sans correspondance opposite. Hors de la région des granits que je viens de décrire, il existe quelques cas d'exception, dont les plus remarquables sont, 1° les montagnes entre Harrisburg et Sunbury sur le Susquehannah, composées en majeure partie de ce genre de pierre (1) ;

---

(1) Voyage de Liancourt, tome 1er, page 10.

2° une veine de *granit-talkeux* ou isinglass, dont je parlerai § IV; 3° des blocs multipliés au pied de la chaîne *sud-ouest* en Virginie, principalement près de Milton sur Fluvannah.

§ II.

Région des grès.

Ces grès de Catskill forment le caractère distinctif de la 2ᵉ région ou nature de sol, laquelle comprend tout le pays montueux de Blue-ridge, d'Alleghany, de Laurel-hill; les sources du grand Kanhawa; le nœud ou arc de l'Alleghany, et en général toute sa chaîne au sud jusqu'à l'angle de la Géorgie et à l'Apalache : je perds sa trace à l'ouest dans l'État de Tennessee et dans le chaînon de Cumberland; et je ne puis assigner sa contiguité à la région calcaire avec précision : dans le nord et le nord-est, ses limites paraissent être les sources de la *Susquehannah*, même celles des lacs de Génésee, et généralement la rive droite de la Mohawk et de l'Hudson. M. le docteur Smith-Barton, de Philadelphie, qui, au retour d'un voyage à Niagara, en 1797, traversa toute la Haute-Pensylvanie, ne cessa de voir les grès depuis *Tyuga* jusqu'à 9 milles avant *Nazareth*. M. Guillemard, dans sa route de Philadelphie à Pittsburg par Sunbury, ne les a quittés qu'à l'ouest de l'Alleghany (qui dans le canton est appelé *Blue-hill*), en exceptant néanmoins quelques vallées calcaires, dont je parlerai (1) : enfin, dans la Virginie, depuis Charlotte-ville jusqu'à la rivière *Gauley*, je les ai moi-même trouvés abondants sur les 10 ou 12 chaînons successifs que j'ai traversés, en exceptant aussi les vallées calcaires de *Staunton* et de *Greenbriar*. Quelquefois ces grès admettent le mélange du quartz blanc laiteux, appelé pierre à flèche, que j'ai trouvé abondant sur *Blue-ridge*, en allant de Frederick-town à *Harper's-ferry*; et quelquefois aussi du quartz gris qui est le noyau de *Blue-ridge*, à là brèche que lui a faite le Potômac sous Harper's-ferry; quelques-uns des rocs de cette brèche se trouvent être de granit; mais ils sont en petit nombre.

Ces montagnes de grès ne sont pas aussi nues que cette nature de pierre pourrait le faire penser. J'ai trouvé leurs plus hautes cimes en Virginie, entre les rivières de *Greenbriar* et de *Gauley*, couvertes de beaux arbres et d'herbes hautes et vivaces, végétant dans l'excellent terreau noir *kentuckois*, qui est le caractère distinctif du pays

---

(1) Le sol de toute la Haute-Susquehannah est mêlé de schistes, de pierres, de geiss, de schorl, de feld-spath, coupé d'une foule de sillons peu élevés, qui montent par gradins jusqu'à l'Alleghany; là domine le grès. Il y a aussi des veines basaltiques, produits et témoins d'anciens volcans. Partout les arbres sont rabougris et de faible végétation. (*Note de M. Guillemard.*)

d'Ouest. La région élevée qui s'étend au-dessus du fort Cumberland par-delà les sources du *Potómac* jusqu'à celles de l'*Yohogany*, et qui est connue sous le nom de *Greenglades*, est une véritable Suisse très-riche en pâturages, dont la vigueur est entretenue pendant tout l'été par des nuages, des brouillards et des pluies fines qui, à cette époque, manquent dans la plaine. Ce bienfait est dû à l'élévation d'environ 700 mètres, que nous avons ci-devant reconnue à ce local : il faut néanmoins ne pas étendre ces avantages aux chaînons de *Gauley* et *Laurel-hill*, qui sont rocailleux et secs. Le géographe Évans n'évalue leurs parties cultivables qu'à un 10e du tout; et ses nombreux arpentages donnent à son opinion une autorité prépondérante. Ces portions cultivables ne se trouvent que dans les vallées qui, là comme ailleurs, enrichies des terres roulées des montagnes, sont généralement les plus productives.

Du côté du nord-ouest, c'est-à-dire du côté des lacs de Génésee, d'Ontario et d'Érié, les grès se terminent à une région de schistes ardoisins et de marne bleue très-considérable, puisqu'elle paraît former le lit de ces lacs, ainsi que l'attestent les sondes et les pierres du fond et des rives; elle s'étend même jusque sur les lits de charbon de la Pensylvanie occidentale. Cette marne est pleine de coquilles fossiles. On retrouve les bancs de ces schistes à Niagara, et, comme je l'ai dit, tout le long du Saint-Laurent jusqu'à Québec. Nous avons vu qu'ils pavent aussi en grande partie le lit supérieur de l'Hudson; ce sont là leurs plus grands domaines connus : on ne les aperçoit ailleurs que par petits espaces.

Hors de cette vaste région des grès que je viens de décrire, l'on peut citer quelques cantons de la même nature épars dans les contrées granitiques et calcaires ; mais ils y sont à leur tour dans des cas d'exception ; tel est celui du canton de *Worcester* en Massachusets, le plus considérable de cette espèce qui me soit connu. L'on ne peut l'assigner à l'Alleghany, à moins que l'on ne prouve sa continuité à travers les rivières et les pays de Hudson et de Connecticut.

§ III.

Région calcaire.

La troisième région, celle des *terres calcaires*, embrasse la totalité des *pays d'Ouest* ou *Backcountry*, situés au couchant des Alleghanys, et se prolonge, selon la remarque de M. Mackenzie (citée page 45), dans le nord-ouest, à travers les rivières et les lacs jusqu'aux sources de la *Saskatchawine* et à la chaîne des monts *Chipawas*. Tout ce qui m'est connu de ce pays, depuis le Tennessee jusqu'au Saint-Laurent, entre les montagnes et le Mississipi, a pour noyau un immense banc dé pierres calcaires, disposé presque horizontalement, par lames ou feuillets d'un ou plusieurs pouces d'épaisseur, d'un grain uni, serré, généralement gris; dans le nord, cette pierre calcaire est de l'espèce cristallisée, dite *calcaire primitif*. Ce banc porte immédiatement une couche tantôt d'argile, tantôt de gravier, et par-dessus elle, à surface de terre, une couche d'excellent terreau noir, laquelle est plus épaisse dans les bas-fonds où elle a jusqu'à 15 pieds, et plus mince sur les ondulations et hauteurs où elle n'a quelquefois que 6 à 8 pouces. Cette circonstance, de même que le feuilletage du *banc*, attestent évidemment un travail antérieur des eaux de l'Océan.

Dans le pays de Pittsburg, sur l'Ohio, dans le canton de *Greenbriar*, sur le *Kanhawa*, et dans tout le Kentucky, la sonde manifeste ce banc fondamental : je l'ai vu à nu dans le lit de toutes les rivières et de tous les ruisseaux du Kentucky, depuis le *Kanhawa* jusqu'aux *Falls* ou *Rapides* d'Ohio, près Louisville. Sur la route de *Cincinnati* jusqu'au lac *Érié*, je l'ai trouvé servant de *plancher* à tout le lit de la *Rivière-aux-glaises* et du *Miami* du lac Érié; il paraît que ce lac est assis sur un fond de schiste noirâtre, mais parmi ses échantillons, l'on trouve beaucoup de calcaire. C'est encore un banc calcaire qui porte le Saint-

Laurent à la chute de *Niagara*, et qui de là se prolongeant dans le Génésee, semble accompagner le lit du Saint-Laurent jusqu'à Québec. Il est vrai que dans toute cette partie du nord, le calcaire est de l'espèce dite calcaire *primitif* et cristallisé, comme me l'ont indiqué des échantillons que les colons de Génésee tirent en perçant leurs puits.

Ce sont les dislocations et les fractures de ces bancs qui causent les entonnoirs et gouffres dont j'ai parlé (chap. III, § Ier), où se perdent les eaux des pluies et même des rivières. J'en ai vu des exemples curieux à Greenbriar, en Virginie, et à *Sinking-spring* en Génésee, où une source se montre au fond d'un entonnoir, et immédiatement à six pieds de là se replonge sous terre : ce sont aussi ces cours d'eaux souterraines qui produisent les vents de quelques cavernes, telle que celle citée par M. Jefferson, dans le chaînon de *Calf-pasture* (1).

Depuis Louisville jusqu'à la *rivière* (2) *blanche*, où il finit brusquement ; j'ai encore trouvé tous les ruisseaux et rivières coulant à nu sur le banc calcaire kentuckois. Quelques voyageurs américains, en voyant mes échantillons, m'ont assuré que le *Holstein*, branche nord de la *Tennessee*,

---

(1) Voyez notes de M. Jefferson, sur la Virginie, page 63.
(2) White river.

coulait sur un fond semblable : je regrette de n'avoir pu obtenir de bons renseignements sur le sol qui s'étend au delà, dans la Georgie et dans la Floride.

A Louisville, la première couche superficielle sur la haute *banquette* du fleuve est un terreau noir de 3 pieds d'épaisseur ; sous ce terreau est une couche de sable maigre de 14 à 15 pieds d'épaisseur *sans* coquillages, puis une autre couche de sable de 6 à 10 pouces *avec* coquillages ; puis un gravier assez gros jusqu'au fond du fleuve, dont l'écore à 25 pieds de hauteur totale.

A quatre milles de Louisville, vers l'Est (1), en rentrant dans l'intérieur des terres, la première couche superficielle de terreau n'a plus que 20 pouces d'épaisseur ; et plus loin, à 4 milles de Francfort (2), elle n'a plus que 15 pouces : dans ces deux endroits elle a sous elle une couche d'argile de 24 à 36 pouces, qui ne se trouve point auprès du fleuve. Sous cette argile est le banc calcaire, qu'il faut percer avec beaucoup de peine pour arriver à un lit de gravier et d'argile où reposent les eaux non tarissantes des puits.

A l'endroit que j'ai cité près de Louisville, le banc a 3 pieds d'épaisseur, et l'on trouve ces eaux non tarissantes à 18 pieds de profondeur totale,

---

(1) A l'habitation de M. Thompson.
(2) A l'habitation de M. *Inès*, juge.

depuis la surface du sol; en d'autres endroits l'épaisseur du banc paraît plus considérable : les roches qui forment les *Falls* ou *rapides* de l'Ohio, sous Louisville, appartiennent à ce grand banc calcaire. Dans les basses eaux, l'on a recueilli beaucoup de pétrifications à sa surface, mais elles y étaient importées et non incrustées. Je n'ai jamais vu de fossiles incrustés dans la pâte du grand banc souterrain. Ce fait m'a d'autant plus étonné, que, près de Francfort, à l'habitation de M. *Inès*, juge, me promenant avec lui sur la cime d'un chaînon élevé d'environ 100 pieds au-dessus du ruisseau *Elk-horn*, qui le perce, nous trouvâmes dans le bois une multitude de grosses pierres totalement pétries de coquilles fossiles. A *Cincinnati*, sur la seconde banquette de l'Ohio, j'ai retrouvé les mêmes pierres pétries de coquilles; enfin le docteur Barton en a recueilli de semblables sur les hauteurs d'*Onondago*, dans l'État de New-York, à une distance de plus de 190 lieues, avec la seule différence que ses échantillons sont bleu-ardoise, et les miens de couleur rose-violet (1).

---

(1) De retour à Paris, j'ai soumis ces coquillages à l'examen de l'un de nos plus habiles naturalistes dans cette branche de science (M. Lamark), et je ne puis mieux satisfaire la curiosité de mes lecteurs, qu'en leur communiquant le jugement qu'il en a porté.

« Monsieur, j'ai examiné, avec le plus grand soin, les trois

Hors du *pays d'Ouest* et de la région que je viens de décrire, il n'existe que deux *cantons* cal-

---

« morceaux de fossiles que vous m'avez confiés, et que vous
« avez recueillis dans l'Amérique septentrionale.

« J'ai vu très-clairement, dans chacun d'eux, des *térébra-*
« *tules* fossiles[*] entassées et sans ordre. Ces térébratules sont
« presque toutes de la division de celles qui sont cannelées longi-
« tudinalement en-dessus et en dessous, comme la térébratule
« que Linnée a désignée sous le nom *d'Anomiadorsata*.

« On ne voit, de la part de ces coquilles fossiles, que le
« moule intérieur, c'est-à-dire que la matière pierreuse, dont
« leur intérieur s'est rempli pendant le long séjour de ces co-
« quilles dans le sein de la terre. Cependant, sur plusieurs
« d'entre elles, on retrouve encore des portions minces et
« blanchâtres de la coquille même.

« — Dans le morceau qui vient de Cincinnati, on voit dis-
« tinctement trois sortes de coquilles fossiles : savoir, une
« espèce de térébratule à grosses cannelures, et qui approche
« de celle figurée dans la nouvelle Encyclopédie, pl. 241,
« fol. 3; une autre espèce de térébratule non cannelée, mais
« pointillée, nacrée et à oreillettes; enfin, une coquille bivalve
« à épines rares, dont je ne puis reconnaître le genre, n'en
« pouvant examiner la charnière.

« — Dans le morceau pris dans le *Kentucky*, à cents pieds
« au-dessus du lit des eaux, je remarque des individus de dif-
« férents âges, d'une espèce de térébratule cannelée, qui paraît
« se rapprocher de celle figurée dans la nouvelle Encyclopédie,
« pl. 242, fol. 1, ayant ses cannelures plus fines et plus nom-
« breuses que dans la térébratule cannelée du morceau précé-
« dent, et sa valve supérieure ou la plus petite, aplatie. Ce
« même morceau contient un fragment de belemnite.

« — Enfin, dans le troisième morceau, pris sur les hauteurs
« ouest d'Onondago, je vois de nombreux débris de deux té-
« rébratules cannelées, différentes encore de celles des deux

---

[*] Nouveau genre établi dans mon *Système des animaux sans vertèbres*, page 138, avec un démembrement du genre *anomia* de Linnée.

caires, dignes de faire exception par leur étendue:
l'un situé dans la longue vallée que forment entre

« morceaux précédents; l'une d'elles, un peu trigone, offre
« une gouttière sur le dos de la grande valve, et s'approche
« beaucoup de celle qui est représentée dans la pl. 244, fol. 7,
« de la nouvelle Encyclopédie. L'autre térébratule du même
« morceau est grande, aplatie presque comme un peigne; mais
« elle présente des fragments trop incomplets, pour qu'il soit
« possible de la caractériser, et d'en déterminer les rapports
« avec d'autres espèces.

« *Nota.* D'après la considération de ces trois morceaux, il
« me paraît évident que les régions de l'Amérique septentrio-
« nale, où ces morceaux ont été recueillis, ont fait autrefois
« partie du fond des mers *, ou du moins qu'elles montrent
« actuellement à découvert la portion de leur sol qui a fait
« partie du fond des mers et non de ses rives; car les fossiles
« qu'on y trouve maintenant sont des coquillages pélagiens
« (voyez mon *Hydrogéologie*, pages 64, 70 et 71), qui, comme
« les gryphytes, les ammonites (les cornes d'Ammon), les
« orthocératistes, les bélemnites, les encrinites (les palmiers
« marins), etc., vivent constamment dans les grandes profon-
« deurs des mers, et jamais sur les rivages. Aussi la plupart de
« ces coquillages et de ces polypiers ne sont-ils connus que
« dans l'état fossile.

« Vos observations, monsieur, déterminent la nature des
« fossiles que l'intérieur d'Amérique septentrionale laisse main-
« tenant à découvert, et il y a apparence que parmi ces fos-
« siles l'on y chercherait vainement des *coquilles littorales.*

« LAMARCK. »

---

* A l'appui de cette opinion, viennent encore les nombreuses salines, dont est rempli tout le pays d'ouest. On les y désigne sous le nom de *licks*, que l'on voit à chaque instant sur les cartes du Kentucky. La source la plus riche est près du lac Oneïda; elle contient un dix-huitième de sel de son poids. Les mers du Nord n'en contiennent que 1/32, et celles des tropiques 1/12 environ; il est remarquable que ces sources salées sont rares sur la côte Atlantique.
(*Note de l'Auteur*).

eux les sillons de *Blue-ridge* et de *North-mountain*, depuis la Delaware, au-dessus d'Easton et Bethléem, jusqu'aux sources de la rivière *Shenandoa*, et même par-delà le fleuve *James*, au grand arc de l'Alleghany ; car le comté de *Botetourt* qui occupe cette dernière partie, est appelé le *comté de la Chaux*, attendu qu'il en fournit tout le pays à l'est de Blue-ridge où l'on n'en a pas. Rockbridge est aussi en grande partie calcaire, ainsi que tout le pays de *Shenandoa* jusqu'au Potômac.

Une seconde partie de la vallée, celle qui s'étend du Potômac à la *Susquehannah*, comprend le bassin des rivières *Grand-Connegocheague* et *Connedogwinit*, où sont situés les territoires de *Chamber's-burg*, de *Shipen's-burg* et de *Carlisle*, célèbres par leur fertilité. La troisième partie, qui s'étend de la *Susquehannah* à la *Delaware*, occupe le bassin de la rivière *Swetara*; traverse avec quelques lacunes les branches du *Schuylkill*, et se termine vers *Easton* et *Nazareth*, dont les terrains ont aussi de la réputation. Sa limite montueuse, au nord-est, est le sillon *Kittatini*, prolongement de *North-mountain*; et au *sud-est*, le sillon connu dans le pays sous les divers noms de *South-mountain*, *Flying-hills*, *Holy-hille*; mais qui, comme je l'ai dit, n'est que le prolongement direct de Blue-ridge. Cette circonscription d'une même vallée calcaire, depuis l'arc d'Alleghany jusqu'à Easton, par 2 chaînes latérales, devient elle-même une preuve de l'identité que j'attribue à leurs prolongements.

L'autre canton calcaire, contigu à celui-ci, s'étend au revers oriental de *Blue-ridge*, depuis la brèche du Potômac jusqu'aux approches du Schuylkill dans le comté de Lancastre. Il a pour limites précises au sud-ouest et au sud, le Potômac et le lit du Grand-Monocacy, qu'il ne traverse pas à l'est : il comprend le territoire de Frederick-town, la majeure partie du cours du Pataspco, et les pays d'York et de Lancastre, qui sont considérés à juste titre comme les greniers de la Pensylvanie ; enfin il paraît se perdre entre Noristown et Rocksbury sur le Schuylkill : le reste de sa frontière, depuis le Monocacy jusqu'au Schuylkill, n'est point tracé par des hauteurs, quoique ce soit un point de partage de plusieurs eaux, et il ne donne point à ce canton le caractère de vallée que l'on observe dans les autres districts calcaires.

Il y a, entre le calcaire de l'*Ouest* et celui de ces deux cantons de l'*Est*, deux différences remarquables : la première est que la pâte des bancs calcaires de l'Est est généralement de couleur bleue assez foncée, et très mêlée de veines blanches de quartz, tandis que la pâte de la grande couche calcaire de l'Ouest, surtout en Kentucky, est de couleur grise, d'un grain homogène et feuilleté.

La seconde différence est que le banc de l'Ouest est, ainsi que je l'ai dit, presque horizontal, et formant comme une table universelle sous le pays. Dans l'Est, au contraire, c'est-à-dire dans les comtés de *Botetourt*, de *Rockbridge*, de *Staunton*, de *Frederick-town*, d'*York*, de *Lancastre*, et jusqu'à *Nazareth*, le calcaire est généralement confus et comme bouleversé : lorsque ses bancs observent des inclinaisons régulières à l'horizon, on remarque que c'est le plus communément de 40 à 50 degrés ; avec cette nuance singulière, que dans la vallée entre *North-mountain* et de *Blueridge*, l'angle est toujours moins considérable, c'est-à-dire au-dessous de 45°, tandis que dans les pays de Lancastre, York et Frederick-town (hors des montagnes), l'angle est plus habituellement au-dessus de 45°; et ce cas a lieu pour tous les autres bancs, soit de granit, soit de grès, qui sont moins inclinés dans les montagnes, et plus inclinés en s'approchant de la mer. A la cascade du *Schuylkill*, près Philadelphie, les bancs d'isinglass sont inclinés à 70° : sur l'Hudson, ils vont jusqu'à 90°.

De ces derniers faits, l'on a droit de conclure que toute la côte atlantique a été bouleversée par des tremblements de terre auxquels nous verrons ci-après qu'elle est très-sujette, tandis que le pays à l'ouest des Alleghanys n'en a pas été tourmenté. Aussi le docteur Barton assure-t-il que les mots *tremblements de terre* et *volcan* manquent aux langues des indigènes de l'ouest, tandis qu'ils sont usités et familiers dans les dialectes de l'est. Aux tremblements de terres, s'associent ordinairement les volcans, et l'on trouve en effet beaucoup de basaltes dans l'Alleghany et dans ses vallées; il faudrait des recherches expresses pour mieux désigner les anciens cratères. Je ne puis dire s'il y a ou s'il n'y a pas de coquillages fossiles dans les bancs de l'est dont je viens de parler; seulement je sais que l'on en a obervé dans le calcaire primitif des environs du lac Ontario et de Niagara(1).

L'on pourrait encore citer des veines et rameaux calcaires hors de ces régions principales; il y en a dans le district de Maine qui fournissent la chaux à Boston. La *Pointe-aux-roches*, sur le lac Champlain, est calcaire, et sans doute d'autres parties de ce lac ; plusieurs cantons le sont aussi aux environs de New-York ; mais l'exemple le plus singulier que je connaisse dans les États du *sud*, est celui d'un sillon qui n'a pas plus de 15 yards ou 14 mètres de largeur moyenne, et quelquefois seulement 3 mètres, et qui cependant s'étend plus de soixante-six lieues, continuées depuis le Potômac jusqu'au Roanoke : comme cette veine est habituellement à la surface du sol, on suit sa trace avec d'autant plus de certitude qu'elle est la

---

(1) Voyage de Liancourt, tome II.

seule à fournir de chaux tout le plat pays. Elle ne s'écarte pas de plus de 3 à 5 milles du sillon rouge ou *south-west-mountain* auquel elle est parallèle.

§ IV.

Régions de sables marins.

La quatrième région, formée de sables marins, comprend toute la plage depuis *Sandy Hook*, en face de l'*Ile-Longue* jusqu'à la Floride : sa limite dans l'intérieur des terres est un *banc* ou *sillon de granit* talqueux, dit *roche feuilletéé*(1) ou *isinglass*, qui court constamment dans le sens de la côte, c'est-à-dire de nord-est à sud-ouest; ce sillon ou banc part de l'extrémité des chaînes granitiques de la rive droite de l'Hudson, peut-être même du rivage en face de l'*Ile-Longue*, d'où je présume que les rocs se continuent sous la mer, et il s'étend jusqu'à la Caroline du nord par-delà le fleuve *Roanoke*, sous la forme d'un mince sillon, large au plus de 2 à 6 milles, sur une longueur de près de 500. Dans toute cette ligne, ce sillon, comme l'a très-bien observé Evans, marque sa route par les cascades qu'il fait subir à tous les fleuves avant leur arrivée à la mer; ces cascades elles-mêmes sont la limite extrême du flux et du

---

(1) Le voyageur suédois Peter Kalm l'appelle *glimmer*.

reflux des marées. Ainsi le sillon d'Isinglass coupe la *Delaware* à *Trenton*, le *Schuylkill* 2 milles au-dessous de Philadelphie, la *Susquehannah* au-dessus du *Creek* ou ruisseau *Octarora;* le *Gunpowder* au-dessus de *Joppa;* le *Patapsco* au-dessus de *Elk-ridge;* le *Potómac* à *George-town;* le *Rappahannock*, au-dessus de *Fredericksburg;* le *Pamunky*, au-dessous de ses 2 branches (50 milles au-dessus de *Hanover*); le *James* à *Richmond;* l'*Appamatox* au-dessus de *Petersburg*, et le *Reanoke* au-dessus d'*Halifax*. L'on n'a point observé de fossiles dans tout ce banc.

Entre lui et la mer, le sol dans une largeur variable de 30 à 100 milles, est un sable évidemment apporté par l'Océan, qui jadis eut pour rivage la ligne du sillon lui-même. Aux embouchures et sur les bords des rivières, quelques terres argileuses venues des montagnes par des débordements, forment avec ce sable un mélange fertile : le géographe Evans a même reconnu un banc souterrain d'argile jaune, de 3 à 4 milles de largeur, placé longitudinalement entre le sillon et le rivage, et qui, donnant du corps aux sables adjacents, les rend propres à faire de bonnes briques, ainsi qu'on le voit à Philadelphie : hors ces deux cas, ce sable est le même que celui de la mer voisine, c'est-à-dire blanc, fin et profond jusqu'à 20 pieds.

Peter Kalm, voyageur suédois, en 1742, a observé qu'en Pensylvanie et en New-Jersey, les couches sont comme il suit :

1° Terre végétale, 10 à 12 pouces, ci.................... 1 pd.

2° Sable mêlé d'argile, 6 à 7 pieds, ci.................... 7

3° Graviers et cailloux roulés tenant des huîtres et des *clams*, tels qu'ils vivent encore sur la côte, de 3 à 5 pieds, ci.................... 5

4° Une couche de vase noire, fétide, remplie de roseaux et de troncs d'arbres, dont il ne donne pas l'épaisseur. Cette couche qui gâte toutes les eaux des puits, se trouve à Philadelphie entre 14 et 18 pieds de profondeur : à *Raccoon* en *New-Jersey*, entre 30 à 40 pieds ; à *Washington*, je l'ai vue moi-même à 18 pieds dans la maison de M. *Law*, dont elle corrompt le puits.

5° Sous tous ces bancs, une couche d'argile où s'arrêtent les eaux : l'on me demandera peut-être sur quoi porte cette couche d'argile, mais je ne connais point de sondes inférieures, et puis il faut bien s'arrêter quelque part, sous peine d'arriver, comme les Indiens, à la tortue qui porte le monde.

Lorsque l'on considère que le noyau de l'île Longue est un granit talcqueux ; que les pointes de roche et les récifs qui se montrent d'espace en espace jusqu'à la baie *Chesapeak*, et même par-delà Norfolk, sont de ce même granit ; que toutes les roches du cap *Hatteras* en sont encore, on est tenté de le regarder comme le noyau fondamental de la côte; mais l'inclinaison des bancs dans la ligne des cascades, qui est de 70 degrés à celle du Schuylkill, et jamais de moins de 50 degrés de l'est à l'ouest, en offrant une direction contraire, tend plutôt à prouver que ces bancs servent de soutien à la région intérieure sous laquelle leurs tables s'enfoncent (1).

§ V.

Régions d'alluvions fluviales.

La cinquième et dernière *région* est le pays qui, depuis le sillon des cascades, s'élève en ondulation jusqu'au pied des montagnes de grès ou de granit. Sa limite est moins facile à tracer dans la Géorgie occidentale où le sillon d'isinglass ne se montre pas. Ce terrain a pour caractère d'être ondulé, tantôt par mamelons isolés, tantôt par sillons de petites collines : d'être composé de diverses espèces de terres et de pierres, tantôt confuses, tantôt rangées par couches, qui s'interrompent ou se succèdent plusieurs fois depuis les montagnes

---

(1) On remarque que cet *isinglass* contient plus de parties de mica dans les pays du sud, et plus de schorl dans les pays du nord de cette côte.

jusqu'à la plage maritime, en offrant toujours les caractères de matériaux roulés par les eaux des pentes supérieures : et telle est en effet l'origine de toute cette contrée. Lorsque l'on calcule le volume, la rapidité, le nombre de tous ses fleuves; de la Delaware, du Schuylkill, de la Susquehannah, du Potômac, du Rapahannock, de l'York, du James, etc. : lorsqu'on observe que la plupart d'entre eux, long-temps avant leurs embouchures, ont des lits larges depuis 600 jusqu'à 2,000 toises, sur une profondeur de 20 à 50 pieds : que dans leurs débordements annuels ils noient quelquefois le plat pays à 20 pieds de hauteur; l'on conçoit que de telles masses d'eaux ont dû opérer des mouvements prodigieux de terrain, alors surtout que dans les siècles reculés les montagnes plus élevées donnaient plus d'impétuosité à leur cours; que les arbres des forêts entraînés par milliers donnaient plus de force et d'aliments à leurs ravages; que des glaces amoncelées pendant des hivers de 5 à 6 mois produisaient des débâcles énormes, telles qu'en 1784 la Susquehannah en montra un exemple effrayant, lorsqu'elle amoncela, au détroit de *Mac Calls' Ferry* sous Colombia, une digue de plus de 30 pieds de glaces, dont l'obstacle faillit de noyer toute la vallée. A ces époques de la nature où l'Océan baignait immédiatement le pied des montagnes, comme le prouvent les délaissements que l'on y rencontre de toutes parts, ces montagnes plus élevées, en ce qu'elles n'avaient encore rien perdu de ce que leur ont enlevé depuis les siècles et la chute continuée des eaux, donnaient, par leur hauteur et par la roideur de leurs pentes, une action bien plus puissante à ces eaux; leurs sommets plus froids étaient couverts plus long-temps de neiges plus abondantes, de glaciers plus considérables : et lorsque la chaleur des étés plus courts sans doute, mais non moins intenses, fondait ces neiges et ces glaces, les torrents qui en résultaient déchiraient les pentes plus garnies de terres, creusaient des ravins plus profonds, y faisaient tomber les arbres minés par leurs racines, et entraînaient d'immenses débris qui s'entassaient sur les dernières rampes des montagnes : dans les années suivantes, d'autres débris venaient embarrasser les routes des années antérieures; les torrents arrêtés par leurs propres digues acquéraient de nouvelles forces en croissant de volume, et, les attaquant sur plusieurs points, il les renversaient par les parois les plus faibles : alors ils se frayaient des routes nouvelles et variables à travers des vases plus molles, parce que les matériaux les plus pesants restaient toujours en arrière, faute de pente et d'impulsion; par ce mécanisme continué pendant des siècles, d'anciens lits de torrents devinrent des vallons; d'anciens rivages et terrains d'alluvion devinrent des côtes et des plaines; et les fleuves descendant de niveaux en niveaux, abandonnant de pente en pente leurs plus lourds fardeaux, déposant successivement les plus légers et les plus solubles, empiétèrent sans cesse sur le domaine de l'Océan par des comblements de sables, de vases, de cailloux roulés et d'arbres qui lièrent tous ces matériaux. Le Mississipi encore aujourd'hui nous offre le spectacle instructif de toutes ces grandes opérations. L'on calcule que depuis 1720 jusqu'en l'année 1800, c'est-à-dire en 80 ans (1), il a poussé son comblement d'environ 15 milles dans la mer, c'est-à-dire environ 26,000 mètres : ainsi, sous les yeux de trois générations, il a créé à son embouchure un pays nouveau qu'il accroît chaque jour, et dans lequel il entasse des mines de charbon pour les siècles futurs. Telle est la célérité de son comblement qu'à la *Nouvelle-Orléans*, à 100 lieues au-dessus de l'embouchure actuelle, un canal creusé dernièrement par le gouverneur baron de Carondelet, depuis le fleuve jusqu'au lac Pontchartrain, a mis à découvert un terrain intérieur totalement formé de *vases noires*, et de troncs d'arbres entassés à plusieurs pieds de profondeur, qui n'ont encore eu le temps ni de se pourrir, ni de se convertir en charbon. Les deux rives ou banquettes du fleuve tout entières sont formées de troncs d'arbres ainsi enfoncés et maçonnés de vase, dans

---

(1) Voyage de Liancourt, tome IV, page 189.

une étendue de plus de 300 lieues, et il les a tellement exhaussées, qu'elles lui forment une digue latérale de 12 à 16 pieds d'élévation au-dessus du sol adjacent, généralement plus bas, et que dans les crues de chaque année, qui sont d'environ 8 mètres, les eaux exubérantes ne peuvent plus rentrer dans le fleuve, et forment des marais vastes et nombreux, qui un jour deviendront des moyens de richesses, mais qui présentement sont des obstacles à la culture et à la population.

CHAPITRE V.

Des lacs anciens qui ont disparu.

Il existe encore dans la construction des montagnes des États-Unis une autre circonstance plus caractérisée que partout ailleurs, qui a dû singulièrement augmenter l'action et varier les mouvements des eaux : lorsqu'on examine avec attention le terrain et même les cartes qui le représentent, l'on remarque que les chaînes principales ou sillons d'*Alleghany*, de *Blue-ridge*, etc., se trouvent tous dirigés en sens transverse au cours des grands fleuves, et que pour se faire jour du sein des vallées vers la mer, ces fleuves ont été contraints de percer les sillons et d'en renverser la barrière. Ce travail se montre avec évidence dans la James, le Potô-mac, la Susquehannah, la Delaware, etc., lorsque ces fleuves sortent de l'enceinte des montagnes pour entrer dans le pays inférieur; mais l'exemple qui m'a le plus frappé sur les lieux est celui du Potômac, 3 milles au-dessous de l'embouchure de la Shenandoa. Je venais de *Frederick-town*, distant d'environ 20 milles, et je marchais du sud-est vers le sud-ouest par un pays boisé et ondulé; après avoir traversé un premier sillon assez bien marqué, quoique de pente aisée, je commençai à voir devant moi, à 11 ou 12 milles vers l'ouest, le chaînon de Blue-ridge, semblable à un haut rempart couvert de forêts et percé d'une brèche du haut en bas. Je redescendis dans un pays ondulé et boisé qui m'en séparait encore, et enfin m'étant rapproché, je me trouvai au pied de ce rempart qu'il fallait franchir, et qui me parut haut d'environ 350 mètres (1). En me dégageant des bois, je vis dans son entier une large brèche que bientôt je jugeai être de 12 à 13 cents mètres de largeur. Au fond de cette brèche coulait le Potômac, laissant de mon côté sur sa gauche une rive ou pente praticable, large comme lui-même, et sur sa

---

(1) Faute d'instruments et de temps, mon moyen de mesurage fut de choisir, vers le pied du sillon, plusieurs arbres d'une hauteur à peu près connue de 25 mètres, et d'en répéter, d'échelon en échelon, la mesure comparative, ayant égard à la réduction de perspective.

droite serrant immédiatement le pied de la brèche : sur les deux parois de cette brèche ; et du haut en bas, beaucoup d'arbres sont implantés parmi les rocs, et masquent en partie le local du déchirement ; mais vers les deux tiers de la hauteur du flanc droit du fleuve, un grand espace à pic qui a refusé de les recevoir, montre à nu les traces et les caricatures de l'ancienne attache ou muraille naturelle, formée de quartz gris, que le fleuve vainqueur a renversée, en roulant ses débris plus loin dans son cours ; quelques blocs considérables qui lui ont résisté demeurent encore comme témoins à peu de distance. Le fond de son lit à l'endroit même est hérissé de roches fixes qu'il ne brise que peu à peu. Ses eaux rapides tournoient et bouillonnent à travers ces obstacles, qui dans un espace de 2 milles forment des *falls* ou *rapides* très-dangereux. Je les vis couverts des débris de bateaux naufragés peu de jours auparavant (1), qui avaient perdu 60 barils de farine.

A mesure que l'on s'avance dans ce défilé, il se resserre au point que le fleuve ne laisse plus libre qu'une voie de charrette, qui même est inondée dans ses hautes crues. Les flancs de la montagne donnent jour à une foule de sources qui dégradent encore cette voie en plusieurs endroits ; et comme

---

(1) La témérité des navigateurs américains rend ces accidents fréquents dans leurs fleuves comme sur l'Océan.

sa majeure partie est de pur roc, de quartz gris et
de grès, et même de granit, je tiens pour impossible le canal que l'on y projette : au bout de 3
milles on arrive au confluent de la rivière *Shenandoa :* elle sort brusquement à main gauche du revers escarpé de Blue-ridge, qu'elle serre et ronge
dans son cours. J'estime sa largeur, à cet endroit,
environ le tiers de celle du Potômac, qui m'a paru
avoir 200 mètres. Un peu plus haut, on traverse
ce dernier fleuve au bac de Harper (*Harper's
Ferry*), et par un coteau rapide on monte à l'auberge du lieu. De ce point saillant, le défilé se
présente comme un grand tuyau où la vue resserrée ne rencontre que des rocs et la verdure des
arbres, sans pouvoir pénétrer jusqu'à l'extrémité,
vers la brèche. Quand on vient de *Frederick-town*,
l'on ne voit pas non plus la riche perspective dont
les notes de M. Jefferson font mention; sur l'observation que je lui en fis peu de jours après, il
m'expliqua qu'il tenait sa description d'un ingénieur français qui, pendant la guerre de l'indépendance, s'était porté sur le haut de la montagne;
et je conçois qu'à cette élévation la perspective
doit être aussi imposante que le comporte un pays
sauvage dont l'horizon n'a pas d'obstacles.

Plus j'ai considéré ce local et ses circonstances,
plus je me suis persuadé que jadis le sillon de *Blueridge*, dans son intégrité, fermait absolument tout
passage au Potômac, et qu'alors toutes les eaux

du cours supérieur de ce fleuve privées d'issue, et accumulées au sein des montagnes, formaient plusieurs lacs considérables. Les nombreuses chaînes transverses qui se succèdent depuis le fort Cumberland n'ont pu manquer d'en établir à l'ouest de *North-mountain*. D'autre part, toute la vallée de Shénandoa et de Conegocheague dut n'en former qu'un seul depuis *Staunton* jusqu'à *Chambersburg*; et parce que le niveau des collines, même d'où ces deux rivières tirent leurs sources, est de beaucoup inférieur aux chaînes *Blue-ridge* et *North-mountain*, il est évident que ce lac dut n'avoir d'abord pour limites que la ligne générale du sommet de ces deux grands sillons; en sorte qu'aux premières époques il dut s'étendre et s'appuyer comme eux jusqu'au grand arc de l'Alleghany vers le sud. Alors les deux branches supérieures du fleuve *James*, également barrées par Blue-ridge, devaient l'augmenter de toutes leurs eaux; tandis que, vers le nord, le niveau général du lac ne trouvant point d'obstacles, dut se prolonger entre Blue-ridge et le sillon de Kittatini, non-seulement jusqu'à la Susquehannah et au Schuylkill, mais encore pardelà le Schuylkill et même la Delaware. Alors tout le pays inférieur, celui qui sépare Blue-ridge de la mer, n'avait que de moindres rivières fournies par les pentes orientales de Blue-ridge, et par le trop plein du grand lac, versé du haut de ses sommets. Par suite de cet état les rivières devaient y être moindres, le sol généralement plus plat; le sillon de granit talkeux ou isinglass, devait arrêter les eaux et former des lagunes marécageuses. La mer devait venir jusqu'à son voisinage, et y occasioner d'autres marais de l'espèce de *Dismal Swamp*, près de Norfolk; et si le lecteur se rappelle la couche de *vase noire* mêlée de roseaux et d'arbres que la sonde trouve partout enfouie sous la côte, il y verra la preuve de toute cette hypothèse. Avec le secours des tremblements de terre très-fréquents sur toute la côte atlantique, ainsi que je l'expliquerai, les eaux, qui ne cessèrent d'attaquer et de miner les sommets qui leur servaient de digues, s'y formèrent des issues; du moment que des volumes plus considérables purent s'échapper, les brèches s'accrurent davantage et plus rapidement; et l'action puissante des cascades, démolissant le sillon du haut en bas, finit par livrer passage à la plus forte masse du lac : cette opération a dû être d'autant plus facile, que *Blue-ridge*, en général, n'est pas une masse homogène cristallisée par de vastes bancs, mais un amas de blocs séparés, plus ou moins gros, entremêlés d'une terre végétale qui se délaie facilement : c'est une véritable digue maçonnée de terre grasse; et, comme ses pentes sont très-escarpées, il arrive fréquemment que les dégels et les grandes pluies, enlevant cette terre, privent les blocs de leur appui, et alors la chute d'une ou de plusieurs

masses y cause des éboulements et des espèces
d'*avalanches de pierres* très-considérables, et qui
durent pendant plusieurs heures; par cette circonstance les cascades du lac dûrent exercer cette
action d'autant plus rapide et plus efficace. Leurs
premières tentatives ont laissé des traces dans ces
gaps ou *cols* qui, d'espace en espace, font des
dentelures à la ligne des sommets; l'on voit clairement sur les lieux que ce furent de premiers
versoirs du *trop plein*, abandonnés ensuite pour
d'autres versoirs qui se démolirent plus aisément.
L'on conçoit que l'écoulement des lacs dut changer
tout le système du pays inférieur : alors furent
roulées toutes ces terres de seconde formation qui
composent la plaine actuelle. Le banc d'Isinglass,
forcé par des débordements plus fréquents et plus
volumineux, creva sur plusieurs points, et ses
marécages, mis à sec, écoulèrent leurs vases et
les joignirent à ces vases noires du littoral, qu'aujourd'hui nous trouvons enfouies sous les terres
d'alluvions, apportées depuis par les fleuves
agrandis.

Dans la vallée entre Blue-ridge et North-mountain, les changements furent relatifs à la manière
dont se fit l'écoulement. Plusieurs brèches, ayant
à la fois ou successivement livré passage aux cours
d'eaux appelés maintenant James, Potômac, Susquehannah, Schuylkill, Delaware, leur lac général
et commun se partagea en autant de lacs particuliers

séparés par les ondulations de terrain qui excédèrent leurs niveaux; chacun de ces lacs eut son versoir particulier, jusqu'à ce qu'enfin ce versoir se trouvant miné au plus bas niveau, les terres furent totalement découvertes. Cet événement a dû être plus ancien pour les rivières James, Susquehannah et Delaware, parce que leurs bassins sont plus élevés. Il a dû arriver plus récemment au fleuve Potômac, par la raison inverse que son bassin est le plus profond de tous : il serait à désirer que quelque jour le gouvernement des États-Unis, ou quelqne société savante du pays voulût charger d'habiles ingénieurs de faire des recherches sur cet intéressant sujet; il en résulterait infailliblement, à l'appui de ce que je viens de dire, des preuves de détail et des vues nouvelles du plus grand avantage pour la connaissance des révolutions qu'a subies notre globe.

Je ne puis déterminer jusqu'où la Delaware étendit alors, vers l'orient, le reflux de ses eaux. Il paraît que son bassin fut borné par le sillon qui côtoie sa rive gauche, et qui est le prolongement apparent de Blue-ridge et de North-mountain. Il est probable que son bassin a toujours été séparé de celui de l'Hudson, comme il est certain que l'Hudson en a eu un particulier dont la limite et la digue furent au-dessus de West-Point, à l'endroit appelé *Highs-land* (*Terres-hautes*). Pour tout spectateur de ce local, il semble incontestable que le chaînon transverse qui porte ce nom a autrefois barré le fleuve et contenu ses eaux à une hauteur considérable; et lorsque j'observe que la marée remonte jusqu'à 10 milles au-delà d'Albany, ce niveau si bas dans une si grande étendue, comparé à l'élévation des montagnes qui enveloppent ce bassin, me fait penser que le lac dut se prolonger jusqu'aux rapides du fort Édouard, peut-être même communiquer avec les lacs George et Champlain, et dans cet état rendre insensible la chute de la Mohawk (le Cohoes) dont il dépassait le niveau : cette chute ne put se former qu'après l'écoulement du lac par la brèche de *West-point*: et l'existence de ce lac, en expliquant les traces d'alluvions, de coquilles pétrifiées, de bancs de schistes et d'argiles cités par le docteur Mitchill, prouve la justesse des inductions de cet observateur judicieux sur la présence stationnaire d'anciennes eaux.

Ce sont aussi ces lacs anciens, maintenant à sec par la rupture de leurs digues, qui expliquent les banquettes correspondantes à 1 ou 2 étages, que l'on observe sur les rives de la plupart des rivières d'Amériques; elles sont surtout remarquables dans celles du pays d'Ouest, telles que la Tennessee, la Kentucky, le Mississipi, le Kanhawa et l'Ohio : je vais développer ce fait par la figure du lit de ce dernier fleuve, à l'endroit appelé *Cincinnati*, ou fort *Washington*, quartier-général de *North-west-territory*.

aa est le du lit fleuve dans les plus basses eaux, tel que je l'ai vu au mois d'août 1796.

bb est son écore, presque verticale, formée de couches de gravier, de sable et de terreau, et minée par les grandes eaux de chaque printemps; cette écore a presque 50 pieds de hauteur.

cc est une première banquette large de 400 pas ou 900 pieds, aussi formée de gravier et de cailloux roulés : les hautes crues arrivent sur cette banquette, et lavent de plus en plus le gravier et les cailloux (1).

dd est un talus à rampe douce d'environ 30 pieds de hauteur, composé de diverses couches de gravier et de terreau pleins de coquilles fossiles et de substances fluviatiles que l'on observe également dans l'écore : les hautes eaux ne dépassent jamais ce talus.

ee est une seconde banquette qui s'étend jusqu'au pied des collines latérales, et sur laquelle est assise la ville récente de Cincinnati (2) : telle est la rive droite du fleuve.

---

(1) Cette banquette et les talus sur tout le cours de l'Ohio, sont couverts de l'odieuse plante *stramonium*, que l'on m'a dit y avoir été importée de Virginie, mélée par accident à d'autres graines; elle s'est tellement multipliée, que l'on ne peut se promener sur les banquettes sans être infecté de son odeur narcotique et nauséabonde.

(2) Elle est composée d'environ 400 maisons de bois, en planches et en troncs, que l'on a commencée d'y construire à

Sa rive gauche répète à l'opposite les mêmes banquettes, les mêmes talus, par niveaux correspondants : en d'autres endroits ces banquettes ne se montrent que d'un côté; mais alors la rive opposée est tantôt une côte escarpée sur laquelle le fleuve n'a pu marquer de traces fixes, tantôt une plaine si large, que l'œil ne va pas chercher au pied des collines lointaines les traces qu'il y trouverait.

Lorsque l'on examine la disposition de ces banquettes, de leurs couches, de leurs talus, et la nature de leurs substances, l'on demeure convaincu que même la partie la plus élevée de la plaine, celle qui s'étend de la ville aux collines, a été le siége des eaux, et même le lit primitif du fleuve, qui paraît en avoir eu 3 à des époques différentes.

La première de ces époques fut le temps où les sillons transverses des collines, encore entiers, comme je l'ai expliqué plus haut, barrèrent le fleuve, et, lui servant de digues, tinrent ses eaux au niveau de leurs sommets. Alors tout le pays soumis à ce niveau était un grand lac ou marécage d'eaux stagnantes. Par le laps des temps, et par l'effet annuel et périodique des fontes de neiges et de leurs débordements, les eaux rongèrent quelques endroits faibles de la digue : l'une des

---

l'époque de la guerre des Sauvages, vers 1791 : ce n'était qu'un camp de réserve et parc d'artillerie.

brèches ayant cédé au courant, tout l'effort des eaux s'y rassembla, la creusa plus profondément, et abaissa ainsi le niveau du lac de plusieurs mètres. Cette première opération dégagea la plaine ou banquette supérieure *ee*, et les eaux du fleuve, encore lac, eurent pour lit la banquette *cc*, et pour rivage le talus *dd*.

Le temps où les eaux demeurèrent dans ce lit fut la seconde époque.

La troisième eut lieu lorsque la cascade ayant encore été surbaissée par le courant plus concentré et plus actif, le fleuve se creusa un lit plus étroit et plus profond, qui est l'actuel, et laissa la banquette *cc* habituellement à sec.

Il est probable que l'Ohio a été barré en plus d'un endroit, depuis Pittsburg jusqu'aux rapides de Louisville : lorsque je le descendis depuis le Kanhawa, n'étant pas prévenu de ces idées qu'un ensemble postérieur de faits m'a suggérées, je ne dirigeai pas une attention spéciale sur les chaînons transverses que je rencontrai ; mais je me suis rappelé en avoir remarqué plusieurs assez considérables, particulièrement vers Gallipolis et jusqu'au Sciotah, très-capables de remplir cet objet; ce ne fut qu'à mon retour de Poste-Vincennes sur Wabash, que je fus frappé de la disposition d'un chaînon situé au-dessous de *Silver-creek* (1), à en-

---

(1) Ruisseau d'argent.

viron 5 milles des *rapides* d'Ohio : ce sillon, désigné vaguement par les voyageurs canadiens, sous le nom des *côtes*, traverse du nord au sud le bassin de l'Ohio : il a forcé le fleuve de changer sa direction d'est vers ouest, pour aller chercher une issue qu'en effet il trouve au confluent de *Salt-river* ; et même l'on dirait qu'il a eu besoin des eaux abondantes et rapides de cette rivière, et de ses nombreux affluents pour percer la digue qui le barrait. La pente assez rapide de ces *côtes*, quoique par un sentier commode, exige environ un quart d'heure pour être descendue ; et par comparaison à d'autres élévations, elle m'a paru donner une élévation perpendiculaire d'environ 400 pieds. Le sommet est trop couvert de bois pour que l'on puisse voir le cours latéral de la chaîne ; mais l'on aperçoit qu'elle se prolonge fort loin au nord et au sud, et qu'elle ferme le bassin d'Ohio dans toute sa largeur. Vu du sommet, ce bassin présente tellement l'aspect et les apparences d'un lac que l'idée de son ancienne existence, déjà préparée par tous les faits que j'ai exposés, prit pour moi tous les caractères de la probabilité et de la vraisemblance : d'autres circonstances locales viennent à l'appui de cette vraisemblance ; car j'ai remarqué que depuis ce chaînon jusqu'au delà de *White-river* (la rivière blanche), à huit milles de Poste-Vincennes, le pays est entrecoupé d'une foule de sillons souvent éle-

6.

vés et rapides, qui rendent la route âpre et pénible : ils sont tels, surtout après Blue-river et sur les deux rives de White-river; ils tiennent partout une direction qui les fait tomber sur l'Ohio en sens transverse. D'autre part, j'ai su à Louisville que la rive Kentukoise ou méridionale de ce fleuve qui leur correspond, avait des sillons semblables; en sorte que dans cette partie, il existe un faisceau de chaînons propres à opposer aux eaux de puissants obstacles. Ce n'est que plus bas sur le fleuve, que le pays devient plat, et que commencent les immenses savanes de Wabash et de *Green-river*, qui s'étendant jusqu'au Mississipi, excluent de ce côté l'idée de toute autre digue (1).

Un autre fait général favorise encore mon hypothèse. L'on remarque en Kentucky comme une

---

(1) Un colon du Tennessee m'a fait observer que toutes les rivières de ce pays, qui versent immédiatement dans le Mississipi, ont également des banquettes; ce qu'on attribue, a-t-il ajouté, à ce que chaque année, dans le cours du mois de mai, le Mississipi a une crue d'environ 25 pieds anglais, laquelle force tous ses affluens de déborder et de se faire un plus large lit. Mais cette crue fait pour ces rivières office de digue temporaire, et confirme, en ce point, la théorie que j'ai présentée pour d'autres cas. Au reste, je ferai observer à mon tour, que sur sa rive gauche, du côté d'est, le Mississipi est constamment restreint par une chaîne de hauteurs qui lui laissent rarement quatre ou cinq milles de terrain plat pour se déployer, tandis que sur la rive droite, du côté d'ouest, lorsqu'il a franchi sa berge, il perd ses eaux sur un sol plat de plus de 20 lieues de largeur.

bizarrerie, que toutes les rivières de ce pays coulent plus lentement près de leurs sources, et plus rapidement près de leur embouchure; ce qui en effet est l'inverse de la plupart des rivières des autres pays; d'où il faut conclure que le lit supérieur des rivières de Kentucky est un pays plat, et que leur lit inférieur aux approches de la vallée d'Ohio est une rampe déclive. Or, ceci coïncide parfaitement à mon idée d'un ancien lac; car, à l'époque où ce lac occupa jusqu'au pied des Alleghany, son fond, surtout vers ses bords, dut être assez uni et plane, aucun travail des eaux n'en déchirant la superficie; mais lorsque la digue qui retenait cette massse d'eaux paisibles se fut abaissée, le sol découvert commença d'être sillonné par les écoulements; et lorsqu'enfin le courant concentré dans la vallée d'Ohio démolit plus rapidement sa chaussée, alors les terres de cette vallée, brusquement enlevées, laissèrent comme un vaste fossé, dont les escarpements sollicitèrent toutes les eaux de la plaine d'arriver plus vite, et de là ce cours, qui malgré leurs travaux subséquents, s'est conservé plus rapide jusqu'à ce jour.

Admettant donc que l'Ohio ait été barré, soit par le chaînon de Silver-creek, soit par tout autre contigu, il dut en résulter un lac d'une très-vaste étendue : car depuis Pittsburg, la pente du terrain est si douce que le fleuve en eaux basses ne court pas 2 milles à l'heure : ce que l'on estime donner une pente d'environ 12 pouces par lieue; or la distance de Pittsburg aux rapides de Louisville, en suivant les détours du fleuve, ne s'évalue pas actuellement à 590 milles, que l'on peut réduire à environ 180 lieues (1).

Il en résulte par aperçu une différence de niveau d'environ 180, ou si l'on veut, 200 pieds : à défaut de mesures précises pour la hauteur du sillon *des côtes*, supposons-lui-en 200 : il sera encore vrai qu'une telle digue a pu contenir les eaux, et les refouler jusque vers Pittsburg : et le lecteur trouvera une telle hypothèse encore plus probable, quand il se rappellera ce que j'ai déja dit (pag. 26), *que tout l'espace compris entre l'Ohio et le lac Érié, est un grand plateau d'un niveau presque insensible :* assertion qui se démontre par plusieurs faits hydrauliques incontestables.

---

(1) Hutchins suppose près de 700 milles; mais il faut remarquer que ce géographe n'eut aucun moyen exact et géométrique de mesurer l'Ohio : il le descendit en bateau, dans un temps de guerre avec les sauvages, calculant sa marche par le courant, sans faire de relevé à terre, dans la crainte de surprises toujours menaçantes : depuis quelques années, la navigation plus libre du fleuve a établi des calculs plus justes, et prouvé que ceux de Hutchins pèchent tous par excès; ainsi, du petit Miami aux rapides, l'on compte 145 milles, au lieu de 184 qu'il portait. Du grand Kanhawa au petit Miami, 207, au lieu de 231; en général, on le réduit d'un septième.

1° L'Ohio dans ses débordements annuels, même avant de sortir de son lit sur la première banquette, c'est-à-dire avant d'atteindre à 50 pieds de son fond, refoule le grand Miami jusqu'à *Grenville*, lieu situé à 72 milles au nord dans les terres; il y a cause stagnation, et même inondation, ainsi que me l'assurèrent les officiers que je trouvai à ce poste, quartier-général de l'expédition du général Wayne en 1794.

2° Dans les inondations du printemps, la branche nord du grand Miami se confond avec la branche sud du Miami du lac Érié (ou rivière Sainte-Marie) (1): alors le *portage* (2) d'une lieue qui sépare leurs têtes, disparait sous l'eau, et l'on passe en canot du fort *Loremier* à *Guertys-town*, c'est-à-dire, d'un affluent d'Ohio dans un affluent d'Érié, comme je l'ai vu sur les lieux, en 1796.

3° A ce même lieu de *Loremier*, vient aboutir une branche orientale de la Wabash, qu'un simple fossé joindrait aux deux rivières précédentes; et cette même Wabash par une branche nord,

---

(1) Il y a trois *Miamis*, le *petit*, au-dessus de Cincinnati; le second ou *grand* Miami, au-dessous de ce même poste, tous deux versant dans l'Ohio, et le troisième versant dans le lac Érié.

(2) *Portage* est l'espace de terre qui se trouve entre deux eaux navigables, parce que l'on est obligé de *porter* le canot pour passer de l'une à l'autre; c'est ce que les anglais appellent *carrying place*.

communique au-dessus du fort *Wayne*, toujours dans la saison des grandes eaux, au Miami du lac Érié.

4° Pendant l'hiver de 1792 à 1793, deux pirogues furent expédiées du fort Détroit sur le Saint-Laurent, par une maison de commerce, de qui je tiens le fait, et elles passèrent immédiatement et sans portage de la rivière *Huron*, qui verse au lac Érié, dans la rivière *Grande*, qui verse au lac Michigan, par les eaux débordées des têtes de ces deux rivières.

5°. La rivière Moskingom, qui coule dans l'Ohio, communique également par ses sources et par de petits lacs aux eaux de la rivière *Cayahoga*, qui verse dans l'Érié.

De tous ces faits, il résulte que le sol dominant du plateau entre l'Érié et l'Ohio, ne saurait excéder de plus de 100 pieds le niveau de la première banquette de ce fleuve, ni de plus de 70 celui de la seconde, qui est la surface générale du pays : par conséquent une digue de 200 pieds seulement, placée à Silver-creek, a suffit non-seulement à refouler les eaux jusqu'au lac Érié, mais encore à les étendre depuis les dernières rampes de l'Alleghany jusqu'au nord du lac supérieur.

Au reste, quelque élévation que l'on admette à cette digue naturelle, soit même que l'on suppose en divers lieux plusieurs digues qui auraient versé successivement les unes sur les autres, l'existence d'eaux sédentaires dans cette contrée de l'*Ouest*, et de lacs anciens tels que je les ai démontrés entre Blue-ridge et North-mountain, n'en est pas moins un fait incontestable pour tout observateur du terrain ; et ce fait explique, d'une manière satisfaisante et simple, une foule d'accidents locaux qui, par contre-coup, lui servent de preuve : par exemple, ces anciens lacs expliquent pourquoi dans la totalité du bassin d'Ohio, les terres sont toujours nivelées par couches horizontales ; pourquoi ces couches descendent par ordre graduel de pesanteur spécifique ; pourquoi l'on trouve en divers lieux des débris d'arbres, de roseaux, de plantes et même d'animaux, tels que les ossements des *mámouts* entassés entre autres au lieu appelé *Bigbones*, 36 milles au-dessus de l'embouchure de la rivière Kentucky, et qui n'ont pu être ainsi rassemblés que par l'action des eaux : enfin ils donnent une solution aussi heureuse que naturelle de la formation des couches de charbon fossile qui se trouvent de préférence dans certains cantons et dans certaines situations du pays.

En effet, d'après les fouilles que l'industrie des habitants multiplie depuis 20 ans, il paraît que c'est spécialement au-dessus de Pittsburg, dans l'espace compris entre le chaînon de *Laurel* et les hautes branches des rivières *Alleghany* et *Monon-*

gahéla, qu'il existe une couche presque universelle de charbon de terre à la profondeur moyenne de 12 à 16 pieds : cette couche est appuyée sur le banc horizontal de pierres calcaires, et recouverte de couches de schistes et d'ardoises ; elle ondule avec le banc et avec ces couches sur les coteaux et dans les vallons ; elle est plus épaisse dans ceux-ci, plus mince sur ceux-là, et en général elle a 6 à 7 pieds d'épaisseur : par sa situation topographique, l'on voit qu'elle affecte le bassin inférieur des 2 rivières dont j'ai parlé, et de leurs affluentes, *Yohogany* et *Kiskéménitas*, qui versent toutes par un terrain assez plane dans l'Ohio sous Pittsbourg : or, dans l'hypothèse du *grand lac* dont j'ai parlé, cette partie se serait trouvée primitivement être la queue de ce lac, et le point des eaux mortes causées par son refoulement : il est reconnu par les naturalistes que les charbons fossiles ne sont que des amas d'arbres entraînés, puis recouverts de terres par les rivières et les torrents : ces amas ne se font point dans le courant, mais dans les lieux de remous où ils sont abandonnés à leur prore poids : ce mécanisme se montre encore aujourd'hui dans beaucoup de rivières des États-Unis, mais surtout dans le Misssissipi qui, comme je l'ai dit, entraîne annuellement une immense quantité d'arbres : quelques portions de ces arbres se déposent dans les anses ou baies de ses rivages où les eaux tournoient et reposent; mais la plus grande masse arrive aux bords de la mer; et parce que là il y a équilibre entre le cours du fleuve et les marées de l'océan, les arbres s'y fixent par un mouvement stationnaire, et ils y sont enfouis par la double action du reflux de la mer et du courant du fleuve, sous les vases et les sables. De même, dans les temps anciens, les rivières qui versent des Alleghanys et du chaînon de *Laurel* dans le bassin d'Ohio, trouvant vers Pittsburg les eaux mortes et la queue du grand lac, y déposèrent les arbres que chaque année elles entraînent encore par milliers dans les fontes de neiges et les grands dégels du printemps; ces arbres y furent entassés par couches nivelées comme le liquide qui les portait: et parce que la digue du lac se surbaissa successivement, ainsi que je l'ai expliqué, sa queue descendit aussi de proche en proche; et par ce mécanisme le local des dépôts se prolongeant à sa suite, forma cette vaste nappe qui, par le laps des temps postérieurs, s'est recouverte de terre, de graviers, et a pris l'état que nous lui voyons. Si nous pouvions connaître la durée nécessaire à convertir en charbon fossile les arbres enfouis avec de telles circonstances, ces opérations de la nature deviendraient pour nous des échelles chronologiques d'une autorité bien différente de celle des chronologies rêvées par des visionnaires chez des peuples barbares et superstitieux.

Les charbons fossiles se retrouvent en plusieurs autres lieux des États-Unis, et toujours dans des circonstances, analogues à celles que je viens d'exposer.

Évans parle d'une mine située près du *Moskingom*, vis-à-vis de l'embouchure du ruisseau *Laminski-cola*, laquelle prit feu en 1748, et brûla pendant une année entière. Cette mine appartient au même système dont je viens de parler, et les grandes rivières qui versent dans l'Ohio, doivent presque toutes avoir des dépôts de ce genre dans leurs parties plates et dans leurs cantons de remous.

La branche supérieure du Potômac, au-dessus et à la gauche du fort Cumberland, est devenue célèbre depuis quelques années pour des couches de charbon fossile disposées en dunes sur ses rives, de telle manière que les bateaux se mettent au pied de la berge et font un chargement immédiat : or ce local porte toutes les apparences d'un lac qui aurait été formé par un ou plusieurs des nombreux sillons transverses qui barrent le Potômac au-dessus et au-dessous du fort Cumberland.

En Virginie, le lit du fleuve James, dix milles au-dessus des rapides de *Richmond*, s'appuie sur, une couche de charbon fossile très-considérable : aux deux ou trois endroits où on l'a fouillé sur sa rive gauche, l'on a trouvé, sous environ 120 pieds anglais d'argile rouge, un banc de charbon d'environ 24 pieds d'épaisseur assis sur un banc de granit incliné : il est évident que les rapides qui se trouvent plus bas et qui font encore obstacle au fleuve, l'ont autrefois totalement barré; alors il y eut dans ce local une eau stagnante, et très-probablement un lac; le lecteur observera que partout où il y a *rapide*, il y a stagnation dans la nappe d'eau qui le précède, comme il arrive aux vannes des moulins : les arbres durent donc s'entasser dans ce lieu : lorsque le fleuve eut creusé sa brèche et abaissé son niveau, les crues de chaque année y vinrent déposer cette argile rouge que l'on y trouve; et elle y décèle avec évidence une origine étrangère, en ce que cette qualité de terre appartient au cours supérieur du fleuve, et spécialement au sillon dit de *sud-ouest*.

Il serait néanmoins possible que l'on citât ou que l'on découvrît *sur la côte atlantique* des veines ou des mines de charbon fossile qui se refusassent à cette théorie; mais un ou plusieurs exemples ne suffiraient pas à la renverser, parce que toute la côte atlantique, c'est-à-dire tout le pays situé entre l'Océan et l'Alleghany, depuis l'embouchure du Saint-Laurent jusqu'aux Antilles, a été bouleversé par des tremblements de terre dont les traces se rencontrent partout, et ces tremblements ont altéré et presque détruit, dans toute cette étendue, l'ordre horizontal régulier des couches de terres et des bancs de pierres qui les supportaient.

Désormais j'ai assez développé l'état et les circonstances du sol des États-Unis : il me reste à dire un mot sur l'une des singularités physiques les plus remarquables de cette contrée, celle-même qui la caractérise le plus particulièrement, puisque le reste du globe n'a pas encore offert son pendant; je veux parler de la chute du fleuve Saint-Laurent à Niagara.

CHAPITRE VI.

De la chute de Niagara et de quelques autres chutes remarquables.

QUELQUES voyages publiés récemment (1) ont déja donné sur la chute de Niagara des détails propres à faire connaître ce phénomène gigantesque; mais parce qu'ils me paraissent s'être attachés à en décrire plutôt l'imposant spectacle que les circonstances topographiques, dont néanmoins il n'est que l'effet, je crois devoir m'occuper spé-

---

(1) Voyage dans les États-Unis d'Amérique, par Larochefoucauld-Liancourt, tome II.

Voyage dans le Haut-Canada, par Isaac Weld, tome II.

Ces deux livres peuvent passer pour une bibliothèque portative des États-Unis.

cialement de cette dernière partie, qui a son genre d'intérêt.

C'est un incident réellement étrange en géographie, qu'un fleuve de 700 mètres de largeur (c'est-à-dire la longueur du jardin des Tuileries), sur une profondeur moyenne de 15 pieds de courant, à qui tout-à-coup manque le sol de la plaine où il serpente, et qui, d'un seul jet, précipite toute sa masse de 144 pieds de hauteur, dans un terrain inférieur où il poursuit son cours, sans que d'ailleurs l'œil du spectateur aperçoive aucune montagne qui ait gêné ou barré sa route. L'on n'imagine point par quelle localité singulière la nature a disposé et nécessité cette scène prodigieuse; et quand on l'a reconnu, l'on demeure presque aussi surpris de la simplicité des moyens, que de la grandeur du résultat.

Pour que le lecteur saisisse facilement l'ensemble de ce tableau, il doit d'abord se rappeler que tout le pays compris entre le lac d'Érié et l'Ohio, est un vaste plateau d'un niveau supérieur à presque tout ce continent, comme il est prouvé par les sources des différents fleuves qui en découlent, les uns au golfe du Mexique, les autres à la mer du Nord et à l'océan Atlantique. Du côté de l'ouest et du nord-ouest, ce plateau vient sans interruption des Savanes situées par-delà le Mississipi et les lacs auxquels il sert d'appui; du côté du sud et de l'est, il se joint aux rampes des Alleghanys;

mais du côté du nord, lorsqu'il a dépassé le lac Érié, environ 6 à 7 milles avant le lac Ontario, le terrain subit tout-à-coup une forte dépression, et, par une pente brusque, il verse dans une autre plaine d'un niveau inférieur de plus de 230 pieds, dans laquelle s'assied le lac Ontario. Lorsqu'on vient du côté de ce lac, on saisit facilement cette disposition de terrain ; de très-loin sur la nappe d'eau douce, l'on aperçoit devant soi comme un haut rempart, dont l'escarpement garni de forêts, semble devoir interdire tout passage ultérieur : l'on entre dans le Saint-Laurent, que l'on remonte jusqu'au village de Queens-town, et bientôt l'on aperçoit sur la gauche une gorge étroite et profonde, d'où sort le fleuve assez rapide, mais calme : la cascade reste encore une énigme : cet escarpement vient de *Toronto*, ou même de plus loin, et côtoyant la rive nord du lac Ontario à la distance variable d'un et deux milles, il tourne par une courbe à l'est, sur la rive méridionale du lac, traverse le Saint-Laurent à 7 milles de son embouchure, la rivière *Génésee* à huit de la sienne, puis se recourbe encore vers le sud, et par une ligne distante de 5 à 6 milles ouest du lac Seneca, où je reconnus sa rampe (1), il va se rejoindre,

---

(1) A un mille et demi de *New-Geneva*, venant de Canandarké, je me trouvai au bord d'un amphithéâtre d'une pente plus douce et plus longue que celle dont je parlerai bientôt ;

presque de plain-pied, aux rameaux des Alleghanys, d'où ce lac tire ses principales eaux.

L'on peut même dire, que presque de niveau dans cette partie avec ces montagnes, le plateau se prolonge avec elles jusqu'au fleuve *Hudson*, où il se termine comme à Niagara par une rampe également haute et rapide; ce qui présente un autre incident également remarquable en géographie, d'un terrain où la marée pénètre à plus de 166 milles précisément au pied d'un autre où viennent prendre leurs sources des rivières, telles que la Delaware, dont le cours en a plus de quatre cents.

L'artifice du local de Niagara est plus difficile à saisir pour ceux qui viennent du côté du lac *Érié*, ainsi qu'il m'arriva le 24 octobre 1796. Depuis ce lac, et même voguant sur ses eaux, l'on n'a en vue aucune montagne, excepté par le travers de Presqu'île, où l'on découvre quelques têtes basses et lointaines dans le nord-ouest de la Pensylvanie. Le pays où coule le Saint-Laurent ne présente qu'une vaste plaine couverte de forêts; et le cours du fleuve, qui *file* à peine 3 milles à l'heure, n'indique point encore l'accident qui

---

mais d'une vue encore plus magnifique, car l'on y découvre, sans obstacle et d'un seul coup d'œil, un immense bassin parfaitement plane, composé, au nord-est, du lac Ontario, et à l'est, d'une véritable mer de forêts, parsemée de quelques fermes et villages, et des nappes d'eaux des lacs iroquois.

l'attend plus bas. Ce n'est que vers l'embouchure du ruisseau *Chipéwas*, six lieues au-dessous du lac Érié, que l'eau devenant plus rapide, avertit les rameurs de serrer le rivage et de prendre port au village situé à cet endroit : là, le fleuve déploie une nappe d'eau d'environ 350 toises de large, de toutes parts bordée de futaies. L'on n'est plus qu'à 2000 toises (2 milles et demi) de la cascade : l'on entend un bruit sourd et lointain, comme des vagues de la mer; et ce bruit est plus ou moins grand, selon le vent régnant; mais l'œil n'aperçoit encore rien. L'on suit à pied une route sauvage tracée par des charrettes, sur la rive gauche du fleuve, que les arbres empêchent de voir en avant. Au bout d'un mille l'on aperçoit le fleuve tournant sur sa gauche, et s'engageant un mille encore plus bas parmi les écueils qu'il couvre d'écume.... Par-delà ces brisants, l'on voit sortir d'un enfoncement dans la forêt un nuage de vapeurs.... et plus aucune trace de fleuve : le bruit est bien plus violent, mais l'on ne voit point encore la chute : l'on continue de marcher sur le rivage, qui d'abord n'excédait que de 10 à 12 pieds la surface de l'eau, mais qui bientôt s'approfondit à 20, à 30 et 50, et indique, par cette pente, l'accélération du courant. Alors quelques ravins obligent de faire encore sur la gauche un détour qui écarte du fleuve : pour y revenir, il faut traverser les terrains d'une ferme déja établie, et enfin, se dégageant des arbres et des broussailles, l'on arrive sur le flanc de la cataracte (1) : c'est là qu'on voit le fleuve se précipiter tout entier dans un ravin ou canal creusé par lui-même, d'environ 66 mètres (200 pieds) perpendiculaires de profondeur sur une largeur d'environ 400 mètres (1200 pieds). Il y est encaissé comme entre deux murailles de rochers dont les parois sont tapissées de cédres, de sapins, de hêtres, de chênes, de bouleaux, etc. Ordinairement les voyageurs contemplent la chute de ce local, où un roc proéminent domine sur l'abîme : quelques voyageurs de la société dont je faisais partie lui donnèrent en effet la préférence ; d'autres, auxquels je me joignis, informés que l'on pouvait descendre 5 à 600 toises plus bas, au fond du ravin, par les échelles du gouverneur *Simcoe*, pensèrent que l'on y jouirait mieux de toute la grandeur du spectacle, les objets de ce genre produisant plus d'effet lorsqu'ils sont vus de bas en haut. Nous descendîmes, non sans difficulté, par ces échelles qui ne sont que des troncs d'arbres entaillés et fixés contre la paroi du précipice : parvenus au fond, nous pûmes remonter vers la chute par une rive de roches écroulées et

---

(1) Déja des colons ont profité de cette pente pour construire des moulins à scie et à farine.

de sables déposés, où nous trouvâmes des cadavres de daims et de sangliers que la cataracte avait entraînés lorsqu'ils voulaient passer à la nage au-dessus d'elle. Le courant près de nous était très-rapide sur un lit de rocs, mais il n'offrait aucun danger. Sur notre gauche, en avant, était une portion de la chute d'environ 200 pieds de large : une petite île la sépare de la grande cataracte. Au delà, en avant et en face du spectateur, celle-ci forme un *fer-à-cheval* d'environ 1200 pieds de développement, masqué sur la droite par les rocs saillants du flanc du ravin. A plus de 300 toises de distance, la pluie causée par les rejaillissements de l'eau qui se précipite et se relève en colonnes était déja si forte, que nous en étions pénétrés. Convalescent d'une fièvre maligne que j'avais essuyée au fort *Détroit*, je n'eus ni la force ni le désir d'aller plus avant : quelques-uns de mes compagnons entreprirent de pénétrer jusqu'à la cascade; mais ils furent bientôt rebutés par des obstacles supérieurs à l'idée qu'ils s'en étaient faite : un voyageur anglais, avec qui je traversai le lac Érié, avait été plus heureux que nous deux mois auparavant. Dirigé par d'excellents guides, et disposant de moyens et de temps que nous n'avions pas, il pénétra aussi loin qu'il est possible sans y périr; et pour satisfaire la juste curiosité du lecteur, je vais extraire la description qu'il en a faite dans l'ouvrage intitulé : *Voyage au Canada*, et qui a été traduit en français (1).

« En arrivant au pied des échelles de *Simcoe* au
« fond du ravin, l'on se trouve au milieu d'un
« amas de rochers et de terres détachées du flanc
« du coteau. On voit ce flanc garni de sapins et
« de cèdres suspendus sur la tête du voyageur, et
« comme menaçant de l'écraser : plusieurs de ces
« arbres ont la tête en bas et ne tiennent au coteau
« que par leurs racines. La rivière, en cet endroit,
« n'a qu'un quart de mille de largeur (un peu
« plus de 200 toises) et sur la rive opposée (2) l'on
« a une très-belle vue de la petite cataracte. Celle
« du fer-à-cheval est à moitié cachée par le co-
« teau.

« Nous suivîmes la rivière jusqu'à la grande ca-
« taracte : nous marchâmes une bonne partie du
« chemin sur une couche horizontale de pierres à
« chaux couverte de sable, excepté en quelques
« endroits où il fallut gravir des amas de rochers
« détachés du coteau.... Ici, l'on trouve beaucoup
« de poissons, d'écureuils, de renards et d'autres
« animaux qui, surpris au-dessus des cataractes
« par le courant qu'ils voulaient passer à la nage,
« ont été précipités dans le gouffre et jetés sur

---

(1) Voyez le voyage de M. Weld, tome II, p. 298, traduit par M. Castera.

(2) La traduction française, dit, *un peu sur la droite :* oui, quant au fleuve; mais quant au spectateur, c'est incontestablement *sur la gauche*.

« cette rive; l'on voit également des arbres et des
« planches que le courant a détachés des moulins
« à scier : le bois ainsi que les carcasses des ani-
« maux, et particulièrement les gros poissons,
« paraissent avoir beaucoup soufferts par les chocs
« violents qu'ils ont éprouvés dans le gouffre.
« L'odeur putride de ces corps répandus sur le
« rivage, attire une foule d'oiseaux de proie qui
« planent habituellement sur ces lieux... Plus on
« approche de la chute, plus la route devient dif-
« ficile et raboteuse : en quelques endroits où des
« parties du coteau se sont écroulées, d'énormes
« amas de terre, d'arbres et de rochers qui s'é-
« tendent jusqu'au bord de l'eau s'opposent à la
« marche, présentent une barrière qui paraît im-
« pénétrable, et qui le serait en effet, si l'on n'a-
« vait un bon guide pour les franchir. Il faut,
« après être parvenu avec beaucoup de peine jus-
« qu'à leur sommet, traverser en rampant sur les
« mains et sur les genoux, de longs passages obs-
« curs formés par des vides entre les crevasses des
« rochers et des arbres; et lorsque l'on a franchi ces
« amas de terres et d'arbres, il faut encore gravir
« les uns après les autres les rochers qui sont le
« long du coteau ; car ici la rivière ne laisse qu'un
« très-petit espace libre, et ces rochers sont si
« glissants, à cause de l'humidité qu'y entretien-
« nent les vapeurs ou plutôt la pluie de la cata-
« racte, que ce n'est qu'en prenant les plus gran-

« des précautions que l'on peut se préserver de la
« plus terrible de toutes les chutes. Nous avions
« encore un quart de mille à faire pour arriver
« au pied de la chute, et nous étions aussi mouil-
« lés par ses vapeurs que si nous avions été trem-
« pés dans la rivière.

« Arrivé là, aucun obstacle n'empêche d'appro-
« cher jusqu'au pied de la chute. On peut même
« avancer derrière cette prodigieuse nappe d'eau,
« parce que, outre que le rocher du haut duquel
« elle se précipite a une forte saillie, la chaleur (1)
« occasionée par le violent bouillonnement des
« eaux, a causé, dans la partie inférieure du roc,
« des cavernes profondes qui s'étendent au loin
« sous le lit de la cataracte. En entendant le bruit
« sourd et mugissant qu'elles occasionent, Char-
« levoix a eu le mérite de deviner l'existence de
« ces cavernes (2). Je m'avançai de 5 ou 6 pas der-

---

(1) Cette chaleur a réellement lieu dans le dégagement de l'eau des grandes meules de moulins, comme je l'ai éprouvé à Richmond, et elle est assez forte ; mais c'est au rejaillissement des eaux, et non à elle, que l'on peut attribuer les cavernes.

(2) Voyez page 304. Je ne pense point d'ailleurs que M. Weld veuille dire, avec quelques voyageurs, qu'il y ait un *vide* capable de donner passage. En considérant la petite cascade, nous avons remarqué que les nappes supérieures pressent sur les inférieures, et les forcent de s'écouler le long de la paroi du rocher ; le raisonnement lui seul indique ce mécanisme, et le passage est totalement impraticable.

« rière la nappe d'eau, afin de jeter un coup-
« d'œil dans l'intérieur de ces cavernes; mais je
« faillis d'être suffoqué par un tourbillon de vent
« qui règne constamment et avec furie au pied de
« la chute, et qui est causé par les chocs violents
« de cette prodigieuse masse d'eau contre les ro-
« chers. J'avoue que je ne fus pas tenté d'aller
« plus avant, et aucun de mes compagnons n'es-
« saya plus que moi de pénétrer dans ces antres
« terribles, séjour menaçant d'une mort certaine.
« Aucune expression ne peut donner une juste
« idée des sensations qu'imprime un spectacle si
« imposant : tous les sens sont saisis d'effroi;
« le bruit effrayant de l'eau inspire une terreur
« religieuse qui s'augmente encore, lorsque l'on
« réfléchit qu'un souffle de ce tourbillon peut su-
« bitement enlever de dessus le rocher glissant le
« faible mortel qui s'y place, et le faire disparaî-
« tre dans le gouffre affreux qu'il a sous ses
« pieds, et dont aucune force humaine ne pour-
« rait le sauver. » Tel est le récit de M. Weld.

Il me restait à savoir comment le fleuve se dé-
gageait du ravin où il était captif. Je continuai
ma route à pied à travers les bois, par un sentier toujours en pente, l'espace de 6 milles : je
cherchais à deviner quelle en serait l'issue, lorsqu'enfin j'arrivai au bord de l'escarpement dont
j'ai parlé : les Canadiens appellent cet endroit le
Platon, au lieu du *Plateau*, et l'on dirait encore

mieux la *Plate-forme*. Ma vue, alors dégagée des arbres, découvrit tout à coup un horizon immense ; en avant, au nord, le lac Ontario semblable à une mer ; plus près de moi, une longue prairie par laquelle le Saint-Laurent s'y rend, en formant 3 coudes ; sous mes pieds, et comme au fond d'une vallée, le petit village de Queenstown assis sur sa rive ouest, tandis que vers ma droite, le fleuve sortait enfin comme d'une caverne, par l'issue du ravin dont le bois me masquait le bord et l'ouverture.

Pour quiconque examine avec attention toutes les circonstances de ce local, il devient évident que c'est ici que la chute a d'abord commencé, et que c'est en sciant, pour ainsi dire, les bancs du rocher, que le fleuve a creusé le ravin, et reculé d'âge en âge sa brèche jusqu'au lieu où est maintenant la cascade. Il y continue son travail séculaire avec une lente mais infatigable activité : les plus vieux habitants du pays, comme l'observe M. Weld, se rappellent avoir vu la cataracte plus avancée de plusieurs pas : un officier anglais, stationné depuis 30 ans au fort Érié, lui cita des faits positifs, prouvant que des rochers alors existants avaient été minés et engloutis : dans l'hiver qui suivit mon passage (1797), les dégels et le débordement détachèrent des blocs considérables qui gênaient l'élan de l'eau : et si, depuis que les Européens y ont abordé la première fois, il y a plus d'un siècle et demi, ils eussent tenu des notes précises de l'état de la chute, nous aurions déjà quelques idées de ses progrès, attestés d'ailleurs par le raisonnement et par une foule d'indications locales que l'on rencontre à chaque pas (1).

Pendant 5 jours que je passai chez M. Powel, juge, qui a formé son établissement à 4 milles du *Platon*, j'eus le loisir d'aller visiter le ravin à un endroit où se trouve une espèce de grande baie dans l'un de ses flancs : cette baie a cela de remarquable, que les eaux y forment un grand remous ou tournoiement dans lequel s'engagent la plupart des corps flottants qui n'en peuvent plus sortir. L'on voit à cet endroit que le fleuve arrêté par la dureté du rocher, a porté sa chute sur plusieurs points, et que ce n'est qu'en les tâtant qu'il en a trouvé un plus faible par lequel il a continué sa route.

A cet endroit le banc du rocher à fleur de terre, est calcaire ainsi qu'à la brèche du *Platon*; et l'on a droit de le croire tel dans tout le cours du ravin, puisque la table sur laquelle s'appuie la cataracte l'est aussi, et de l'espèce appelée *calcaire primitif*

---

(1) Il serait à désirer que le gouvernement des États-Unis, présidé en ce moment par un ami des sciences et des arts, fît dresser le procès verbal le plus précis de l'état de la cataracte. Cet acte deviendrait un monument précieux, auquel, d'âge en âge, on pourrait comparer ses progrès, et apprécier avec certitude les changements qui surviendraient.

ou *cristallisé*. M. le docteur Barton, qui l'a examiné avec plus de loisir que je n'ai pu le faire, évalue son épaisseur à 16 pieds anglais; il croit ce banc calcaire assis sur des bancs de schiste bleu qui contiennent une forte dose de soufre (1). J'ai trouvé beaucoup de ces schistes sur les bords du lac Érié, et il est probable que ce même banc tapisse son fond et le lit du Saint-Laurent : avec les siècles, si le fleuve poursuivant son travail, cesse de trouver la roche calcaire qui l'arrête, et s'il rencontre des couches plus molles, il finira par arriver au lac Érié, et alors s'opérera dans l'avenir l'un de ces grands desséchements dont les vallées du Potômac, de l'Hudson et de l'Ohio nous ont offert des exemples dans le passé. Ce grand incident pourrait être aidé et hâté par des causes qui paraissent avoir joué un grand rôle dans toute la structure de ce pays, je veux dire les volcans et les tremblements de terre dont les traces physiques et les souvenirs historiques se retrouvent en grand nombre sur toute la côte atlantique, ainsi que je l'exposerai dans un instant.

La chute de Niagara est sans contredit la plus prodigieuse de toute cette contrée; mais l'on y en

---

(1) Il reste à savoir si les cavernes se trouvent dans cette nature de pierre; l'examen attentif des parois du ravin donnera, à cet égard, des lumières que je n'ai pas eu le temps d'acquérir.

compte beaucoup d'autres dignes de l'attention des naturalistes, les unes par leur volume, les autres par leur élévation.

Sur le prolongement du même coteau, d'où tombe le Saint-Laurent, et aussi sur la rive méridionale du lac Ontario, la rivière Génésee subit 2 ou 3 chutes dont la somme additionnée égale celle de Niagara, et prouve que l'escarpement conserve son niveau avec une régularité remarquable : j'ai dit 2 ou 3 chutes, parce que les voyageurs diffèrent entre eux sur ces nombres, et que n'étant pas témoin, je ne puis résoudre la question. M. Arrow-Smith n'en compte que 2, dont la plus voisine du lac a 75 pieds anglais de hauteur, ci. 75
et la seconde, au-dessus d'elle, 96 pieds, ci. 96

ce qui fait 171 pieds anglais. Total. 171

et revient à environ 157 pieds de France, ci. 157

M. Pouchot, officier français en Canada, dans la guerre de 1756, compte 3 chutes (1);

---

(1) Voyez troisième volume, p. 159, des Mémoires de M. Pouchot, publiés à Yverdun, 1781. Il appelle cette rivière *Casconchiagon*, ce qui est son nom canadien.

la première large de 2 arpents et haute de
60 pieds, ci................... 60
La seconde peu considérable.......
La troisième large de 3 arp. et haute de
100 pieds..................... 100

Total...... 160

Cette somme de 160 pieds coïncide très-bien, comme l'on voit, avec les 157 de M. Arrow-Smith, dont les auteurs paraissent avoir négligé la seconde cascade.

Bougainville, le celèbre navigateur autour du monde, qui fit aussi la guerre en 1756 au Canada, évalue, dans son journal manuscrit qu'il m'a communiqué, cette seconde chute à 20 pieds : ce serait donc une hauteur totale d'environ 180 pieds,
ci........................... 180
Or Niagara compte pour sa chute 144
pieds, ci..................... 144
Plus, pour la pente des rapides qui la
précèdent, environ 50 pieds anglais, à
peu près 46 de France, ci......... 46

Total......... 190^p(1)

La différence se réduit à 10 pieds, et si l'on considère que ces élévations varient selon les époques des eaux basses et des débordements,

---

(1) Voyez American Musæum, tome VIII, p. 215 : un ano-

l'on conviendra que des mesures prises en temps divers, par diverses personnes, peuvent difficilement mieux cadrer.

Au-dessous de Québec, sur la rive nord du Saint-Laurent, une rivière médiocre forme une chute célèbre sous le nom de *Montmorency* : elle a 220 pieds de hauteur sur une nappe de 46 à 50 de large, et elle présente des effets très-pittoresques, par l'apparence blanche et neigeuse qu'elle prend dans cette énorme chute.

Au-dessus de la même ville, sur la rive sud, est la chute d'une autre rivière appelée la *Chaudière;* elle est moins haute de moitié que les précédentes ; mais sa largeur est de 225 à 230 pieds (1).

Une troisième chute, nommée le *Cohoes*, est celle de la Mohawk, 3 milles avant son embouchure dans le fleuve Hudson : ce nom de *Cohoes* me paraît un mot imitatif conservé des

---

nyme, qui paraît avoir eu des notes précises sur Niagara, évalue ainsi toutes les pentes :

	mètres.	pied. ang.
1° la pente des rapides à..............	$17\frac{1}{2}$	58
2° la hauteur de la chute à............	$47\frac{1}{2}$	157
3° et la pente du ravin jusqu'au *Platon*, pendant sept milles, à...................	$20\frac{1}{3}$	67
Total..........	$85\frac{1}{3}$	282

(1) Voyez la description détaillée de ces deux chutes dans le Voyage de M. Weld, tome II, p. 86.

sauvages, et par un cas singulier, je l'ai retrouvé dans le pays de Liége, appliqué à une petite cascade, à trois lieues de Spa : le Cohoes de la Mohawk est évalué par les uns à 65 pieds, par d'autres à 50 seulement : la nappe d'eau a environ 800 pieds de large : elle est brisée par beaucoup de roches.

Une quatrième chute est celle du Potômac, à Matilda, 6 milles au-dessus de George-town : elle a environ 72 pieds de hauteur, sur 8 à 900 de large. Le fleuve qui jusqu'alors avait coulé dans une vallée bordée de coteaux, sauvages comme ceux du Rhône en Vivarais, tombe tout à coup comme le Saint-Laurent, dans un profond ravin de pur roc, granit micacé, taillé à pic sur les deux rives : il s'en dégage quelques milles plus bas par un évasement de la vallée dans le pays inférieur.

L'on compte encore plusieurs autres chutes remarquables plutôt par leur hauteur que par leur volume : telle est celle de *Falling-spring*, sur l'une des hautes branches de la rivière James, venant de *Warm-spring* : M. Jefferson, qui la cite dans ses notes sur la Virginie (1), l'évalue à 200 pieds anglais de hauteur, mais sa nappe n'a que 15 pieds de largeur.

Telle encore celle de *Paissaik*, dans le New-

---

(1) Page 60, de l'édition française.

Jersey, haute de 66 à 70 pieds, large d'environ 110; quant à celle appelée *Saint-Antoine*, sur le Mississipi, au-dessus de la rivière Saint-Pierre, je dirai seulement, d'après M. Arrow-Smith, qu'elle a 29 pieds anglais, c'est-à-dire 8 mètres $\frac{4}{5}$.

A tous ces grands accidents de la nature, notre Europe n'offre de comparable que la chute de *Terni* en Italie, et celle de *Lauffen*, sous *Schaffouse*, où le Rhin se précipite, selon M. Coxe, de 70 à 80 pieds : ce voyageur observe que la nappe d'eau est brisée par de grandes masses de rochers, et c'est, avec sa hauteur, un second motif de la comparer à celle du Potômac. Quant à la chute de *Terni*, elle est la plus haute de toutes, puisqu'elle a 700 pieds de hauteur ; mais le volume d'eau n'est pas très-considérable. Ce que l'on pourrait citer des autres cascades des Alpes et des Pyrénées, ne mérite pas de mention après de si grands objets; et maintenant que nous connaissons avec précision les cataractes du *Nil*, jadis si vantées, et que nous savons qu'elles ne sont réellement que des *rapides* depuis 4 pouces jusqu'à un pied par chaque banc de granit, en eaux basses, nous avons une preuve nouvelle de l'esprit exagérateur des Grecs, et de leur faible instruction en géographie et en histoire naturelle.

CHAPITRE VII.

Des tremblements de terre et des volcans.

Quoique l'Amérique du nord ne nous soit connue que depuis moins de deux siècles, cet intervalle, si court dans les annales de la nature, a déja suffi à nous prouver, par de nombreux exemples, que les tremblements de terre ont dû y être fréquents et violents dans les temps passés ; et qu'ils y ont été l'agent principal des bouleversements dont la côte atlantique offre des traces générales et frappantes. En remontant seulement à l'an 1628 (époque de l'arrivée des premiers colons anglais), et terminant à 1782, dans une période de 154 ans, M. Williams, à qui nous devons des recherches curieuses sur ce sujet, a trouvé mention authentique de plus de 45 tremblements de terre : les détails qu'il en a consignés dans plusieurs mémoires (1), établissent en faits généraux :

« Que les tremblements de terre s'annonçaient
« par un bruit semblable à celui d'un vent violent,
« ou d'un feu qui prend dans le tuyau d'une che-

---

(1) Voyez American Musæum, tomes III et V.

« minée : qu'ils abattaient les têtes des cheminées,
« quelquefois même les maisons : qu'ils ouvraient
« les portes, les fenêtres, séchaient les puits et
« même plusieurs rivières : qu'ils donnaient aux
« eaux *une couleur trouble*, et *l'odeur fétide du*
« *foie de soufre* (*sulfure ammoniacal*), et qu'ils *je-*
« *taient par de grandes crevasses du sable ayant*
« *la même odeur :* que leurs secousses semblaient
« partir d'un foyer intérieur qui soulevait la terre
« de dessous en dessus, et dont la ligne principale
« courant nord-ouest et sud-est, suivait la rivière
« Merrimac, s'étendait au sud jusqu'au Potômac
« et au nord par-delà le Saint-Laurent, *affectant*
« *surtout la direction du lac Ontario.* »

Quelques phrases de ce texte sont remarquables par leur analogie avec des faits locaux que j'ai présentés. Cette odeur de foie de soufre (ou sulfure ammoniacal) donnée *aux eaux et aux sables*, *vomis du sein de la terre par de grandes crevasses*, n'aurait-elle pas été fournie par la couche de schistes que nous avons vue à Niagara sous la couche calcaire, et qui lorsqu'on la sommet au feu, *exhale fortement le soufre;* il n'est, à la vérité, que l'un des éléments du produit cité, mais une analyse exacte pourrait y découvrir l'autre : cette couche de schistes se retrouve sous le lit de l'Hudson et reparaît dans beaucoup de lieux de l'État de New-York et de la Pensylvanie parmi les grès et les granits : l'on a droit de supposer qu'elle règne autour de l'Ontario, et sous le lac Érié, par conséquent qu'elle forme l'un des planchers du pays où les tremblements ont leur principal foyer.

La ligne de ce foyer courant nord-ouest et sud-est, *affecte* surtout la direction de l'Atlantique au lac Ontario. Cette prédilection est remarquable à raison de la structure singulière de ce lac : les autres lacs, malgré leur étendue, n'ont point une grande profondeur ; l'Érié n'a jamais plus de 100 à 120 pieds : l'on voit en nombre d'endroits le fond du lac *Supérieur* : l'Ontario, au contraire, est en général très-profond, c'est-à-dire, passant 45 et 50 brasses (250 pieds); et dans une étendue considérable l'on a essayé des sondes de 110 brasses armées de boulets, sans rien toucher ni rapporter. Cet état a lieu quelquefois près de ses bords : d'où il résulte une indication presque évidente que le bassin de ce lac est un cratère de volcan éteint : cette induction se confirme, 1° par les produits volcaniques déjà trouvés sur ses bords : et sans doute des yeux exercés en trouveront beaucoup d'autres ; 2° par la forme du grand talus ou escarpement qui entoure presque circulairement le lac, et qui annonce de toutes parts à l'œil et au raisonnement, que jadis le plateau de Niagara s'étendait jusque vers le milieu du lac Ontario, et qu'il s'y est affaissé et englouti par l'action d'un volcan alors en vigueur. L'existence de ce four-

neau se lie parfaitement avec les tremblements de
terre cités : et ces deux agents que nous trouvons
ici réunis, en nous confirmant d'une part celle
d'un grand foyer souterrain, à une profondeur
inconnue, mais considérable, donne de l'autre une
explication heureuse et plausible de la confusion de toutes les couches de pierres et de terres qui
a lieu sur toute la côte atlantique : elle explique
aussi pourquoi les bancs calcaires et même granitiques, y sont inclinés depuis 45 jusqu'à 80 degrés à l'horizon, leurs tables fracturées ayant dû
rester dans le déplacement occasionné par les
grandes explosions. C'est à cette fracture du banc
d'Isinglass que sont dues ses petites cascades; et
ce fait indiquerait que jadis le foyer s'étendit au
delà du Potômac dans le sud, comme ce banc
lui-même. Sans doute il avait des communications
avec celui des Antilles. J'ai dit ailleurs que ces
tremblements de terre n'ont point de traces dans
le pays de l'Ouest : que les sauvages même n'en
connaissent point le nom : j'ajoute que, selon le
docteur Barton, ils ne connaissent pas non plus
celui de *volcan* dont en effet l'on n'aperçoit aucun vestige au midi des lacs, mais dont le Alleghanys en offrent plusieurs. L'on m'a dit au fort
Détroit que les sauvages du nord du Canada font
mention d'un volcan qui fume encore quelquefois
dans l'intérieur du pays ; mais ce fait a besoin de
rapports plus authentiques.

Il est à désirer, et l'on a droit d'espérer, que par la suite du temps des sociétés savantes formées aux États-Unis, pourront appliquer à ce genre de recherches géologiques des soins et des dépenses qui passent les moyens des voyageurs étrangers et isolés. L'on peut assurer d'avance qu'elles en obtiendront des résultats très-nouveaux et très-précieux pour l'histoire du globe, et qu'elles porteront jusqu'à l'évidence une conjecture déjà formée par plusieurs physiciens, et dont je demeure convaincu; savoir, que le continent de l'Amérique du nord n'a été dégagé que postérieurement à la majeure partie de l'ancien hémisphère et de l'Amérique du sud, des eaux soit océaniques, soit douces et fluviatiles, qui ont jadis couvert la totalité de notre planète, à une hauteur supérieure aux plus hautes montagnes, et pendant une durée si longue qu'elle a suffi à la dissolution des matériaux qui se sont cristallisés depuis leur évaporation ou depuis leur retraite..... mais j'ai désormais assez parlé de l'état du sol; il est temps d'occuper le lecteur de celui du climat.

CHAPITRE VIII.

Du climat.

Par *climat* (1), on devrait, selon le sens littéral du mot, n'entendre que le *degré* de latitude d'un pays; mais parce qu'en thèse générale les pays se sont montrés froids ou chauds, selon leurs degrés de latitude, l'idée accessoire s'est tellement associée à l'idée principale, que le terme *climat* est devenu synonyme de *température habituelle* de l'air; et néanmoins il n'est pas vrai que la température soit essentiellement déterminée par la latitude : une foule de faits prouvent au contraire qu'elle est modifiée et même dénaturée par diverses circonstances du sol, telles que sa surface aride ou aqueuse, nue ou boisée, son élévation ou son abaissement au niveau de la mer, son exposition à tel ou tel aspect du ciel, enfin et par-dessus tout, par l'espèce et la qualité des courants de l'air, c'est-à-dire des *vents* qui parcourent cette surface; d'où il suit que le sol devient un élément constituant de la température, et par conséquent du *climat* tel qu'on l'entend; et ce que je

---

(1) Le mot grec *klima* ne signifie que *degré*, *échelon*.

vais exposer des divers phénomènes de celui des États-Unis, ajoutera de nouvelles preuves à cette vérité.

§ I.

Le climat de la côte atlantique est plus froid en hiver et plus chaud en été que ses parallèles d'Europe.

Depuis long-temps les historiens de l'Amérique et les physiciens ont remarqué avec surprise que le climat sur la côte atlantique était de plusieurs degrés plus froid en hiver que ses parallèles d'Europe, et même d'Asie et d'Afrique sur le bassin de la Méditerranée; mais ils me paraissent n'avoir pas donné assez d'attention à une seconde circonstance également remarquable; savoir, que la température y est aussi généralement plus chaude en été de plusieurs degrés. Je vais développer l'un et l'autre cas par des exemples détaillés.

Dans les parties nord de la Nouvelle-Angleterre, par une latitude moyenne de 42 à 43°, des observations faites à *Salem* près Boston, pendant sept ans, par M. Édouard Holyhoke (1), et comparées à 20 autres années d'observations recueillies à Manheim (2) constatent que le climat de

---

(1) Voyez Transactions of the philosophical society of Philadelphia, tome Ier, in-4°.
(2) Voyez Ephemerides Meteorologicæ Palatinæ, *Manheim*.

Salem est à la fois plus froid en hiver et plus chaud en été que celui d'un nombre de villes données en Europe, ainsi qu'on le voit dans le tableau suivant :

	Latitude.	Max. de froid.	Max. de chaud.	Éch. de variat.
Rome.	41° 53'	0	24	24°
Marseille	43° 17'	4	25	29°
Padoue.	45° 22'	10	29	39°
Salem.	42° 35'	19 1/2	31 1/2	51°

L'on remarquera, dans ce tableau, qu'à Salem la différence du froid au chaud est de 51°, tandis qu'à Rome elle n'est que de 24°; à Marseille de 29°, et à Padoue de 39°.

En général, dans les États de Maine, Vermont, New-Hampshire et même Massachusets, pays situés entre les 42 et 45°, c'est-à-dire, correspondants au midi de la France et au nord de l'Espagne, la terre demeure chaque hiver assez couverte de neiges pendant trois et quatre mois, pour rendre habituel et général l'usage des traîneaux. Le thermomètre, qui varie alors depuis la glace jusqu'à 8 et 10° au-dessous, descend quelquefois à 12, à 14 et jusqu'à 18° sous zéro. L'historien de New-Hampshire, M. Belknap, l'a vu à 18 1/4 à Portsmouth, sur la côte au nord de Salem; et l'historien de Vermont, M. S. Williams, l'a vu à 26° sous zéro à Rutland, au pied des *Montagnes-Vertes*.

Un peu plus avant dans le nord, c'est-à-dire en Canada, par les 46 et 47° de latitude, ce qui correspond au milieu de la France, la neige s'établit dès le mois de novembre et dure jusque vers la fin d'avril, c'est-à-dire pendant six mois, épaisse de 4 à 6 pieds, par un ciel très-clair et un air très-sec : elle est telle surtout vers Québec, où le thermomètre descend ordinairement à 20 et 24° sous glace; l'on y a même vu en 1790, geler le mercure, ce qui suppose 38 à 40° (1); or, un tel cas n'arrive en Europe que sous les parallèles de Stockholm et de Pétersbourg (2), par les 60° de latitude.

Ces froids ont donné lieu à quelques expériences curieuses sur la force expansive de l'eau à l'instant de sa congélation. M. le major Édouard Williams se trouvant à Québec, a rempli d'eau des bombes de fer; il en a bouché l'orifice avec des tampons de bois frappés fortement, et il les a exposées à la gelée.

Lorsque les bombes ont eu des fêlures ou d'autres vices, elles ont éclaté à l'instant de la congélation, et il en a sailli subitement des proéminences en formes d'ailes ou de nageoires : mais ordinairement le tampon de bois a été lancé avec détonation, à des distances depuis 60 jusqu'à 415 pieds,

---

(1) Voyage de Liancourt, tome II, p. 207.
(2) Le *froid moyen* de Pétersbourg, depuis 1772 jusqu'en 1792, selon l'académie des sciences de cette capitale, a été de 24° 1/2; mais cela ne nous dit pas quel a été le *maximum* ; les gelées ont commencé le 27 septembre, et fini le 25 avril (comme à Québec).

quoiqu'il pesât 2 1/2 livres (poids anglais), et l'on a toujours trouvé à sa place une mèche ou fusée de glace saillante de 6 à 7 1/2 pouces : l'on a déduit de ces expériences que l'eau en se congelant se dilate entre 1/17 et 1/18 de son volume.

Je remarquerai par la suite qu'à Montréal, au-dessus de Québec, les neiges durent moins longtemps de près de deux mois, qu'au bas du fleuve; et qu'à Niagara, bien au-dessus de Montréal, elles sont de deux mois encore plus courtes que dans cette ville; ce qui est précisément le contraire de la règle générale des niveaux, observée sur le reste de la côte; je me borne en ce moment à prendre note de cette singularité, qui viendra par la suite à l'appui d'une théorie que j'exposerai.

Dans ces mêmes États de Maine, Vermont, New-Hamshire, etc., les chaleurs, à dater du solstice d'eté, sont d'une intensité aussi excessive : pendant 40 ou 50 jours, l'on voit souvent le mercure monter à 21 et 22°, et quelquefois à 24°, même à 26° : il se passe peu d'années à Salem sans qu'il monte à 30 et 31°, ce qui est la température du golfe Persique et des côtes arabes. Cet état a lieu dans beaucoup d'autres endroits de la Nouvelle-Angleterre où l'on n'a pas fait d'observations : à *Rutland*, déja cité, M. *Williams* a vu le mercure à 27°. Mais ce qui surprendra davantage, c'est qu'à Québec, et jusque sur la baie de Hudson, aux forts d'York et de Wales, par le 59° de latitude, l'on éprouve pendant 20 ou 30 jours des chaleurs de 28 à 31°, d'autant plus accablantes que les corps n'y sont point accoutumés, et qu'elles sont accompagnées d'un calme *plat*, ou d'une brise de sud chaude et humide qui suffoque : or, comme en hiver le froid en ces contrées descend jusqu'à 30 et 32° sous glace, et même à 37° au fort Wales, il en résulte une échelle de variation de 60 à 66° de Réaumur du froid au chaud.

Dans les États dits *du Milieu*, tels que la partie sud de New-York, la totalité de la Pensylvanie, de New-Jersey et du Maryland, les hivers sont moins longs, les neiges moins abondantes, moins durables; rarement persistent-elles plus de 15 à 20 jours; mais les froids ne sont guère moins piquants ni moins rigoureux. Ils s'établissent ordinairement vers le solstice, et durent 6 à 7 semaines en pleine vigueur; mais on commence à sentir leurs atteintes dès la fin d'octobre.

Par exemple, à Philadelphie, par les 40° moins 5′, ce qui répond aux latitudes de Madrid, de Valence, de Naples, etc., le thermomètre descend chaque hiver pendant plusieurs jours à 8 et 10° sous zéro, et pendant quelques-uns à 12 et à 14° : en deux hivers de suite, 1796—97 et 1797—98, je l'ai vu tomber à 17 et 18° plusieurs jours de suite. Le froid alors est si vif, que malgré le mouvement d'une marée de 6 pieds, la Delaware, large de 800 toises, se trouve gelée en 24 heures : elle reste ainsi fermée chaque hiver pendant 20, 30 et quelquefois 40 jours, en une ou deux reprises; car il y a chaque hiver deux ou trois dégels, surtout entre le 30e et 40e jours après le solstice : en 1788, du 4 au 5 février, le thermomètre, en une nuit, tomba depuis 2 $\frac{1}{2}$ degrés sous zéro jusqu'à 16 $\frac{1}{4}$ et la rivière fut gelée ferme le lendemain au soir. En 1764, le 31 décembre, entre dix heures du soir et huit heures du matin, elle gela de même au point de porter les passants. Dans cette conversion presque subite du liquide au solide, l'on voyait, dit le docteur *Rush*, une vapeur fumeuse s'élever de sa surface avec tant d'abondance, que le peuple étonné s'assemblait pour considérer ce phénomène.

Cependant, à partir du solstice d'été, et même une vingtaine de jours auparavant, Philadelphie éprouve des chaleurs si accablantes, que les rues sont désertes depuis midi jusqu'à 5 heures, et que la plupart des habitants se couchent après leur dîner. Le thermomètre atteint assez souvent 25°; l'on cite un ou deux exemples de 28 et de 30° : du jour à la nuit, il varie depuis 15 et 16 jusque vers 22 et 23°, c'est-à-dire de 8°. Mais ce qui rend la chaleur plus insupportable, c'est le défaut presque absolu de vent, surtout depuis trois heures après midi, et l'humidité dont l'air est chargé sur toute cette côte.

Il résulte de ces termes extrêmes une échelle de variation pour les États du milieu, d'environ 46 à 48°. Le docteur *Rush* a été l'un des premiers à observer que le climat de Pékin offrait la plus grande analogie; et en étendant cette comparaison, l'on trouve en effet que l'Amérique-nord a les rapports les plus marqués de climat et même de sol, avec le nord de la Chine et avec la Tartarie adjacente.

Dans les États du sud, tels que la Virginie, les Carolines et la Géorgie, la durée et l'intensité du froid diminuent assez régulièrement comme les latitudes : la ligne du Potômac, et plus exactement celle du *Patapsco*, forme à cet égard une démarcation tranchante. L'empire des neiges s'arrête là, et le voyageur venant du Nord, qui jusqu'alors avait vu des traîneaux à la porte ou dans la cour de chaque ferme, n'en aperçoit plus sitôt qu'il a descendu le coteau rapide au pied duquel coule le Patapsco : mais dans l'intérieur des terres, vers Blue-ridge, les neiges prolongent un peu leur limite à raison de l'élévation du sol..... Cette côte néanmoins éprouve des attaques de gelées assez vives dans les quarante jours qui suivent le solstice d'hiver. A Norfolk, le 14 février 1798, il tomba dans une nuit 4 pieds de neige; et à Charles-town même, par le 32° de latitude, c'est-à-dire, par le parallèle de Maroc, le mercure tombe jusqu'à 4 degrés sous zéro (selon Liancourt), et la terre gèle ferme jusqu'à 2 pouces d'épaisseur dans une seule nuit (1).

Par inverse, sur toute la côte, depuis le Potômac, les chaleurs, dès un mois avant le solstice d'été, sont si fortes que pendant 4 mois le mercure s'élève communément après midi, entre 22 et 24°, malgré une petite brise de mer : il va même jusqu'à 32 et 33° à Savanah, ce qui est bien plus que l'Égypte, où 25 est le terme ordinaire à l'ombre, sans compter qu'un vent vif et constant et un air très-sec rendent ce degré très-supportable : le 17 juillet 1788, *Heni Ellis* observait à Savanah le mercure à 31°; il se plaignait que depuis plusieurs nuits il ne baissait pas au-dessus de 29. Dans sa cave il restait à 21° (2), et sous son aisselle à 29°. Le docteur Ramsay, qui a fait des observations suivies à Charlestown, ne l'y a vu monter à 28° 1/2, qu'une seule fois en 5 ans : mais Charlestown, situé à l'embouchure d'une petite rivière qu'agite la marée, jouit des brises litto-

---

(1) Cette circonstance empêche d'y élever l'oranger en pleine terre; mais elle n'empêchera pas d'y cultiver l'olivier, dont M. Jefferson a fait le présent précieux à ce pays; surtout si c'était l'olivier corse; car j'ai vu en 1792, dans les montagnes de cette île, à *Corté*, qui est élevé de cinq cents toises au-dessus de la mer, j'ai vu, dis-je, les oliviers prospérer, malgré trois et quatre degrés sous zéro. Les Corses même prétendent que huit jours de neige au pied, detruisent les insectes et assurent la récolte.

(2) Voyez American Musæum.

rales, et passe tellement pour un lieu frais relativement au reste du pays, que tous les planteurs aisés viennent s'y refugier en été, et qu'il ne reste que les noirs sur les habitations.

Il résulte de ces faits pour les États du sud, une échelle de 32 à 34° de variation; et sans doute le lecteur observe que cette échelle va toujours décroissant du nord au midi : elle était de 66 à la baie de Hudson; de 51 dans le Massachusets, de 48 en Pensylvanie; elle se réduit à 35 ou 36 en Caroline; et si l'on s'avançait encore plus vers les tropiques, on ne trouverait en beaucoup d'endroits que 18 et 20° de variation annuelle : à la Martinique, par exemple, à Porto-Rico et autres îles du Vent, le thermomètre, grace aux brises régnantes, ne s'élève pas au-dessus de 28°, ne tombe pas au-dessous de 10 au-dessus de zéro, différence 18. Sur la chaîne des montagnes de Caracas, par les 10° de latitude nord, à une élévation de plus de 1,200 toises au-dessus de l'océan, le mercure se balance entre 10 et 21° sur zéro; à Surinam, près du rivage de la mer, il joue entre 15 et 27°; aussi les voyageurs venant de ces parages en été, trouvent-ils que la chaleur devient plus insupportable à mesure qu'ils s'avancent au nord; et moi-même je préfère, sans aucune comparaison, celle du Kaire à celle de Philadelphie. Il est vrai qu'en s'approchant des Alleghanys, et mieux encore en s'élevant sur leurs sommets, l'air plus vif, plus élastique, rend la chaleur plus agréable, quoiqu'elle y soit souvent aussi piquante ; mais en général, dans nos zones dites temperées, et surtout dans les lieux bas et humides, elle est plus désagréable que dans ce qu'on appelle les *pays chauds*, et il est encore vrai que dans la zone dite *torride*, le climat est plus égal que dans nos zones moyennes, et qu'il y serait plus favorable à la santé, à la force vitale, si l'air n'y était souvent gâté par les exhalaisons des eaux croupissantes et des corps organisés en putréfaction, et si les étrangers, surtout les Européens, n'y portaient leur voracité de viande et l'abus des liqueurs spiritueuses à qui la chaleur ne pardonne pas.

Les météorologistes anglais et américains qui, selon le génie national, ramènent tout à des calculs positifs ou systématiques, en mentionnant ces extrêmes, le chaud et le froid, ont coutume d'en déduire un terme moyen auquel je ne puis souscrire : par exemple, étant donnés pour termes extrêmes de température à Salem, 19° sous glace et 31° par-dessus glace, ils en font une somme de 50°, et prenant pour terme moyen la moitié, 25°, qui donne 6° au-dessus de glace, ils supposent ces 6° être la température fondamentale et habituelle du pays : ils appliquent également cette méthode aux variations d'une même journée; et si, comme il arrive souvent aux États-Unis, il y a 8, 10 et 12° de variation dans les 24 heures, ils en prennent pareillement le terme moyen comme la température du jour ; mais dans la réalité, cette température fictive n'a point lieu, parce que dans le cours d'un même jour, l'air varie si brusquement, qu'il passe aux termes extrêmes sans station au terme moyen, et que dans le cours de l'année, ce prétendu terme moyen n'a peut-être pas lieu pendant 100 heures. Cette règle d'arithmétique est un peu moins vicieuse dans les additions sommaires, qu'ils font du nombre d'heures et de jours où a régné un même vent; mais quand de pareils tableaux ne sont point accompagnés de la correspondance du thermomètre avec le vent régnant, la majeure partie de leur instruction est perdue, en ce que l'on ne peut plus connaître la nature et les effets de chaque vent, ni les causes de variation dans la température dont nous verrons bientôt qu'ils sont les principaux, pour ne pas dire les seuls agens.

Un moyen plus convenable d'évaluer la température fondamentale d'un pays, serait celui proposé par M. Williams qui, pour base de cette température, prend la chaleur naturelle et constante dont est imprégné le terrain, et en cherche la mesure dans l'air et l'eau, soit des puits, soit des cavernes les plus profondes, et il cite à cette occasion des faits qui méritent d'être rapportés.

(1) A Rutland, en Vermont, il a trouvé la température des puits à 45 pieds de profondeur de
(5° $\frac{1}{4}$ Réaumur) ci . . . . 5° $\frac{1}{4}$
En divers lieux de Massachusets 7° $\frac{1}{2}$,
ci . . . . 7° $\frac{1}{2}$
A Philadelphie 9° $\frac{1}{5}$, ci . . . . 9° $\frac{1}{5}$
En Virginie (selon M. Jefferson) (2) elle est de 11°, ci . . . . 11°
A Charlestown (selon le docteur Ramsay), elle est de 14°, ci . . . . 14° (3)

L'on voit, dans ce tableau, une gradation proportionnelle aux latitudes, qui s'accorde avec les expériences de M. de Saussure pour réfuter la vieille doctrine d'une température moyenne de 10° partout le globe, et pour prouver que la chaleur de chaque lieu est en raison de la latitude, ou plus exactement, de l'action du soleil sur le sol que ses rayons imprègnent de chaleur.

§ II.

Les variations journalières sont plus grandes et plus brusques sur la côte atlantique qu'en Europe.

Les variations excessives dont je viens de parler ne se bornent pas aux saisons sur la côte atlanti-

---

(1) History of Vermont, page 42.
(2) Voyez notes sur la Virginie, page 63.
(3) Humboldt a trouvé le même degré dans l'Amérique méridionale.

que; elles y ont encore lieu d'un jour à l'autre, ou, pour mieux dire, très-fréquemment dans l'espace d'un seul jour. On les remarque surtout dans les *États du milieu*, tels que le sud du New-York, la totalité de la Pensylvanie et du Maryland; et dans le pays plat, plutôt que sur les montagnes; par la raison sans doute que ces *États du Milieu*, placés entre deux atmosphères opposées, celle du pôle et celle du tropique, sont le théâtre où se passe la lutte perpétuelle des grandes masses d'air froid et d'air chaud.

« Notre climat de Pensylvanie, » dit le docteur *Kush* (1), « est un composé de tous les climats;
« l'humidité de l'Angleterre au printemps, la cha-
« leur de l'Afrique en été, le ciel de l'Égypte en
« automne, le froid de la Norwège en hiver; et
« ce qui est bien plus fâcheux, quelquefois la réu-
« nion de toutes dans un jour... Dans le cours de
« nos hivers, surtout en janvier et février, il ar-
« rive souvent, en moins de 18 heures, des varia-
« tions de 6°, 8° et même de 12° (R) (2) du froid
« au chaud et du chaud au froid, qui ont les plus
« fâcheux effets pour la santé. Du 4 au 5 février
« 1788, le mercure tomba, en moins de 10 heu-

---

(1) Voyez les trois Mémoires d'observations de ce savant médecin, sur le climat de Pensylvanie, dans les tomes VI et VII de l'American Musæum.

(2) Je traduis en degrés de Réaumur les degrés de Fahrenheit, usités en Amérique comme en Angleterre.

9.

« res, par un vent de nord-ouest, depuis 2° ¼
« sous glace à 16° ¼, différence 14° (R). D'autres
« fois les vents de sud et sud-est amenant un air
« chaud de 10° et 12°, occasionent des dégels
« subits, et l'on a vu cette température, persis-
« tant quelques jours, tromper la végétation, et
« faire éclore les fleurs des pêchers en janvier;
« mais parce que le règne des froids ne finit réel-
« lement qu'en avril, il ne manque jamais d'arriver
« de nouvelles gelées par les vents de nord-est et
« nord-ouest, qui reproduisent les alternatives que
« j'ai citées.

« Les mêmes variations ont lieu en été, » continue le docteur Rush, « et de vives fraîcheurs rem-
« placent presque chaque nuit les violentes cha-
« leur du jour. L'on observe même que plus le mer-
« cure monte dans l'après-midi, plus bas il tombe
« le matin au point du jour, car ce sont là les
« époques extrêmes du froid et du chaud. Si à 2
« heures après midi, il a monté à 22°, à la pointe
« du jour suivant, il sera vers 15° ou 16°; s'il n'a
« monté qu'à 16° ou 17°, il tombera vers 11° ou
« 12° : ces chutes arrivent surtout après une pluie
« d'orage; dans l'été de 1775, on a vu, en pareil
« cas, dans l'espace d'une heure et demie, une
« chute de 8° ½ (R)... En général, excepté en
« juillet et août, il se passe peu de soirées sans
« qu'on trouve le feu agréable. Ces variations
« ne sont point aussi marquées dans la haute

« Pensylvanie vers les sources de la Susquehan-
« nah et sur les plateaux de l'Alleghany : les froids
« en hiver y sont plus fixes ; en été les chaleurs
« y sont moins intenses ; et sans doute la qualité
« de l'air les rend aussi plus supportables que dans
« notre pays inférieur où l'atmosphère est dense
« et humide ».

Ce que nous venons de voir de la Pensylvanie, et qui convient également au sud du New-York, au New-Jersey, au Maryland, s'applique encore avec assez peu de différence à la côte de Virginie et des Carolines : dans la ville de Charlestown, l'on éprouve fréquemment dans un jour d'été ou d'hiver les variations de 8° et 10° (R). L'on a des exemples de 12° et de 15°, et le docteur Ramsay en cite un de 22° (R) en moins de quinze heures. Le 28 octobre 1793, le mercure tomba de 18° sur zéro à 3° sur zéro, différence 15° en dix à douze heures (1) ».

A Savanah, Henry Ellis, après s'être plaint des chaleurs d'été, ajoute :

« J'ai vu à la baie de Hudson tous les climats en
« un an ; ici je les éprouve en douze heures. Le
« 10 octobre 1757, le mercure était au soir à 24°
« (R) ; le lendemain 11, il fut à 2° $\frac{1}{3}$; différence
« 21° $\frac{2}{3}$ (2) ».

---

(1) Voyage de Liancourt, tome IV.
(2) American Musæum, tome VIII.

Les pays du nord ne sont pas moins exposés à ces vicissitudes; mais il y a cette différence entre eux et ceux du midi, que dans les *États du Sud*, les variations se font plutôt du chaud au froid, tandis que dans les États du Nord, elles ont plus souvent lieu du froid au chaud; en sorte que dans ces derniers, l'effet produit sur les corps arrive plus souvent par dilatation, tandis que dans les premiers il arrive plutôt par *constriction*. Je trouve dans le journal manuscrit de Bougainville, des faits de ce genre qui méritent d'être cités.

« 11 décembre 1756, à Québec : depuis trois « jours, le thermomètre a monté de 19° sous glace « à zéro de glace. Aujourd'hui il pleut et dégèle « par *vent de sud, et le temps est aussi vain qu'au* « *printemps*.

« 14 décembre après midi : le vent vient de tour-« ner à nord-ouest; la gelée reprend ferme : déja « 3°½ sous glace : le lendemain 15, le mercure est « à 21°, le vent a passé du nord-ouest au sud-ouest, « *ciel clair-fin*.

« Le 18 janvier par vent de nord-ouest, 27° sous « glace; temps clair, prodigieusement froid : les « voyageurs arrivent avec le nez et les doigts des « mains et des pieds gelés : le froid est toujours « moindre à la basse ville qu'à la citadelle : l'élé-« vation de celle-ci l'expose au vent de nord-ouest « dont la ville est garantie. »

A la baie de Hudson, Umfreville et Robson,

observateurs également exacts et judicieux, citent des faits semblables : ils remarquent que pendant les vingt à trente jours que durent les chaleurs d'été, les nuits se tiennent souvent assez chaudes; mais pendant l'hiver, il arrive par les vents de sud de ces transitions d'un froid de 18° et 20° à zéro de glace, qui occasionent cette sensation d'un *temps vain*, dont parle Bougainville; sensation très-bizarre pour nous, qui à ce terme de zéro, nous plaignons du froid; mais qui est réellement la même chose que lorsque nous passons de zéro à 15° sur glace, et que lorsqu'un Africain passe de 20 à 30 degrés, toujours effet de comparaison. C'est encore par l'effet de cette habitude des organes, qu'à Charlestown on se plaint du froid quand le thermomètre est à 10° ou 12° sur glace, et que l'on y brûle, selon la remarque de Liancourt, autant de bois qu'à Philadelphie, où le mercure tombe 15° plus bas.

En comparant les tables thermométriques des divers lieux dont je viens de parler, et en faisant moi-même des observations journalières sur les variations de l'air, je n'ai pu manquer d'apercevoir une harmonie constante entre ces variations, et certains rumbs de vents qui leur sont toujours associés : toujours j'ai vu les transitions du froid au chaud se faire par le changement et le passage des vents de nord-est et nord-ouest, aux rumbs de sud-est et de sud : et par inverse les transitions du chaud au froid, se faire par le changement des vents de sud et sud-est en vents de nord-est et nord-ouest, et cela depuis la Floride jusqu'au Canada et à la baie de Hudson : de là un premier élément de théorie applicable à tous les problèmes de ce climat; mais parce que les bonnes théories ne sont que la série méthodique et la réunion de tous les faits d'un même genre, je ne veux point me hâter de résoudre ces problèmes par des faits isolés, et je continue d'y procéder par l'exposition de plusieurs singularités, qui au premier coup d'œil sembleraient y faire exception.

§ III.

Le climat du bassin d'Ohio et de Mississipi est moins froid de trois degrés de latitude que celui de la Côte atlantique.

Voici une de ces singularités qui mérite d'autant plus d'attention que je ne sache pas qu'on l'ait décrite jusqu'à ce jour avec toutes ses circonstances. Pour le fait principal j'emprunterai les paroles de M. Jefferson dans ses notes sur la Virginie (p. 7).

« C'est une chose remarquable, dit-il, qu'en al-
« lant de l'est à l'ouest, sous le même parallèle,
« notre climat devient plus froid à mesure qu'on
« avance vers l'ouest, comme si l'on se rapprochait
« du nord. Cette observation a lieu pour celui qui
« vient des parties du continent situées à l'est des

« Alleghanys, jusqu'à ce qu'il ait atteint le sommet
« de ces montagnes, qui sont les terres les plus
« hautes, entre l'Océan et le Mississipi. De là, en
« se tenant toujours sous la même latitude, et al-
« lant à l'ouest jusqu'au Mississipi, la progression
« se renverse; et si nous en croyons les voyageurs,
« le climat devient plus chaud qu'il ne l'est sur les
« côtes aux mêmes latitudes. Leur témoignage sur
« ce point est confirmé par les espèces de végé-
« taux et d'animaux qui subsistent et se multiplient
« naturellement dans ces pays, et qui ne réussis-
« sent point sur les côtes. Ainsi l'on trouve les ca-
« talpas sur le Mississipi jusqu'au 37° de latitude,
« et les roseaux jusqu'au 38° : on voit les perro-
« quèts, même l'hiver, sur le Scioto au 39°. Dans
« l'été de 1779, lorsque le thermomètre était à 90°
« Fahrenheit, (25° ¾ R.) à Monticello, et à 96° F.
« (28 ⅓ R.) à Williamsburg, il était à 110° F. à
« Kaskaskia (34° ⅔ R.), etc. »

Comme voyageur je puis confirmer et développer l'assertion de M. Jefferson : dans le trajet que je fis pendant l'été de 1796, depuis Washington sur Potômac, jusqu'au poste Vincennes, sur la Wabash, je recueillis des notes dont voici les principaux résultats;

5 mai 1796, premières fraises à Annapolis sur le rivage et au niveau de l'Océan;

12 mai, les mêmes à Washington, sol déjà plus élevé;

30 mai, les mêmes à Frédérick-town, au pied de Blue-ridge, environ 180 pieds au-dessus de l'Océan (ici les cerises ne mûrissent pas mieux qu'à Albany, 50 lieues plus nord; mais situé au niveau de la marée);

6 juin, premières fraises dans la vallée de Shenandoa à l'ouest de Blue-ridge, et peut-être 150 toises au-dessus de l'Océan;

1er juillet à Monticello, chez M. Jefferson, la moisson de froment a commencé sur les basses pentes de *South West mountain*, à l'exposition de sud et sud-est, tandis que sur les revers exposés au nord-ouest, vers Charlotteville, elle n'a commencé que du 12 au 14;

10 juillet; moisson à *Rock-fish-gap*, au sommet de Blue-ridge, 1150 pieds anglais d'élévation, 350 mètres : deux jours plus tôt elle a lieu dans le vallon de Staunton, situé environ 70 mètres plus bas.

12 juillet, moisson sur les montagnes de Jackson, élévation de plus de 2,200 pieds anglais (683 mètres).

20 juillet, moisson sur l'Alleghany, élevé de plus de 800 mètres.

L'on voit que dans cette ligne ascendante, elle a constamment tardé en proportion des niveaux.

En descendant l'autre pente de l'Alleghany, celle de l'ouest, je trouvai qu'à Green-Briar, situé

en plaine basse, elle avait eu lieu 5 jours plus tôt
(15 juillet).

Dans le vallon du grand Kanhawa, à l'embouchure de l'Elk, elle avait eu lieu le 6.

Le 11, à *Gallipolis*, colonie des Français, au Scioto.(1).

Le 15, à Cincinnati, situé plus au nord.

Je ne trouvai point de froment à Poste-Vincennes, sur la Wabash; on y préfère le maïs, le tabac et le coton, produits qui caractérisent un climat chaud.

Le 1er juillet, on avait moissonné à Kaskaskia, sur le Mississipi, comme à Monticello.

Cette seconde ligne, depuis l'Alleghany, ne présente pas en apparence la même régularité que la précédente, sans doute par une raison combinée de la diversité des niveaux, des expositions, et même des latitudes qui y sont plus variées; par exemple, si Cincinnati est plus tardif que *Gallipolis*, ce doit être parce qu'il est un peu plus nord, et surtout moins abrité des vents de cette partie, et moins ouvert au midi. Si le vallon de Kanhawa est encore plus précoce, quoique plus élevé, ce peut être à raison de son encaissement

---

(1) Fondée par suite des opérations de la compagnie de *Scioto* qui, en 1789, fit tant de bruit à Paris pour vendre des terres qu'elle n'avait pas, mais dont elle se faisait bien payer. J'aurai occasion d'en reparler.

dont l'effet concentre la chaleur que j'y trouvai réellement bien plus vive qu'ailleurs; et, dans nos propres jardins, nous avons la preuve de cette action des divers aspects, puisque nos espaliers mûrissent les mêmes espèces de fruits à des époques différentes de huit et dix jours, selon qu'ils sont exposés au midi, au levant ou au couchant, et encore, selon qu'ils sont abrités des vents et frappés de la réverbération d'autres murs. Il n'en est pas moins vrai que la règle des niveaux se trouve en général observée dans la ligne décrite, et qu'il y a une identité remarquable d'époque de moisson (1er juillet) entre *Kaskaskia* et Monticello, situés sous le même parallèle, et à une élévation que je présume très-ressemblante.

Néanmoins je suis loin de disconvenir qu'il existe dans le *pays d'Ouest* plusieurs phénomènes de température et de végétation, auxquels ne peuvent satisfaire ni les niveaux, ni les expositions : au premier rang de ces phénomènes, est celui que depuis quelques années les botanistes observent et constatent davantage de jour en jour : ayant comparé les lieux où croissent spontanément certains arbres et certaines plantes à l'est et à l'ouest des Alleghanys, ils ont découvert qu'il y avait une différence uniforme générale d'environ 3° de latitude plus chaude, en faveur du bassin d'Ohio et de Mississipi; c'est-à-dire, que les arbres et les plantes qui veulent un climat chaud, et des hivers moins longs et moins froids, se trouvent 3° plus nord dans l'ouest des Alleghanys, qu'à l'est sur la côte atlantique; ainsi, le coton, qui réussit à Cincinnati, à Poste-Vincennes, par les 39° de latitude, n'a encore pu se cultiver plus nord que 35 et 36° dans les Carolines. Il en est de même des catalpas, des sassafras, des pâpâs, des pacanes ou noix illinoises (1), et de beaucoup d'autres arbres et plantes dont le détail exigerait des connaissances que je n'ai point en cette partie (2).

Ce genre de preuves qui est irrécusable se trouve d'ailleurs appuyé par les phénomènes particuliers à chaque saison. Dans toute ma route sur l'Ohio, et dans mes diverses stations en *Kentucky*, à *Gallipolis*, à *Lime-stone*, à *Washington* de Kentucky, à Lexington, à Louisville, à Cincinnati, au Poste-Vincennes, les renseignements que j'ai recueillis ont été unanimement les faits suivants.

« L'hiver ne commence que vers son solstice,
« et les froids ne se montrent que dans les qua-
« rante à cinquante jours qui le suivent. Ils n'y
« sont pas même fixes et constants; mais il y a

---

(1) Noix très-oblongues, d'une coquille fine et fragile, et en tout infiniment supérieures aux noix ligneuses (hickorys) de la côte atlantique.

(2) M. le docteur Barton m'a dit qu'il préparait sur ce sujet un mémoire qui ne pourra manquer d'être très-intéressant.

« des relâches de jours tempérés et chauds. Le
« thermomètre ne descend ordinairement pas au-
« dessous de 5 et 6° (R) sous zéro ; les gelées qui
« d'abord se montrent dans quelques jours d'oc-
« tobre pour disparaître, puis revenir vers la fin
« de novembre, et cesser encore, les gelées,
« dis-je, ne s'établissent que vers janvier : les ruis-
« seaux, les petites rivières et les eaux dormantes
« gèlent alors, mais restent rarement gelés plus de
« 3 à 15 jours. »

L'on a regardé comme un cas sans exemple celui de l'hiver 1796—97, où le mercure a tombé à 15° sous zéro, et où les rivières Alleghany, Monongahélah et Ohio, ont été scellées de glace, depuis le 28 novembre jusqu'au 30 janvier, c'est-à-dire soixante-cinq jours : la Wabash gèle presque chaque hiver, mais seulement de 3 à 15 jours.

Dans tout le Kentucky et le bassin d'Ohio, les neiges ne durent ordinairement que de 3 à 8 ou 10 jours; et dans le cours même de janvier, l'on a des jours vraiment chauds, à 15 et 18° par des vents de sud-ouest et de sud, et par un ciel brillant et pur. Le printemps amène des pluies et des giboulées par des vents de nord-est et de nord-ouest; mais dès quarante jours après l'équinoxe, les chaleurs commencent à s'établir. « Elles sont
« dans toute leur force pendant les 60 à 70 jours
« qui suivent le solstice d'été : le thermomètre se
« tient alors entre 26 et 27° (R). On le remarqua

« en 1797 à Cincinnati et à Lexington, à 29° (R)...
« Pendant tout ce temps, les orages sont presque
« journaliers sur l'Ohio; ils y produisent une cha-
« leur pesante que la pluie ne tempère pas; tan-
« tôt ils arrivent par les vents de sud et de sud-
« ouest, tantôt ils sont le produit de l'évapora-
« tion du fleuve et de la vaste forêt qui couvre la
« contrée. La pluie qu'ils versent par torrents ne
« rafraîchit qu'un instant le sol embrasé, et la
« chaleur du lendemain l'élevant en vapeurs forme
« au matin d'épais brouillards qui se convertissent
« ensuite en nuages, et recommencent le jeu élec-
« trique de la veille : l'eau du fleuve est chaude à
« 14 et 15° sur zéro : les nuits sont calmes, et ce
« n'est qu'entre 8 et 10 heures du matin que s'élève
« une légère brise d'ouest ou de sud-ouest, qui
« cesse vers 4 heures du soir. »

Dans la totalité des saisons le vent le plus dominant est le sud-ouest, c'est-à-dire, le courant
d'air qui remonte dans la ligne du fleuve Ohio,
et qui vient par le Mississipi (où il règne sud) du
golfe de Mexique. Je trouvai ce vent chaud et orageux dès mon entrée dans le vallon de Kanhawa,
dont sans doute il élève la température en s'y
arrêtant au pied des montagnes : il change de ligne selon les courbures de l'Ohio, et on le croi_
rait quelquefois ouest et sud; mais toujours iden_
tique, il règne 10 parties de temps sur 12, et n'en
laisse que 2 à tous les autres vents réunis : il do-

mine également dans tout le Kentucky; mais il n'y produit pas les mêmes effets; car tandis que la vallée d'Ohio, dans une largeur de 5 à 6 lieues, éprouve une humidité et des pluies abondantes, le reste du pays est tourmenté de sécheresses qui durent quelquefois trois mois : et les cultivateurs ont le chagrin de voir de leurs coteaux un fleuve aérien de brouillards, de pluies et d'orages, qui serpente comme le fleuve terrestre, et qui ne sort pas de son bassin.

A l'équinoxe d'automne arrivent les pluies par les vents de nord-est, de sud-est, et *même de nord-ouest :* la fraîcheur qu'elles établissent prépare les gelées : l'automne entière est sereine, tempérée, et est la plus belle des trois saisons de l'année : car dans tout le *continent de l'Amérique nord* il n'y a pas de printemps.

Tel est le climat de Kentucky et de tout le bassin d'Ohio. Il faut remonter bien avant dans le nord pour lui trouver des changements remarquables, et surtout pour le retrouver en harmonie avec ses parallèles de la côte atlantique.... A la hauteur de Niagara même, il est encore si tempéré, que les froids ne durent pas plus de 2 mois avec quelque âpreté ; et cependant l'on est au point le plus élevé du plateau; ce qui déconcerte totalement la règle de niveaux.

Dans tout le Genesee, les descriptions que l'on m'a faites de l'hiver ne correspondent point avec les froids de cette saison sous les parallèles de Vermont ni de New-Hampshire, mais plutôt avec le climat de Philadelphie 3° plus sud. L'on a remarqué dans cette dernière ville, comme chose singulière, qu'il y gèle dans tous les mois de l'année, excepté en juillet; et pour retrouver la même circonstance, il faut s'élever jusqu'au village d'Onéida en Genesee, par les 43° de latitude; tandis qu'à l'est des monts, à Albany, il gèle dans tous les mois, et il n'y peut mûrir ni pêches ni cerises.

Enfin, à Montréal, par les 45° 20' de latitude, les froids sont moins rigoureux et moins longs que dans la partie de Maine et d'Acadie à l'est des montagnes; et les neiges à ce même Montréal durent deux mois de moins qu'à Québec, quoique cette dernière ville soit située plus bas sur le fleuve; ce qui contrarie encore la loi des niveaux et indique une autre cause qui reste à trouver.

Avant d'y procéder, j'ajouterai encore quelques observations et quelques faits qui en prépareront d'autant mieux le développement.

1° Il résulte des comparaisons que je viens de présenter, que pour mesurer les divers degrés de température des États-Unis, il faut appliquer, sur la totalité de ce pays, deux grandes échelles thermométriques se croisant en sens opposé : l'une placée dans le sens naturel des latitudes ayant son *maximum* de froid vers le pôle, par exemple, au

Saint-Laurent; et l'autre son *maximum* de chaud vers le tropique, par exemple, en Floride : entre ces deux points extrêmes, la chaleur, à circonstances égales de niveaux et d'expositions, décroît ou augmente régulièrement selon les latitudes. L'autre échelle, placée transversalement de l'est à l'ouest dans le sens des longitudes, est un thermomètre à deux branches renversées, ayant une boule commune ou *maximum* de froid qui pose sur l'Alleghany, tandis que l'extrémité de chacune des branches va chercher à l'est et à l'ouest son *maximum* de chaleur sur le rivage de l'Atlantique et au Mississipi; et les degrés de chaleur se mesurent sur chacune en raison combinée des niveaux et des expositions. Ce n'est qu'en ayant égard à ces règles compliquées que l'on pourrait dresser un bon tableau général de température et de végétation pour les États-Unis : l'idée que l'on en trouve jetée dans un mémoire de la société de New-York, est une idée ingénieuse, et qui peut devenir utile; mais pour remplir son objet avec exactitude, elle a besoin de l'application et de l'emploi des principes que je viens d'exposer.

2° La différence de climat entre l'est et l'ouest des Alleghanys, est d'ailleurs accompagnée de deux circonstances majeures que je crois n'avoir pas été remarquées. La première est que par-delà les 35 et 36° latitude allant au sud, cette différence cesse d'avoir lieu, et la température des

Florides et de la Géorgie occidentale, depuis le Mississipi jusqu'à la rivière Savanah et à l'Océan, est soumise à des règles identiques et communes; en sorte que la chaîne des Alleghanys et le retour des Apalaches, forment réellement de ce côté la limite de cette différence, et par cela même se décèlent pour être une de ces causes efficientes.

La seconde circonstance est que cet excès relatif de température cesse encore presque subitement entre le 43 et 45° latitude nord, vers les grands lacs de Saint-Laurent : à peine a-t-on passé la rive méridionale du lac Érié, que le climat se refroidit de minute en minute, dans une proportion étonnante : au fort Détroit, il ressemble encore à celui de Niagara son parallèle; mais dès le lac Saint-Clair, les colons trouvent les froids beaucoup plus longs et plus rigoureux qu'à Détroit. Ce petit lac reste gelé tous les ans, depuis novembre jusqu'en février : les vents de sud et de sud-ouest, qui tempèrent l'Érié, deviennent plus rares ici, et l'on ne peut y mûrir d'autres fruits que des pommes et des poires d'hiver.

Au fort de Michillimakinac, $2° \frac{1}{2}$ plus nord, des observations faites en 1797, sous la direction du général américain Wilkinson (1), constatent

---

(1) Voyez Medical Repository of New-York, tome Ier, page 530, où se trouve un tableau météorologique dressé par le major Swan.

que du 4 août au 4 septembre, le thermomètre en diverses stations depuis le lac Saint-Clair, ne marqua jamais plus de 16° $\frac{1}{2}$ R. à midi; et qu'au soir et au matin, il descendit souvent jusqu'à 5° $\frac{1}{2}$ R. (sur glace); ce qui est plus froid que Montréal sous le même parallèle.

Ces faits s'accordent parfaitement avec les résultats généraux que M. Alexandre *Mackensie* a récemment publiés dans la relation de ses intéressants voyages à l'ouest et au nord-ouest de l'Amérique : j'avais déjà eu occasion dans mon séjour à Philadelphie, de connaître cet estimable voyageur et d'en obtenir divers renseignements sur ces objets : l'un de ses associés, M. Shaw, avec qui j'eus aussi l'avantage de me rencontrer en 1797, et qui arrivait d'un séjour de treize ans dans les postes les plus reculés de la traite des pelleteries, eut également la complaisance de satisfaire à mes questions, et il résulte de ces informations réunies :

« Qu'à partir du lac Supérieur, allant à l'ouest,
« jusqu'aux *montagnes Stony* ou *Chipewans*, et
« remontant au nord jusqu'au 72°, le pays main-
« tenant bien connu par les traitants canadiens,
« offre un climat d'une rudesse et d'une âpreté de
« froid qui ne peut se comparer qu'à la Sibérie :
« que le sol généralement plane, dénué d'arbres,
« ou n'en ayant que de rares et de rabougris, par-
« semé de lacs, de marais, et d'une prodigieuse

« quantité de cours d'eaux, est sans cesse battu de
« vents furieux et glacés, venant des parties de
« nord et surtout de nord-ouest : que dès le 46°
« la terre *est gelée pendant toute l'année* : que dans
« plusieurs fortins de la traite, entre les 50 et 56°,
« l'on n'avait pu par ce motif établir des puits,
« cependant très-nécessaires : que M. Shaw lui-
« même en avait creusé un au poste Saint-Au-
« gustin, à environ seize lieues des montagnes;
« et quoiqu'il l'eût entrepris en juillet, il avait,
« dès le troisième pied, rencontré le sol gelé; et
« le trouvant de plus en plus ferme, il avait été
« contraint d'abandonner le travail à une profon-
« deur de vingt pieds. »

L'on ne peut douter de ces faits, tant à raison
du caractère des témoins, que de l'appui qu'ils
trouvent dans d'autres semblables : Robson, ingénieur anglais qui, en 1745, construisit le fort
de Galles, sur la baie de Hudson, par les 59°,
raconte avec surprise et candeur :

« Qu'ayant voulu creuser un puits au mois de
« septembre, il trouva d'abord trente-six pouces
« anglais de terre dégelée par les chaleurs anté-
« rieures; puis une couche de huit pouces gelée
« ferme comme roc : sous cette couche, un terrain
« sableux et friable, glacial et très-sec, dans le-
« quel ses sondes ne purent trouver d'eau, parce
« que, dit-il, le froid continuel gelant les eaux su-
« perficielles, les empêche de pénétrer au-dessous »

« du point où les chaleurs de l'été parviennent à
« les dégeler (1). »

Édouard Umfreville, facteur de la compagnie
de Hudson, depuis 1771 jusqu'à 1782, observateur plein de sens et d'exactitude, atteste également que :

« La terre dans ces contrées, même au cœur de
« l'été, où les chaleurs sont vives pendant quatre
« à cinq semaines, ne dégèle qu'environ quatre
« pieds anglais, là où le sol est déboisé et soumis
« à l'action du soleil; et deux pieds seulement là
« où il est ombragé des chétifs genévriers et pins
« qui composent toute la végétation du pays (2). »

---

(1) An account of six years residence in Hudson's bay,
1 vol. in-8°, London, 1752.

(2) *Present state of Hudson's bay*, 1 vol. in-8°, London,
1790. Les mêmes faits se répètent dans le continent asiatique,
et confirment l'analogie de climat et de sol que j'ai indiquée.
Les savants russes, Gmelin, Pallas, Georgi, attestent que passé
le 65°, et même dès le 60° de latitude, en Sibérie, l'on trouve
des marais éternellement gelés au fond, dont la glace conserve, depuis une antiquité inconnue, des ossements, et même
des peaux d'éléphants, de rhinocéros, de mammouts. (Voyez
le Nord littéraire, n° Ier, page 380.)

Le célèbre voyageur américain *Ledyard* atteste également
qu'à *Yakoutsk*, par moins de 62° de latitude, l'on n'a pu
établir de puits, attendu que les fouilles faites jusqu'à 60 pieds
de profondeur ont appris que la terre était gelée de plus en
plus ferme. (Voyez American Musæum, tome viii, lettre de
Ledyard, août 1790.) Le capitaine Phips dit également que
le 20 juin 1778, par 66° 54', l'eau de la mer, puisée à 780
brasses de profondeur, marqua 2° ⅔ sous glace (R). Parmi

Il est donc évident qu'au delà d'une certaine latitude, le climat à l'ouest des Alleghanys n'est pas moins froid que ses parallèles à l'est; et cette latitude, dont le terme moyen paraît être vers les 44 ou 45°, en prenant pour limite les grands lacs, et surtout la chaîne des montagnes *Canadiennes*.

---

nous, M. Patrin, naturaliste instruit, qui a voyagé plusieurs années en Sibérie, rapporte que même, par les 54°, étant descendu, en juin 1785, dans un puits récent de la mine d'*Ildikan* en *Daourie*, il remarqua, à la hauteur de 40 pieds, des gerçures remplies de glaçons (et cependant c'était une mine métallique); *ce qui prouve*, ajoute-t-il, *que le feu central n'a pas beaucoup d'activité en Daourie* (Journal de physique, mars, 1791, page 236). Mais, comme désormais la saine physique, aidée de tous ces faits et des expériences ingénieuses de M. de Saussure, a relégué au rang des vieux contes mythologiques cette vieille rêverie d'un foyer central, et même la théorie hasardée sans preuves suffisantes, d'une température moyenne de 10°, l'on a droit d'en conclure contre les hypothèses de *Buffon* et de divers autres physiciens, que le globe est une masse cristallisée essentiellement froide, dont la superficie seule est échauffée par les rayons du soleil, en raison de la force et de la continuité de leur action. De là vient que sous la zone torride l'on trouve, pour terme moyen, le sol imprégné d'environ 14° de Réaumur, à une profondeur qui probablement ne pénètre pas plus de trois ou quatre mille toises : à mesure que l'on s'éloigne de ce grand et principal foyer, vers le nord, la chaleur diminue par proportion inverse des latitudes. 11° en Virginie, 9° à Philadelphie, 7° en Massachusets, 5° en Vermont, 4° en Canada, et finalement zéro et moins de zéro sous le pôle : en sorte que si jamais le soleil abandonnait notre pauvre planète, elle finirait par n'être qu'un amas de glaçons, et par n'avoir, pour derniers habitants, que des ours blancs et des Esquimaux.

ou *Algonkines*, circonscrit par cela même le climat chaud du pays d'Ouest à un espace d'environ 9 à 10 degrés qui se trouve enceint sur trois de ses côtés par des montagnes. Sans doute la présence de ces montagnes contribue pour quelque partie à cette différence; mais quelle en est la cause majeure et fondamentale? d'où provient ce phénomène géographique réellement singulier? Voilà le problème à résoudre; et parce que la comparaison de beaucoup de faits et de circonstances m'a fait reconnaître pour agent principal un courant d'air ou vent dominant habituellement dans le bassin de Mississipi, dont les vents diffèrent de ceux de la côte atlantique, je crois devoir fournir au lecteur les moyens d'asseoir son jugement, en lui développant le système entier des courans de l'air qui règnent pendant l'année aux États-Unis.

CHAPITRE IX.

Système des vents aux États-Unis.

EN Europe, surtout en France et en Angleterre, nous nous plaignons de l'inconstance des vents et des variations qu'elle produit dans la température de l'air; mais cette inconstance n'est en rien comparable à celle de l'atmosphère des États-

Unis; j'oserais affirmer que dans une résidence de près de trois ans (1), je n'ai pas vu un même vent régner trente heures de suite, un même degré de thermomètre se maintenir pendant dix heures; sans cesse les courants de l'air varient, non de quelques degrés de compas, mais d'un point de l'horizon à son opposé; du nord-ouest au sud et au sud-est; du sud et du sud-ouest au nord-est: ces variations attirent d'autant plus l'attention, que les changements de température sont aussi contrastants que subits; et dans un même jour, en hiver même, on aura eu au matin de la neige, et zéro de glace par vents de nord-est et d'est; vers midi, 6 et 7 degrés par vents de sud-est et de sud; et dans le soir 1 et 2° sous glace par vent de nord-ouest: en été, vers deux heures après midi, on peut avoir 24 et 25° de chaleur par calme; un orage arrive par vent de sud-ouest; il pleut vers quatre ou cinq heures; à six ou sept, le vent de nord-ouest se déclare frais et impétueux à son ordinaire, et avant minuit le mercure sera à 17 et même 16°. L'automne seule, depuis le milieu d'octobre jusque vers la mi-décembre, montre quelques jours continus de vent d'ouest, et d'un ciel clair et serein; genre de temps que sa rareté rend d'autant plus remarquable. Cette mobilité de l'air l'est elle-même d'autant plus qu'elle a lieu

---

(1) Depuis octobre 1795, jusqu'en juin 1798.

sur une étendue de pays très-vaste, et que les mêmes vents se font sentir presque à la fois sur toute l'étendue de la côte atlantique, depuis Charlestown, jusqu'à Newport, et même Halifax, et depuis le rivage de l'Océan jusqu'à l'Alleghany. Ce n'est pas qu'il n'y ait de ces brises partielles qui, dans tous les pays maritimes, affectent certaines localités et certaines positions du soleil sur l'horizon : je veux dire seulement qu'à l'ordinaire, les courants de l'air aux États-Unis parcourent de très-vastes surfaces, et que les vents y sont *généraux* beaucoup plus qu'ils ne le sont en Europe.

Tel est surtout le caractère de trois vents principaux, le nord-ouest, le sud-ouest et le nord-est, qui semblent se partager l'empire de l'air aux États-Unis. Si l'on supposait l'année divisée en 36 parties, l'on pourrait dire qu'à eux trois ils en prennent 30 ou 32; savoir, 12 pour le nord-ouest; 12 pour le sud-ouest, et 6 ou 8 pour le nord-est et l'est : le surplus est distribué entre le sud-est, le sud et l'ouest. Le nord pur n'a presque rien. Chacun de ces vents étant accompagné de circonstances particulières, et devenant successivement dans l'atmosphère effet et cause de phénomènes considérables et différents, je vais entrer dans les détails nécessaires à faire connaître leur marche respective.

§ I.

Des vents de nord, de nord-est et d'est.

Le vent du *nord* direct est le plus rare des courants de l'air aux États-Unis: d'après les tables météorologiques que j'ai pu consulter à Boston, à Philadelphie, à Monticello, il ne souffle pas dans le cours d'une année huit jours par ces latitudes. Il semble être plus fréquent dans les plages du sud, d'après des observations faites à Williamsburg, et citées par M. Jefferson (1); mais outre que ces observations trop sommaires sont vagues, il est probable que la direction de nord à Williamsburg est locale et causée par la position de cette ville sur un cours d'eau qui va droit au sud dans le fleuve James : il existe beaucoup de ces cas où un vent général sur un pays se trouve en certains cantons dévié de 30 à 80° par des bassins de rivière, par des sillons de montagnes, par des massifs de forêts, etc.; il y a du moins ceci de certain, que d'après tous les renseignements que j'ai recueillis, tant à l'est qu'à l'ouest des Alleghanys, le vent de nord direct est le moins fréquent des vents aux États-Unis (2).

---

(1) Voyez notes sur la Virginie, page 7.
(2) Les tables du docteur Ramsay à Charlestown confirment pleinement cette assertion; car sur quatre années, de-

Lorsqu'il se montre, il est plutôt humide que sec, plutôt nuageux que clair, et toujours froid. Cette rareté du vent de nord semble au premier coup d'œil contrarier la théorie générale des vents, qui explique tout leur mécanisme par l'action du soleil sur l'atmosphère terrestre ; par la dilatation inégale que ses rayons causent en diverses parties; par la lutte qui s'établit entre les masses d'air froid plus pesant, et les masses d'air chaud plus léger, pour rétablir l'équilibre et le niveau qui est la loi impérieuse et constante des fluides : d'où il résulte que l'océan aérien éprouve une agitation continuelle de courants qui se meuvent en divers sens; et que l'atmosphère dense et froide du nord doit exercer une pression habituelle et avoir une tendance constante à s'épancher et à se porter vers l'atmosphère chaude et dilatée des tropiques ; mais outre que ce mécanisme général est soumis à certaines circonstances géographiques, nous aurons occasion de voir dans le cours de ce chapitre, que le cas actuel n'est pas même une exception au principe, et que la dette du vent de nord est amplement acquittée par deux de ses collatéraux, les vents de *nord-ouest* et de *nord-est*, qui s'alimentent

---

puis 1791 jusqu'en 1794, elles n'offrent que huit jours *où le nord ait soufflé :* il ne souffla pas un seul jour en 1792, et la même rareté a lieu à Québec.

du même fonds, et qui puisent aux mêmes sources que lui (1).

Vent de nord-est.

Ainsi que la plupart des vents, le vent de *nord-est*, en changeant de pays, change de caractère

---

(1) Le lecteur peut avoir déjà vu, ou peut consulter une esquisse de cette théorie, dans le chapitre XX de mon Voyage en Syrie (publié en 1787). Novice alors dans cette branche de science, j'ignorais que de grands maîtres, tels que Halley et d'Alembert, s'en fussent occupés. A mon retour d'Amérique, lorsque j'ai voulu reprendre le cours de mes idées et leur donner un développement conforme aux nouveaux faits que j'avais rassemblés, j'ai dû me mettre au niveau des connaissances acquises, et j'ai trouvé qu'un mémoire intitulé : *Théorie des Vents, par le chevalier la Coudraye*, avait rempli la tâche que je me proposais. Ce mémoire, couronné dès 1785 par l'académie de Dijon, est un traité complet sur cette matière, et je ne puis mieux faire que d'en conseiller la lecture à ceux qui veulent se former un tableau sommaire du jeu des courants de l'air : ce n'est pas qu'il ne reste encore beaucoup à dire sur le système général des vents par tout le globe, et qu'il n'y ait beaucoup d'expériences et de calculs à établir sur le foyer, le lit, la vitesse de chaque courant d'air : sur les directions diverses et souvent contraires qu'ils suivent dans l'océan aérien ; sur l'épaisseur de leurs couches ; sur la formation, la composition, la dissolution des nuages ; sur les causes et les effets des dilatations et des condensations plus ou moins subites qui accompagnent les orages, etc. Mais, parce qu'un tel travail veut la réunion des connaissances combinées d'un navigateur, d'un physicien et d'un chimiste, et qu'elle exigerait des recherches longues et même dispendieuses, dirigées sur un plan méthodique, ma tâche se trouve naturellement réduite à fournir mon contingent de matériaux pour

ou du moins de qualités. En Égypte, sous le nom de *gregale*, je l'avais trouvé froid, nuageux, pesant à la tête : sur la Méditerranée je l'éprouvais pluvieux, bourru, sujet aux rafales : en France, surtout au nord des Cévennes, nous nous en plaignons comme du plus sec de tous les vents : aux États-Unis, au contraire, j'ai vu qu'avec autant de raison l'on s'en plaint comme du plus humide et de l'un des plus froids. Le problème de ces diversités ou de ces contrastes se résout avec assez de facilité par l'inspection des cartes géographiques. En effet, en Égypte le vent nord-est arrive du nord de la Syrie et de la chaîne du mont *Taurus*, qui, par l'Arménie, va se joindre au Caucase, et qui, pendant plusieurs mois de l'année, est couverte de neiges : le courant de l'air qui en provient n'a pas le temps de s'humecter dans son court trajet sur l'extrémité de la Méditerranée; et il conserve sa froideur et presque sa sécheresse originelles : à mesure que l'on navigue vers l'ouest, ce même courant d'air, qui successivement décline de l'Asie mineure sur l'Archipel et sur la péninsule grecque, devient plus tempéré; et parce qu'il traverse ensuite la Méditerranée obliquement, sur une plus grande largeur, il y acquiert plus d'humidité

---

cette opération; et c'est ce que je vais faire, en jetant dans les chapitres suivants les faits qui m'ont paru les plus importants et les plus certains.

et de moiteur, et finit par être pluvieux, particulièrement sur la côte d'Espagne.

En France, au midi des Cévennes, le *nord-est* venant des Alpes, ne peut être que sec et froid; mais il y est rare, parce qu'un autre courant collatéral, le *mistral* des Provençaux usurpe sa place : au nord des Cévennes le nord-est ne nous arrive qu'après avoir traversé une des plus longues lignes du continent, à travers les parties nord de l'Allemagne, puis la Pologne et la Russie; et certes dans ce vaste trajet il acquiert bien des raisons d'être sec, froid et de longue durée, tel que nous l'éprouvons... Si l'on s'écarte un peu au nord de cette ligne, il prend un caractère différent pour la côte de Suède, et il y devient *grand pluvieux*, non-seulement parce qu'il traverse de biais la mer Baltique et le golfe de Bothnie, mais encore parce qu'il vient de la mer d'Archangel, et que la Finlande marécageuse l'abreuve au lieu de le sécher. Par un nouveau contraste, la côte de Norwège, adossée immédiatement à celle de Suède, en l'éprouvant encore froid, ne l'éprouve cependant plus humide, et cela parce que le chaînon du *Dofre*, qui court presque nord et sud entre les deux pays, arrête les nuages, et purge de leur pluie le courant d'air qui les transportait (1).

---

(1) Voyez à l'appendice une lettre sur le système des vents de ces deux contrées.

Aux États-Unis, le vent de nord-est vient d'une étendue de mers dont la surface, prolongée jusqu'au pôle, le sature sans interruption d'humidité et de froid : aussi déploye-t-il éminemment ces deux qualités sur toute la côte atlantique : il n'est pas besoin de regarder le ciel pour savoir s'il souffle : dès avant qu'il se déclare, on peut le pronostiquer au sein des maisons, à l'état déliquescent que prennent le sel, le savon, le sucre, etc. Bientôt l'air se trouble ; et les nuages, s'il en existait, n'en forment plus qu'un seul, sombre et universel. Dans les saisons froides, ou seulement fraîches, ce vaste nuage tombe en neige ; et si l'air est chaud, il se résout en pluie opiniâtre.... Depuis le cap *Cod*, jusqu'au banc de *Terre-Neuve*, le vent de *nord-est* pousse sur la côte les brouillards les plus froids, les plus *transissans* que j'aie jamais éprouvés ; il appartient aux physiologistes d'expliquer pourquoi à Philadelphie comme au Kaire, ce vent affecte la tête d'un sentiment douloureux de pesanteur et de compression : ce qu'il y a de certain, c'est que dans ces deux villes, j'ai senti également bien à mon réveil, avant de voir le ciel, si le nord-est régnait. Or, si une telle disposition de corps ou toute autre de ce genre est la conséquence nécessaire d'un état donné de l'atmosphère ; s'il en résulte aussi nécessairement une disposition analogue d'esprit et de faculté pensante, ne s'ensuit-il pas que l'air exerce une influence majeure sur nos facultés physiques et morales, comme l'a si bien observé le plus grand des médecins dans son traité des *airs*, des *eaux* et des *sites?* et ne serait-ce pas à des causes de ce genre qu'il faudrait attribuer la différence frappante qui existe entre certains peuples, dont les uns ont généralement l'esprit vif, la conception aisée et rapide, tandis que d'autres ont l'esprit pesant et la perception obtuse et lente (1)?

Les qualités de vent de nord-est diminuent naturellement d'intensité sur la côte atlantique, à mesure que l'on s'avance plus au sud; mais elles demeurent reconnaissables jusqu'en *Géorgie*, et nommer ce vent depuis Québec jusqu'à Savanah, c'est désigner un vent humide, froid et désagréable.

Ce langage change lorsqu'on passe à l'ouest des Alleghanys : là, au grand étonnement des émigrants de Connecticut et de Massachusets, le *nord-est* et *l'est* sont des vents plutôt secs qu'humides, plutôt légers et agréables que pesants et fâcheux. La raison en est que là comme en Norwége, ces courants d'air n'arrivent qu'après avoir franchi un rempart de montagnes, où ils se dépouillent dans une région élevée des vapeurs dont ils étaient gorgés. Aussi n'est-ce que par des cas

---

(1) *Bœotium crasso jurares aere natum*, a dit un poëte philosophe.

accidentels et rares, surtout en été, qu'ils transportent sur l'Ohio et le Kentucky les pluies que l'on y désire; et alors elles y durent au moins vingt-quatre heures, et quelquefois trois jours consécutifs, parce qu'il a fallu un vide considérable dans l'atmosphère du bassin de Mississipi, pour déterminer l'irruption de l'atmosphère atlantique, et qu'il faut un ou plusieurs retours du soleil sur l'horizon, pour que la chaleur de ses rayons rétablisse le niveau entre ces deux grands lacs aériens : ces ruptures d'équilibre sont plus fréquentes pendant l'hiver, à raison de l'état tempétueux de l'atmosphère sur la mer et le continent; alors il n'est pas rare que le *nord-est* et *l'est* traversent les Alleghanys, et jettent sur le pays d'Ouest des ondées de neige ou de pluie; mais bientôt leur antagoniste perpétuel, le *sud-ouest*, qui règne dans cette contrée dix mois sur douze, les chasse de son domaine et les force de se replier sur les monts. Là, s'établit entre eux une lutte habituelle, dont les efforts inégaux et variés sont l'une des causes de l'agitation de l'atmosphère pendant cette saison. Si par hasard ils se balancent l'un l'autre, leur double courant n'a d'issue qu'en s'élevant verticalement dans la région supérieure où ils se replient l'un et l'autre, glissent horizontalement ou se renversent dans les couches inférieures; mais tantôt le *sud-ouest* l'emporte, et il se répand jusqu'à l'Océan; et tantôt le *nord-est* est vainqueur, et il envahit jusqu'au Mississipi et au golfe du Mexique. C'est surtout aux équinoxes que le choc est violent et l'irruption impétueuse : alors que le passage du soleil à l'équateur, en refroidissant l'un des pôles qu'il quitte, et réchauffant l'autre qu'il éclaire, occasione un balancement général dans l'océan aérien; il arrive entre les masses opposées et les courants antagonistes, des ruptures d'équilibre dont les conséquences sont plus violentes et plus étendues. Aussi est-ce de préférence à cette époque, et dans les mois d'avril et d'octobre que se montrent les ouragans dont le vent de *nord-est* est l'agent le plus habituel aux États-Unis. Ces ouragans ont cela de particulier, que leur furie se déploie ordinairement sur une courte ligne d'un quart de lieue, quelquefois de trois cents toises de largeur, et seulement d'une ou deux lieues de longueur. Dans cet espace, ils arrachent et renversent les arbres des forêts, et ils y font des clairières, comme si la faux d'un moissonneur avait passé sur quelques sillons d'un champ de blé. En d'autres occasions plus rares, ils traversent le continent dans toute sa longueur, et cela par un mécanisme que j'aurai occasion d'expliquer à l'article du vent de sud-ouest.

La fréquence des vents de nord-est sur la côte atlantique peut s'attribuer en partie à la direction du rivage et des montagnes de cette contrée, laquelle favorise le cours du fluide aérien. Des observations faites à Monticello, à Frederick-town, à Bethléem, prouvent que souvent tout autre rumb souffle dans l'intérieur des terres; quant à New-Port, à New-York, à Philadelphie, à Norfolk, des observations du même jour attestent le *nord-est*. Quelquefois ce vent lui-même en porte des preuves notoires sur sa trace, en versant sur le littoral des ondées de neige qui ne pénètrent pas dix milles dans l'intérieur. Ce cas arriva à Norfolk, le 14 février 1798, lorsque dans une seule nuit il tomba sur cette ville et ses environs plus de 40 pouces de neige, par un vent de *nord-est*, tandis qu'à dix lieues, au sein des terres, il n'avait pas même plu, et qu'il régnait plutôt un vent de nord-ouest, ainsi que l'observèrent plusieurs papiers publics.

Si le vent du nord-est varie ou dévie, c'est ordinairement pour passer à l'est, et ce dernier vent peut se considérer comme son suppléant et son alternatif naturel. Moins fréquent que lui, il participe à ses qualités pluvieuses et froides, surtout au nord des 40 et 41° : à mesure que l'on s'avance au sud, il devient plus tempéré, sans cesser d'être humide; ce qui s'explique de soi-même, à raison de la température des mers de ces latitudes. Il ne faut pas les confondre avec le vent d'*est alizé* des tropiques. Celui-ci ne s'élève jamais au delà des 30 ou 32° de latitude, et seulement lorsque le soleil, au solstice d'été, entraîne de ce côté la zone d'air qu'il gouverne, en établissant un foyer d'aspiration dans les parties nord de ce continent. En hiver l'alizé d'*est* se replie jusque vers le 22 et 23°, étant d'une part repoussé par l'atmosphère refroidie de l'Amérique nord, et de l'autre attiré par un nouveau foyer établi dans l'Amérique sud par le soleil perpendiculaire au Paraguay. Dans les deux cas, lors même que les vents irréguliers de *nord-est* et d'*est* règnent sur l'Atlantique, leur empire est presque toujours séparé de celui de l'alizé par une frontière, ou de calme ou de contre-courants que cause leur inégalité en température, en densité, en vitesse. Il y a d'ailleurs entre eux ce cachet distinctif que les vents continentaux de *nord-est* et d'*est*, malgré l'irrégularité de tout le système de leur zone, affectent de paraître aux deux équinoxes pendant les 40 ou 50 jours qui suivent le passage du soleil à l'équateur : aussi est-ce la saison la plus favorable pour se rendre d'Europe en Amérique ; celle dont profitent les vaisseaux de commerce, qui plus tard ou plus tôt sont exposés à de longs passages, à raison des vents de *sud-ouest* et de *nord-ouest* qui dominent l'Océan atlantique, l'un en hiver et l'autre en été, et qui dans toutes les saisons ne permettent que des apparitions courtes et interrompues aux vents de sud-est et de sud dont je vais parler.

§ II.

Vents de sud-est et de sud.

Le vent du *sud-est* aux États-Unis a plusieurs traits de ressemblance avec le *scirocco* de la Méditerranée, qui est aussi un *sud-est :* comme lui, il est chaud, humide, léger, rapide; comme lui, il affecte la tête d'un sentiment pénible de pesanteur et de compression; mais à un degré infiniment moins fâcheux que le *scirocco*.

Si l'on remarque que le *kamsinn*, ou vent du sud, produit en Égypte la même sensation; que dans d'autres pays tels que Bagdad, Basra, c'est le vent du sud-ouest; et que dans tous, c'est toujours un courant d'air qui a *balayé* des surfaces terrestres brûlantes et sèches, l'on conclura que cet effet physiologique est dû à l'action sur nos nerfs d'une qualité ou d'une combinaison particulière du *calorique* ou fluide igné. La différence d'intensité qui existe entre ces divers vents favorise elle-même cette induction; car si, comme il est de fait, le *sud-est* américain est moins pénible que le *sud-est* italien, l'on peut l'attribuer au long trajet du premier sur l'Atlantique dont l'humidité a neutralisé les exhalaisons du continent africain, tandis que le *scirocco* n'a pas eu le temps d'acquérir cet avantage sur le bassin étroit de la

Méditerranée; et cependant il le possède plus que le *kamsinn* et que le *sud-ouest* de Bagdad, qui ne parcourent que des continens. Or, si tels sont les effets physiologisques de certains airs, qu'ils rendent le corps paresseux, la tête lourde, et l'esprit inapte (1) à penser, serait-il étonnant que dans certaines parties de l'Afrique où un tel air est habituel, les indigènes eussent réellement contracté les habitudes paresseuses de corps et d'esprit que l'on remarque à quelques peuples noirs, et que par le cours des générations elles se fussent tournées en *nature*, qui par cela même pourrait à son tour être changée par une habitude des circonstances contraires.

Revenant aux États-Unis, lorsque le sud-est se montre en hiver sur la côte atlantique, ce qui arrive surtout aux approches de l'équinoxe, il produit parfois, jusqu'au Canada, des dégels passagers qui ont le fâcheux effet de gâter les provisions de viandes que l'on fait dans les pays froids, dès le mois d'octobre, pour cinq ou six mois. Plus au sud, ces dégels trompent perfidement la végétation, en provoquant, dès janvier et février, des fleurs qui ne devraient paraître qu'après l'équinoxe, et que le retour infaillible des gelées ne manque pas de détruire.

---

(1) Les Italiens disent d'un plat ouvrage, *c'est une composition de scirocco*.

Vers l'équinoxe, surtout vers celui de printemps, le sud-est produit, particulièrement dans les embouchures de l'Hudson, de la Delaware, et dans la baie de Chezapeak, des tempêtes courtes mais violentes; leur durée est assez ordinairement de 12 heures; elles ont ceci de singulier, que leur furie s'exerce comme un ouragan, sur un espace limité de 10 ou 20 lieues de longueur et de 4 ou 5 de large, sans que hors de cet espace l'on s'aperçoive du moindre mouvement. J'ai connu deux exemples de ce phénomène à New-York et un à Philadelphie, où pendant 12 heures l'on avait essuyé une si violente tempête, que l'on croyait apprendre la perte de tous les vaisseaux voisins de la côte; cependant, 12 heures après, les vaisseaux arrivèrent sans avoir remué une voile, et sans avoir senti le moindre vent extraordinaire.

Cette irruption violente d'un vent léger et chaud ne peut s'expliquer par la théorie ordinaire des pesanteurs spécifiques, puisque tout autre vent est plus froid et plus dense que le *sud-est :* il faut donc admettre l'expansion d'une masse considérable de cet air chaud qui repousse et chasse l'air plus froid dont il est environné. La forme de cône ou d'entonnoir des baies et embouchures des fleuves, où ce phénomène a lieu de préférence, prête à cette explication, en ce qu'un grand volume d'air poussé dans ces entonnoirs est obligé de s'échapper par un canal de plus en plus resserré : il y agit presque à la manière des eaux d'un étang contenu par de hautes digues, auxquelles on ouvre d'étroites issues : là où la résistance le tient en équilibre, le liquide demeure calme : mais il s'élance avec impétuosité là où elle vient à manquer; et cette impétuosité a pour double cause la pression qu'il éprouve d'une part, et l'espace plus grand où il se développe de l'autre, en sortant de ses conduits resserrés. Dans le cas dont il s'agit, cet espace vide est nécessairement dans la région moyenne de l'air, à une élévation peut-être de moins de 1000 metres ; et le torrent du sud-est s'y échappe en *montant* comme tous les airs chauds : il y est ou condensé par la couche supérieure qui s'y trouve au terme de glace; ou bien, glissant sous elle, il s'échappe horizontalement, et peut-être se replie sur lui-même, et forme un tourbillon dont le centre ou l'axe est en l'air à une hauteur de 5 ou 600 mètres, et dont la circonférence balaye et rase la terre. Mais quelle est la cause première de ce vide sans tonnerre et sans météores préalables, du moins sans qu'on en ait vu ? Il faudrait pour résoudre ce problème, avoir rassemblé toutes les circonstances du phénomène; avoir connu sa manière d'agir, du moins, en divers points de sa sphère d'action et de sa circonférence; connaître enfin l'état de l'air et ses directions, avant et après la crise; or, comme ces données positives m'ont manqué, je ne sais pas y suppléer par de pures hypothèses.

Du vent de sud.

Le vent de *sud* direct, que l'on croirait plus chaud que le sud-est, est néanmoins plus tempéré aux États-Unis. Pendant l'été, saison où il se montre plus fréquemment, on le regarde comme une brise agréable, et presque rafraîchissante, à raison de la vapeur humide dont elle abreuve l'air : j'ai trouvé que cette vapeur, tant à *New-York* et à *Philadelphie* qu'à *Washington*, avait une odeur frappante de marécage de mer, telle que celle des huîtres, laquelle décèle sa source d'une manière moins agréable qu'on ne veut le dire. L'on ne peut cependant lui refuser le mérite de tempérer l'excessive ardeur du soleil et la réverbération encore plus brûlante de la terre dans les mois de juin, juillet et août : c'est pour jouir de cette brise de sud, que dans tout le continent américain l'on préfère l'exposition des maisons au midi, comme en France nous préférons celle à l'est et au sud-est : dans les États-Unis, elle a cet avantage qu'en été le soleil est assez élevé sur l'horizon pour ne point s'introduire dans les appartements protégés par les *porticos* ou *piatzas*, dont l'usage est général. En hiver, l'astre abaissé introduit dans les maisons ses rayons que l'on désire, et il y fait sentir sa chaleur, en dépit du nord-ouest, qui trop souvent accompagne sa clarté. Dans cette même saison, si le vent de *sud* est quelquefois assez froid, c'est qu'il a passé sur quelques neiges dont la terre se couvre momentanément, même en Caroline. Et si d'autres fois il en apporte lui-même au lieu de pluies, c'est parce que dans sa route aérienne il a rencontré des nuages du nord-est et de l'est, qui n'ont pas eu le temps de se replier. Mais de telles neiges fondent de suite, ou deviennent de la pluie en tombant. Six heures de durée suffisent à rendre au vent de sud le caractère de chaleur moite qu'il tire des mers tropicales où il prend naissance : je lui ai vu donner à Philadelphie, le 10 mars 1798, une véritable température de Floride. En été, lorsqu'il est plus rapide qu'à son ordinaire, il ne tarde pas d'amener des orages, et l'on remarque à Louisville et en d'autres lieux situés sur l'Ohio, que s'il dure 12 heures continues, il ne manque pas d'amener du tonnerre; or, en calculant sa marche à un terme moyen de 16 ou 17 lieues à l'heure, selon une estimation que des expériences sur la vitesse des vents rendent plausible, c'est précisément le temps qu'il lui a fallu pour apporter les nuages du centre du golfe mexicain, distant de 10 à 12°. La fréquence du vent de sud en cette saison prouve qu'il existe alors un foyer d'aspiration dans le nord du continent : mais il reste à savoir si ce foyer est au-delà ou en deçà de la chaîne *algonkine*, qui borde les lacs à leur nord. Ce fait ne peut être constaté que par des observations établies simultanément sur une ligne, depuis le rivage de Floride par le Kentucky, les lacs Érié, Huron et la chaîne algonkine jusqu'aux bords de la baie de Hudson; elles jetteraient un grand jour sur le jeu correspondant de l'atmosphère du pôle et de l'atmosphère du tropique, ainsi que sur la lutte et sur le balancement des courants du nord-ouest et du sud-ouest, qui sont les principaux vents des États-Unis.

§ III.

Du vent de sud-ouest.

Le vent de *sud-ouest*, l'un des trois grands dominants aux États-Unis, y est plus fréquent pendant l'été que pendant l'hiver, et plus habituel dans le pays de l'Ouest que sur la côte atlantique; en hiver, l'on dirait qu'il a de la peine à franchir les Alleghanys; et réellement il paraît que les vents de *nord-ouest*, de *nord-est* et d'*est*, plus puissants dans cette saison, lui interdisent le passage des monts. Quelquefois néanmoins il profite de leurs déviations, ou surmonte leur obstacle, et il se montre sur la côte atlantique plus impétueux, et surtout plus froid qu'il n'appartient à son habitude et à son origine : l'on en sent aisément la raison, quand on considère qu'il a traversé la région élevée des Alleghanys, souvent couverts de neiges pendant l'hiver, et qu'il a trouvé dans l'Ouest une terre abreuvée de pluie, dont l'évaporation ne peut que le refroidir.

Au printemps, devenu plus fréquent, il apporte lui-même des neiges passagères, des ondées de pluie et même de grêle, qui cependant paraissent plutôt dues aux vents de nord-est et de nord-ouest, dont il replie et chasse les nuages amoncelés sur les Alleghanys : ces monts deviennent eux-mêmes le champ clos visible des combats de ces courants d'air opposés : souvent l'on peut de la plaine observer les nuages marchant vers Blueridge, par les vents d'est ou de nord-est : bientôt s'y arrêtant, y demeurant stationnaires, puis tantôt s'y fondant en pluie, tantôt revenant sur leurs pas, chassés par le sud-ouest, qui à son tour s'établit pour quelques heures. Je fus témoin de ce spectacle dans la soirée que je passai à Rock-fish-gap, sur Blue-rigde; et mon hôte, sans être physicien, m'en donna des raisons très-satisfaisantes.

Ce n'est que vers le solstice d'été que le sud-ouest règne sur la côte atlantique d'une manière plus constante qu'aucun autre vent. Il y devient l'agent principal des orages qui se multiplient dans les mois de juillet et d'août, et qui sont infiniment plus violents que les nôtres en France. Souvent la brise du sud, qui a coutume de s'élever vers 10 ou 11 heures, fait place au sud-ouest, qui dans l'après-midi remplit le ciel de nuages orageux : deux ou trois heures se passent en éclats de tonnerre, d'un bruit prodigieux, et en éclairs, d'un volume vraiment énorme; la crise se termine avant le coucher du soleil, par des ondées, tantôt plus et tantôt moins abondantes.

L'équinoxe d'automne apporte un changement à cette direction du courant de l'air, et c'est alors son opposé diamétral, le *nord-est*, qui pendant 40 à 50 jours a la prépondérance sans néanmoins régner seul : après cette période, le sud-ouest, qui n'avait pas été entièrement éteint, se ranime et partage le reste de la saison avec le nord-ouest qui s'éveille, et avec l'ouest direct qui est le plus égal, le plus serein et le plus agréable des vents de ce continent.

La marche du sud-ouest dans le bassin du Mississipi et d'Ohio, jusque sur le fleuve Saint-Laurent, est plus régulière et plus simple ; l'on peut dire en deux mots que ce vent domine depuis la Floride jusqu'aux lacs, et à Montréal pendant dix mois de l'année. Les deux mois où il est le plus silencieux, sont ceux du solstice d'hiver, pendant lesquels le nord-ouest et le nord-est occupent l'atmosphère. Après cette époque, il se ranime en proportion de l'élévation du soleil au zénith, et il acquiert de telles forces qu'en juillet et en août, il est presque alizé en Louisiane, en Kentucky, et jusque sur le lac Champlain, pendant 40 à 50 jours; il domine presque également sur le Saint-

Laurent; et pour remonter ce fleuve à la voile, l'on attend quelquefois un mois de suite des vents d'est ou de nord-est, qui alors même sont peu durables. C'est encore le sud-ouest qui, vers le 20 avril, fond les glaces du Saint-Laurent, comme c'est le nord-ouest qui les établit à la fin de décembre. Le *sud-ouest* est, avec le *sud*, le vent chaud du Canada, du Vermont, du Genesee; mais il n'a ce caractère bien marqué que pendant l'été : il se rafraîchit dans les autres saisons, en proportion de l'abaissement du soleil à l'horizon, et du rapprochement des terres vers le pôle. Il se montre au contraire plus chaud, à mesure que l'on revient vers le Kentucky, le Tennessee et le golfe du Mexique, qui est son foyer originel.

A raison de ce voisinage, il procure à la Basse-Louisiane une température si élevée, pendant les quatre mois d'hiver, que malgré l'apparition assez fréquente des vents de nord-nord-ouest et d'*est*, l'on peut s'y permettre la culture de la canne à sucre, surtout celle d'Otahiti : mais il fait racheter cette faveur pendant les quatre mois d'été, par des chaleurs accablantes et des orages extrêmement violents et presque journaliers, de l'espèce de ceux qu'aux Antilles l'on appelle *grains blancs*. La mousson de ces orages commence après le solstice, et suit une marche progressive digne d'attention. D'abord c'est vers les cinq heures du soir, lorsque la chaleur étouffante et humide est parvenue à son comble, que les nuées orageuses s'élèvent et accourent du bas du fleuve et de la partie sud-ouest du golfe : chaque jour l'apparition de ces nuées anticipe de quelques minutes; en sorte que vers le milieu du mois d'août, les tonnerres se déclarent vers deux heures après midi; de violentes ondées précèdent et suivent leurs éclats effrayants; au coucher du soleil tout se pacifie; le ciel redevient calme, tantôt serein, tantôt voilé de brouillards qu'exhalent d'immenses marécages et un sol fumant; la nuit se passe tranquille, mais fatigante par sa chaleur calme, et surtout par les *maringouins*. Le lendemain matin, la chaleur se ranime à mesure de l'élévation du soleil à l'horizon et de l'état calme de l'air; dans l'après-midi la crise de la veille recommence (1) : le vent du sud-ouest pousse ces nuées orageuses dans l'intérieur du pays, sur le Tennessee et le Kentucky, où elles en rencontrent d'autres fournies par les rivières, les *swamps* et les lacs; par ce moyen, la série des orages s'étend et se prolonge avec des forces renaissantes jusqu'au Canada.

Maintenant, pour bien apprécier les effets et l'action de ce grand courant d'air sur la surface du sol qu'il parcourt, et qui lui sert en quelque

---

(1) Je tiens ces notes de M. Power, américain naturalisé sujet d'Espagne, à la *Nouvelle-Madrid*, qui a observé le pays en homme éclairé.

sorte de lit; pour bien calculer le caractère et la puissance du foyer dont il émane, c'est-à-dire l'atmosphère du golfe mexicain, il faut se retracer plusieurs circonstances géographiques et nautiques de ces parages : il faut remarquer que le centre du golfe est immédiatement situé sous le tropique; que pendant les six mois d'été, toute la surface de ses eaux est frappée d'un soleil vertical et brûlant, qui provoque une évaporation énorme. Que pendant les six mois d'hiver, l'action de cet astre y est encore si vive, que les gelées n'approchent point de cette mer : que les plages d'*Youcatan*, de *Campéche*, de la *Vera-cruz*, des *Florides* et de *Cuba*, sont connues pour être d'une chaleur insupportable; qu'en effet la chaleur doit y être d'autant plus intense, que le bassin presque circulaire du golfe, enclos d'îles et de terres, n'admet pas une libre ventilation; qu'enfin les marins citent cette mer pour être la plus féconde de toutes celles de la zone torride en orages, en tonnerres, en *trombes*, en *tornados* ou tourbillons, en calmes étouffants et en ouragans, tous accessoires naturels d'un air embrasé et pourtant humide.

Ces circonstances rendent déja raison des qualités que nous avons reconnues au vent de sudouest sur le continent américain; mais l'observateur ne doit point borner là ses regards; il doit encore rechercher quelle source inépuisable et première fournit à la déperdition journalière et immense de ce réservoir aérien : or, s'il porte sur la carte un œil attentif (1), il remarquera que les deux seules embouchures ou issues du golfe sont situées entre Cuba et les presqu'îles d'Youcatan et de Floride ; que par celle d'Youcatan, la plus considérable des deux, le golfe reçoit les courants d'eau et d'air de la mer de Honduras, qui elle-même les reçoit à son tour de la mer des Antilles, ouvertes dans l'Océan atlantique ; que par le canal de Floride et de Bahama, le golfe perd et vide continuellement ses eaux dans le même Océan, et que l'accès de l'air y est obstrué par une triple chaîne d'îles ; il remarquera que ces deux issues sont placées entre les 20 et 24° latitude nord, et que même celle d'Youcatan, par sa communication médiate avec la mer des Antilles, ouvre et dilate réellement son embouchure jusqu'au 10ᵉ degré ; or, il sait que c'est précisément sous les latitudes de 10 à 24° que les vents alizés du tropique soufflent toute l'année des parties d'*est* sur l'Océan atlantique : il apprend des marins que ces vents alizés naissent à 80 ou 100 lieues des côtes d'Afrique ; qu'ils traversent l'Océan avec un vitesse d'environ 32,400 mètres (2) (à peu près 8 lieues) à l'heure ; qu'ils arrivent à la chaîne des Antilles, sur un front d'environ 10°

---

(1) Voyez la carte générale.
(2) Voyez Annuaire de la république, an 6, p. 59.

ou 200 lieues marines : il conçoit que cet énorme fleuve d'air doit franchir les îles, comme un fleuve d'eau franchit des rocs semés dans son lit; qu'il entre dans la mer des Antilles, et que là, emprisonné à droite par les terres de Saint-Domingue et de la Jamaïque, à gauche par celle du continent méridional, il est forcé de poursuivre son cours dans la mer de Honduras, et finalement d'entrer dans le golfe du Mexique...... et dès lors le problême est éclairci et résolu.

En effet, c'est réellement le vent alizé de l'Atlantique qui, par la marche que je viens de décrire, alimente l'atmosphère du golfe, et y produit la plupart des phénomènes dont il est le théâtre. Il y arrive d'autant plus puissant, que, depuis la chaîne des Antilles, il resserre de plus en plus son courant, et accumule ses forces sur un moindre espace : sans doute cette chaîne a d'abord brisé et morcelé son courant, comme les rocs et les récifs divisent un torrent d'eau, ou même comme les piles d'un pont divisent le courant d'une rivière. Comme les courants d'eau, le torrent aérien a éprouvé un mouvement de remous et de tourbillons aux avant-becs de ces îles qu'il heurte; il s'est partagé et comprimé pour s'échapper par leurs détroits. Cette compression l'y rend plus rapide : il se déploie avec plus de force à leur issue, et il forme des tournoiements à leurs arrière-becs, dont chaque courant se dispute le vide; la navigation locale des îles rend sensibles tous ces accidents, par les directions diverses que prend le vent plus près ou plus loin, au-dessus ou au-dessous de leurs masses émergentes : c'est absolument le même mécanisme que celui d'un courant d'eau, à la légèreté près du fluide ; et l'étude attentive de tous les tourbillonnements qui ont lieu sous un pont ou à travers les rocs d'un torrent, donne en petit une idée exacte de ce qui arrive dans le cas actuel, et en général à tous les courants aériens.

L'alizé de l'Atlantique, parvenu à l'isthme de *Mosquitos*, semblerait devoir ou pouvoir franchir cette digue; mais malgré sa légèreté, il agit encore plus qu'on ne l'imagine à la manière de l'eau, et il ne sort qu'avec difficulté des canaux et des lits dans lesquels il coule ou seulement repose : plusieurs faits ici prouvent que les montagnes de l'isthme de Mosquitos, qui sont le prolongement de la chaîne des Andes, lui opposent un obstacle efficace et l'empêchent d'entrer dans l'océan Pacifique. Pour bien apprécier la distribution d'air qui se fait à ce lieu; nous aurions besoin de deux données, savoir, la hauteur précise de ces montagnes, et l'épaisseur de la couche ou courant d'air : il est possible que cette couche soit moins épaisse qu'on ne serait porté à le croire, les aérostats nous ayant appris que souvent les couches de l'atmosphère n'excèdent pas 200 mètres, et qu'elles glissent et coulent les unes sur les autres en sens quelquefois diamétralement opposé, de manière que dans une ascension de 800 à 1200 mètres, l'on trouve ou l'on peut trouver deux ou trois vents divers; de nouvelles applications des aérostats à ce genre d'observation dans le cas dont je parle et dans d'autres semblables, pourraient rendre à la science aérologique des services que sous d'autres rapports ils ont jusqu'ici assez vainement promis.

Quant à la chaîne transverse de *Mosquitos*, supposons-la seulement de 300 toises (600 mètres) d'élévation; elle sera déja capable de barrer le courant alizé dans une étendue plus que suffisante à lui conserver toute sa puissance : la portion supérieure qui s'en échapperait ne serait qu'un *trop-plein* inutile ; et l'on a droit de croire que ce *trop-plein* n'existe pas ; car on ne trouve point sa trace au revers occidental de ces montagnes, sur la côte de la mer Pacifique : les vents sur cette côte suivent une marche tout-à-fait différente; l'on y a des brises locales de terre et de mer qui s'étendent à plusieurs lieues du rivage d'une manière indépendante de tout autre système que le leur : ce n'est qu'à environ 40 lieues au large que soufflent des vents généraux, qui surtout en été sont de la partie d'ouest, par conséquent diamétralement opposés à l'alizé; ces vents règnent depuis le 10e degré de latitude jusqu'au 21e, c'est-à-dire sur toute la côte de Mexique, entre le *Cap-corientes* et le *Cap-blanc* de *Costarica*. L'on ne saurait dire que l'alizé s'échappe latéralement par l'itshme de Panama, puisque dans ces parages, les vents de la mer Pacifique viennent en été des parties de sud et sud-ouest opposées à l'est. Ainsi, il est constant que l'isthme de *Mosquitos* et sa chaîne, quelle que soit sa hauteur, sont une frontière de séparation entre deux systèmes de vents différents.

L'alizé atlantique, ainsi barré, doit cependant trouver une issue : celle du canal de la Jamaïque, large et libre, s'offre de préférence à toute autre. Il y porte donc son courant, et il entre dans la mer de Hondouras. Quelques portions latérales de ce vent effleurées par les terres, paraissent se détacher de son courant : car les marins observent que depuis le cap *Vela*, pointe de Maracaïbo, les vents varient et diffèrent dans une ligne parallèle au courant principal, et en fermant au sud les golfes de Sainte-Marthe, de Cartagène, du Darien et de Porto-Bello; quelques-uns sont aspirés par les bassins des grandes rivières et par les hautes montagnes de terre ferme, et soufflent de nord-est à nord-ouest. D'autres soufflant ouest, sont de véritables contre-courants semblables à ceux qu'on observe dans toutes les rivières rapides, et dont le Mississipi offre des exemples si frappants qu'ils aident en partie à remonter ce fleuve; tandis qu'à la droite du grand courant aérien, une autre por-

tion détachée forme les vents de sud qui soufflent
en été de juin en août, sur la côte méridionale de
Cuba et de la Jamaïque. Ainsi, par un dernier trait
de ressemblance avec l'eau, le courant aérien ne
jouit de toute sa force que dans la ligne libre et
droite de son canal.

A son entrée dans la baie de Hondouras, il décline un peu, et devient sud-est : et comme il ne rencontre plus d'obstacles, il entre sous cette ligne dans le golfe du Mexique : je dis qu'il ne rencontre plus d'obstacles, parce que la presqu'île d'Youcatan est une terre de sables, si basse qu'elle ne lui en oppose aucun : aussi don Bernard de Orta, à qui l'on doit une instructive dissertation (1) sur les vents de la Vera-cruz, observe-t-il que le sud-est est le dominant de tous ces parages.

Maintenant, représentons-nous un volume d'air d'environ 90 à 100 lieues de largeur, sur 200 ou 300 toises de hauteur, affluant comme un torrent qui court au moins 400 toises ou 800 mètres à la minute, et imaginons ce que peut devenir cette immense quantité de fluide accumulé dans l'espèce de cul-de-sac que forme le bassin circulaire du golfe. Il est évident que par un effet composé et de la courbe des terres qui lui servent de rivage, et de la diminution graduelle de sa force d'impulsion, ce torrent aérien, d'abord vu en

(1) Insérée dans le supplément de la gazette de Mexico, 29 octobre 1795.

masse, prend un mouvement de tournoiement dont l'axe ou *vortex*, variable, selon certaines circonstances, s'établit principalement vers le nord du golfe, d'où le *trop-plein* se verse sur les terres adjacentes; de là une cause fondamentale de tous les phénomènes que nous présentent et l'atmosphère de ce local, et le sud-ouest continental qui en dérive.

Ensuite analysé dans ses détails, ce vaste courant se subdivise en plusieurs branches qui [suivent des lois qui lui sont propres et des directions que les localités leur imposent.

La première et la plus latérale de ces branches, celle qui, après avoir traversé l'*Youcatan*, prolonge les terres de la Vera-cruz et de *Panuco*, obéissant à sa direction propre et à celle des montagnes de *Tlascala*, se porte vers l'intérieur du Mexique et remonte par les bassins des rivières de *Panuco*, de *Las-naças*, *Del-norte* ou *Bravo*, et de toutes leurs affluentes jusqu'aux montagnes de la *Nouvelle-Biscaye*, du *Nouveau-Mexique* et de *Santa-Fé* : j'oserais dire sans connaître les vents de l'intérieur de ces pays, que les dominans y sont du sud à l'est, dans toute la partie qu'arrosent les rivières dont j'ai cité le nom.

Ce doit être cette même branche de vent qui, parvenue sur les montagnes du Nouveau-Mexique, prend un autre caractère, et qui se versant sur la côte de *nord-ouest*, si bien explorée par *Van-*

couver, domine pendant l'été sur les parages de *Noutká* : le capitaine *Meares* qui, dès 1791, y avait fait plusieurs bonnes observations, nous y représente ce vent de sud-est comme un vent violent, tempétueux, pluvieux, brumeux, et d'*un froid piquant;* ce qui est un cas nouveau pour le sud-est, dans tout l'hémisphère boréal ; mais ce vent acquiert cette qualité en passant sur les neiges et sur les glaces qui couvrent les montagnes du Nouveau-Mexique, glaces qui ont mérité à leur chaîne, parmi plusieurs noms, ceux de *Icy*, ou *Monts de glace* et de *Shining* ou *Brillants.* Il paraît que ces montagnes ont une élévation digne de la Cordillière des *Andes* dont elles sont le prolongement, et que le sud-est *Noutkan* doit sa force à leur hauteur : car le même navigateur *Meares* observe que, plus loin au sud, le vent dominant sur cette mer, faussement appelée *Pacifique*, est pendant l'été le vent d'ouest, qui règne jusqu'au 30°, « où *commence*, ajoute-t-il, *la zone des vents alizés d'est* (1) ; » c'est-à-dire que ce parallèle (le 30°) est la frontière de deux vents diamétralement opposés : cas singulier en apparence et pourtant naturel et commun : ce vent d'ouest, doux, serein, clair et beau, étant le contre-courant de l'alizé d'est, torrent principal, rapide et presque

---

(1) L'amiral Anson observe également que par les 30 et 32°, le dominant est l'*ouest*, doux et agréable ; mais que vers les 40 et 45°, il devient plus vif et plus constant.

impétueux ; c'est de leur frottement que naissent ces tourbillons, ces vents variables, ces remous, ces calmes, qui ont été si funestes aux vaisseaux qui, les premiers, firent leur retour en Chine, en suivant ce même parallèle.

Retournant au golfe du Mexique, une seconde branche de l'alizé atlantique, intérieure à la précédente, et formant la majeure partie de ce courant, se dirige vers les plages de la Louisiane et des Florides : sa ligne, comme l'on voit, devient sud-ouest : cependant, sur le Mississipi même, elle est plutôt sud direct, car les navigateurs de ce fleuve observent que sur son lit il ne règne proprement que deux vents, le sud et le nord : la raison en est, comme pour toutes les rivières, que la direction du vent y est maîtrisée et décidée par celle du lit et de sa vallée. Il est d'ailleurs naturel qu'avant de tourner totalement sud-ouest, une portion se soit détachée sud ; et cette portion ou rumb doit dominer sur les parages de la baie Saint-Bernard.

Une troisième branche en retour vers la presqu'île de Floride, essaie de la franchir et de s'échapper sur l'Océan atlantique; mais elle est forcée de se replier dans le golfe, parce qu'elle rencontre, surtout en été, le vent alisé d'est, dont la zone s'étend alors sur l'atlantique jusqu'aux 30 et 32°. Le reversement de cette branche et son addition à la précédente, deviennent l'une des raisons pour lesquelles, à cette époque, c'est-à-dire en juillet et août, le sud-ouest redouble de force sur le continent des États-Unis.

Enfin la portion centrale du grand tourbillon, maintenue en une sorte d'équilibre par des mouvements opposés, est l'agent et le siége des vents variables, des calmes étouffants, des orages qui en sont la suite, et de tous les incidents propres à ce golfe. Ces données du raisonnement sont confirmées par les récits positifs des navigateurs. Don *Bernard de Orta*, capitaine du port de la Veracruz, établit (1) que dans la partie sud du golfe, les vents dominants, surtout en été, sont le sud-est et l'est; qu'en hiver ils inclinent jusqu'au nord-est avec des rafales de nord, courtes dans leur durée, mais terribles dans leur action. Bernard *Romans*, voyageur anglais qui en 1776 publia sur les Florides un ouvrage plein d'instruction et de sens, observe (2) que dans la courbe qui attache la presqu'île de Floride au continent, les vents dominants, surtout en automne, sont le nord-ouest et l'ouest; et ces deux directions sont précisément la ligne du courant d'air en retour dans son tournoiement. Enfin ces deux écrivains insistent, avec tous les navigateurs, sur la fréquence des trombes,

---

(1) Dissertation déja citée.
(2) Histoire naturelle et civile des Florides, 1 vol. in-12, imprimé à New-York, déja très-rare à trouver.

des tourbillons, des grains orageux, des calmes et des ouragans de cette mer.

Quelques physiciens ont déja aperçu qu'entre les ouragans des golfes de Mexique et ceux du continent, même en des lieux très-reculés dans le nord, il existait une correspondance singulière d'action et de temps. En 1757, *Franklin*, comparant les heures où s'était fait sentir en divers lieux un ouragan qui au mois d'octobre traversa le continent, depuis Boston jusqu'à la Floride occidentale, trouva que le déplacement de l'air n'avait commencé à Boston que plusieurs heures après avoir commencé sur la côte du golfe, et que de proche en proche, l'avance ou le retard avait été proportionnel aux espaces : c'est-à-dire que l'ouragan s'était fait sentir d'abord au lieu où le vent allait, et qu'il avait fini vers le lieu d'où le vent venait; ce qui à cette époque où ce sujet était neuf, ne parut qu'une bizarrerie de physique; mais Franklin en conçut avec sa sagacité ordinaire, que le foyer du mouvement était placé sur le golfe, et que c'était par l'effet d'un vide subit dans l'atmosphère de ce golfe, que l'air du continent, aspiré de proche en proche, s'était précipité pour remplir le déficit.

Des faits postérieurs ont confirmé ce premier aperçu, et ils lui ajoutent de temps à autre quelques preuves nouvelles : presque tous les ans, du 10 au 20 octobre, l'on éprouve dans le nord des

États-Unis, et particulièrement sur le lac Érié, un ouragan de douze à quinze heures, du quart de nord-est à nord-ouest; et précisément à la même époque, les gazettes font presque toujours mention de quelque ouragan dans les parages de la Louisiane et des Florides, *par des vents du quart de nord.* L'attraction, ou plutôt l'aspiration, est bien indiquée; mais il reste à expliquer comment se fait le vide, et pourquoi, dans la contrée des Alleghanys, c'est le courant de nord-est qui est spécialement attiré; car c'est lui qui est l'agent le plus habituel des ouragans intérieurs, soit généraux, soit partiels. En m'occupant de l'histoire des vents, et combinant les diverses idées que ce sujet m'a fournies sur le mécanisme des orages, il m'a semblé que ce problème, assez curieux en physique, ne m'était pas entièrement insoluble.

La chimie, il est vrai, n'a point encore analysé les nuages orageux, ni leur manière d'agir les uns sur les autres; elle n'a point décomposé leurs parties constituantes, au point de faire connaître tous les agents et tous les effets des détonations, des dissolutions subites qui en sont la suite, et des condensations aussi subites qui réduisent un volume très-considérable d'eau vaporisée en un petit volume de pluie et d'air refroidi : mais les faits matériels et plusieurs faits subséquents sont connus, et d'induction en induction, ils conduisent à des résultats satisfaisants.

L'on sait qu'il n'y a pas de nuages sans surfaces humides; que les nuages sont le produit de l'évaporation des eaux et des principes volatils qu'elles contiennent; que cette évaporation est abondante en raison de la chaleur, de la sécheresse et du renouvellement de l'air; que par conséquent les vapeurs nuageuses sont une combinaison des molécules de l'eau avec les molécules du *calorique* ou *fluide igné*, ou *électrique*; car tous ces mots ne représentent à mon esprit qu'un même principe, soit pur, soit modifié. Ce principe léger et centrifuge de sa nature, enlève l'eau essentiellement pesante, et il en forme, si j'ose le dire, de petits ballons, capables de flotter, ou voguer dans l'air, et pareillement électriques en plus ou moins grande proportion : ainsi l'on peut dire que les nuages sont des espèces de sels neutres volatils composés de *calorique*, d'*air* et d'*eau*, dont les élémens constituants redeviennent sensibles à l'instant de leur réduction ou détonation : savoir, l'eau par la pluie qui tombe, le calorique par l'éclair qui brille et s'échappe, et l'air d'une manière quelconque moins sensible aux yeux : cependant tous les nuages ne sont pas orageux ou *tonnerriques* : pour être tels, il paraît qu'ils ont besoin d'une quantité plus forte de calorique, et qu'ils sont susceptibles de s'en charger à des doses diverses : il paraît encore que sur la mer, l'abondance du fluide aqueux, et la température, toujours plus modérée que sur terre à égalité d'atmosphère, ne leur permettent pas de se charger d'autant de calorique, ni d'être aussi *orageux* ou *détonnants*; et en effet, les marins remarquent qu'il y a moins d'orages sur la pleine mer; qu'ils y sont moins violents, et que c'est à l'approche des terres qu'on les trouve plus fréquents et plus forts : par conséquent l'intensité de la chaleur, ou l'abondance du calorique, occasionée par la réverbération des terres, est une cause déterminante, un principe constituant d'orage; il faut y ajouter une foule d'autres matériaux abondants sur la terre, et rares ou nuls sur l'eau, tels que les substances minérales volatiles, le soufre, les gaz de diverses espèces qui se dégagent en quantités très-considérables des corps animaux et végétaux, en putréfaction ou en simple macération : cet état a lieu surtout dans les terrains marécageux et fangeux, dont la pâte est susceptible d'un degré de chaleur bien plus élevé que l'eau pure : or, cette circonstance se trouve jointe, de la manière la plus remarquable, à toutes les autres dans le local dont nous traitons; car tout le Delta du Mississipi est un terrain à demi submergé d'eaux, partie douces, partie saumâtres. Toute la rive droite ou occidentale de ce fleuve, sur une longueur de plus de cent cinquante lieues et une largeur moyenne de vingt, est un terrain noyé chaque année par les débordements : toute la côte nord du golfe, depuis la baie de Mobile jusqu'à la baie Saint-Bernard, et même à la rivière *del Norte*, sur un développement de deux cents lieues, n'est formée que de marécages. Enfin, les plages d'Youcatan, de Cuba, de Campêche et de la presqu'île de Floride, en sont abondamment parsemées; et l'on conçoit que toutes ces surfaces qui composent plusieurs centaines de lieues carrées, doivent fournir une énorme quantité de gaz inflammable et d'autres matériaux d'orages...

Il est encore assez bien démontré que lorsque des nuages diversement chargés s'approchent et se touchent, il se produit entre eux une action tendante à mettre en équilibre le fluide *électrique* ou *igné* et tout autre gaz; que dans cette action le fluide électrique ne se conduit pas aussi lentement que l'air ou l'eau; qu'à raison de son excessive ténuité toutes ses parties se mêlent à la fois, et que leur dégagement de toute autre combinaison est subit et simultané : l'effet de ce dégagement sur l'eau qui est combinée, est de l'abandonner à sa pesanteur naturelle; de là ces gouttes de pluie plus ou moins grosses qui suivent à la fois, et l'éclair dont la lumière montre le *pur fluide igné* au moment où il se dégage, et le coup de tonnerre dont le bruit est le choc de l'air qui se précipite dans le vide formé par la condensation ou réduction de la vapeur en eau. Or, si l'on considère que l'eau bouillante développée en vapeurs est estimée occuper dix-huit cents fois son premier volume, et qu'à de moindres degrés elle l'occupe encore plus de mille fois ; que par conséquent un nuage de 1000 toises cubes peut subitement se réduire à une seule, ou si l'on veut compter au plus bas, seulement à 10 toises ; si l'on ajoute que la vitesse de l'air qui rentre dans le vide est égale à celle du boulet de canon, c'est-à-dire, qu'elle parcourt 422 mètres par seconde, l'on ne sera plus étonné de la force prodigieuse de ces coups de vent qui, sous le nom de *grains*, de *rafales*, de *trombes* et d'*ouragans*, arrachent les arbres, renversent les édifices, soulèvent les eaux, et jettent du haut de leurs remparts des canons de vingt-quatre avec leurs affûts, comme on en a vu plusieurs exemples aux Antilles, et l'on concevra que ce sont réellement des vides pneumatiques subitement formés qui sont la cause habituelle et puissante de tous les mouvements violents de l'atmosphère.

Ils expliquent très-bien, ces vides, le cas particulier des ouragans par vent de *nord-est* ou de *nord-ouest* qui ont lieu aux États-Unis; car si l'on suppose, comme il est de fait, qu'il y a continuité d'atmosphère depuis les Alleghanys et le lac Érié jusqu'à la chaîne de l'isthme du Mexique, il est évident que lorsque les orages du golfe condensent subitement une partie considérable de l'air de son atmosphère, celle du bassin de Mississipi s'ébranle immédiatement, et s'élance pour remplir le vide : si, dans ces cas, la colonne de nord-est est le plus souvent affectée et mue, c'est parce que son antagoniste diamétrale, la colonne de sud-ouest, est celle-là même qui manque et qui se retire ; en sorte que dans cette circonstance l'on peut dire que le vent de *nord-est* est le repli du vent de sud-ouest. L'on doit d'ailleurs considérer comme un lac ou océan d'air tout l'espace que je viens de désigner, ayant pour rivages et pour digues les chaînes des montagnes et les terres des Antilles : l'Alleghany qui forme une de ces digues sur tout le côté oriental, y sert d'appui en même temps à un autre lac aérien qui est l'atmosphère de la côte atlantique : or, ce dernier lac contigu à l'atmosphère du nord et nord-est qui l'alimente, est composé d'un air froid et dense, tandis que celui du pays d'ouest est composé d'un air chaud et dilaté ; par conséquent le *lac atlantique* pèse sans cesse à sa frontière sur le *lac d'ouest*, et par les lois de l'équilibre il tend sans cesse à s'y verser : du moment donc que l'effort habituel de l'air chaud dilaté cesse de soutenir et de repousser le poids qu'il soutient, ce poids se détend et se verse par un effort aussi puissant que naturel, et le vent de *nord-est* s'établit.

Cependant je conviens que le retour constant de l'un de ces ouragans à l'époque du 10 au 20

octobre, tient à quelque circonstance particulière
et déterminée. Je crois la voir dans le changement
général que le passage du soleil à l'équateur opère
alors dans la totalité de l'atmosphère. Tandis que
cet astre s'était tenu au nord de la ligne, et surtout dans le voisinage du tropique du cancer, ses
rayons appliqués sur le continent septentrional, en y
excitant de vives chaleurs, y établissaient un foyer
d'aspiration vers lequel se dirigeaient tous les courants de l'air; en sorte que l'atmosphère de la zone
même du tropique se reversait jusque vers le
cercle polaire, et y restreignait l'empire et les limites des vents froids du nord... Lorsqu'au contraire le
soleil a repassé la ligne, précisément vingt à vingt-
cinq jours après vers la mi-octobre, il se trouve perpendiculaire au plus grand diamètre de l'Amérique
méridionale : dans cette situation, échauffant ce
vaste continent sur sa plus large surface, il y établit un autre foyer d'aspiration qui attire vers lui
un volume immense d'air dont il a besoin, et qui
détourne ainsi à une grande distance, les courants
de l'air, ou vents, de leur direction antérieure :
alors l'atmosphère boréale a la faculté de se re-
verser jusqu'au tropique du cancer; et de là le
repli et la retraite des vents alisés d'*est*, qui se
rapprochent de l'équateur jusqu'au 20 et même
jusqu'au 18e degré; de là ces vents périodiques
de nord-est, qui de l'atlantique affluent sur la
Guyane depuis décembre jusqu'en mars et avril,

quand le soleil est sur le Paraguay, et qui, après avoir versé leur excessive humidité sur cette Guyane, continuent leur route par-dessus le continent vers les Andes; de là ces vents de la partie de nord qui, à dater d'octobre, se montrent plus fréquents sur le golfe de Mexique, et arrivent jusqu'à l'isthme de la mer Pacifique. Le passage du soleil au sud de l'équateur est donc un moment de secousse qui ébranle à la fois l'atmosphère de l'une et de l'autre zone polaire. Au premier instant où se fait l'un de ces reversements, l'air du golfe mexicain venant tout à coup à se porter vers le sud, il en résulte un vide immense dans lequel se reverse à son tour l'atmosphère du bassin de Mississipi; et si l'on considère que la durée d'environ douze heures qu'affectent les ouragans du lac Érié, et en général de ces contrées, est à peu près un temps proportionnel à l'espace qui doit être parcouru et comblé, l'on regardera comme d'autant plus probable la cause que je leur attribue.

Les vides par détonation me paraissent aussi le seul moyen d'expliquer ces grêles incompréhensibles, où, contre toutes les lois de la pesanteur, l'on voit descendre du haut de l'air des glaçons de plusieurs livres (1). L'explosion électrique ayant subitement purgé de calorique et condensé

---

(1) J'ai long-temps refusé de croire à l'existence de ces

un volume immense de vapeurs, l'air glacial de
la haute région fond tout à coup dans le vide,
comprime l'eau qu'il gèle en même temps, et par
cette même force d'élan qui arrache les arbres et
renverse les édifices, il saisit et transporte les
masses glacées dans la région de l'air; aussi ne
voit-on jamais de grêle sans vent plus ou moins

---

grêlons pesans des onces et des livres, dont parlent trop souvent les gazettes et les voyageurs; mais l'orage du 13 juillet 1788 m'a convaincu par mes propres sens. J'étais au château de Pontchartrain, à quatre lieues de Versailles. A six heures du matin, étant allé visiter un parc de moutons, je trouvai les rayons du soleil d'une chaleur insupportable ; l'air était calme et étouffant, c'est-à-dire, très-raréfié : le ciel était sans nuage, et cependant je distinguai quatre à cinq coups de tonnerre : vers sept heures et un quart parut un nuage au sud-ouest, puis un vent très-vif. En quelques minutes le nuage remplit l'horizon, et accourut vers notre zénith avec un redoublement de vent alors frais, et tout à coup commença une grêle, non pas verticale, mais lancée obliquement comme par 45°, d'une telle grosseur, que l'on eût dit des plâtres jetés d'un toit que l'on démolit. Je n'en pouvais croire mes yeux; nombre de grains étaient plus gros que le poing d'un homme, et je voyais qu'encore plusieurs d'entre eux n'étaient que les éclats de morceaux plus gros; lorsque je pus avancer la main en sûreté hors de la porte de la maison, où fort à temps je m'étais réfugié, j'en pris un, et les balances qui servaient à peser les denrées, m'indiquèrent le poids de plus de cinq onces : sa forme était très-irrégulière; trois cornes principales, grosses comme le pouce et presque aussi longues, proéminaient du noyau qui les rassemblait. Des témoins dignes de foi m'assurèrent qu'à Saint-Germain l'on avait pesé un grêlon de plus de trois livres, et je ne sais plus quel poids l'on peut refuser de croire.

violent, et l'on peut même dire que la force du vent est toujours proportionnée à leur grosseur. Un mécanisme semblable peut encore expliquer les *trombes*, qui sont des tourbillons de vent et d'eau que l'on voit ordinairement en temps orageux et calmes, et toujours nuageux, se promener ou plutôt courir sur la mer, quelquefois sur la terre, en forme de cône renversé, ayant sa base dans les nuages, tandis que sa pointe, en forme de spirale, verse en bas un torrent d'eau qui a quelquefois submergé des vaisseaux. L'on a cru d'abord, par comparaison aux jets d'eau, que les *trombes* étaient un effet des volcans sous-marins qui les lançaient, pour ainsi dire, comme les baleines lancent des fusées d'eau par leurs *évents*. Sans doute il est possible que de tels cas soient arrivés ; et alors le jet d'eau a dû être stationnaire et très-considérable : mais les *trombes* dont il s'agit, étant mobiles, errantes, et même rapides dans leur course comme dans leur tournoiement, il faut leur reconnaître une cause toute différente : il paraît que par suite de l'état orageux de l'air, et de quelques détonations imparfaites, il se fait dans la région moyenne de l'atmosphère des vides moins étendus ou moins subits, dans lesquels les nuages sont néanmoins entraînés par l'air qui y afflue ; quelque couche d'air plus froide que les autres condensant ces nuages, comme fait la goutte d'eau froide dans la pompe à feu, il s'y établit un mou-

vement de dissolution et de résolution en pluie ;
mais, soit parce que la couche inférieure résiste
par sa densité ou par sa chaleur, soit parce que
le tourbillonnement de l'air maîtrise et tient à
demi suspendue l'eau qui veut tomber, les divers
filets de cette pluie finissent par se rassembler in-
férieurement en un même faisceau, et cette masse
prend la forme d'un entonnoir qui a sa bouche
dans la nue en dissolution, et sa pointe sur la mer
où se fait le versement de l'eau rendue à son poids
naturel. Cette forme de cône ou d'entonnoir a
exactement la même cause mécanique, quoiqu'en
sens inverse, que les flammes des grands incendies dont les défrichements offrent de fréquents
exemples aux États-Unis : lorsqu'on y déboise un
terrain pour le cultiver, on rassemble les arbres
abattus en un seul monceau au milieu du champ
devenu libre, afin de les mieux brûler, et de ne
pas communiquer le feu aux arbres qui entourent
encore de toutes parts : l'on allume l'énorme bûcher, qui couvre quelquefois un arpent entier, et
quand les flammes l'ont saisi de tous côtés, l'on
remarque qu'elles ne montent pas perpendiculairement chacune à elle même, mais que toutes se
courbent et vont se rassembler en un faisceau au
centre du bûcher, où elles s'élèvent en cône droit
ou en entonnoir renversé dont la pointe s'élance
dans l'air, toujours avec ce mouvement de tourbillon et de spirale qui a lieu en sens inverse dans

le cône de la trombe : de tous les points de la circonférence, l'air afflue et se porte également au centre du brasier, auquel il porte l'aliment : la seule différence entre ces deux opérations, est que dans la trombe c'est un liquide pesant qui gravite, tandis que dans l'incendie, c'est un fluide essentiellement léger qui s'élève; tous les deux réunissant leurs parties pour percer plus facilement l'obstacle qui les presse, et dont la pression cause la forme spirale, et tous les deux se versant à leur manière, l'un en bas et l'autre en l'air.

Il serait possible aussi que la trombe fût occasionée par le frottement de deux courants d'air en sens opposés, puisque ce frottement serait une cause efficace du mouvement tourbillonnaire ; il suffirait que l'un des deux fût plus frais que l'autre pour faire entrer ses nuages en dissolution : mais tous les autres effets et termes de comparaison n'en restent pas moins les mêmes.

Résumant les faits énoncés dans le cours de ce long article, je pense avoir clairement démontré que le vent de *sud-ouest* aux États-Unis, n'est autre chose que le vent alisé des tropiques dévié et modifié, et que par conséquent l'atmosphère du pays d'ouest n'est autre chose que l'atmosphère du golfe de Mexique, et primitivement de la mer des Antilles, transportée sur le Kentucky : de cette donnée découle une solution simple et naturelle du problème, qui au premier aspect a pu paraître

embarrassant, savoir : pourquoi la température du pays d'ouest est plus chaude de 3 degrés de latitude que celle de la côte atlantique, avec la seule séparation de la chaîne des Alleghanys : les raisons en sont si palpables, que ce seroit fatiguer le lecteur que d'y insister : une autre conséquence de cette donnée est que le vent de sud-ouest étant la cause d'une température plus élevée, il en étendra d'autant plus la sphère qu'il aura plus de facilité à pénétrer dans le pays ; et de là un présage favorable aux contrées situées sur son passage et sous son influence, c'est-à-dire aux pays voisins des lacs Érié et Ontario, et même à tout le bassin du fleuve Saint-Laurent, dans lequel le sud-ouest pénètre. L'on peut espérer de ce côté une amélioration de climat plus prompte, plus sensible que dans des parties beaucoup plus méridionales de l'autre côté des monts : or, cette amélioration arrivera à mesure que l'on abattra les forêts qui ferment le passage au fleuve aérien.
—Et déja cette cause a commencé de produire ses effets, puisque depuis les premiers temps de la colonie du Canada, les époques de la clôture du fleuve par les glaces ont retardé de près d'un mois, et qu'au lieu d'assurer les vaisseaux sous la condition d'être sortis à la fin de novembre, comme il étoit spécifié au commencement du siècle dernier, la clause actuelle d'assurance n'a plus lieu que pour le vingt-cinq décembre, ou

jour de Noël : malheureusement de plus grandes espérances à cet égard sont fortement contrariées par le vent de nord-ouest dont il me reste à tracer l'histoire. Mais avant d'examiner le pour et le contre de cette question d'amélioration, je ne puis me dispenser de dire un mot d'un phénomène intimément lié au sujet que je quitte, et qui dans nos études géographiques ordinaires, n'occupe pas la place qu'il mérite : je veux parler du *courant* du golfe mexicain, très-bien connu des Anglais et des Américains sous le nom de *Gulphstream*.

§ IV.

Du courant du golfe de Mexique.

Les effets de l'alisé du tropique ne se bornent pas à entasser l'air dans le golfe du Mexique : à force de souffler depuis les côtes d'Afrique vers celles d'Amérique, et de pousser les flots dans un même sens sur une ligne de douze cents lieues de longueur, le vent d'est finit par amonceler les eaux dans le cul-de-sac formé par les rivages du Mexique et de la Louisiane ; il est fâcheux que nous n'ayons pas à cet égard des données précises de hauteur, et que le gouvernement espagnol, qui s'est quelquefois occupé de la communication des deux mers par l'isthme de Panama, n'ait pas fait mesurer leurs niveaux respectifs ; mais je n'en assurerai pas moins avec confiance que les eaux du golfe de Mexique sont effectivement élevées de plusieurs pieds au-dessus de l'espace qu'elles laissent derrière elles, même à partir des Antilles, et davantage encore au-dessus de l'océan Pacifique qui est de l'autre côté. Je me fonde sur l'analogie de ce qui arrive dans la Méditerranée et dans les lacs et les étangs d'une certaine étendue, où les vents qui soufflent deux ou trois jours du même point occasionent à l'extrémité opposée une espèce de reflux de deux ou trois pieds de hauteur perpendiculaire : cet effet est sensible dans le port de Marseille, dont j'ai vu les eaux monter jusqu'à 28 pouces par les vents d'est; et il a lieu en inverse par les vents d'ouest et de sud-ouest sur les côtes de Syrie et d'Égypte, où les ingénieurs français ont trouvé jusqu'à 31 pouces de variation. J'oserais assurer que dans le cas présent leur élévation est beaucoup plus considérable à raison de la puissance et de la continuité de la cause efficiente; et lorsque je considère que ces mêmes ingénieurs français ont constaté que la mer Rouge à *Suez* est élevée d'environ 28 pieds au-dessus de la Méditerranée à *Peluse*(1), je suis porté à

---

(1) Voyez le Voyage en Syrie, tome Ier, page 179, troisième édition ; en rapportant l'opinion des anciens à cet égard, j'ai insisté sur sa probabilité, motivée par la pente générale du

croire que quelque chose de semblable a lieu dans le golfe de Mexique relativement à la côte de l'océan Pacifique, et à celle des États-Unis. Mais, me dira-t-on, admettant un excédant quelconque de niveau, il faut bien néanmoins que l'équilibre du liquide se rétablisse de quelque côté. — Oui, sans doute, il le faut; or, cela ne se peut par le canal entre Youcatan et Cuba, attendu que le double courant de l'air et de la mer arrive de ce côté dans toute sa force. La surabondance des eaux n'a donc de ressource et d'issue que par le canal de Bahama : et en effet, c'est de cet autre côté que les eaux, après avoir tournoyé sur les rivages du Mexique, de la Louisiane et de la Floride, s'échappent à la pointe de la presqu'île, sous la précaution et l'abri de la terre de Cuba et des nombreux écueils et îles Lucayes, qui de ce côté rompent les efforts de l'Océan et le cours du vent alisé. La rapidité du courant de ces eaux dans le canal de Bahama, en même temps qu'elle est un fait trop connu pour y insister, devient une preuve de l'élévation de leur source dans le golfe. Au sortir du canal, elles conservent dans l'Océan un caractère très-distinct, non-seulement par la vitesse de leur courant qui est de 4 et 5 milles à l'heure, c'est-à-dire plus vif que la Seine; mais encore par leur

---

sol et du cours du fleuve, et par l'action que les vents exercent sur les surfaces aqueuses. Le fait a constaté mon aperçu.

couleur et par leur température, plus chaude de cinq à dix degrés (R.) que celle de l'Océan qu'elles traversent; cette espèce singulière de fleuve prolonge ainsi toute la côte des États-Unis avec une largeur variable que l'on estime, terme moyen, à 15 ou 16 lieues; et il ne perd sa force et ses caractères que vers le grand banc de Terre-Neuve, où il se dilate comme dans son embouchure alors dirigée vers le nord-est : il paraît que l'habile navigateur François Drake est le premier qui, dès la fin du 16e siècle, remarqua ses effets et devina sa cause ; mais l'une des plus curieuses circonstances, celle de la température, lui échappa : ce ne fut que vers 1776 que le docteur Blagden, faisant des expériences sur la température de l'Océan à diverses profondeurs, trouva que vers le 31° de latitude nord à la hauteur du cap *Fear*, le thermomètre plongé dans l'eau, après avoir marqué 72° Fahrenheit (17 $\frac{3}{4}$ R.), vint tout à coup à marquer 78 (20 $\frac{1}{2}$ R.), continua tel pendant plusieurs milles, et ensuite baissa graduellement à 16 $\frac{1}{2}$, puis à 14 $\frac{2}{3}$ R., en s'approchant de la côte, quand la sonde prit fond et que l'eau devint olivâtre. Ce phénomène, alors nouveau, fit sensation en Angleterre, et Franklin, qui, dans la même année, venait en Europe et faisait les mêmes observations, lui donna encore plus de célébrité. Son neveu et compagnon de voyage, M. Jonathan Williams, a continué et multiplié les recherches sur ce sujet;

et maintenant l'on peut établir comme théorie complète les faits suivants :

1° Le *courant* du golfe marque sa route depuis le canal de Bahama jusqu'au banc de Terre-Neuve.

2° Il côtoie les rivages des États-Unis à une distance que les vents rendent variable, mais qui, en terme moyen, s'estime à un degré ou vingt lieues.

3° A mesure qu'il s'éloigne de son origine, il dilate son volume et diminue sa vitesse.

4° Il paraît qu'au fond de l'Océan il s'est creusé un lit particulier très-profond; car les sondes y perdent terre ou deviennent tout à coup très-longues.

5° Il ronge la côte sud des États-Unis, malgré la résistance des écueils *Hatteras* qui le détournent vers l'est d'une pointe et demie de compas (1), et il menace de les détruire eux-mêmes tôt ou tard. Les îles sableuses de Bahama, les atterrissements de même nature sur la côte du continent, les bas-fonds de Nantoket, paroissent n'être que des dépôts formés par lui; et je suis tenté de dire que les bancs de Terre-Neuve ne sont que la barre de l'embouchure de cet énorme fleuve marin.

---

(1) *Les marins disent :* Quand on est hors des écueils en mer, fond de quinze brasses, et que du haut du mât-d'un sloup, l'on voit juste le cap Hatteras, l'on va entrer dans le Gulph-stream, et de suite l'on perd les sondes.

6° Sur chacun de ses côtés il forme un *eddy* ou *contre-courant* qui, aidé du côté de terre par les fleuves du continent, arrête les dépôts vaseux qu'on nomme les *sondes*.

7° De longs vents de sud-ouest le rendent moins sensible, parce qu'ils poussent les flots dans son sens; mais les vents de nord-est, en le heurtant de front, le rendent plus saillant, et comme disent les marins, *creusent* tellement sa vague, que les navires à un seul pont et à haut bordage courent risque de *sombrer* sous les fortes lames qu'ils embarquent.

8° On entre sur son domaine quand on voit la couleur de l'eau devenir bleue-indigo au lieu de bleue-ciel qu'elle est en plein Océan, et de verdâtre ou olivâtre qu'elle est du côté de terre, sur les sondes de la côte. Cette eau vue dans un verre est sans couleur comme sous les tropiques, et d'une salure plus forte que l'eau de l'Atlantique qu'elle traverse.

9° Beaucoup d'herbes sur l'eau n'assurent pas de la présence du courant : elles en sont seulement l'indice.

10° L'on sent son atmosphère plus tiède que celle de l'Océan : en hiver, la gelée fond sur le pont du vaisseau qui y entre : l'on se trouve assoupi; et l'on étouffe de chaleur dans les entreponts.

Qnelques expériences donneront des idées fixes de cette différence de température.

Au mois de décembre 1789, M. Jonathan Williams parti de la baie de Chesapeak, observa que le mercure marquait dans l'eau de l'Océan,

	Fahrenheit.	Réaum.
1° Sur les sondes ou bas-fonds de la côte	47°	6° $\frac{3}{4}$
2° Un peu avant d'entrer dans le courant	60	12 $\frac{2}{3}$
3° Dans le courant	70	17 $\frac{1}{4}$
4° Avant Terre-Neuve, dans le courant même	66	15 $\frac{1}{4}$
5° Sur Terre-Neuve hors du courant	54	10
6° Au delà du banc en pleine mer	60	12 $\frac{2}{3}$
7° Puis en approchant des côtes d'Angleterre, il baissa graduellement à	48	7 $\frac{1}{3}$

En juin 1791, le capitaine Billing allant en Portugal, observa à son départ, sur la côte d'Amérique, et dans

les eaux des sondes	61	13
Puis dans l'eau du *courant*	77	20

C'est-à-dire, une différence de 7° Réaumur, ou 16° Fahrenheit. En hiver, M. Williams avait trouvé 47° et 70°; différence 23° F. ou 10° de R.; donc en été la différence est moindre qu'en hiver; et cela devait être.

Ces recherches ont conduit à une autre découverte qui peut devenir utile aux navigateurs : à force d'essayer la température de l'Océan en des lieux divers, l'on s'est aperçu qu'elle était d'autant plus froide que l'eau avait moins de profondeur; et l'on en a tiré un double indice, tantôt de l'approche des terres et des rivages, tantôt du voisinage des écueils sous-marins. En juillet 1791, le même capitaine Billing observa que, trois jours avant de voir la côte de Portugal, le thermomètre avait baissé en peu d'heures de 65 F. (15 R.) à 60 (12 ⅔ R.), et cette différence arriva précisément sur la frontière de l'Océan sans fond, et de la mer *sondable* qui borde notre continent. M. Williams observa également au mois de novembre, dans un autre voyage, qu'à l'approche des côtes d'Angleterre le thermomètre tomba de 53 (9 ⅔) à 48 (7 ⅔); et il remarque avec le capitaine Billing, que, si en mer le thermomètre baisse subitement, c'est l'indication d'un écueil sous l'eau; soit parce que sous mer la terre serait plus froide que l'eau (1), soit parce que l'effet refroidissant de l'évaporation se fait plus sentir dans les eaux *minces* que dans les eaux *profondes*.

---

(1) Le savant voyageur Humboldt, à qui nous devrons tant d'observations neuves et importantes, a aussi trouvé que sur les bas-fonds, son thermomètre a baissé de 3" de R..... M. Lalande, qui a publié ce fait comme une *découverte*, n'a pas sans doute connu ceux dont je parle.

Ce que je viens d'exposer de la marche du *courant* du golfe mexicain, devient un moyen satisfaisant d'expliquer deux incidents d'histoire naturelle, dignes de remarque, sur la côte des États-Unis.

1° Admettant, comme je l'ai avancé, que le *courant* est la cause des atterrissements qui bordent son lit, par l'abandon que son remous y fait des matières charriées, l'on trouve une raison naturelle et simple de la présence des produits fossiles du tropique à des latitudes très-avancées vers le nord. Il est très-probable que les bancs de coquilles pétrifiées, découvertes en fouillant et sondant les rivages d'Irlande (1), et qui n'ont leurs analogues que vers les Antilles, doivent leur origine à cette cause ou à toute autre semblable; du moins son action jusqu'au delà du banc de Terre-Neuve est incontestable.

2° En considérant la dilatation du *courant* sur ce même banc de *Terre-Neuve*, comme l'embouchure de cette espèce de fleuve marin, l'on obtient encore une raison plausible de l'affluence des poissons-morues à cet endroit, et de leur prédilection pour ses eaux : car, en prolongeant toute la côte du continent depuis la Floride, le courant devient le vehicule de toutes les substances

---

(1) Voyez *Transactions philadelphiques*, tome X, page 396, tome XIX, page 298.

végétales et animales charriées et jetées en mer par les fleuves nombreux et volumineux des États-Unis ; et ces matières légères, telles que poissons, insectes, vermisseaux, etc., ne cessant de flotter que là où l'eau amortit son cours, il est très-naturel que les morues qui s'en nourissent se rassemblent au lieu de la *subsidence* ou du dépôt.

3° Enfin j'y vois l'explication des éternels brouillards qui affectent ce parage, et à qui l'on ne connaît pas de cause spéciale. En effet, le courant déposant là continuellement un volume d'eaux tropicales, dont la température est plus chaude de 4 ½ de R. ou 9 de F. que celle de la mer environnante, il en doit résulter le double effet d'une évaporation plus abondante, provoquée par la tiédeur de ces eaux exotiques, et d'une condensation plus étendue, à raison de la froideur des eaux indigènes et de leur atmosphère, qui précisément se trouve dans la direction et sous l'influence des vents du nord-est, et de ceux de la baie glaciale de Hudson... Mais il est temps de revenir à mon sujet dont je ne me suis cependant pas écarté, puisque parlant de *courants* en général, ceux des eaux ne sont pas une digression étrangère à ceux de l'air, qui en sont habituellement la cause motrice (1).

---

(1) Au moment où cette feuille s'imprime, je reçois des États-Unis le cinquième volume des *Transactions de la société*

§ V.

Du vent de nord-ouest.

Le vent de nord-ouest, le troisième et presque le principal dominant aux États-Unis, diffère du sud-ouest sous tous les rapports; il est essentiellement froid, sec, élastique, impétueux et même tempétueux; il est plus fréquent l'hiver que l'été, et plus habituel sur la côte atlantique qu'à l'ouest des Alleghanys, c'est-à-dire dans les bassins du Saint-Laurent, de l'Ohio et du Mississipi : l'on ne peut mieux le comparer qu'au *mistral* provençal, qui est aussi un vent de nord-ouest, mais d'une origine très-différente; car le *mistral*, inconnu au nord des Alpes, des montagnes du Vivarais et de

---

de Philadelphie, et j'y trouve, page 90, un Mémoire de M. *Strickland* qui, par une série d'observations faites en 1794, allant et revenant d'Europe, confirme tout ce que j'ai exposé sur les indications du thermomètre. L'auteur ajoute qu'il a reconnu une branche du Gulf-stream dans la direction de l'île *Jaquet*, et il insiste sur la probabilité du transport des fossiles tropicaux de la côte d'Irlande, par les eaux de ce même *courant :* ses observations me confirment dans l'opinion que le banc de *Terre-Neuve* est la barre de l'embouchure de ce grand fleuve marin qui, avant de l'avoir créée, marchait droit au nord-est sur l'Irlande, et qui ne s'est dévié vers l'est que par suite de l'obstacle de cette barre grossie et accumulée de siècle en siècle. Il faudrait comparer ses graviers à ceux de la côte atlantique.

l'Auvergne, ne va point chercher sa source par-delà notre Océan tempéré; il la tire évidemment de la région supérieure des montagnes qui environnent les bassins du Rhône et de la Durance, théâtre spécial de sa furie; et il me paraît venir principalement des sommets des Alpes, dont la couche d'air refroidie par les neiges et par les glaciers, se verse dans les vallées pendantes au midi, et surtout dans celle du Rhône où son cours réfléchi et dévié par les chaînes vivaraises, prend la direction de nord-ouest pour toute la Provence; il s'y précipite avec d'autant plus de violence qu'outre sa pesanteur spécifique et la pression de l'atmosphère élevée d'où il se verse, il trouve encore sur la Méditerranée un vide habituel occasioné par l'aspiration des côtes et du continent brûlant de l'Afrique. Aussi se fait-il toujours sentir d'abord sur la mer, et il ne s'établit que successivement et en remontant dans l'intérieur des terres; peut-être à ce torrent aérien qui tombe des Alpes, se mêle-t-il des courants du haut des chaînes du Vivarais et de l'Auvergne; mais ils n'y sont qu'accessoires, et le foyer ou réservoir principal est évidemment le haut pays alpin, sans lequel il serait impossible d'expliquer et de concevoir les apparitions du mistral, subites comme un coup de canon après chaque pluie, surtout dans la saison chaude.

Le nord-ouest américain a bien quelque chose

de cette vivacité; et j'aurai occasion de montrer que dans plusieurs cas il dérive aussi de la couche supérieure de l'atmosphère; mais à l'ordinaire et dans ses longues tenues, il vient jusque des mers glacées du pôle, et des déserts également glacés qui sont au nord-ouest du lac Supérieur. Dans les premiers temps, l'on a cru que ce lac et les quatre autres qui lui sont contigus, étaient la cause principale et même première du froid que le vent de nord-ouest apporte sur la côte atlantique. Aujourd'hui que tout le continent est mieux connu, cette opinion ne conserve de partisans que dans le vulgaire; de bons observateurs avaient déja remarqué que dans les cantons du Vermont et du New-York, qui ne sont point sous le vent des lacs, le froid n'était pas moins violent qu'ailleurs; les récits des Canadiens qui vont à la traite des fourrures bien au delà des lacs, ont achevé de dissiper tout doute : ces traitants attestent unanimement que plus ils s'avancent dans le grand-nord (1), plus le vent de nord-ouest est violent et glacial, et qu'il est leur principal tourment dans les plaines déboisées et marécageuses de cette Sibérie, et même en remontant le *Missouri* jusqu'aux monts *Chipewans;* il faut donc reconnaître que primitivement le nord-ouest américain tire sa

---

(1) C'est l'expression canadienne pour désigner tout le pays.

source, et de ces déserts qui depuis les 48 et 50° sont glacés pendant neuf et dix mois de l'année, et de la mer Glaciale qui commence vers le 72e degré, et enfin de la partie nord des monts *Stony* ou *Chipewans* qui paraît être couverte de neige pendant toute l'année; il est à remarquer que pardelà ces monts, sur la côte de *Vancouver*, le nord-ouest qui vient de l'Océan et du bassin de *Baring*, est déjà plus humide et moins froid; et comme il souffle bien moins habituellement, il appartient à un autre système (1).

Sur la côte atlantique, le vent de nord-ouest qui a parcouru le continent, amène aussi quelquefois des ondées de neige ou de pluie, ou même de grêle; mais ces nuages appartiennent plutôt à d'autres courants d'air, tels que le nord-est et le sud-ouest qu'il force de se replier, et qu'il dé-

---

(1) Selon le capitaine Meares, c'est le vent de nord qui est le dominant de ces parages.... Pour donner une idée du refroidissement que les surfaces glacées occasionent dans l'air, il me suffira de citer une observation de Charlevoix. Ce missionnaire rapporte que, traversant le banc de Terre-Neuve, par un temps d'ailleurs doux, son vaisseau fut tout à coup assailli d'une brise si glaciale, que tous les passagers furent contraints de se réfugier dans l'entre-pont; bientôt l'on aperçut une de ces îles de glaces qui, à chaque printemps, viennent du nord flotter dans l'Atlantique, et tant que l'on resta sous le vent de cette île, longue d'un quart de lieue, l'air resta insupportable. Cette expérience se renouvelle presque chaque année pour les navigateurs de Terre-Neuve.

pouille en les chassant; d'autres fois ils sont le produit des surfaces humides qu'il trouve sur sa route; tels les cinq grands lacs du Saint-Laurent, les marécages, et même les fleuves pris dans les longues lignes de leur cours; c'est par cette raison que sous le vent de ces lacs et des longues lignes du Mississipi et de l'Ohio, le vent de nord-ouest prend un caractère humide en hiver, et orageux en été qu'on ne lui trouve point en d'autres cantons. Car depuis Charleston jusqu'à Halifax, parler du nord-ouest, c'est désigner un vent violent, froid, incommode, mais sain, élastique et ranimant les forces abattues. Seulement il a cela de perfide en hiver, que tandis qu'un ciel pur et un soleil éclatant réjouissent la vue et invitent à respirer l'air, si en effet l'on sort des appartements, l'on est saisi d'une bise glaciale dont les pointes taillent la figure et arrachent des larmes, et dont les rafales impétueuses, massives, font chanceler sur un verglas glissant. Moins rude en été, on le désire pour calmer la violence des chaleurs; et en effet, il lui arrive alors assez souvent de se montrer après une ondée de pluie d'orage; et comme il est impossible que le laps d'une demi-heure lui ait suffi à venir de loin, il est évident qu'il tombe de la région supérieure qui, à ces latitudes, n'est pas distante de plus de 2,800 à 3,000 mètres : le vide étant formé près de terre par la condensation des nuages en pluie, la couche supérieure s'y abaisse pour le remplir; sa direction de nord-ouest vers sud-est lui est imprimée, parce que l'atmosphère du côté de l'Océan jusqu'au tropique, est composée d'un air léger et chaud qui ne peut soutenir l'équilibre contre ce courant froid et lourd; et cette direction n'est pas du nord vers le sud, parce que de ce côté elle serait repoussée par le reflux du vent de sud-ouest et de l'alisé tropical, dont le contre-courant vient remplir les latitudes moyennes. Il paraît que tous ces courants se joignent ensemble pour former sur l'Océan atlantique depuis les 35 jusqu'aux 48 et 50 degrés de latitude, ce vent d'ouest que nous voyons être le dominant presque perpétuel des côtes d'Angleterre, de France et d'Espagne.

Cette attraction ou aspiration de l'atmosphère atlantique est constatée par l'observation de M. Williams : « On remarque, dit-il, que nos vents
« de nord-ouest et d'ouest commencent toujours
« du côté de la mer; c'est-à-dire que si plusieurs
« voiles se trouvent à la file, c'est la plus avancée
« en mer qui s'enfle la première, et successivement
« les autres jusqu'à la plus voisine du rivage qui
« s'enfle la dernière. (1) »

Les marins font journellement la même observation sur les brises littorales, dont celle de jour,

---

(1) History of Vermont, page 48.

appelée *brise de mer*, commence toujours dans l'intérieur des terres au sommet des montagnes et des collines, qui vers midi deviennent le foyer de chaleur, je dirais presque la cheminée d'aspiration : en sorte que le vent y est senti un quart d'heure ou une demi-heure avant de l'être au rivage, et cela proportionnellement à la distance entre les deux points, ainsi que je l'ai souvent remarqué en Syrie et en Corse; la brise dite *de terre* commence aussi sur ces mêmes sommets, parce que là se fait le premier refroidissement, et que l'air se verse par son poids du haut des montagnes en bas vers la mer, comme un courant d'eau. Cette différence dans la manière d'agir de certains vents ou courants d'air, mérite d'être étudiée, comme servant à caractériser la nature de l'air qui les compose; mais elle n'est pas moins dans tous les cas l'effet des vides relatifs, et des densités alternatives que cause l'absence ou la présence du soleil, tantôt sur la terre, tantôt sur la mer; effet qui est une sorte de diastole et de systole qu'éprouve l'air tour à tour échauffé, dilaté, grimpant, ou refroidi, condensé et retombant (1).

---

(1) Ces versemens d'air froid de la région, soit moyenne, soit supérieure, sont attestés par Belknap, qui cite, dans le New-Hampshire, un lieu où le vent semble toujours tomber d'en haut *comme l'eau d'un moulin* : moi-même je pourrais en citer en France un exemple remarquable sur le chaînon du Forez qui sépare le bassin du Rhône de celui de la Loire : en

Une objection me reste à lever contre un fait qui n'a pu manquer de frapper le lecteur. — J'ai dit que le vent de nord-ouest était beaucoup plus fréquent à l'est qu'à l'ouest des Alleghanys : l'on demandera comment il est possible qu'il arrive au second pays sans avoir passé sur le premier qui est sur sa route : comme le fait est avéré, il faut bien qu'il ait un moyen de solution, et ce moyen est de l'espèce du précédent que je viens de citer (à la note); c'est-à-dire, que les Alleghanys sont la digue d'un lac aérien dont le fond, nivelé par cette digue, est, sous sa protection, dans un état

---

plusieurs endroits, mais surtout au local du château de la Farge, entre Belleville et Roanne, six à sept lieues au-dessus de Tarare, l'on éprouve habituellement, que tandis que l'on monte ou descend du côté du Rhône la pente rapide de ce chaînon, l'on ne sent aucun vent; mais à peine a-t-on atteint la crête du sillon, et surtout à peine commence-t-on de descendre le revers du côté de la Loire, que l'on sent un vent d'une vivacité extrême, versant de l'est à l'ouest, c'est-à-dire du bassin de Rhône, dans celui de la Loire; et si de suite l'on revient sur ses pas, et que l'on redescende la pente d'est vers le Rhône, l'on ne trouve plus de vent : la raison en est, que le bassin de Rhône est un grand lac d'air frais et dense, qui communique avec l'atmosphère des Alpes; tandis que le bassin de la Loire est un lac d'air plus léger et plus chaud, qui vient de l'Océan par les vents régnans d'ouest : le chaînon de *Forez* est une digue qui les sépare, et qui les tient l'un et l'autre calmes jusqu'à sa hauteur; mais par-dessus cette digue, le trop-plein du bassin de Rhône se verse comme de l'eau, et se montre d'autant plus froid et plus rapide, qu'il est l'écoulement de la région moyenne d'air qui vient des Alpes et tombe en glissant sur le lac.

de repos ou de fluctuation indépéndant de la couche au-dessus du trop-plein; en sorte que tandis que le vent de sud-ouest traverse le bassin de Mississipi et le pays de Kentucky, d'Ohio, etc., jusqu'au bassin du Saint-Laurent, par lequel il s'écoule, le courant de nord-ouest glisse par-dessus lui diagonalement, et va par-dessus les Alleghanys et au niveau de leur cime, se verser sur la côte atlantique, où il acquiert trois motifs d'accélération; savoir : 1° le poids de son fluide; 2° la pente du terrain; 3° le vide de l'Océan dans la direction de sud-est.

Le même cas a lieu pour le Saint-Laurent et le Bas-Canada, où les voyageurs s'accordent à dire que le vent le plus habituel est le sud-ouest, et après lui le nord-est; très-souvent le nord-ouest n'est point senti à Québec, tandis qu'il l'est dans le Maine et dans l'Acadie. Il est évident qu'il a glissé par-dessus le lit concave du fleuve Saint-Laurent, sans déplacer l'air qui y est stagnant; et si l'on fait attention que dans un appartement où deux fenêtres sont ouvertes en face l'une de l'autre, il passe un vent très-vif sans éteindre et sans même agiter une chandelle placée dans les coins ou dans les côtés, hors du courant, l'on concevra que l'air a quelque chose de tenace et d'huileux qui le rend plus difficile à déplacer que ne le supposent les idées que l'on en a vulgairement.

Enfin, un dernier fait curieux à citer sur le vent de nord-ouest, c'est qu'aux États-Unis le ciment et le mortier des murs exposés à son action directe, sont toujours plus durs, plus difficiles à démolir qu'à aucune des autres expositions; sans doute à raison du hâle extrême qui l'accompagne : pareillement dans les forêts, l'écorce des arbres est plus épaisse et plus dure de son côté que de tout autre : et cette remarque est l'une de celles qui guident les sauvages dans leurs courses à travers les bois, par le ciel le plus brumeux. — C'est à des faits, à des observations de cet ordre, aussi simples et aussi naturels, que cette espèce d'hommes doit la sagacité que nous admirons en elle; et lorsque des voyageurs romanciers ou des écrivains qui jamais n'ont quitté le coin de leur cheminée, s'extasient sur la *finesse* des sauvages, et en prennent occasion d'attribuer à leur *homme de la nature* une supériorité *absolue* sur l'homme civilisé, ils nous prouvent seulement leur ignorance en fait de chasse, et du perfectionnement des sens de l'odorat et de la vue par l'habitude et la pratique d'un exercice quelconque. Aujourd'hui que l'on a aux États-Unis des exemples innombrables de *colons de frontière*, irlandais, écossais, kentokais, qui sont devenus en peu d'années des *hommes-de-bois* aussi habiles et aussi rusés, des guerriers plus vigoureux et plus infatigables que les *hommes-rouges* (1), l'on ne croit plus à la prétendue excellence ni du corps, ni de l'esprit, ni du genre de vie de l'homme *sauvage* ; et ce que j'aurai occasion d'en exposer ailleurs avec plus de détail et avec un esprit impartial, excitera sans doute bien moins les sentiments de l'admiration ou de la jalousie, que ceux de l'effroi et de la pitié.

CHAPITRE X.

Comparaison du climat des États - Unis avec celui de l'Europe quant aux vents, à la quantité de pluie, à l'évaporation et à l'électricité.

D'après tout ce que j'ai dit des vents, de leurs lits, de leur marche, de leurs qualités propres ou respectives aux États-Unis, il devient de plus en plus facile de se faire une idée nette et générale du climat de ce vaste pays. De ce que l'on sait que les vents les plus habituels y viennent presque immédiatement, les uns de la zone du tropique, les autres de la zone polaire, l'on conçoit pourquoi ils ont des qualités de froid et de chaud si

---

(1) Nom que se donnent les sauvages.

contractantes, et pourquoi le climat est si variable et si bourru : de ce que l'on sait que l'un des dominants (le sud-ouest) vient d'une mer chaude, l'autre (le nord-est) d'une mer très-froide, le troisième (le nord-ouest) de déserts glacés, l'on sent pourquoi chacun d'eux est sec et clair, pluvieux ou brumeux. — L'on devine même les cas d'exception que quelques localités peuvent et doivent apporter à ces règles générales, et l'on infère naturellement qu'un vent sec peut devenir pluvieux s'il rencontre sur sa route des surfaces humides, telles que des lacs, des marais, et des lignes prolongées de rivières, ainsi qu'il arrive au pays de Genesee, où il pleut par vent de nord-ouest à cause des lacs Ontario et Huron; par vent du sud-ouest à cause du lac Érié : tandis que le nord-est et l'est, si pluvieux à la côte, y sont secs (1) : par inverse un vent pluvieux peut devenir sec en se dépouillant sur les montagnes de l'humidité qu'il transporte : enfin, dans les violentes agitations de l'atmosphère, les courants venant à se mêler, il peuvent momentanément échanger et confondre leurs attributs et leurs propriétés.

D'autre part, en considérant que le territoire des États-Unis n'est traversé que par des monta-

---

(1) De même aux sources de la Wabash et des deux grands Miâmis, il pleut par tous les vents; à Gallipolis sur l'Ohio, il pleut surtout par ouest sud-ouest, tandis que plus bas, à Cincinnati, l'ouest est sec, et il pleut par nord-ouest.

gnes d'un ordre inférieur, et qui n'offrent pas un obstacle suffisant à rompre la marche des courants, l'on aperçoit pourquoi les vents y sont et y doivent être presque toujours généraux, c'est-à-dire *balayer*, selon l'expression anglaise, toute la surface du pays en long et en large. Et en effet, à cette règle générale, il n'y a d'exception remarquable que les brises littorales qui ont lieu pendant les six mois d'été, et qui se modifient selon le gisement soit de la côte, soit des lits de rivières, et à raison de la distance, de la pente et de la direction des chaînes et sillons de montagnes. Par exemple, depuis la Floride jusqu'au New-Jersey, la brise incline au sud-est, et l'on voit que le terrain verse, et que la côte tourne de ce côté. Au contraire, depuis le New-York jusqu'au cap *Cod*, la brise est de sud direct ; et du cap *Cod* jusqu'à l'Acadie, elle vient de l'est et du nord-ouest, toujours par l'application du même principe à des cas divers : de même encore elle est plus lente ou plus vive, plus forte ou plus faible, plus en avance ou plus en retard, selon le degré plus ou moins intense de la chaleur, selon la pente plus ou moins inclinée des terres, et l'éloignement plus ou moins grand des hauteurs où se trouve le foyer d'aspiration (1), ainsi que l'on en a l'expérience très-connue en marine.

---

(1) En Massachusets la brise commence dès huit et demi ou

De ces faits dérivent deux vérités lumineuses en géographie physique ;

L'une, que ce sont les courants habituels de l'air, les *vents*, qui déterminent la température, ou le climat d'un pays.

L'autre, que la configuration du sol exerce sur ces courants une influence de direction ordinairement décisive, et qu'elle devient par là un agent constitutif, une partie intégrante du climat.

Notre Europe offre l'exemple et l'application de ces deux principes dans un sens inverse de l'*Amérique-nord*. Dans l'Europe occidentale, les vents d'ouest sont les grands pluvieux, parce qu'ils viennent de l'Océan atlantique ; et ils se montrent plus frais en Angleterre, plus chauds en France et en Espagne, à raison des latitudes d'où ils viennent sur ce même Océan : aux États-Unis, les vents d'ouest sont les plus secs, parce qu'ils y viennent de la partie la plus large du continent : en France, ils sont les plus généraux, les plus habituels, parce que la haute chaîne des Alpes est un foyer d'aspiration et de condensation, qui sans cesse les appelle vers elle : aux États-Unis, ils sont les plus rares, parce qu'il n'y existe pas de point dominant d'aspiration. En Europe, les vents

---

neuf heures du matin au mois de juin, tandis qu'en Caroline elle ne commence qu'à dix et onze; comparez les distances respectives des sillons à la côte, et vous en voyez de suite la raison.

ne sont presque jamais généraux, mais plutôt divisés en systèmes indépendants, parce que les hautes chaînes des montagnes, telles que les Pyrénées et les Alpes, forment des enceintes et comme de grands lacs d'atmosphère séparés et distincts ; et parce qu'ensuite une foule de chaînes secondaires, telles que les Asturies et les autres sillons de l'Espagne (1), les Cévennes, les Vosges, les Ardennes, les Apennins, les Krapatz, le *Dofre* de Norwège et les montagnes d'Écosse, presque toutes supérieures aux Alleghanys forment d'autres subdivisions également caractérisées.

Dans la France seule nous avons autant de systèmes de vents que de bassins de rivières principales, telles que le Rhône, la Garonne, la Loire et la Seine. La Belgique a son système distinct du nôtre par les Ardennes; elle tire du canal de la Manche un courant d'air, qui primitivement ouest, puis dévié dans la direction de sud-ouest, y est la cause de cette humidité qui la rend si fertile et si *pâturagère.*

D'autre part, si notre Europe occidentale est plus tempérée que l'orientale, ce peut être, comme l'a dit Pallas, parce qu'elle est abritée par les montagnes d'Écosse et de Norwège; mais c'est encore

---

(1) Le chaînon qui sépare Saint-Ildéphonse de l'Escurial, sépare tellement l'atmosphère de ces deux lieux, que quoique rapprochés à six ou sept lieues, ce sont deux climats différents.

plus parce que les vents les plus généraux et les plus régnants sont de l'ouest et du sud-ouest, et qu'ils y arrivent par la mer, toujours plus tempérée que la terre.

C'est par cette raison que la côte de Norwège diffère totalement de celle de Suède, et que la température de Berghen ne ressemble pas plus à celle de Stokholm, que la température de Londres ne ressemble à celle de Saint-Pétersbourg : c'est aux vents d'est et de nord-est, originaires de la Sibérie, que l'orient de l'Europe doit son climat froid, sec et salubre; et si de hautes montagnes eussent fermé la Russie sur sa frontière orientale; si quelques remparts eussent abrité la Sibérie vers la mer du pôle, cette contrée, ainsi que la Pologne et le pays de Moscou, ne seraient pas plus froids que le Danemarck et la Saxe.

Cette différence de configuration entre l'Europe et l'Amérique-nord, me paraît être la cause principale, et peut-être unique, de plusieurs différences météorologiques que l'on remarque dans les atmosphères de ces deux continents. L'on y trouve une explication satisfaisante de deux ou trois phénomènes et problèmes singuliers, savoir : par exemple, pourquoi la quantité de pluie annuelle et moyenne est plus grande aux États-Unis qu'en France, en Angleterre, en Allemagne : — Pourquoi la chute de ces pluies est généralement plus brusque et leur évaporation ensuite plus vive en

Amérique qu'en Europe : — Pourquoi enfin lès vents sont habituellement plus forts, les tempêtes et les ouragans plus fréquents dans le premier de ces pays que dans le second : quelques détails deviennent nécessaires pour rendre ces faits plus précis, et leur solution plus probable et plus persuasive.

§ I.

De la quantité de pluie qui tombe aux États-Unis.

Des observations exactes et multipliées, faites par divers savants américains, en différents lieux de la côte atlantique, ont désormais constaté que la quantité annuelle ét moyenne de pluie qui tombe aux États-Unis est beaucoup plus considérable que dans la plupart de nos pays d'Europe, en exceptant toutefois certaines localités des pays de montagnes (1) ou des fonds de golfe. Le tableau suivant en fournit la preuve. Aucun lieu du *pays d'Ouest* n'y est mentionné, parce que ce genre d'observation n'y a pas encore été pratiqué, du moins à ma connaissance.

A Chalestwon (selon Ramsay), en pouc. angl.
1795. . . . . 71 $\frac{4}{5}$

---

(1) Par exemple, Udine où il tombe 62 pouces, et Garfagnana, 92 pouces : aux Antilles, il tombe plus de 100 pouces par an.

DES ÉTATS-UNIS. 229

Par terme moyen, de 1750 — à
1759 (1). . . . . 41 ¾
A Williamsburg (2). 47
Cambridge, près Boston (3). . . . 47 ½
Andover (en Massachusets). . . . 51
Salem (4). 35
Rutland en Vermont (5). 41
Philadelphie (6). 30
En Europe, au contraire, il ne tombe que les quantités suivantes, savoir :

pouc. franç.

A Saint-Pétersbourg. 12
Upsal. 14
Abo. 24
Londres. 21
Paris. 20
Utrecht. 27
Brest, aucune observation (7).
Marseille 20
Rome. . . . . 28 ½

---

(1) Selon Chalmers, cité par Ramsay, *ibid.*
(2) Jefferson, page 6.
(3) S. Williams, history of Vermont, page 51.
(4) et (5) *Idem.*
(6) Docteur Rush, observations sur la Pensylvanie, American Musæum, tome VII.
(7) Mais en récompense j'ai vu un journal météorologique manuscrit, où le nombre des jours pluvieux à Brest est de 349 jours par an, tandis qu'à Marseille le nombre des jours clairs est de 352.

Naples. 35
Alger. . . . . 27 ½
Padoue. 33
Bologne. 24
Vienne. 42

D'où il résulte qu'en Europe, par terme moyen, il tombe un tiers moins de pluie que dans l'Amérique-nord : néanmoins, dans son Mémoire déja cité, M. Holyhoke cite vingt villes d'Europe, qui, par terme moyen de 20 ans, ont eu 122 jours de pluie tandis que Cambridge n'en a eu que. . 88
et Salem. 95

Ainsi plus de pluies en moins de jours indique évidemment que les pluies ont tombé par ondées plus vives et plus fortes en Amérique, par arrosements plus doux en Europe ; et nous avons vu que les faits sont conformes à ce raisonnement.

§ II.

De l'évaporation et de la sécheresse de l'air.

D'autre part, des observations également exactes et nombreuses attestent que l'évaporation de ces mêmes pluies se fait beaucoup plus vite aux États-Unis qu'en Europe, et que par conséquent l'air y est habituellement plus sec et plus agité : Franklin avait déja fait et publié cette remarque, si contraire aux assertions du docteur *Paw* (1), en citant l'anecdote d'une boîte d'acajou à tiroirs, exécutée avec le plus grand soin par le célèbre *Nairne* : les tiroirs de cette boîte, justes et même serrés à Londres, s'étaient trouvés trop lâches à Philadelphie, et lorsqu'elle eut été renvoyée à Londres, ils redevinrent justes et serrés comme auparavant. Franklin en avait induit avec raison une plus grande sécheresse à Philadelphie qu'à Londres : mais le cas de ces deux villes était trop particulier pour en faire une règle générale : M. J. Williams (2) l'a mieux établie et développée

---

(1) C'est un étrange livre que les Recherches de M. Paw sur les Américains. A mon retour d'Amérique, j'ai voulu le lire pour profiter de tant de lumières dont on lui fait honneur; mais lorsque j'ai vu avec quelle confiance il adopte des faits faux; avec quelle hardiesse il en tire des conséquences chimériques, établit et soutient des paradoxes divergents, et avec quelle acrimonie il attaque d'autres écrivains, j'avoue que le livre m'est tombé des mains. Je ne conçois pas comment du fond d'un cabinet on ose écrire avec assertion sur des faits qu'on n'a pas vus, sur des témoignages insuffisants ou contradictoires; pour moi, plus j'ai vu le monde et multiplié mes observations, plus je suis convaincu *que rien n'est plus délicat et plus rare que de saisir les objets, surtout compliqués, sous leurs véritables faces et sous leurs vrais rapports : qu'il est presque impossible de parler raisonnablement du système général d'un pays ou d'une nation sans y avoir vécu : qu'il en est de même, et encore pis, pour les temps passés; et que le plus grand obstacle aux progrès des lumières est l'esprit de certitude, qui jusqu'ici a fait la base de l'éducation chez presque tous les peuples.*

(2) Transactions of the American philosoph. society.

par les faits suivans. Il a trouvé, par des expériences et des recherches suivies, que la quantité moyenne d'évaporation pendant 7 années à Cambridge près de Boston

	pouc. angl.
avait été de............................	56

tandis qu'en sept villes d'Allemagne et d'Italie, par terme moyen de 20 ans, elle n'a été que de........ pouc. franç. 46
il est vrai que les 56 pouces anglais se réduisent à 54 pouces des nôtres, moins environ $\frac{1}{4}$. Différence..... 7 $\frac{1}{4}$
Et cependant les villes d'Italie sont sous une latitude bien plus favorable à l'évaporation que le voisinage de Boston adjacent à l'Océan.

Jours clairs.

Dans un an, l'on a eu à Salem... 173
Dans vingt villes d'Europe, l'on en a eu.................... 64
Dans ces mêmes vingt villes, en Jours nuageux.
1785, l'on a eu............ 113
A Cambridge près de Boston,... 69
A Salem, par terme moyen de 7 ans,..................... 90 (1)

---

(1) On a observé que l'eau mise une fois par Pouc. Lig.
mois dans les vases, évaporait........... 4   10
Et que mise une fois par semaine elle évaporait. 6   35
Sans doute parce que dans le premier cas le vent n'atteint pas bien au fond du vase;

Ainsi, en termes généraux, il tombe aux États-Unis plus de pluie en moins de jours qu'en Europe, et l'on y compte moins de jours nuageux, plus de jours clairs, plus d'évaporation qu'en Europe : or, la cause de ces faits divers me paroît absolument univoque et simple ; elle existe dans l'état particulier de l'atmosphère de chacun des deux continents, selon la modification que leur configuration respective y apporte.

Si donc aux États-Unis il pleut davantage qu'en Europe, c'est parce qu'à l'exception du nord-ouest, tous les autres rumbs, surtout les plus fréquents, y viennent de quelque mer, et par conséquent arrivent chargés de vapeurs.

Si les pluies y sont plus vives et plus brusques, c'est parce que les qualités des vents y sont très-contrastantes en chaud et en froid, ce qui est un premier moyen de dissolution ; et le mélange de ces courants froids et chauds, y est fréquent, ce qui est une seconde cause d'abondance et de vivacité de pluie : nos pluies fines et douces y sont tellement étrangères, qu'on les appelle des *pluies anglaises*, *un temps anglais* ; et lorsque l'on en

---

2° Sur une rivière, un vase a évaporé. 1   15
En local sec il a perdu. 1   50
3° Quatre plantes pesant 118 grains, mises en caisse de pur sable et bien arrosées, ont évaporé 10,944 grains, qui sont plus que n'eût donné une surface de dix pouces carrés dans le même espace de temps.

voit, ce qui arrive quelquefois après l'équinoxe, il est du bon ton de sortir sans parapluie pour s'en faire mouiller comme des oiseaux d'eau. Or, ce mélange fréquent, qui constitue l'air variable, arrive parce que le pays est presque plat, et que les vents n'y trouvent aucun obstacle qui les arrête. — Ainsi, la configuration du sol influe radicalement sur l'abondance et la vivacité des pluies.

En Europe, au contraire, de hautes montagnes rompant les courants de l'air, l'atmosphère est plus calme, plus stationnaire; les mélanges de courants froids et de courants chauds sont moins faciles, moins fréquents; par suite, les dissolutions sont moins vives; les pluies sont plus lentes, plus douces; l'air reste plus chargé de vapeurs et d'humidité; il y a plus de brouillards et de jours nuageux, etc., et l'évaporation est plus lente.

Si aux États-Unis l'évaporation est rapide, c'est encore parce que les courants sont libres, à raison de la planimétrie générale, et parce que l'un de ces courants, le nord-ouest, vent d'une sécheresse extrême, domine pendant les deux cinquièmes de l'année.

En Europe, au contraire, le grand dominant est le vent d'ouest, et il est aussi le grand humide.

Enfin, c'est encore cette forte évaporation de l'air aux États-Unis qui y cause des rosées énormes, inconnues dans nos climats tempérés. Elles y sont si fortes en été, que les premières nuits où je couchai dans les forêts désertes de l'Ohio et de la Wabash, je crus à mon réveil qu'il pleuvait à verse ; et cependant, en considérant le ciel, je le trouvai clair et serein ; bientôt je m'aperçus que les grosses gouttes qui tombaient avec bruit de feuille en feuille sur les arbres, n'étaient que la rosée du matin, c'est-à-dire, l'évaporation du jour précédent, dissoute et précipitée par la fraîcheur de l'aube du jour. Enfin, si les vents y sont plus rapides, et les ouragans plus fréquents que dans notre Europe, l'on peut dire que ce n'est pas seulement parce que le tropique est plus voisin, mais parce que les courants de l'air ne trouvent sur le continent aucun point d'appui qui les arrête et les fixe ; et si le chaînon de l'Apalache avait 8 à 900 toises d'élévation, le système atmosphérique de tout le bassin d'ouest serait changé.

§ III.

De l'électricité de l'air.

Un dernier point météorologique sur lequel l'air du continent américain diffère encore de celui de l'Europe, est la quantité de fluide électrique dont l'air du premier est imprégné dans une proportion beaucoup plus forte : l'on n'a pas besoin des appareils mécaniques et artificiels pour rendre ce fait sensible ; il suffit de passer vivement un ruban de soie sur une étoffe de laine pour le voir se contracter avec une vivacité que je n'ai jamais remarquée en France : les orages d'ailleurs en fournissent des preuves effrayantes par la violence des coups de tonnerre, et par l'intensité prodigieuse des éclairs. Dans les premières occasions où j'eus ce spectacle à Philadelphie, je remarquai que la matière électrique était si abondante, que tout l'air semblait en feu par la succession continue des éclairs; leurs zig-zags et leurs flèches étaient d'une largeur et d'une étendue dont je n'avais pas d'idée, et les battements du fluide électrique étaient si forts qu'ils semblaient à mon oreille et à mon visage être le vent léger que produit le vol d'un oiseau de nuit. Leurs effets ne se bornent point à la démonstration, ni au bruit; les accidents qu'ils occasionent sont fréquents et graves. Dans l'été de 1797, depuis le mois de juin jusqu'au 28 août, je comptai, dans les papiers publics, dix-sept personnes tuées par le tonnerre; et feu M. *Bache*, petit-fils de Franklin, auteur du journal *Aurora*, à qui je fis part de ma remarque, me dit qu'il avait compté quatre-vingts graves accidents. Ils sont fréquents en rase campagne, surtout sous les arbres; et l'on n'y connaît pas assez l'efficacité des toiles et des taffetas cirés ou vernissés, qui en pareil cas sont le meilleur préservatif, en même temps qu'ils garantissent de la pluie.

Cette abondance du fluide électrique est une nouvelle preuve de la sécheresse de l'air, de même que sa moindre quantité en France et en Europe est une preuve d'humidité : il paraît constant que le calorique est absorbé et neutralisé par l'eau réduite en vapeur, et qu'alors il ne développe plus ses propriétés naturelles; lorsqu'au contraire l'air est très-sec, fût-il d'ailleurs froid, la matière ignée qui ne trouve pas à se combiner, surabonde et manifeste sa présence partout où le lui permettent ses lois. Ce doit être l'une des raisons pour lesquelles la végétation une fois développée est bien plus active aux États-Unis qu'en France; et l'on ne peut pas dire que la chaleur de la saison ou du tropique soit une cause nécessaire de l'abondance du fluide électrique ou igné, puisqu'il n'est jamais plus abondant que par le froid vent de nord-ouest, et que d'après les observations des savants russes Gmelin, Pallas, Muller et Georgi, etc., l'électricité est d'une abondance excessive dans l'air glacial et sec de la Sibérie (1)..... Ainsi la configuration plane de l'Amérique, en occasionant la rapidité des courants de l'air, la célérité de l'évaporation de l'eau et la sécheresse de l'atmosphère, devient une cause primordiale de l'abondance de l'électricité.

---

(1) Ils remarquent en même temps que les habitants, et surtout les femmes, y sont d'une extrême irritabilité.

J'ajoute une remarque qui peut avoir son importance en physiologie. Il est connu que les brouillards et l'humidité sont une cause constante et féconde de maladies; qu'ils occasionent spécialement les catarrhes, les rhumes, les rhumatismes, c'est-à-dire, l'obstruction et l'atonie de tout le système vasculaire; qu'ils produisent des fièvres d'espèces variées, mais toutes avec le symptôme commun de frisson, auquel succède une vive chaleur. Or, si l'effet de l'humidité, soit en gouttes d'eau, soit en vapeurs, est d'attirer et de s'approprier le fluide *électrique* ou *igné*, de le soutirer des corps dans lesquels il est engagé; si ce fluide *électrique* ou *igné* dans notre organisation est un des principes de la vie, un des agents de la circulation du sang et des autres humeurs; s'il est surtout l'un des principes constituants, peut-être le principe radical du fluide *nerveux*, ne peut-on pas conclure que c'est en nous soustrayant ce principe de la vie, que l'eau en gouttes ou en vapeurs nous devient si nuisible? Que c'est en l'aspirant de notre tissu cellulaire et de nos nerfs qu'elle les *paralyse*, les réduit à l'atonie, à l'obstruction passagère ou durable, selon la force et la durée de l'action; et alors, outre l'indication du préservatif, celle du remède ne serait-elle pas de trouver le moyen de restituer ce feu par un procédé inverse, de la même espèce : les fomentations, les frottements de corps chauds, même des fers de tailleurs, ont un effet confirmatif de cette idée; mais il reste à découvrir une opération plus radicale, plus chimique, qui appelle les talents et les expériences des gens de l'art (1).

CHAPITRE XI.

Conclusion : la lune influe-t-elle sur les vents ? Action du soleil sur tout leur système, et sur le cours des saisons. Changements opérés dans le climat par les défrichements.

Je n'ai fait aucune mention jusqu'ici des influences que quelques physiciens attribuent à la lune sur l'atmosphère et sur le cours des vents. Cette opinion, jadis très-accréditée, mais qui chez les anciens appartint plus à l'astrologie qu'à l'astronomie et à la physique, s'est renouvelée dans ces derniers temps avec des moyens plus capables de lui

---

(1) Dans plusieurs pays chauds, entre autres dans l'île de *Cuba*, lorsqu'il pleut, les paysans qui travaillent en plein air ôtent leurs vêtements, les tiennent à l'abri et ne les reprennent que quand le corps est sec ; alors ils ne prennent pas la fièvre; si au contraire ils laissent mouiller et sécher leurs vêtements sur leurs corps, jamais ils ne manquent d'en être saisis.

acquérir des partisans : raisonnant par analogie aux marées, l'on a dit que puisque la lune était la cause du flux et du reflux de l'Océan, puisqu'elle exerçait sur la surface liquide du globe une pression qui la refoulait, cette pression ne pouvait avoir lieu sans l'intermédiaire de l'atmosphère, qui par conséquent devait avoir aussi son flux et reflux, et de là toute une théorie des vents; mais parce que toute théorie, quelque plausible qu'elle soit, finit par n'être qu'un roman si les faits ne viennent à son secours, il a fallu produire des faits en preuve, et c'est la tâche qu'a entreprise l'un de nos plus habiles naturalistes, M. Lamarck; quelle sera l'issue de ses recherches n'est pas ce que j'entends préjuger ; je remarquerai seulement que l'on ne peut refuser de l'estime à la méthode qu'il a adoptée : en publiant un annuaire météorologique, et prédisant une année d'avance les vents et la température que les *constitutions* boréales ou australes de la lune doivent déterminer, M. Lamarck a soumis son système à l'épreuve la plus loyale comme la plus délicate : chaque mois, chaque quartier, tout observateur peut comparer les résultats au pronostic énoncé; cette comparaison devient même un complément nécessaire à joindre au travail de M. Lamarck, et l'on a droit d'attendre que l'historique d'une année écoulée soit inséré au calendrier de l'année suivante; je le répète, quelle que soit l'issue de ce travail, il n'en aura pas moins le mérite d'avoir démontré une vérité ; car lors même qu'il en résulterait contre son but, que le système général, ou que certains systèmes particuliers de vent sont indépendants de la lune, cette vérité négative n'en serait pas moins un résultat très-précieux, et n'en aurait pas moins toute l'utilité que comporte son sujet ; j'en appelle au lecteur lui-même, dans les diverses branches de nos connaissances, ou plutôt de nos opinions, combien d'erreurs seraient dissipées, si nous acquérions beaucoup de vérités négatives?

Dans le cas présent, mon opinion s'était déja nourrie de trop de faits antérieurs pour demeurer indécise ; mais eût-elle dû ne se former que d'après les résultats de l'expérience dont je parle, il me serait impossible de reconnaître à la lune aucune action immédiate ou sensible sur le système général des vents. Je ne prétends point nier que cette planète soit la cause du flux et du reflux de l'Océan ; mais en admettant comme prouvée toute hypothèse de pression de sa part, rien n'est encore prouvé pour les vents ; car l'océan aérien peut subir une pression qui roule sur sa masse, sans que ses mouvements intestins en soient dérangés ni affectés; de même que l'océan aqueux subit son balancement sans que les courants intérieurs en soient troublés ni changés. L'effet des marées ne se marque, ne se sent bien que sur les rivages, c'est-à-dire à l'interruption du liquide homogène, et à son choc contre des masses et des niveaux étrangers : or l'océan aérien, rond comme le globe, n'a rien de semblable : l'ondulation, s'il y en a, roule sur sa surface, et la vaste lame atmosphérique qui ne rencontre ni écueils, ni rivages, court mollement sans éprouver de ressac. Si les vents, ces courants d'air si variables, si divers, dépendaient de la lune, ils devraient, comme les marées, être corrélatifs à ses phases ; ils devraient avoir une marche périodique soumise à la régularité ou aux anomalies de cette planète, et l'on n'aperçoit rien de tel; dans ces changements de temps journellement annoncés par les almanachs et attendus par le vulgaire pour chaque quartier, sur vingt exemples, quinze sont en défaut; et il ne serait pas étonnant, vu le petit nombre des chances, qu'il en réussît davantage sans produire rien de plus concluant. Sur la mer même, où l'on prétend que les règles sont plus fixes, les marins impartiaux conviennent que les changements de temps n'ont rien de fixe, rien de régulier ; que c'est bien plutôt à l'approche des terres, au voisinage des caps, à l'entrée ou à la sortie de certains parages, qu'il faut rapporter leurs causes; enfin, les astronomes reconnaissent que la période même de 19 ans, qui ramène les mêmes positions lunaires, ne ramène pas la moindre ressemblance dans le cours ni dans la succession des vents : de manière que rien n'établit, rien ne prouve une action immédiate et sensible de la lune sur ces courants de l'air.

Il n'en est pas ainsi de l'action du soleil qui se manifeste, et dans leur formation première, et dans leurs mouvements généraux ou partiels, enfin jusque dans leurs irrégularités toujours occasionées par les degrés divers et variables de chaleur que sa présence ou son éloignement excite sur les mers et sur les continents, et par les circonstances topographiques des montagnes plus ou moins élevées, des terrains plus ou moins nus ou boisés qui empêchent ou permettent le passage des vents. C'est le soleil qui, placé à l'équateur, y établit d'abord le grand courant du vent alisé qui influence tous les autres, et qui comme le cours de l'astre, est dirigé de l'est vers l'ouest, non par l'effet mécanique de la rotation du globe qui laisserait en arrière son enveloppe aérienne; mais parce que le soleil établit sous sa perpendiculaire un foyer de chaleur qui sans cesse anticipe avec lui de l'est sur l'ouest, et qui est immédiatement remplacé par la colonne d'air frais laissée en arrière, aspirée et courant après lui : de là cette particularité du vent alisé toujours plus vif à midi, c'est-à-dire au moment de la plus grande chaleur, et se relâchant vers minuit : le soleil passe-t-il au tropique du sud, la zone alisée s'y porte avec lui, et délaisse d'un nombre égal de degrés le nord de la ligne équinoxiale. Le soleil revient-il au tropique du nord, l'alisé y revient à sa suite et resserre son lit austral dans la même proportion. Sur l'océan Pacifique, ce courant suit des lois plus régulières que partout ailleurs, parce que l'action du soleil est plus égale, plus uniforme, sur l'immense surface de cette mer; mais parce que les terres sont susceptibles d'un degré de chaleur plus élevé que les eaux, cette action change à l'approche des continents, et avec elle, le courant de l'air se modifie près des côtes de l'Inde, de l'Afrique et de l'Amérique méridionale, selon leur gisement, leur configuration, et selon la manière dont y agit le soleil; ainsi, parce qu'en été ses rayons frappent verticalement tout le bassin du Gange, il s'établit à l'orient de la chaîne des Gâtes, séparant le Malabar du Coromandel, un foyer de chaleur et d'aspiration qui occasione le courant appelé *mousson* d'été: ce courant est *sud-ouest*, pluvieux, orageux, et chaud sur le pays de Malabar, parce qu'il vient de la mer arabico-africaine; tandis que sur le pays de Coromandel il est *nord-ouest*, sec et frais, parce qu'il a passé par-dessus la région élevée des Gâtes où il s'est purgé de pluie et de chaleur (1).

---

(1) Plusieurs physiciens géographes croient que le vent nord-ouest au Bengale vient des montagnes situées au vrai nord-ouest du pays: mais, outre qu'elles sont trop éloignées,

En hiver au contraire, lorsque l'atmosphère indienne est rafraîchie par l'éloignement du soleil, une autre *mousson* a lieu dans la direction de nord-est, parce qu'alors les montagnes neigeuses du Tibet versent leur couche d'air froid sur le plat pays et sur le golfe du Bengale, dont l'air moite et léger ne leur offre qu'un vide relatif sans résistance.

D'autre part sur l'Atlantique, entre l'Afrique et le Brésil, un mécanisme semblable produit des effets différents, parce que les circonstances géographiques diffèrent : le continent africain n'ayant aucunes hautes montagnes sous l'équateur, n'appelle impérieusement aucun grand courant d'air sur sa surface; seulement ses rivages aspirent jusqu'à la distance de 80 ou 100 lieues, l'air qui est nécessaire au foyer dont ils sont le siége; et le vent alisé ne prend son cours que hors de cette sphère littorale.

L'Amérique, au contraire, éprouve et cause des incidents différents et divers :

1° Par la configuration singulière de ses deux

---

le jeu des deux côtés des *Gâtes* est tellement correspondant, que l'on ne peu lui admettre d'autre source : c'est l'inclinaison de la pente orientale, caractérisée nord-ouest et sud-est par le cours des fleuves, qui détermine le reversement du vent; de même que c'est à raison de cette inclinaison, que le soleil échauffant cette pente avant d'avoir échauffé le revers des Gâtes, y cause un mouvement premier et antérieur par lequel l'air des *Gâtes* est attiré, et à sa suite l'air du Malabar.

continents qui forment comme deux grandes îles;

2° Par le grand vide ou cul-de-sac qui se trouve entre ces deux îles-continents;

3° Par l'isthme montueux de Panama qui fait le fond de ce cul-de-sac, et lie les deux Amériques;

4° Enfin par la chaîne de ses montagnes, les plus hautes du globe, qui courant au bord de l'océan Pacifique par le Chili, le Pérou, l'isthme de Panama, le Mexique, etc., laissent à l'est un immense pays plat, tandis qu'à l'ouest elles n'ont pour rivage qu'une pente aussi haute qu'elle est rapide.

De cette constitution topographique, il résulte relativement à l'Amérique méridionale, que le soleil, frappant verticalement pendant 6 mois (1) ce continent sur sa plus grande largeur, établit sur tout le pays à l'orient des Andes, c'est-à-dire sur le Brésil, l'Amazone, etc., un foyer d'aspiration qui redouble de ce côté l'activité du vent alisé venant de la mer. Ce foyer étend même son action par-delà et au nord de l'équateur, et il y fait dévier et incliner, sous une direction de nord-est, l'alisé qui alors apporte sur la Guyane toute l'humidité de l'Atlantique. La chaîne des Andes est le point commun où viennent aboutir tous ces vents: et parce que son extrême élévation leur ferme tout

---

(1) Depuis l'équinoxe d'automne jusqu'à celui du printemps, saison d'été pour l'hémisphère austral.

passage sur l'océan Pacifique, ils accumulent leurs nuages sur son flanc oriental ; aussi les provinces de *Cuyo*, de *Tucuman*, d'*Arequipa*, sont - elles alors un théâtre renommé de pluies, de tonnerres et de chaleurs excessives; tandis que le revers occidental des Andes, le Chili, jouit d'un ciel clair et tempéré sous l'influence des vents que nous appelons *sud - ouest*, mais qui sont le véritable nord-ouest des pays situés par-delà l'équateur (1). Ces vents qui grimpent aussi sur les Andes, contribuent à obstruer le passage de ceux de la partie d'est; aussi l'historien récent du Chili (2) observe-t-il que les vents d'est passent si rarement jusqu'à ce pays, que l'on ne cite d'ouragan de ce rumb qu'en l'année 1633. Par conséquent il faut que les deux courants d'air opposés se heurtent l'un l'autre, s'élèvent ensemble dans la région supérieure où ils sont condensés, et sans doute repliés en d'autres courants qui glissent ou se reversent dans les régions moyennes et inférieures.

Par inverse, lorsque le soleil repasse l'équateur,

---

(1) Ils viennent du quart entre l'ouest et le pôle : la qualité sèche et froide de ces vents sur la côte du Chili, jointe à leur fréquence, est un indice de la non-existence d'aucune grande terre vers le pôle austral, et de la quantité des glaces qui y sont amoncelées.
(2) Molina, Italien, auteur d'une bonne *Histoire géographique, naturelle et civile du Chili*, traduite en espagnol, par Mendoza. *Madrid*, 1788, grand in-8°, belle impression.

et s'avance à son nord jusqu'au zénith de la Havane et du centre du golfe de Mexique, sa proximité excite sur le continent septentrional d'Amérique un foyer de chaleur et d'aspiration qui détourne et attire de ce côté le courant alisé, et cela avec d'autant plus de puissance, que le foyer de l'Amérique méridionale s'éteint ou languit par l'éloignement de l'astre : de là l'empiétement des vents d'est après le solstice, jusque vers les 30 et 32° nord, par les parallèles de la Géorgie et presque de la Caroline-sud : et de là à la suite de leur courant dominateur, l'*afflux* des vents de la zone tempérée, qui se portent vers la zone polaire avec les circonstances développées plus haut : ainsi le soleil se montre sans cesse le régulateur suprême, s'il n'est pas l'unique, de tout le systéme des vents, soit dans leur création, soit dans leurs mouvements ; et sa puissance se manifeste ou s'indique jusque dans l'irrégularité apparente ou vraie de leur rotation annuelle, et dans la marche singulière que suivent les saisons aux États-Unis, marche qui dérive uniquement de celle des vents.

En effet, il est remarquable que, dans un pays où les froids sont si rigoureux, l'hiver soit cependant plus tardif, plus lent à s'établir qu'en Europe : chez nous, par les 45 et même par les 42° de latitude, à peine la mi-octobre est-elle arrivée, que les brouillards, les pluies, et des gelées presque journalières bannissent pour quatre et cinq mois les beaux jours : en Amérique, au contraire, la mauvaise saison ne commence réellement, le ciel ne se gâte à demeure, même dans les États du Nord, que peu de temps avant le solstice d'hiver (mi-décembre), et il faut trois ou quatre tentatives, trois ou quatre grandes crises dans l'air pour que les vents boréaux parviennent à changer la température générale, en chassant les vents méridionaux qui la protègent et l'entretiennent.

La première de ces crises arrive régulièrement à l'équinoxe d'automne dans les 10 jours qui précèdent ou dans les 10 qui suivent le passage du soleil à l'équateur. A cette époque, il y a toujours un *coup de vent* général de la partie de *nord-est* à *nord-ouest*: et cela, comme je l'ai dit, parce que l'atmosphère boréale se reverse dans l'espace que le soleil abandonne et cesse de dilater : ce coup de vent est pour ainsi dire le premier flot de la grande marée *sémestrale* de l'*océan aérien* : il est accompagné de pluies qu'apportent les flots de cet *océan*, lesquels dans leurs ondulations et leurs tournoiements ont balayé la surface des mers. Ces pluies, par leur évaporation, causent dans l'atmosphère un premier refroidissement qui commence à calmer les chaleurs de l'été, et qui, à partir de la ligne du *Patapsco* sur la côte atlantique, et de la ligne de l'Ohio dans le pays d'ouest, occasione les premières gelées de la saison. Ces gelées ne se font pas sentir dans le plat pays du sud, par-delà les lignes du Potomac et de l'Ohio; dans le nord et dans les montagnes elles hâtent la maturité du maïs en dépouillant de leurs graines épaisses ses épis, qui se trouvent exposés à toute l'action du soleil. L'équilibre de l'air ne tarde pas de se rétablir : les vents de *sud-ouest* et d'ouest reprennent leur cours, et ramènent des chaleurs quelquefois aussi fortes qu'en été, auxquelles il faut attribuer l'apparition périodique, et la force accidentelle des fièvres automnales.

Une seconde crise arrive du 15 au 20 octobre, c'est-à-dire quand le soleil s'est déjà avancé de 20 à 25 degrés au sud de l'équateur. Alors se fait un second coup de vent, encore de nord-est à nord-ouest, comme si le soleil, par quelque position particulière, causait une nouvelle rupture d'équilibre dans l'atmosphère, et comme si en effet, devenu vertical au grand cap oriental de l'Amérique méridionale, compris entre San-Roquo et San-Augustino, il déterminait tout à coup le courant alisé à doubler ce cap, et à se jeter sur la côte du Brésil qui, par sa retraite, favorise un plus vif épanchement. Avec ce coup de vent, nouvelles pluies, nouvelle évaporation, nouveau refroidissement, nouvelle époque de gelées, qui pour cette fois s'étendent jusqu'en Caroline et en Géorgie : dès lors l'hiver s'annonce sur tout le continent. Ces gelées flétrissent les feuilles dans les forêts; et de ce moment la verdure prend des nuances de violet, de rouge mat, de jaune pâle, de brun mordoré, qui au déclin de l'automne donne aux paysages d'Amérique un éclat et un agrément que les nôtres n'ont pas. Les vents de nord-est et de nord-ouest deviennent plus fréquents; le sud-ouest perd de sa vigueur et décline vers l'ouest; l'air devient plus frais, mais le ciel reste clair; le soleil est toujours chaud au milieu du jour, et vers novembre, reparaît une série de beaux jours, appelés l'été sauvage (*Indian-summer*) : c'est ce que nous appelons en France l'été de la Saint-Martin; mais il est devenu si rare et si court, que nous n'en parlons plus que par tradition.

Une troisième crise plus longue, plus opiniâtre, a lieu vers la fin de novembre; les pluies et les gelées se multiplient, les feuilles tombent, les nuits deviennent plus longues, la terre plus froide; les vents de nord-ouest *prennent pied*, comme disent les marins; mais les brouillards n'existent pas comme chez nous; il n'y a pas là de *hanging-month* (*mois de pendaison*) comme en Angleterre; le ciel est serein, surtout dans le nord : novembre et une partie de décembre se passent en *gels* et en *dégels*. Vers la mi-décembre, la glace et la neige s'établissent en Vermont, en Maine, en New-hampshire, et s'étendent successivement comme un voile jusqu'aux terres hautes de New-York; janvier amène souvent un dégel, mais il est suivi d'un froid plus violent. En février, arrivent les plus

grandes neiges, et les froids les plus piquants; à
l'intensité près, la marche de tous ces phénomènes
est la même en Pensylvanie, en Maryland et en
Virginie : Ramsay observe que même en Caroline,
février *est le tueur d'orangers*, et cela, parce qu'a-
près quelques jours chauds-moites, par vents de
sud-est et de *sud*, revient subitement le nord-ouest,
plus violent. Mars, c'est-à-dire le temps qui approche de l'équinoxe du printemps, est tempétueux et froid, avec des ondées ou giboulées de
neiges qu'amènent les vents de nord-est et de nord-
ouest. Il semblerait que le retour du soleil en deçà
de l'équateur dût ramener promptement les chaleurs; mais la prédominance des vents de nord-est
à cette époque, la continuation du nord-ouest
devenu plus tempétueux, le refroidissement de la
terre par les neiges et les fortes gelées, retardent
tellement la végétation, qu'avril tout entier s'écoule
dans la même nudité de sol que mars : ce n'est
que dans les premiers jours de mai, même en Virginie, par les 36e et 37e degrés, que les forêts se
revêtent de feuilles : cas d'autant plus étonnant,
que les rayons du soleil dans le milieu du jour y
sont d'une ardeur insupportable dès la mi-avril : et
que la différence de saison avec le Canada n'est
pas de dix jours; la feuillaison ayant lieu, même
à Québec, avant le 15 mai, 25 jours seulement
après la débâcle des glaces et des neiges (1), en

---

(1) A Paris j'ai remarqué pendant nombre d'années, que

sorte que le changement de saison se fait à la manière d'une décoration de verdure ou de frimas qui s'étend ou se replie sur une scène de 300 lieues d'étendue. D'où il résulte que, selon une remarque dès long-temps faite par les Européens, il n'y a point de printemps aux États-Unis, et que l'on y passe brusquement d'un froid rigoureux à des chaleurs violentes avec les circonstances bizarres d'un vent glacial, d'un soleil brûlant, d'un paysage d'hiver et d'un ciel d'été : lorsque enfin la végétation a éclaté, elle suit la marche la plus rapide ; les fruits succèdent promptement aux fleurs (1), et mûrissent plus vite que chez nous. Alors que le soleil au plus haut de l'horizon échauffe tout le continent, les vents du quart de nord sont comprimés par les vents de sud et de sud-ouest; juin amène les chaleurs les plus vives : juillet les chaleurs les plus longues avec les orages les plus fréquents : août et septembre les chaleurs les plus accablantes, à cause des calmes qui les accompa-

---

les premières feuilles des marronniers-d'Inde se montraient entre le 24 mars et le 5 avril, aux Tuileries, et que celles des chênes se déployaient presqu'un mois plus tard dans les forêts.

(1) En 1798, je goûtai à Philadelphie et à New-Castle, les premières cerises avant le 6 juin, et je goûtai à Bordeaux les dernières le 6 juillet : je pus constater l'opinion de tous les Français, qui trouvent aux cerises américaines un acide mordant que les nôtres n'ont pas, et qui se manifeste habituellement par des coliques. L'on en peut dire autant des fraises.

gnent : et si dans aucun de ces mois il y a trois semaines de sécheresse ; l'ardeur est si forte que Belknap, Rush et d'autres écrivains, assurent que le feu prend spontanément dans les marais et dans les forêts (1) : comme je ne conçois pas cette ignition spontanée, je ne puis ni l'admettre ni la rejeter, et en attendant qu'elle me soit démontrée par le raisonnement ou par les faits, je l'attribue aux tonnerres ou à la négligence des voyageurs qui n'éteignent point ou qui éteignent mal les feux que chaque nuit ils allument à l'endroit de leur bivouac dans les bois.

L'équinoxe arrive enfin, et la série des phénomènes que j'ai décrits recommence, toujours variée dans ses détails, mais assez uniforme dans la généralité du système, lequel consiste à ramener en hiver les vents de nord-est et de nord-ouest, qui sont la cause majeure du refroidissement de l'air ; à reproduire en été les vents de sud et de sud-ouest, qui sont la cause radicale des chaleurs, des calmes, des orages : à passer des chaleurs aux froids par les vents du couchant pendant l'automne ; qui est le soir et le *couchant* de l'année ;

---

(1) Quelques matières, telles que le charbon broyé fin avec de la limaille et du soufre, de l'huile de chenevis avec du noir de fumée et autres semblables, sont susceptibles d'inflammation spontanée à certains degrés d'humidité et de chaleur si de tels mélanges se trouvent dans les marais, il est réellement possible que l'inflammation ait lieu.

et par les vents de la partie d'orient pendant le printemps, qui est le matin ou l'*orient* de l'année: distribuant ainsi à ce pays, dans le cours d'une révolution complète du soleil, quatre mois de chaleur, cinq mois et presque six de froid et de tempêtes ; et seulement deux ou trois mois de temps modéré.

Depuis quelques années on a généralement fait la remarque, aux États-Unis, qu'il s'opéroit dans le climat, des changements partiels très-sensibles et qui se manifestaient en proportion des défrichements, c'est-à-dire du déboisement des lieux. « Dans tout le Canada, dit Liancourt, l'on ob- « serve que les chaleurs de l'été deviennent plus « fortes et plus longues, et les froids de l'hiver « plus modérés. » — Dès 1749, le docteur Peter Kalm avait recueilli le même fait. En 1690, Lahontan écrivait : « Je partis de Québec, et je fis voile « le 20 novembre ; ce qui ne s'était jamais vu au-. « paravant. » Et en effet, les registres du commerce constatent, comme je l'ai déja dit, que vers 1700, les assurances pour la sortie des eaux du Saint-Laurent, étaient closes au 11 novembre, et maintenant elles ne le sont qu'au 25 décembre.

L'historien de Vermont, M. S. Williams, cite une foule de faits à l'appui de ce phénomène : « Lorsque nos ancêtres, dit-il (1), vinrent en

---

(1) History of Vermont, pag. 64 et suiv.

« *New-England*, les saisons et le temps étaient
« uniformes et réguliers : l'hiver s'établissait vers
« la fin de novembre et continuait jusqu'à la mi-
« février. Pendant cette durée, il régnait un froid
« clair et sec, sans beaucoup de variation. L'hiver
« finissoit avec février ; et lorsque le printemps
« arrivait, il venait tout à coup et sans nos va-
« riations brusques et réitérées du froid au chaud
« et du chaud au froid. L'été était très-chaud,
« étouffant ; mais il était borné à six semaines : l'au-
« tomne commençait avec septembre : toutes les
« récoltes étaient closes à la fin du mois. Au-
« jourd'hui cet état de choses est très-différent
« dans la partie de la *Nouvelle-Angleterre*, ha-
« bitée depuis lors : les saisons sont totalement
« changées ; le temps est infiniment plus variable ;
« l'hiver est devenu plus court, et interrompu
« par des dégels subits et forts. Le printemps
« nous donne une fluctuation perpétuelle du froid
« au chaud, du chaud au froid, extrêmement
« fâcheuse à toute la végétation : l'été a des cha-
« leurs moins violentes, mais elles sont plus pro-
« longées ; l'automne commence et finit plus tard ;
« et les moissons ne sont achevées que dans la
« première semaine de novembre : enfin, l'hiver
« ne déploie sa rigueur qu'à la fin de décembre. »
Tel est le tableau curieux de la partie nord.

Pour les États *du milieu*, le docteur *Rush* présente en Pensylvanie des faits parfaitement sem-

blables (1). « Selon nos vieillards, dit-il, le cli-
« mat a changé. Les printemps sont plus froids;
« les automnes plus longues, plus chaudes; les
« bestiaux paissent un mois plus tard : les rivières
« gèlent plus tard, et restent moins long-temps
« scellées, etc. »

Dans la Virginie, M. Jefferson (p. 17) dit également : « Il paraît qu'il se fait un changement
« très-sensible dans notre climat. Les chaleurs
« ainsi que les froids sont moindres qu'autrefois,
« au rapport de personnes qui ne sont pas encore
« fort âgées : les neiges sont fréquentes, moins
« abondantes. »

Enfin moi-même, dans tout le cours de mon voyage, tant sur la côte atlantique que dans le pays d'ouest, j'ai recueilli les mêmes témoignages : sur l'Ohio, à Gallipolis, à Washington de Kentucky, à Francfort, à Lexington, à Cincinnati, à Louisville, à Niagara, à Albany, partout l'on m'a répété ces mêmes circonstances; *des étés plus longs, des automnes plus tardives, et les récoltes aussi retardées; des hivers plus courts, des neiges moins hautes, moins durables, mais non pas des froids moins violens;* et dans tous les nouveaux

---

(1) Voyez plusieurs Mémoires de ce médecin, dans l'American Musæum, tome VI et VII. Dans ce même tome VII, un Mémoire sur le climat de New-York, confirme pour ce pays les mêmes résultats.

établissements l'on m'a dépeint ces changements non comme graduels et progressifs, mais comme rapides et presque subits, proportionnés à l'étendue des déboisements.

Un mouvement sensible dans le climat des États-Unis est donc un fait hors de contestation ; et lorsqu'après en avoir fourni les preuves, le docteur Rush, frappé de la rigueur de plusieurs hivers depuis huit ans, élève des doutes sur les récits des anciens, sur la précision de leurs observations, faute de thermomètres, ces doutes disparaissent devant la multitude des témoignages et des faits positifs. La cause de ce changement, sans avoir un égal degré d'évidence et de certitude, en a cependant un de vraisemblance capable d'obtenir l'assentiment. L'opinion de M. Williams, qui l'attribue au déboisement du sol et aux grandes clairières que les défrichements ont ouvertes dans les forêts, me paraît d'autant plus raisonnable qu'elle explique le fait par l'analyse de ses circonstances.

« Dans tout canton, dit-il (1), où l'on abat les
« bois pour établir la culture, l'air et la terre su-
« bissent en deux et trois ans des changements
« considérables de température : à peine le colon
« a-t-il éclairci quelques arpents de la forêt, que

---

(1) History of Vermont, pag. 61, 62, 63.

« la terre exposée à toute l'ardeur des rayons so-
« laires s'imprègne à dix pouces de profondeur,
« d'une chaleur plus forte de 10 à 11° de Fah-
« renheit (5 de Réaumur) que le terrain qui est
« couvert de bois. » M. Williams a déduit cette évaluation de quelques expériences qu'il a pratiquées
en cette vue. Ayant plongé le 23 mai 1789 deux
thermomètres, l'un dans le sol d'un champ cultivé
et nu, l'autre dans le sol de la forêt ou bois environnant, même avant que les feuilles fussent
écloses, tous les deux à dix pouces de profondeur, il trouva :

Époq. de l'obs.		Chal. dans le ch.		Chal. dans la for.		Différence.	
		Fah.	Ré.	Fah.	Ré.	Fah.	Ré.
Mai.	23	50	9 1/4	46	6 1/2	4	2 3/4
	28	57	11 1/3	48	7 1/3	9	4
Juin.	15	64	14 1/2	51	8 1/2	13	6
	27	62	13 1/2	51	8 1/2	11	5
Juillet.	16	62	13 1/2	51	8 1/2	11	5
	30	65 1/2	15	55 1/2	10 1/4	10	5 1/4
Août.	15	68	16 1/3	58	11 2/3	10	4 2/3
	31	59 1/2	12 1/2	55	10 1/2	4 1/2	2
Sept.	15	59 1/2	12 1/2	55	10 1/2	4 1/2	2
Octob.	1	59 1/2	12 1/2	55	10 1/2	4 1/2	2
	15	49	7 2/3	49	7 2/3	0	0
Novemb.	1	43	5	43	5	0	0
	16	43 1/2	5 1/6	43 1/2	5 1/6	0	0

D'où il résulte qu'en hiver la température du
sol couvert et celle du sol découvert, se trouvent
au même degré de froid ; mais en été la différence
devient d'autant plus grande que la chaleur de
l'air est plus forte ; ce qui coïncide très-bien,

1° avec la remarque d'*Umfreville*, qui dit qu'à la baie de *Hudson*, la terre, aux endroits découverts, dégèle de 4 pieds, et seulement de 2 pieds sous les bois ; 2° avec celle de Belknap, qui rapporte que dans le New-Hampshire, la neige disparaît des champs cultivés dès le mois d'avril, parce que le soleil a déjà assez de force vers midi pour la fondre ; mai qu'elle persiste jusqu'en mai dans les lieux boisés, quoique sans feuilles, où elle est protégée par l'ombre des branches, des troncs, et la fraîcheur générale de l'air. Cela rend encore très-bien raison de l'ancien état des choses exposé par M. Williams, c'est-à-dire, de la durée des hivers, alors plus égale et plus longue, et des neiges plus abondantes et plus hautes qu'aujourd'hui.

Or, continue cet observateur, « les 10° (4 ÷ R.) « de chaleur ajoutés au sol découvert, se commu- « niquent à l'air qui est en contact. » — Et j'ajoute que par cela même, cet air échauffé se lève de suite, et fait place à un autre latéral venant des bois, ce qui augmente considérablement la masse d'air chaud.

« 2° Le déboisement cause l'évaporation des « eaux et le desséchement du terrain, ainsi que « l'on en fait journellement la remarque dans « toutes les parties des États-Unis où des ruisseaux « se tarissent, et où des marais et swamps sont « mis à sec. » — Raison nouvelle de diminution de fraîcheur et d'accroissement de chaleur dans l'atmosphère.

« 3° Le déboisement cause la diminution très-
« sensible de la durée et de l'abondance des neiges,
« qui couvraient, il y a moins d'un siècle, toute
« la Nouvelle-Angleterre, pendant trois mois non
« interrompus, c'est-à-dire, depuis les premiers
« jours de décembre jusqu'aux premiers jours de
« mars; et tel est encore le cas de la partie boisée,
« tandis que maintenant, dans la partie cultivée,
« elles ne sont ni aussi durables, ni aussi hautes,
« ni aussi continues.

« 4° Enfin, il y a dans les vents, » continue
M. Williams, « un changement très-marqué : l'an-
« cienne prédominance des vents d'ouest paraît
« diminuer chaque jour, et les vents d'est gagnent
« en fréquence et en étendue de domaine. Il y a
» cinquante ans, à peine pénétraient-ils à trente
« ou quarante milles du rivage de la mer (dix à
« treize lieues); maintenant ils se font sentir très-
« souvent au printemps, à soixante milles, et même
« jusqu'à nos montagnes distantes de soixante-
« dix et quatre-vingts milles (vingt-sept lieues) de
« l'Océan. L'on s'aperçoit fort bien qu'ils avancent
« exactement à mesure que le pays se défriche et
« se déboise. » — Ce qui vient encore de ce que
le sol découvert, étant plus échauffé, attire mieux
ou admet plus facilement l'air de la côte atlantique.

M. Jefferson cite un fait parfaitement semblable

en Virginie : « Les brises de l'est et du sud-ouest (1), » dit-il, page 10 ; « paraissent pénétrer par degrés « plus avant dans le pays.... Nous avons des ha- « bitants qui se souviennent du temps où elles ne « passaient pas *Williams-burg*; — maintenant elles « sont fréquentes à Richmond (soixante milles plus « loin), et elles se font sentir de temps en temps « jusqu'aux montagnes. A mesure que les terres se « défricheront, il est probable qu'elles s'étendront « plus loin dans l'ouest. »

Il faut donc attribuer le changement qui s'opère dans le climat des États-Unis à deux circonstances majeures, 1° au déboisement du sol, et aux clairières percées dans la forêt continentale, lesquels produisent une masse d'air chaud qui s'augmente chaque jour.

2° A l'introduction des vents chauds par ces clairières ; ce qui dessèche plus rapidement le pays et échauffe davantage l'atmosphère : par conséquent il se passe en Amérique ce qui a lieu dans notre Europe, et sans doute dans l'Asie et dans tout l'ancien continent, où l'histoire nous représente le climat comme beaucoup plus froid jadis qu'il n'est aujourd'hui. Horace et Juvénal nous parlent des glaces annuelles du Tibre, qui maintenant ne gèle jamais. Ovide nous peint le

---

(1) Je pense qu'il y a erreur d'impression ou de traduction : ce doivent être les brises de l'est et de sud-est.

Bosphore de Thrace sous des traits que l'on ne reconnaît plus ; la Dacie, la Pannonie, la Crimée, la Macédoine même , nous sont représentées comme des pays de frimas égaux à ceux de Moscow, et ces pays nourrissent maintenant des oliviers et produisent d'excellents vins : enfin notre Gaule , du temps de César et de Julien , voyait chaque hiver tous ses fleuves glacés de manière à servir de ponts et de chemins pendant plusieurs mois ; et ces cas sont devenus rares et de bien courte durée (1).

Néanmoins, je ne puis partager l'opinion de M. Williams sur la diminution qu'il suppose être arrivée dans l'intensité du froid depuis le siècle dernier. Quelque plausible que soit son raisonnement pour prouver que le froid de 1633, avec les mêmes accidents, fut plus fort que celui de 1782, et qu'ils furent tous deux le *maximum* connu, ce raisonnement n'est qu'une hypothèse qui ne peut suppléer au défaut d'observation thermométrique en l'année 1633. (Les thermomètres n'ont été usités en Amérique que vers 1740.) L'on a surtout le droit de récuser son hypothèse, si, comme je

---

(1) Si depuis 1795 l'on éprouve en France une nouvelle altération dans la température des saisons et dans la nature des vents qui la produisent, j'oserais dire que c'est parce que les immenses abattis et dégâts de forêts, causés par l'anarchie de la révolution, ont troublé l'équilibre de l'air et la direction des courants ?

crois l'avoir prouvé, le vent de nord-ouest est l'agent radical du froid sur ce continent : rien n'indique que le caractère de cet agent ait dû changer ; l'on est de plus autorisé à nier cette diminution d'intensité du froid à raison de l'analogie d'une expérience précise du docteur Ramsay. Ce médecin ayant comparé les observations du docteur Chalmers, continuées de 1750 à 1759 avec les siennes propres, faites de 1790 à 1794, n'a trouvé qu'un demi-degré de différence dans l'intensité du chaud : or, un demi-degré de Fahrenheit, valant moins d'un quart de Réaumur, est une si petite quantité que l'on ne peut l'attribuer qu'à la différence des instruments ; et si la chaleur qui devrait croître n'a pas varié, il est naturel de penser que le froid reste le même : il me semble donc que les seules circonstances démontrées quant à présent sont, *les hivers plus courts, les étés plus longs, les automnes plus tardives*, sans que les froids aient perdu de leur vivacité ; et c'est ce que les dix dernières années ont assez bien prouvé. M. Mackenzie (1), qui confirme les changements dont j'ai parlé, leur cherche une cause secrète et inhérente au globe, parce qu'il a vu ces changements se montrer en des lieux où le défrichement n'a pas encore eu lieu ; mais si ces lieux, qu'il ne désigne

---

(1) Tome III, page 339.

pas, se trouvent en Canada, ils viendraient eux-mêmes à l'appui de la théorie que je propose, puisqu'il suffirait que certains rideaux de bois situés sur des crêtes de montagnes et de sillons eussent été coupés en certains cantons de Kentucky et de Genesee, pour que des courants considérables du vent de sud-ouest se fussent introduits dans l'intérieur du haut et bas Canada. L'on n'a point jusqu'à nos jours donné assez d'attention à cette marche des courants aériens qui vont rasant la terre, ni aux effets qui en résultent; mais l'expérience et l'observation finiront par prouver qu'ils jouent dans les températures locales comme dans les températures générales, un rôle bien plus influent qu'on ne l'a pensé (1). D'ailleurs, je ne conteste point la possibilité de toute autre cause qui, comme à M. Mackenzie, me serait inconnue.

Une question d'un intérêt plus grand, est de savoir si le climat des États-Unis s'est amélioré par ces changements; et cette question se trouve presque résolue par la comparaison que M. Williams a présentée de l'état actuel à l'état ancien, ce qui n'est pas le côté le plus favorable. Malheureusement les observations des médecins confirment ce résultat : le docteur Rush, dont les recherches

---

(1) Par exemple, c'est eux qui font que certains cantons sont constamment affectés de grêles ou de tonnerres, tandis qu'à une demi-lieue de là, le pays en est habituellement exempt.

sur le climat de Pensylvanie sont le fruit d'une correspondance étendue avec ses confrères, ne peut s'empêcher de déclarer « que les fièvres bilieuses « suivent partout l'abatis des bois, le défrichement « des terrains, le desséchement des marécages « (*swamps*); qu'il faut plusieurs années de culture « pour les faire disparaître ou les atténuer; — que « les pleurésies et autres maladies purement in- « flammatoires, qui jadis étaient presque les seules, « sont maintenant bien moins communes; ce qui « prouve une altération évidente dans la pureté « de l'air alors plus oxygéné, etc. » Ce sont là des effets si naturels des théories connues sur les émanations des bois, et sur celles des terres nouvellement remuées, qu'il est inutile d'y insister; mais parce qu'un exposé détaillé des inconvénients attachés à ce climat peut avoir le mérite d'indiquer leurs préservatifs, en montrant leurs causes, je vais en faire le sujet particulier de mes recherches dans le chapitre suivant et dernier.

CHAPITRE XII.

Des maladies dominantes aux États-Unis.

Laissant à part les maladies communes à tous les pays, il m'a paru qu'il en existait aux États-Unis quatre principales, que leur fréquence et leur universalité donnent le droit de regarder comme le produit spécial du climat et du sol.

Au premier rang de ces maladies se placent les rhumes, les catarrhes, et tout ce qui dépend des transpirations supprimées, dont les symptômes et les accidents se diversifient, comme l'on sait, à raison des organes affectés. L'on peut dire que les *rhumes* sont la maladie endémique des États-Unis : ils règnent dans toutes les saisons, et naturellement davantage en hiver et à l'équinoxe de printemps; ils ont pour cause évidente ces brusques variations de température, qui sont le trait caractéristique du climat; ils affectent les femmes plus que les hommes, soit à raison de leur peau plus fine, de leur vie plus sédentaire et plus renfermée, soit à raison des vêtements légers et découverts, dont les modes françaises ont déja passé jusqu'en Amérique : il est vrai que pour s'y introduire, au fort même de la révolution, il leur a fallu prendre des lettres de naturalisation en Angleterre; car je dois dire, pour l'instruction des amateurs et pour l'histoire importante des modes, que j'ai vu arriver en 1795 à Philadelphie, celle qui régnait à Paris en 1793; puis celle de 1794, arriver en 1796; et lorsque je m'inquiétai de ce qu'elle devenait dans l'année intermédiaire, l'on m'expliqua qu'elle la passait à Londres, où elle recevait les formes anglaises pour lesquelles les Anglo-américains ont conservé un goût et un respect filial. Dans les villes de la côte, où l'on s'empresse d'imiter l'Europe, ces rhumes ont aussi pour causes les appartements trop chauds, les bals, les parties de thé, et les lits de plume, quelquefois à l'allemande, c'est-à-dire, plume dessous et plume dessus le corps. Les secousses de la toux, déja si fatigantes pour le poumon, lui deviennent surtout pernicieuses par la répétition des rhumes : pendant deux hivers j'en ai remarqué jusqu'à quatre et cinq récidives chez un grand nombre de personnes de la *bonne société*, car les riches y sont sujets de préférence : il en résulte qu'en peu d'années le poumon s'affaiblit, s'excorie, s'ulcère, et que devenant le siège et presque le *cautère* des humeurs viciées de tout le corps, le mal se termine par l'incurable *consomption* pulmonaire.

Tous les voyageurs aux États-Unis ont parlé de la fréquence de cette funeste maladie qui y moissonne principalement les jeunes femmes et filles dans la fleur de l'âge et de la beauté : elle est plus commune dans la Nouvelle-Angleterre et dans les États du Milieu, que dans les États du sud et de l'ouest. Le docteur *Currie*, de Liverpool, me paraît en expliquer très-bien la raison, lorsqu'il dit (1) que dans les Carolines et la Virginie, l'air chaud

---

(1) Voyez *American Museum*, tome V.

attire vers la peau, et dissipe par la transpiration abondante les humeurs morbifiques et les matières crues des mauvaises digestions (qui elles-mêmes sont effets et causes des rhumes); tandis que dans les États du *Milieu* et du *Nord-est*, l'air humide et froid, fermant l'exutoire puissant de la peau, concentre au dedans du corps les humeurs qui, pour se faire issue, attaquent chaque organe et se fixent sur celui qui offre le moins de résistance (1). J'ai lieu de croire que le thé très-chaud, dont les Anglo-américains chérissent l'usage, contribue encore à multiplier les rhumes; car j'ai souvent remarqué sur eux comme sur moi, que la moiteur qu'il occasione rend la peau plus sensible au froid, et que très-souvent j'ai pris un rhume après un déjeuner de thé, en sortant par un temps frais. L'on m'a dit que de ma part c'était faute d'habitude; mais si tel est sur un

---

(1) J'ai éprouvé sur moi-même la justesse de cette théorie à mon retour d'Égypte. Au Kaire, je prenais sans inconvénient cinq ou six tasses de café par jour. Lorsque je fus sédentaire à Paris, il me devint impossible, dès le mois d'octobre, d'en supporter même une tasse à jeun sans ressentir un mouvement fébrile et nerveux. J'ajoute que pendant les trois ans que j'ai passés en Syrie et en Égypte, je n'ai eu de toute maladie que l'*influenza* de 1783; tandis qu'aux États-Unis, en trois ans aussi, j'ai eu deux fièvres malignes très-graves, cinq ou six gros rhumes, et des affections rhumatiques devenues incurables; et cela en me conformant en chacun de ces pays au régime suivi par les habitants.

corps neuf l'effet de cette boisson, pour être moins vif, il n'est pas moins réel sur un corps habitué. J'aurai d'ailleurs bientôt occasion de remarquer que tout le régime alimentaire des Américains est *calculé* pour détruire la meilleure santé, et qu'ils vivent dans un état habituel d'indigestion extrêmement favorable aux rhumes. En ce moment je me résume à dire, que puisque les phthisies et les consomptions dérivent des rhumes habituels ; les rhumes dérivant eux-mêmes de l'état habituel de l'air et de ses trop brusques variations, l'on a droit de regarder ces maladies comme un effet spécial du climat.

2° Les voyageurs sont également d'accord sur les fréquences des fluxions aux gencives, de la carie des dents et de la perte précoce de ces précieux instruments de la mastication. L'on peut dire que sur cent individus au-dessous de 30 ans, il n'y en a pas dix qui soient intacts à cet égard : l'on est surtout affligé de voir presque généralement de jeunes et jolies personnes qui, dès l'âge de 15 à 20 ans, ont le dentier perdu de taches noires, et souvent détruit en majeure partie. Les opinions, celles des médecins même, diffèrent sur la cause d'un mal si universel : les uns veulent que ce soit l'usage effectivement habituel et universel des viandes salées ; d'autres prétendent qu'il faut l'attribuer au thé et à l'abus des sucreries. Le médecin suédois Peter Kalm, en comparant les régimes de diverses nations et de diverses classes de la société, me paraît avoir démontré que ce n'est point comme boisson sucrée, ni comme plante acrimonieuse que le thé nuit aux dents, mais comme boisson *trop chaude;* et en effet, il est d'expérience ancienne et connue, que toute boisson trop chaude, même du bouillon, donne aux dents une sensibilité douloureuse, qui se manifeste lorsque ensuite on leur fait toucher des corps froids : il s'établit réellement dans leur partie osseuse un ramollissement qui les rend, comme l'on dit, *gelives*, et les prépare à la dissolution : voilà sans doute pourquoi les dents gâtées sont un mal universel dans tout le nord de l'Europe, parce que dans les pays froids, boire chaud est une sensation agréable au palais, à l'estomac et à tout le corps; de même que, par inverse, boire frais est la sensation desirée dans les pays chauds, et il est remarquable que dans ces derniers pays les dents sont en effet très-généralement saines et belles, comme nous le voyons chez les Nègres, chez les Arabes, chez les Indiens, etc.

A l'appui de cette théorie, vient un fait remarqué depuis 20 ans aux États-Unis : jusqu'alors l'on n'avait jamais vu de sauvages ayant le dentier gâté; et les sauvages mangent ordinairement froid. Quelques individus, et particulièrement des femmes des tribus *Onéidas, Senecas* et *Tuscaroras*, qui vivent dans l'enceinte des États-Unis, ayant pris l'usage du thé, leurs dents en moins de trois ans sont devenues semblables à celles des *blancs*, tachées de points noirs et de carie. Un autre fait cité par le navigateur Bougainville, y est encore parfaitement analogue, lorsqu'il dit que les misérables ichthyophages de la terre de feu (*les Pecherés*), ont tous les dents gâtées; et ils vivent, ajoute-t-il, presque uniquement de coquillages, non pas crus, mais qu'ils font griller et *qu'ils mangent brûlants*.

Cependant je ne crois pas que l'on puisse exclure comme raison auxiliaire, l'usage des viandes salées, puisqu'il est constant que le scorbut, ennemi spécial du dentier, affecte le sang de tous les peuples qui usent de cet aliment. Si même l'on remarque que l'un des symptômes de cette maladie est l'odeur putride de l'haleine, et que cette odeur a lieu plus ou moins dans ceux qui ont les dents gâtées, l'on conclura que ce sont les viandes salées, dont la digestion et même le chyle alkalin et à demi putrescent portent au poumon ce genre d'exhalaisons, qui sont réellement la cause radicale et première des caries; et les boissons *trop chaudes* en y disposant immédiatement le dentier, et par elles-mêmes et par le contraste subséquent de l'air froid, y concourront encore par la propriété qu'elles ont de débiliter l'estomac, et de vicier les digestions. L'on ne saurait faire les mêmes reproches aux viandes fraîches, puisque les Tartares, les sauvages de l'Amérique du nord, les Patagons, et tous les animaux carnassiers, lions, loups, chiens, etc., ont des dents parfaitement belles et saines : l'on ne peut non plus inculper le sucre ni les sucreries, puisque les Africains, les Indiens, et tous les peuples qui usent et abusent de la canne à sucre et de fruits sucrés, ont des dents admirables, et que les sucs acides même des digestions (cas habituel des pays chauds) ne sont propres qu'à les nettoyer. D'après ces remarques, il seroit digne de la tendresse des parents et de la sagesse des médecins en tous pays, et surtout aux États-Unis, de décréditer l'usage des boissons chaudes, des viandes salées, et de les proscrire du régime, surtout de celui de l'enfance et de la jeunesse. Alors les fluxions, dues aux variations de l'air, et qui ne sont qu'un agent secondaire de la perte des dents, n'exerceraient qu'une très-petite portion d'influence.

3° Les fièvres d'automne avec *frisson*, appelées *fever*, *an ague*, les intermittentes, les tierces, les quartes, etc., sont un autre mal régnant aux États-Unis, à un point dont on ne se fait pas d'idée; elles sont surtout endémiques dans les lieux nouvellement défrichés et déboisés, dans les vallées, sur le bord des eaux soit courantes, soit stagnantes, près des étangs, des lacs, des chaussées de moulins, des marais, etc. Dans l'automne de 1796, sur une route de plus de 300 lieues, je n'ai pas trouvé, j'ose le dire, 20 maisons qui en fussent parfaitement exemptes ; tout le cours de l'Ohio, une grande partie du Kentucky, tous les environs du lac Érié, et principalement le Genesee, et ses cinq ou six lacs, le cours de la Mohawk, etc., en sont annuellement infectés. Étant parti du poste de *Cincinnati* le 8 septembre avec le convoi du payeur-général de l'armée, major *Swan*, pour nous rendre au fort *Détroit*, distance de plus de 100 lieues, sur 25 têtes que nous étions, nous ne campâmes pas une seule nuit sans acquérir un nouveau fiévreux. A *Grenville*, dépôt et quartier-général de l'armée qui venait de conquérir le pays, sur environ 370 personnes, 300 étaient attaquées : quand nous arrivâmes à Détroit, j'étais le troisième resté sain, et le lendemain le major Swan et moi, nous tombâmes dangereusement frappés de fièvre maligne. Cette fièvre maligne visite chaque année la garnison du fort *Miâmi*, et elle y a pris déja plus d'une fois le caractère de la fièvre jaune.

Ces fièvres automnales ne sont pas mortelles, mais elles minent peu à peu les forces, et abrègent très-sensiblement la vie. D'autres voyageurs ont remarqué avant moi, que par exemple, dans la Caroline du Sud, qui y est très-sujette, l'on est vieux à 50 ans, comme on l'est en Europe à 65 et 70 ; et j'ai ouï dire à tous les Anglais que j'ai connus aux États-Unis, que leurs amis établis de-

puis peu d'années dans la partie méridionale et même moyenne, leur paraissaient vieillis du double de ce qu'ils eussent été en Angleterre et en Écosse. Ces fièvres une fois établies chez un sujet à la fin d'octobre, ne le quittent plus de tout l'hiver, et le jettent dans une langueur et dans une faiblesse déplorable. Le bas Canada et les pays froids adjacents n'y sont presque pas sujets. Elles sont plus communes dans le plat pays tempéré, et surtout au bord de la mer que dans les montagnes : par cette raison, il semblerait que les cultivateurs dussent préférer les pays élevés ; mais comme le sol en est maigre et moins productif, ils préfèrent la plaine. Instruit par les Américains à réduire tout en calcul, je leur ai quelquefois fait ce raisonnement : « La plaine, dites-
« vous, et les bas-fonds, vous rendent par an 40
« boisseaux de maïs ou 20 de froment : les ter-
« rains de côte ou de montagne en Kentucky et
« en Virginie ne vous en rendent pas la moitié :
« fort bien ; mais en plaine vous êtes malade six
« mois, et en montagne l'on travaille pendant les
« douze ; donc tout est égal, excepté qu'en mon-
« tagne on est gai et alerte : or, gaieté vaut mieux
« que richesse, dit le bonhomme Richard ; et en
« plaine on est triste, et souffrant une moitié de
« l'année ; et l'on passe l'autre moitié à se rétablir
« et se préparer à retomber encore. » — « Fort bien,
« monsieur, me répondit un jour un ministre (curé) ;

« mais. dans votre équation, vous oubliez un
« terme très-puissant, plus puissant peut-être ici
« qu'en Europe; l'avantage d'être six mois sans
« rien faire. » Et ce ministre avait raison ; car j'ai
fréquemment entendu assurer en Virginie que les
habitants de la côte de Norfolk préfèrent leur
séjour fiévreux, mais abondant en poisson et en
huîtres, qui ne coûtent presque rien, à la vie salubre des pays montueux, où l'on ne garnit sa
table qu'à force de travail.

Par suite de ces raisonnements, le remède qui
plaît le plus à ces malades, est celui qu'ils appellent *bitters*, les *amers*, dont l'eau-de-vie, le
rhum ou le vin de Madère sont la base : et ce
qui pourra étonner mon lecteur, c'est que réellement ce remède est l'un des plus efficaces : j'ai
recueilli plusieurs exemples en Virginie et en Pensylvanie de familles cultivatrices, dont tous les
membres ne buvant que de la bierre ou de l'eau
étaient sujets à la fièvre, tandis que le mari qui
usait et même abusait des boissons spiritueuses
en était constamment exempt : il paraît même
qu'en Hollande on a généralement cette opinion,
et que l'on y regarde la fumée de tabac et les
boissons fortes comme des préservatifs de la
fièvre et de l'humidité. J'ai aussi connu deux cas où
le desséchement d'un petit étang et du canal d'un
moulin ont radicalement délivré deux familles
des visites annuelles des fièvres d'automne.

Quelques observations que j'ai recueillies en
Corse pendant ma résidence en 1792, se lient si
bien à ce sujet important, que je ne puis les passer sous silence. Des fièvres de la même espèce
infestent régulièrement chaque année plusieurs
postes militaires en cette île et entre autres le petit
port de Saint-Florent, qu'avoisine un pernicieux
marais de 72 arpents : elles y prennent sur la fin
de l'été, et dans les six premières semaines de
l'automne, le caractère putride et malin; à raison
de l'intensité de la chaleur et des exhalaisons; il
faut alors tous les 15 ou 20 jours en renouveler
les garnisons françaises en tout ou en partie, sous
peine de voir les soldats en subir les suites graves
et finalement mortelles; nos médecins, après l'essai de beaucoup de remèdes., remarquèrent que
deux seuls postes dans toute l'île étaient absolument privilégiés, et que jamais aucune fièvre n'ap--
prochait des forts de *Vivario* et de *Vitzavona* sur
Bogognano. Le hazard, comme il arrive toujours,
rendit encore plus saillante la vertu salubre et
même curative de ces deux situations : un officier suisse-grison, tomba dangereusement malade
de la fièvre à Saint-Florent, et ayant désiré d'être
transporté au fort de Vivario, dont la garnison
était de son régiment, il y recouvra en moins de
15 jours et la vie et la santé : le médecin répéta
cette expérience sur les soldats français. de son
hôpital : et elle réussit si bien, que l'usage s'est

établi d'y envoyer des fiévreux presque désespérés; et sans autre remède, jamais la fièvre n'a persisté au delà du onzième jour.

Or, ces deux postes diffèrent de tous les autres, en ce que non seulement ils sont éloignés de tout marais, de toute eau stagnante, mais qu'en outre ils sont placés comme deux nids d'aigles sur la chaîne des monts qui partagent l'île par son centre et dans sa longueur. L'élévation des forts au-dessus de la mer est d'environ 1100 toises: leur température ressemble à celle de la Norwège ou des Alpes moyennes, bien plus qu'à celle de l'île. Les plus vives chaleurs n'y excèdent jamais 16 à 17 degrés, et ne sont telles que dans les trois mois d'été; les neiges les environnent pendant 3 ou 4 mois, et quelquefois interrompent toute communication pendant huit ou dix semaines. La ventilation y est constante et souvent très-violente, parce qu'ils sont situés aux deux extrémité d'une gorge ou *détroit*, qui à ce lieu sépare la ligne des sommets formés de rocs généralement impraticables. L'on a remarqué que le fort de Vitzavona au revers occidental des montagnes, était plus humide que celui de Vivario, et un peu moins sain : jusqu'en 1793 la garnison de ces deux forts, consistant en quinze à vingt soldats pour chacun, avait été composée de Grisons, parce que ces montagnards y trouvant un climat analogue au leur, s'y plaisaient, quoiqu'en y menant une vie propre à ennuyer. Leur régime consistait, surtout en hiver, en viandes salées, en *saur-craout* ou choux fermentés, en bière et vin de basse qualité, et très-souvent en biscuit au lieu de pain. A peine avaient-ils autour du fort et parmi les rocs, quelque espace libre pour se promener ; pendant les six mois de la mauvaise saison, il leur arrivait fréquemment d'être enfermés huit et quinze jours de suite, *à huis clos*, par les tempêtes furieuses, les pluies, les neiges, les brouillards, dont cette région des nuages est alors le théâtre ; en un mot, leur vie était celle d'une garnison de vaisseau. Je parle de ces faits comme témoin, ayant visité l'intérieur de ces deux singulières habitations, où la maladie la plus dominante est la pleurésie.

Un tel régime ne peut être la cause de tant de salubrité, puisque dans le pays inférieur il eût certainement donné la fièvre et le scorbut. Le principe de la santé ne peut donc s'attribuer qu'à la qualité de l'air, qui, à cette élévation de onze cents toises, est pur, subtil, frais, tandis qu'à la plage il est *chaud*, *humide*, et chargé d'exhalaisons de tout genre.

De là, une première indication curative très-simple, qui consiste à changer d'atmosphère, et à choisir un air reconnu pour élastique et pur, tel qu'il se trouve assez ordinairement dans nos climats, sur les lieux élevés : je ne fais pas une règle générale ni absolue de cette condition *des lieux élevés*, parce que même en France, nous avons des lieux élevés qui sont malsains et fiévreux(1), et cela parce qu'ils sont au voisinage ou *sous le vent* de terrains humides et marécageux : le cas est beaucoup plus commun dans les pays chauds ; et une foule de coteaux et de hauteurs en Corse et en Italie sont tout-à-fait inhabitables, parce qu'encore qu'ils soient quelquefois très-distants des marais, ils ont l'inconvénient grave d'être placés dans la ligne et dans le *lit* du vent le plus habituel qui leur en apporte les exhalaisons.

La même chose a lieu dans le Bengale où les troupes anglaises ont trouvé sur des hauteurs boisées, de l'aspect le plus séduisant dans un pays chaud, la fièvre décrite par leurs médecins sous le nom de *fièvre de colline* (hilly fever). L'on n'imaginerait pas qu'avec ce nom elle fût la même que celle des lieux bas et marécageux, et néanmoins elle est réellement telle, ayant pour causes non-seulement une humidité locale excessive, établie par les pluies énormes des moussons, mais encore l'évaporation de toute la plaine du Bengale, dont les nuages sont arrêtés et fixés par les bois qui couvrent ces monts ou chaînons. L'on ne doit donc

---

(1) Par exemple, la plaine de *Trappes*, près Versailles, quoique élevée et découverte, est infestée de fièvres par les étangs de Saint-Cyr.

désigner les lieux élevés comme salubres qu'autant qu'ils joignent les conditions de sécheresse locale, d'abri des courants d'air infectés et de ventilation fraîche et libre.

Une seconde indication plus compliquée, est de procurer par art cette espèce ou qualité d'air que la nature produit en certaines circonstances sur les hauteurs, et de neutraliser les gaz morbifiques des lieux infectés. La chimie a fait depuis 20 ans d'heureuses et savantes découvertes en ce genre, et la sagacité que semble inspirer cette science donne le droit d'en attendre d'autres des esprits distingués qui la cultivent. Ils ont prouvé que dans l'air atmosphérique, le principe favorable à la respiration et à la vie était le gaz appelé *oxygène*: que de sa dose plus ou moins grande dépendait cette plus ou moins grande *pureté* ou *salubrité* dont on parlait sans la bien connaître. Les expériences de Lavoisier ont porté la dose de ce gaz oxygène à 27 parties sur 100 d'air ordinaire, les 73 restantes étant de l'*azote* ou *air fixe* : plus récemment celles de Berthollet l'ont réduite à 22 et demie; et peut-être cette différence n'implique-t-elle pas erreur ou contradiction, puisqu'il est probable que la dose varie selon les vents régnants. Elle doit également varier selon les contrées ; il serait intéressant d'appliquer ces recherches à des pays de température très-diverse, et de comparer l'air sec et froid de la Sibérie à un air tantôt chaud et humide comme celui des Antilles (1), tantôt chaud et sec comme celui d'Égypte et d'Arabie, et aussi de comparer l'air des couches terrestres à l'air des couches moyennes et supérieures. Les ballons peuvent rendre d'utiles services pour cet objet : quant à présent il paraît certain que dans nos zones tempérées, l'air n'est plus pur sur les hauteurs que parce qu'il contient plus d'oxygène et moins de *gaz exhalés;* et dans le cas cité de Vitzavona et de Vivario, le poids spécifique de l'oxygène, qui est un peu plus fort que celui de l'air atmosphérique, n'est pas une circonstance contradictoire, puisque la fraîcheur du local doit l'y retenir et l'y fixer de préférence à la plage brûlante dont il serait chassé.

D'autre part, des expériences récentes ont constaté que l'*acide muriatique oxygéné* possède à un degré éminent la qualité de désinfecter l'air atmosphérique, c'est-à-dire de neutraliser et détruire les *gaz morbifiques* qu'il contient : ce moyen ne fût-il que préservatif, il serait encore un nouveau bienfait précieux par sa simplicité et son énergie. Mais

---

(1) Un médecin américain, en présence de quatre médecins anglais, a fait à la Martinique, en 1796, des expériences dont il a conclu que l'air atmosphérique contenait en cette île soixante-sept parties d'oxygène sur cent. J'ai communiqué cette expérience à M. Fourcroy, qui pense que quelque erreur s'est introduite dans l'expérience; et que la vie ne pourrait se soutenir long-temps à cette proportion. Les expériences de Humboldt, dans l'Amérique méridionale confirment celles d'Europe.

il nous reste beaucoup à connaître sur les diverses
espèces des gaz pernicieux qui flottent dans l'air,
et sur leur manière d'attaquer la santé et la vie ;
je dis *diverses espèces*, parce qu'en effet il en est
de si subtiles, que jusqu'à ce jour les instruments
n'ont pu les saisir. A juger ce *gaz* par leurs effets,
l'on peut les considérer comme des poisons dont
les particules agissent sur les humeurs, du système
tantôt sanguin et tantôt nerveux, à la manière des
levains de fermentation, qui, appliqués à une masse,
y développent un mouvement intestin d'un progrès croissant rapidement. L'action de divers gaz,
et particulièrement du muriatique oxygéné, qui
sans secousse et sans avertissement anéantit la vie,
non-seulement par la respiration, mais encore par
l'absorption de la peau, est un exemple de l'activité que d'autres peuvent avoir. C'est à de telles
causes qu'il faut attribuer ces épidémies dont l'invasion est si brusque en certaines constitutions de
l'atmosphère et en certains pays : et quant aux
affectations fébriles, spécialement celles avec frisson et avec retours périodiques, si l'on remarque
que dans ces retours réguliers de 12, de 24, de
36 heures, etc., elles suivent une marche semblable à celle de plusieurs fonctions essentielles de
la vie, telles que le sommeil, la faim, etc., l'on
sera porté à croire que le foyer de perturbation
n'est ni dans les premières voies, ni dans le sang ;
mais dans l'organe immédiat de la vitalité, dans le

système nerveux : c'est par une action quelconque sur le fluide qui abreuve la pulpe des nerfs, que la fièvre en général se déclare si subitement, qu'elle n'a besoin que d'un coup de soleil, d'un coup de vent frais, d'une ondée de pluie, d'une transition brusque du chaud au froid, et même du froid au chaud. Si l'on ajoute qu'elle se déclare de préférence dans les saisons et dans les lieux sujets aux vicissitudes de froid et de chaud ; qu'elle-même n'est qu'une sensation alternative de chaud et de froid ; que la sueur qui suit le paroxysme est un symptôme spécial de toute crispation des nerfs : le foyer que j'indique acquerra une nouvelle vraisemblance ; et alors le mécanisme des contagions deviendra évident, simple, puisque le poumon et les parois du nez mettent d'immenses faisceaux de nerfs en contact immédiat avec les miasmes flottants dans l'air respiré, et l'on concevra pourquoi les *drogues* et les remèdes bus et mangés pendant plusieurs mois, ont moins d'efficacité à guérir les fièvres, surtout automnales, que le changement d'atmosphère et la respiration de l'air oxygéné de *Vitzavona* et de *Vivario*.

De la fièvre jaune.

Une maladie qui devient de plus en plus fréquente aux États-Unis est la fièvre trop connue sous le nom de *fièvre jaune*. J'en parlerai avec quelque détail à cause de l'importance du sujet, et parce que, profitant de quelques anciennes études en médecine, état auquel je m'étais destiné, j'ai pu raisonner de cette maladie avec des personnes de l'art et discuter des opinions diverses, avec la réserve toutefois qui convient à celui qui n'a fait qu'apercevoir l'étendue de la carrière. Sans cette sorte de compétence je me garderais de m'en mêler; car parler médecine sans l'avoir étudiée, c'est vouloir parler astronomie, mécanique, ou art militaire sans instruction préalable; encore serait-il possible de mieux raisonner de ces sciences, attendu que leurs principes sont simples et fixes; au contraire, ceux de la médecine, quoiqu'ils aient une sphère de régularité, sont soumis à des circonstances compliquées et variables, qui exigent une finesse de tact, une justesse de coup d'œil, une prestesse d'application dont la difficulté constitue le mérite : dire, comme on l'entend tous les jours, qu'en médecine tout est hasard et conjecture, cela est un travers d'autant plus bizarre, que l'on commence par déclarer qu'on n'y entend rien : or, comment juger de ce que l'on ignore? Aussi à la moindre égratignure, ces Hippocrates innés font-ils courir chez le médecin, heureux, en l'attendant, de trouver une garde-malade qui elle-même est une première ébauche de science médicale, à raison des faits et des observations dont elle a acquis la pratique. Revenons à la fièvre jaune.

Elle a tiré ce nom d'un de ses symptômes distinctifs, la couleur de *citron foncé*, que dans la dissolution des humeurs, prennent les yeux, puis la peau de tout le corps. Les Français l'appellent *fièvre ou mal de Siam*, soit parce qu'elle vint d'abord de ce pays, soit parce que la couleur de ces Asiatiques est assez semblable. Chez les Espagnols elle a le nom de *vomito preto*, *vomissement noir*, autre accident grave qui la caractérise. Les symptômes les plus ordinaires et les plus généraux sont les suivants qui se succèdent rapidement dans le court espace que met cette maladie à se *juger* pour la mort ou la convalescence (ordinairement trois jours).

Dans les jours qui précèdent l'attaque, il y a sensation de lassitude générale, *rouement de membres*, assoupissement, quelquefois stupeur... La fièvre se déclare par un violent mal de tête, surtout au-dessus des yeux et derrière les orbites; l'on se plaint de douleurs le long de l'épine dorsale, dans les bras et dans les jambes : des chaleurs vives et des frissons se succèdent alternativement... La peau est sèche, brûlante et souvent parsemée de taches rougeâtres, puis violettes; le blanc des yeux est injecté de sang et humide d'une rosée brillante : la respiration est oppressée, les soupirs fréquents; l'air exhalé du poumon est brûlant : le pouls varie selon les tempéraments et selon certaines circonstances : en général, il est dur, fréquent, irrégulier, même intermittent; s'il ressemble à l'état naturel, le danger est plus grand: les évanouissements et la surdité au début du mal sont aussi un signe fâcheux ; la soif est ardente ; la langue d'abord rouge, se couvre d'un limon noirâtre qui devient fétide. Le malade se plaint d'une violente chaleur à l'estomac; les vomissements passent du glaireux à l'acide le plus corrosif, quelquefois sans bile, plus souvent avec de la bile verte et jaune, puis une matière noirâtre, comme de la lie d'encre ou du marc de café, avec odeur d'œufs pourris; et tellement âcre, que la gorge en est excoriée : la constipation a souvent lieu, d'autres fois c'est une diarrhée noirâtre... Alors le mal a déja parcouru la période d'inflammation, par suite de laquelle les humeurs se trouvent décomposées; la fièvre semble s'abattre, mais c'est à raison de la chute même des forces vitales; le pouls devient petit, convulsif, déprimé : le malade est agité, mal à l'aise, quelquefois délirant: les déjections colliquatives et fétides, le *vomissement noir* comme de grains de café, l'affaiblissent de plus en plus par leur fréquence et leur abondance: il affecte la position sinistre d'être *couché sur le dos, élevant ses genoux et glissant vers le pied du lit;* les yeux deviennent jaunes, et de suite la peau de tout le corps : alors la dissolution des humeurs est complète. S'il a été saigné au commencement de la maladie, les cicatrices se relâchent et s'ouvrent; la macération et la gangrène gagnent les solides, et se manifestent de toutes parts avec l'odeur infecte qui annonce une mort prochaine.

Depuis long-temps la *fièvre jaune* était connue dans les parties chaudes et marécageuses de l'Amérique méridionale et dans l'Archipel des Antilles; ses exemples étaient fréquents à Carthagène, à Porto-Bello, à la Vera-Cruz, à la Jamaïque, à Sainte-Lucie, à Saint-Domingue, à la Martinique; la Louisiane même, et le littoral des Florides, de la Géorgie, des Carolines et de la Virginie, y participaient par les mêmes motifs de chaleur et d'humidité; la Nouvelle-Orléans, Pensacola, Savanah, Charlestown, Norfolk, comptaient rarement 4 ou 5 années sans en recevoir quelque atteinte. Il semblait que le Potòmac dût lui servir de limite, puisque vers la fin du siècle qui vient de finir l'on ne citait que les années 1740 et 1762, où elle se fût montrée au nord de ce fleuve, d'abord à New-York, puis à Philadelphie; mais depuis 1790, ses apparitions ont été si répétées et si funestes, qu'elle semble s'y être naturalisée comme dans le sud. Quelques cas individuels l'avaient annoncée à New-York en 1790; elle y devint un fléau épidémique en 1791, et y laissa des traces même en 1792. L'année suivante, 1793, elle ravagea Philadelphie comme une peste; et ses germes déposés ou ranimés se développèrent encore dans les étés de 1794 et 1795. Elle attaqua New-York derechef en 1794 et 1796.... Philadelphie en 1797.... A la même époque elle désolait Baltimore, Norfolk, Charlestown, Newburyport. Ses avant-coureurs s'étaient montrés à Sheffields, et même à Boston. Enfin, l'on en citait encore d'autres exemples, l'un à Harrisburg en 1793, un autre à Baltimore, un à Oneida en Genesee, à quoi je puis ajouter des cas nombreux au fort anglais sur le Miâmi du lac Érié.

Les médecins anglo-américains pour qui cette maladie a été une nouveauté, ont eu à se créer une méthode curative adaptée à leur climat et à la constitution de ses habitants. Malheureusement, j'ose le dire, la plupart se sont trop pressés de croire l'avoir trouvée dans les principes théoriques de *Brown*, dont la doctrine a été accueillie aux États-Unis avec un engouement scolastique : ce système qui explique tout par deux états simples de débilité directe ou indirecte, et par la soustraction ou l'application de stimulants aussi directs et indirects, a fait d'autant plus de prosélytes qu'il a ce caractère tranchant et positif qu'aime la jeunesse, et qu'il dispense des lenteurs de l'expérience que redoute la paresse de tous les âges. Raisonnant donc avec cette dangereuse confiance de certitude qui exclut le doute et l'observation, ils ont le plus souvent administré les cordiaux et les toniques les plus actifs, au début de la maladie, prétendant qu'il fallait *relever* les forces *accablées*, quand il fallait relâcher les fibres trop tendues; ils y ont joint les purgatifs drastiques les plus stimulants pour chasser les humeurs morbifiques, quand ces humeurs n'étaient pas encore à l'état de coction.

Ce traitement fut surtout mis en usage à Philadelphie dans la funeste année de 1793. La pratique la plus générale des médecins de cette ville, fut de donner le jalap à 20 et 25 grains; la préparation mercurielle, dite *calomel*, à 10 et 15; la gomme-gutte même, le tout par doses répétées. Pour boissons, on ordonnait les eaux de camomille, de menthe, de cannelle, et le vin de Madère, jusqu'à plus d'une pinte par jour. Or, l'on sait qu'il entre une portion d'eau-de-vie dans la fabrication primitive du meilleur Madère. En outre, dans les mois d'août et de septembre, et dans un pays chaud à 25° de R. par temps calme et étouffant, l'on tenait les malades hermétiquement clos dans leurs chambres; on surchargeait de deux et trois couvertures de laine leurs lits de *plumes*, et quelquefois l'on faisait du feu dans la cheminée; l'objet était de provoquer impérieusement une sueur, que l'état inflammatoire et crispé de tout le système refusait encore plus opiniâtrément.

Les effets de ce traitement furent ce qu'ils devaient être; une mortalité effrayante par le nombre et par la rapidité; peu de malades passaient trois jours, et l'on peut dire que sur 50 il ne s'en sauvait pas deux. Tous portaient des signes de suffocation gangréneuse, suite naturelle d'une inflammation *fomentée*. La terreur s'empara des esprits; le mal fut regardé comme contagieux et pestilentiel, son atteinte comme incurable. Quelques médecins, influents par leur esprit et leur activité, accréditèrent cette rumeur pernicieuse, même dans les papiers publics. Tout malade fut abandonné : le mari par sa femme, les parents par leurs enfants, les enfants même par les parents. Les maisons désertes restèrent infectées par les cadavres. Le gouvernement intervint, d'abord pour faire enlever les corps, puis pour faire transporter de force les malades à l'hôpital. Les maisons furent marquées à la craie comme en temps de proscription, et les habitants éperdus s'enfuirent dans les villages voisins, ou campèrent en rase campagne, comme si l'ennemi eût pris leur ville. Le hasard voulut que dans ces circonstances quelques médecins et chirurgiens français, fugitifs du *Cap* incendié, vinssent chercher un asile sur le continent; l'un d'eux, conduit à Philadelphie (1), eut occasion d'être appelé, et appliquant au mal dont il avait vu les analogues à Saint-Domingue, le traitement de l'école française, il obtint des succès qui attirèrent l'attention du gouvernement, et qui le firent placer à la tête de l'hôpital de *Bushhill*. Le compte qu'il

---

(1) M. Jean de Vèze, ancien chirurgien distingué et accrédité au Cap-Français.

rendit l'hiver suivant de sa méthode curative (1), ne fait pas moins d'honneur à son cœur qu'à son esprit, puisque ce compte répandit des idées neuves et salutaires dans tout le pays. L'on voit par cet écrit, qu'il considère la maladie comme divisée en trois périodes, que l'on ne doit pas confondre; mais qui quelquefois marchent si rapidement, qu'à peine le médecin a-t-il le temps de les saisir. La première est un état d'inflammation violente, compliquée d'engorgement au cerveau et de spasme nerveux, qui demande non les *toniques*, mais les calmants et les relâchants. La seconde est un état de dissolution et de ségrégation des fluides, dont la chaleur inflammatoire a rompu la combinaison, état qui ne peut se terminer que par l'évacuation des humeurs devenues inaptes et nuisibles au mouvement vital; l'art doit s'y borner à aider la crise, en suivant la nature, plutôt qu'en la prévenant. Enfin la troisième est un état de recomposition et de recombinaison, qui n'a besoin du médecin que pour diriger le régime du convalescent.

En conséquence, au début du mal, il fit de légères saignées lorsque le sujet était trop plein de sang; il administra les délayants, les acidules

---

(1) Voyez *Recherches et Observations sur la maladie épidémique qui a désolé Philadelphie*, depuis août jusqu'en décembre 1793, en anglais et en français, *in*-8°, 145 pag. Philadelphie, 1794.

aromatisés, et il obtint d'heureux effets de l'acide carbonique en boisson. Il essayait quelle espèce de boisson plaisait le plus à l'estomac, cet organe si capricieux; il rassurait les esprits contre l'idée de contagion; de laquelle il nie entièrement l'existence pendant toute l'épidémie. Il procurait un air frais, et il ne provoquait point les sueurs, dont il remarque que presque jamais la nature ne fit son moyen de crise.

Lorsque ce premier traitement avait modéré la fièvre, il épiait dans la seconde période les tentatives de la nature pour opérer la crise, et choisir un organe qui en devînt le foyer. Ordinairement ce furent des suppurations abondantes; il les favorisa, et tâcha de les diriger par des vésicatoires, par des cataplasmes appliqués au-dehors, tandis qu'au dedans il aidait le travail épuratif par des boissons aromatiques de cannelle, de menthe, même de vin de Bordeaux, trempé d'eau et mêlé de sucre; par quelques purgatifs doux et à petites doses, et enfin par le kina. L'opium, si vanté par les médecins du pays, ne lui montra jamais de bons effets.

L'on conçoit que par un cas commun à tous les pays, ce ne fût pas sans lutte et sans contradiction qu'un étranger isolé obtint tant de confiance et de succès; mais enfin par une marche également naturelle, la raison et la vérité se firent jour à force de preuves et de faits. Les malades appelèrent de préférence le médecin qui guérissait le plus, et plusieurs médecins finirent par l'imiter.

Soit que l'écrit et les cures de M. de Vèze et des autres Français aient eu une heureuse influence sur les esprits; soit que par leur propre raisonnement et leurs expériences, ils aient modifié leurs idées et dissipé d'anciens préjugés : il est du moins vrai qu'à dater de cette époque, il a commencé de s'introduire dans la pratique et la théorie des changements heureux. Dès l'année suivante (1794), dans l'épidémie de New-York, plusieurs médecins de cette ville substituèrent aux purgatifs violents divers sels, et entre autres le sel de Glauber, qui réussit dans les délayants. Ils ne prodiguèrent plus les toniques ni le vin de Madère; ils usèrent de la saignée avec discrétion : s'ils provoquèrent encore les sueurs, ce fut par des bains et des fomentations de vinaigre qui quelquefois soulagèrent; et de ce moment il s'est formé dans les divers colléges un schisme salutaire qui a ébranlé les vieilles habitudes et ouvert les routes nouvelles à la science et à l'esprit d'observation.

Ce schisme a surtout éclaté sur la question de l'origine de la fièvre jaune. Les uns ont prétendu qu'elle était toujours apportée du dehors, spécialement des Antilles, et qu'elle n'était et ne *pouvait en aucun cas être le produit du sol des États-Unis.* En preuve de leur opinion, ils ont cité la non-existence, ou l'extrême rareté des épidémies avant la paix de 1783, et ils ont attribué leur fréquence depuis cette époque aux relations de commerce plus actives et plus directes avec les îles et avec la terre-ferme espagnole: ils ont même inculpé nominativement certains vaisseaux comme auteurs et importateurs de la *contagion* dont ils ont supposé l'existence à un degré peu inférieur à la peste.

D'autres médecins, au contraire, ont soutenu que par sa nature même, la fièvre jaune pouvait naître dans les États-Unis, toutes les fois que ses causes disposantes et occasionelles de temps et de lieu se trouvaient réunies; et d'abord remontant à la source des prétendus faits d'importation, ils ont démontré par les témoignages les plus positifs, que non-seulement les vaisseaux accusés n'avaient point apporté avec eux la maladie ou son germe, mais encore qu'elle ne s'était déclarée à leur bord que depuis leur ancrage aux quais, et dans le voisinage des lieux notés à New-York et à Philadelphie comme foyers du mal; avec cette particularité additionnelle que même elle avait commencé par les gens du bord qui avaient eu le contact le plus immédiat avec le lieu infecté (1): puis, rassemblant

---

(1) C'est ainsi que toute la ville de Philadelphie a été persuadée que l'épidémie de 1793 vint de l'île de la Grenade, où elle avait été, disait-on, apportée de *Boulam* (côte d'Afrique), par le vaisseau le *Hankey*. Un médecin anglais, qui se trouvait dans cette île, avait donné à cette seconde portion de l'histoire un caractère imposant d'authenticité dans un

toutes les circonstances de la maladie, quant aux lieux, aux saisons, et aux tempéraments affectés, ils ont démontré : 1° qu'elle attaquait les villes populeuses plutôt que les villages et les campagnes.

2° Que dans les villes populeuses, telles que New-York, Philadelphie, Baltimore, elle affectait constamment et presque exclusivement les quartiers bas, remplis d'immondices, d'eaux croupies, les rues non aérées, non pavées, boueuses, et surtout les quais, et leur voisinage, couverts d'ordures à un point inimaginable; où chaque jour à marée basse, les banquettes fangeuses sont exposées à un soleil brûlant. Par exemple, à New-York, M. Richard Bayley a calculé que pour combler l'égout et le bassin de *White-hall*, les propriétaires y avaient fait verser dans un an 24,000 tombereaux de toutes les ordures de la ville et même de charognes de chevaux, de chiens, etc.; d'où il

---

écrit qu'il publia : et cependant trois ans après, M. Noah Webster et le docteur E. H. Smith, ont publié à New-Yok un journal de toute la navigation du Hankey, dressé par l'un des plus respectables témoins oculaires, lequel rassemble une si grande masse de preuves, et porte un cachet si particulier de candeur et de véracité, que l'on demeure convaincu avec MM. Webster et Smith, que le médecin C. s'est complètement trompé. De même M. Richard Bayley, dans son excellent Rapport au gouverneur de New-York, prouve que les inculpations des vaisseaux l'*Antoinette* et le *Patty*, étaient des rumeurs de peuple absolument dénuées de fondement, etc. *Voyez* New-York repository, tom. 1er, pag. 470 et 127.

résulta qu'en juillet l'infection devint si exaltée et si forte, qu'elle excitait le soir, dans le voisinage, des nausées et des vomissements qui furent le début de l'épidémie.

3° Que dans le cours des saisons, elle n'apparaissait qu'en juillet, août, et septembre, c'est-à-dire, à l'époque où les chaleurs opiniâtres et intenses, de 24 et 25 degrés R. excitent une fermentation évidente dans ces amas de matières végétales et animales, et en dégagent des miasmes que tout indique être les corrupteurs de la santé. Ces médecins ont remarqué que l'épidémie redoublait par les temps seulement humides, par les vents de sud-est, et même de nord-est; qu'elle diminuait par le froid et la sécheresse du nord-ouest, et même par les pluies abondantes du vent de sud-ouest; que dans la diversité des années, la fièvre choisissait celles où les chaleurs de l'été étaient accompagnées de plus de sécheresse, et de calme dans l'air; sans doute parce qu'alors les miasmes accumulés exercent une action plus puissante sur le poumon, et par son intermède, sur tout le système de la circulation.

Enfin, ils ont constaté que dans le choix des sujets, elle attaque de préférence les habitants mal nourris et sales des faubourgs et des quartiers pleins d'ordures et de marécages : les ouvriers exposés au feu, tels que les forgerons, les bijoutiers, ceux qui abusent des liqueurs fortes; observant que très-souvent la fièvre jaune a immédiatement suivi l'ivresse : qu'elle attaque encore de préférence les gens replets, sanguins, robustes, les adultes ardents, les étrangers des pays du nord, les noirs, les gens épuisés de la débauche des femmes : qu'elle ménage les étrangers des pays chauds, les gens sobres dans le boire et surtout dans le manger; les personnes aisées, propres, vivant plutôt de végétaux que de viande, et habitant des rues pavées, aérées, et des quartiers élevés.

Enfin, poursuivant le mal jusque dans les lieux désignés pour être le berceau et le foyer de son origine, ils ont démontré qu'aux Antilles même, aux îles de la Grenade, de la Martinique, de Saint-Domingue, de la Jamaïque, la fièvre jaune ne naissait que là où se réunissent les mêmes circonstances; qu'elle ne s'y montre qu'en certains lieux, en certaines années précisément semblables aux cas cités dans les États-Unis; que là où il n'y a ni marécages, ni ordures, comme à *Saint-Kits*, à *Saint-Vincent*, à *Tabago*, à la *Barbade*, la santé est constamment excellente; que si la fièvre s'est montrée à Saint-Georges (Grenade) et à Fort-Royal (Martinique), c'est dans le local du carénage, voisin de marais infects, et dans un moment où la surabondance des vaisseaux, la sécheresse excessive de la saison avaient contribué à développer les ferments; que si elle n'eût dû son apparition dans les villes de New-York, Baltimore, Philadelphie, qu'à l'importation, elle aurait dû y être importée habituellement des villes de Norfolk et de Charlestown, avec lesquelles l'on avait des relations multipliées et où la réunion de toutes les causes citées les rendait presque endémiques chaque été.

Les faits qui établissent ces résultats se trouvent répandus en divers écrits, publiés depuis 1794 jusqu'à l'année 1798, époque à laquelle je quittai les États-Unis (1).

L'on ne peut les lire avec attention, sans être frappé de la corrélation et de l'harmonie constante qui existe partout entre les causes premières et secondes, médiates ou immédiates, les circonstances accessoires et les effets, soit isolés, soit réunis en série. Partout l'on voit la fièvre naître et s'augmenter en raison composée de la température chaude de l'air, de sa sécheresse opiniâtre ou

---

(1) Voyez le Rapport des médecins de Philadelphie au gouverneur de Pensylvanie : celui de M. Richard Bayley au gouverneur de New-York; le Mémoire du docteur Valentine Seaman de New-York, sur les causes de la fièvre jaune à New-York. — Les Recherches du docteur Benjamin Rush sur la même maladie, à Philadelphie, en 1793 et 1794. Lettre de G. Davidson, sur le retour de la fièvre jaune à la Martinique en 1796. Origine de la fièvre pestilentielle qui ravagea la Grenade en 1793, 1794, par E. H. Smith. Thèse sur la fièvre maligne à Boston, par Brown. Récit des fièvres bilieuses avec dyssenterie à Sheffield, par W. Buel : enfin la collection très-intéressante de Lettres sur les fièvres de divers lieux, par Noah Webster de New-York.

de son humidité temporaire, du calme de l'atmosphère, du voisinage des marais, de leur étendue, et surtout en raison des masses entassées de matières animales formant un foyer de putréfaction et d'émanations délétères. L'on voit même les fièvres se graduer selon l'intensité de toutes ces causes ; n'y a-t-il qu'excès de chaleur, sans amas putrides et sans marécages, elles sont du genre simplement inflammatoire, c'est-à-dire, scarlatines et bilieuses, sans complication de malignité ; y a-t-il des marais boueux et fangeux, mais non infectés de matières animales, les miasmes causent déjà des esquinancies gangréneuses, des vomissements bilieux atroces, appelés *cholera-morbus*, des dyssenteries pernicieuses ; s'y joint-il des amas de matières animales en putréfaction, alors le mal se complique d'accidents et de symptômes qui toujours dénotent l'affection du genre nerveux par une sorte de poison ; quand le mal est à son *maximum*, tous les autres degrés tendent à s'y assimiler. D'où il résulte que l'on pourrait graduer et mesurer les fièvres par les degrés du thermomètre, et par l'intensité des miasmes putrides, et suivre dans le cours d'une même saison d'été et d'automne leur progrès et leur affinité, depuis la simple synoque jusqu'à la peste, qui n'est que le dernier échelon et le *maximum* des causes réunies. Dans un tel état de choses, il est évident que tout pays qui réunira chaleur et foyers putrides à un degré suffisant, sera capable d'engendrer toutes ces maladies. J'avais déja cru remarquer en Égypte et en Syrie, que 24 degrés de Réaumur étaient un terme auquel s'établissent dans le sang une disposition et un mouvement fébrile d'un genre pernicieux et désigné par le nom de *fièvres malignes;* j'ai vu avec plaisir et surprise que la même opinion avait été inspirée par les mêmes faits au docteur G. Davidson, à la Martinique, et qu'il pense, comme moi, qu'à partir de ce degré (86° de F.) en montant, le caractère de malignité et de contagion s'exalte jusqu'à former la peste.

Par tous les écrits et faits que j'ai cités, ces principes ont acquis aux États-Unis un tel degré d'évidence, que la très-grande majorité des médecins de New-York, Boston, Baltimore, Norfolk et Charlestown, s'est réunie à déclarer que la fièvre jaune pouvait naître et naissait aux États-Unis. Le seul collége de Philadelphie a persisté dans l'affirmative de l'importation, et cette opinion qui a en sa faveur l'avantage de la primauté dans l'esprit du peuple, conservera long-temps des partisans dans toutes les classes, par plusieurs motifs très-puissants.

1° Parce qu'elle flatte la vanité nationale, et que beaucoup de gens ne demandent qu'un prétexte pour autoriser la leur.

2° Parce qu'elle caresse l'intérêt mercantile de la vente des terres, et de l'émigration des étrangers dans un pays qui aurait le privilége de ne pas engendrer la fièvre. Il est vrai que se l'inoculer aussi aisément ne serait guère moins fâcheux; mais les partisans de l'importation n'entendent pas raillerie; et j'ai trouvé beaucoup d'Américains à qui la contradiction sur ce point devenait un sujet sérieux de mauvaise humeur.

3° Parce que les médecins, qui les premiers ont établi cette croyance, ont pris de tels engagements avec leur amour-propre ou avec leur persuasion (1), qu'ils se sont presque interdit toute modification;

---

(1) L'on en pourra juger par la doctrine de l'un des professeurs les plus influents de Philadelphie, dans un discours de clôture, dont quelques auditeurs me firent immédiatement le récit. Après avoir récapitulé les méthodes enseignées pendant l'hiver de 1797-1798, et entre autres celle de la saignée à cent onces de sang, en divers cas de la fièvre jaune : « Messieurs, dit-il à ses élèves, nous allons nous séparer, et vous « allez vous disperser sur la vaste surface des États - Unis : « répandez-y de toutes parts les vérités que vous avez enten- « dues ici ; vous trouverez des contradicteurs, des ennemis! « résistez-leur avec courage, et soyez persuadés qu'avec de « la fermeté et de la constance, vous ferez triompher la *véri-* « *table doctrine.* » *Ite et evangelizate.*

Certes, s'il est une *doctrine dangereuse*, surtout en médecine, c'est celle qui exclut le doute *philosophique*, sans lequel l'esprit demeure fermé à toute instruction, à tout redressement; et cette doctrine est surtout pernicieuse pour les jeunes gens, en qui le *désir de savoir et le besoin de croire* s'associent au *besoin d'aimer*, et qui *s'attachent aux opinions* par suite d'attachement pour les maîtres. Aussi l'une des plus fécondes sources d'erreur, de fanatisme et de calamités, a été et est encore ce funeste principe d'éducation *musulmanique*, adopté dans tous les genres d'éducation.

et parce qu'ils ont fait prendre au gouvernement des mesures si tranchantes et si gênantes pour le commerce, que si aujourd'hui elles se trouvaient sans motif, ils encourraient une véritable défaveur. Et cependant je regarde comme une sage institution celle des bureaux de santé ou lazarets dans les ports des États-Unis, surtout quand on y veut faire le commerce avec la Méditerranée et les échelles turques.

4° Enfin, parce que le caractère contagieux presque pestilentiel que l'on joint au préjugé de l'importation, excuse très-heureusement les non-succès de ceux qui ne guérissent pas souvent. En me rangeant à l'opinion des médecins qui regardent la fièvre jaune comme un produit indigène des États-Unis, je suis loin d'attaquer les intentions de ceux qui soutiennent la thèse contraire; mais je tiens pour dangereuse et imprudente la doctrine de l'importation, 1° à cause du ton dogmatique et intolérant qu'elle a déployé, jusqu'à attaquer la sûreté et la liberté domestiques, et à compromettre le gouvernement; 2° parce qu'en provoquant des mesures exagérées au-dehors, elle a endormi sur les mesures bien plus nécessaires à prendre au-dedans, et qui découlent immédiatement de l'opinion contraire.

Quant à la question du caractère contagieux, je ne puis admettre ni la négative absolue que soutiennent quelques médecins, ni le cas général et constant que supposent plusieurs autres : cette dernière alternative est exclue par trop de faits incontestables; et la première, c'est-à-dire, la négative, me semble contradictoire avec l'origine même du mal; car dès que les miasmes des marais et des matières putrides ont la propriété de l'exciter, à plus forte raison les miasmes du corps humain infecté auront cette vertu, eux qui ont bien plus d'affinité avec les humeurs vivantes. Aussi a-t-on remarqué en 1797, à Philadelphie, que plusieurs familles au retour de la campagne, rentrant dans leurs maisons, où il y avait eu mort ou maladie, sans avoir pris soin de désinfecter, furent immédiatement saisies du mal, quoique la saison fût froide et qu'il eût cessé. A Norfolk, on a fait la remarque encore plus générale, que ceux qui s'absentent de la ville y deviennent plus exposés que ceux qui restent constamment dans son atmosphère; et ce cas correspond avec celui des *étrangers*, surtout ceux du nord, que l'on a remarqué à Philadelphie et à New-York, etc., être spécialement attaqués.

Des théoriciens veulent expliquer cette singularité, en disant que c'est par une surabondance de *gaz oxygène*, *infusé* dans le sang, par l'air plus pur de l'Europe et de la campagne, que *les étrangers* sont plus susceptibles de la fièvre; mais outre que cette *surabondance* est hypothétique, les notions que l'on a du gaz oxygène, essentiellement salubre, y sont si contraires, que l'on a droit d'exiger de plus fortes preuves; et prétendre, comme ils le font, que l'oxygène est plus abondant dans les lieux bas que dans les lieux élevés, est une supposition nouvelle en chimie, d'autant plus inadmissible que les plus savants chimistes de l'Europe regardent le contraire comme prouvé; ce n'est pas l'oxygène que leurs expériences trouvent se dégager des marais et des matières putrides, mais le carbone, l'hydrogène et l'azote; il paraît même que la combinaison des deux premiers de ces gaz a la propriété spécifique d'engendrer les fièvres intermittentes et rémittentes, et qu'elles ne deviennent putrides malignes que par l'addition de l'azote à cette combinaison.

De nouvelles études développeront sans doute l'action de tous les gaz morbifiques : pour le présent, les meilleurs moyens curatifs paraissent être, de combattre l'inflammation, premier degré du mal, par les délayants et les tempérants; peut-être les bains à la température du léger frisson (1) seraient-ils un des plus efficaces, administrés dès le premier soupçon, et prolongés à huit et dix heures. C'est aux maîtres de l'art à prononcer sur les bains très-froids et presque à la glace, dont quelques médecins d'Amérique prétendent avoir retiré de bons effets : il est certain que dans des cas de frénésie, ils ont quelquefois opéré des cures éton-

---

(1) De 10 à 15 degrés, selon la sensation du malade.

nantes; l'époque de leur application a une influence décisive, puisque leur effet, dans la période d'inflammation, est très-différent de ce qu'il sera dans la période de *décomposition*. Les antiasphyxiques peuvent aussi avoir leur utilité, puisque des gaz pernicieux paraissent jouer un rôle. L'objet essentiel est d'empêcher l'inflammation de s'élever jusqu'au point de décomposer les humeurs, car alors rien ne peut empêcher le mal de parcourir ses trois phases; par cette raison, les premières heures sont décisives et demandent toute la célérité possible; la saignée à petites doses peut y être très-utile. Un préservatif tout-puissant est la diète la plus absolue (1), avec les boissons aqueuses, sitôt que l'on a la sensation de pesanteur, de lassitude et de perte d'appétit; et il faut la continuer deux ou trois jours rigoureusement, jusqu'au retour de la faim et de l'alacrité de corps et d'esprit.

A l'égard des préservatifs généraux, applicables aux villes des États-Unis, ils dépendent du gouvernement central, et ils consistent :

1.° A mesurer la sévérité des lazarets établis, sur l'exigeance bien constatée des cas de maladies importées par les vaisseaux. Les vaisseaux de la Méditerranée méritent le plus d'attention.

2.° A interdire les abus de prétendu droit de pro-

---

(1) Voyez à ce sujet un très-bon Mémoire de M. Edouard Miller, New-York repository, tom. 1er, pag. 195.

priété et de liberté des particuliers qui se permettent au voisinage et au sein des grandes villes des comblements de terrains bas à force d'immondices, et même de charognes. Les Américains vantent leur propreté, mais je puis attester que les quais de New-York et de Philadelphie, avec certaines parties des faubourgs, surpassent en saleté publique et privée, tout ce que j'ai vu en Turkie, où l'air a l'avantage d'être d'une sécheresse salutaire.

3° A établir des règlements de police jusqu'à ce jour inusités ou méprisés pour le pavage des rues, des faubourgs, et même du centre des villes. On a remarqué en Europe que les grandes épidémies de Paris, de Lyon, de Londres, et autres villes très-peuplées ont cessé depuis l'établissement du pavage général et régulier.

4° A empêcher toute eau croupissante, et tout amas de matières putrides ; à écarter du sein des villes les vastes cimetières, dont l'usage pestilentiel est généralement conservé avec un respect superstitieux. Philadelphie a dans ses plus beaux quartiers quatre énormes cimetières, dont j'ai très-bien senti l'odeur en été, et n'a pas une seule promenade ni allée plantée de salutaire verdure.

5° A obliger les citoyens à murer et paver les fosses d'aisance qui, dans l'état actuel, communiquent si immédiatement par un sol sableux, avec les puits et les pompes aussi non murés, que, dans les fontes de neiges en hiver, et dans les sécheresses en été, l'on voit les eaux des uns et des autres se niveler : il est si vrai que les eaux bues dans les parties basses de la ville reçoivent les filtrations des cimetières et des fosses, que j'ai remarqué en *Front-Street*, l'eau de mes carafes devenir *filante* le troisième jour en mai, et finir par une infection cadavéreuse (1).

Enfin, le gouvernement, en dirigeant sur ces objets de police domestique l'attention des habitants des États-Unis, devrait provoquer leur instruction sur l'une des causes les plus essentielles et les plus radicales de toutes leurs maladies, je veux dire sur le régime alimentaire qu'à raison de leur origine ils ont conservé des Anglais et des Allemands. J'ose dire que si l'on proposait au concours le plan du régime le plus capable de gâter l'estomac, les dents et la santé, l'on ne pourrait en imaginer un plus convenable que celui des Anglo-Américains. Dès le matin à déjeuner, ils noient leur estomac d'une pinte d'eau chaude chargée de thé ou de café si léger, que ce n'est que de l'eau brune; et ils avalent presque sans mâcher du pain chaud à peine cuit, des rôties imbibées de beurre, du fromage le plus gras, des tranches de bœuf ou de jambon salé,

---

(1) Graces aux talents de l'ingénieur Latrobe - Bonneval, Philadelphie, depuis mon départ, jouit d'une pompe à feu qui lui procure les eaux du Schuylkill ; pareille entreprise a été faite à New-York, et il est à désirer que les habitants des autres ports imitent un si salutaire exemple.

fumé, etc., toutes choses presque indissolubles. A dîner, ce sont des pâtes bouillies, sous le nom de *pouding*; les plus graisseuses sont les plus friandes; toutes les sauces, même pour le bœuf rôti, sont le beurre fondu; les turneps et les pommes de terre sont noyés de saindoux, de lard, de beurre ou de graisse : sous le nom de pye (*païe*), de *pumkine*, leurs pâtisseries ne sont que de vraies pâtes graisseuses, jamais cuites : pour faire passer ces masses glaireuses, on reprend le thé presque à l'issue du dîner, et on le charge tellement qu'il est amer au gosier : dans cet état, il attaque si efficacement les nerfs, qu'il procure, même à des Anglais, des insomnies plus opiniâtres que le café. Le souper amène encore quelques salaisons ou des huîtres, et comme le dit Chastelux, la journée entière se passe à entasser des indigestions l'une sur l'autre; pour donner du ton au pauvre estomac fatigué et relâché, l'on boit le madère, le rum, l'eau-de-vie de France ou celle de genièvre et de grain, qui achèvent d'attaquer le genre nerveux. Un tel régime put convenir aux *Tartares*, souche primitive des Germains et des Anglo-Saxons, qui n'usaient d'aucun de ces stimulants dangereux : leur vie équestre et nomade les rendait et les rend encore capables de tout digérer; mais quand les nations changent de climat, ou que se policant elles deviennent oiseuses et riches, elles éprouvent en masse les altérations des particuliers. Les paysans ou les manœuvres d'Allemagne et d'Angleterre peuvent encore sans inconvénient se nourrir comme leurs ancêtres : il n'en est pas de même des citadins ; et moins encore de ceux qui, émigrant de leur humide et froid climat, vont s'établir dans des pays chauds, tels que la Géorgie, les Carolines, la Virginie, etc. La puissance même de l'habitude natale ne parviendra point à y naturaliser un système essentiellement contraire au climat. Aussi de tous les peuples d'Europe, voyons-nous que les Anglais sont ceux qui résistent le moins aux climats du tropique; et si leurs enfants, les Anglo-Américains ne modifient pas leurs vieilles habitudes à cet égard, ils en éprouveront les mêmes inconvénients. — Il est tellement vrai que leur régime est une des grandes causes prédisposantes aux maladies et à la fièvre jaune, que dans le plus fort des épidémies, jamais un seul accident ne s'est montré dans l'enceinte de la prison de Philadelphie, et cela évidemment parce que le système alimentaire y est calculé sur une échelle de tempérance qui ne laisse prise à aucune surcharge d'estomac, ni par conséquent à aucune dépravation des sucs. L'abus des boissons spiritueuses est surtout banni totalement de cet établissement admirable ; et cet abus est si général dans le peuple des États-Unis, que l'ivrognerie y est un vice aussi dominant que chez les sauvages : croire que l'on puisse aisément et promptement changer sur tous ces chefs les mœurs et les goûts d'une nation, n'est point mon erreur; j'ai trop bien appris à connaître l'automatisme de l'espèce humaine, et la puissance machinale de ce qu'on appelle *habitude*; mais je pense qu'un gouvernement qui emploierait à éclairer le peuple, à diriger sa raison, la moitié des soins employés si souvent à l'égarer, obtiendrait des succès dont n'ont point d'idée ceux qui le méprisent : s'il est ignorant et sot, ce peuple, c'est parce que l'on met beaucoup d'esprit à cultiver son ignorance et sa sottise; et en supposant qu'une génération vieillie dans de mauvais usages n'eût pas la force de s'en corriger, elle serait néanmoins capable, par tendresse pour ses enfants, d'établir un système d'éducation qui leur procurerait un bonheur dont elle sentirait avoir été privée.

Je termine cet article, qu'un tel vœu m'a fait prolonger, par une remarque sur la cause qui a suscité la fièvre jaune depuis l'époque si précise de 1790. Cette cause me paraît être l'accroissement subit que les villes maritimes des États-Unis, et New-York entre autres, ont retiré des effets de la guerre française, et de la convulsion des colonies des Antilles. Les richesses mobiliaires, les capitaux, les émigrants fugitifs, en affluant tout à coup dans ces villes, ont occasioné une multitude de constructions hâtives, et l'emploi de terrains non préparés qui ont causé une sorte de révolution.

Le commerce y a versé dans le peuple une aisance auparavant inconnue, et l'ouvrier qui a gagné un dollar et demi et deux dollars par jour (7 à 10 l.), l'agriculteur qui a vendu depuis 8 jusqu'à 14 piastres le baril de farine qui ne se vendait que quatre et cinq, se sont livrés à des jouissances dont la plus désirée, la plus pratiquée a été l'usage du vin et de l'eau-de-vie; ainsi, en même temps que des ferments de putridité et d'inflammation se sont établis, les corps se sont trouvés plus disposés à en recevoir l'impression, et intempérance, l'imprévoyance et la saleté ont produit leurs effets constants et accoutumés.

Tels sont les caractères principaux du climat et du sol des États-Unis dont j'ai tracé un tableau aussi exact que le permet un modèle si divers dans son étendue, si sujet à exceptions de localités. Maintenant c'est au lecteur d'asseoir son jugement sur les avantages et les inconvénients d'un pays devenu si célèbre, et que sa situation géographique comme son génie politique, destinent à jouer un rôle si important sur la scène du monde. Je prétends d'autant moins influencer l'opinion à cet égard, par l'expression de la mienne, que j'ai souvent éprouvé que sur ce sujet plus que sur aucun autre ; les goûts diffèrent selon les sensations et les préjugés de l'habitude. Souvent aux États-Unis, dans des réunions de voyageurs de toutes les parties de l'Europe, j'ai vu exprimer des avis tout-à-fait contrastants. L'Anglais et le Danois trouvaient trop chaude la température que l'Espagnol et le Vénitien trouvaient modérée; le Polonais et le Provençal se plaignaient de l'humidité là où le Hollandais trouvait l'air et le sol un peu secs; tous jugements produits, comme l'on voit, par la comparaison du climat originaire et habituel de chaque opinant. Il est cependant vrai que nous tous Européens, nous accordions à reprocher à ce climat son excessive variabilité du froid au chaud et du chaud au froid; mais les Anglo-Américains qui se tiennent presque offensés de ce reproche, défendent déja *leur* climat comme une propriété, et ils y portent trois motifs puissants de partialité ;

1° L'amour-propre individuel, commun à tous les hommes, et la vanité nationale qui chaque jour s'exalte davantage :

2° Une habitude déja contractée par la naissance, et qui se convertit en nature ;

3° Un intérêt pécuniaire aussi cher à l'état qu'aux particuliers, l'intérêt de vendre des terres et d'attirer des hommes et des capitaux étrangers.

Avec de tels motifs, il serait difficile de leur persuader que les États-Unis ne sont pas le meilleur pays du monde; néanmoins, si l'émigrant qui veut se fixer, recueille les avis d'État à État, l'habitant du sud le dégoûtera de s'établir dans le nord à raison des trop longs hivers, des froids pénibles et rigoureux, des besoins dispendieux de tout genre qui en résultent pour se loger, se vêtir, se chauffer, etc., de la nécessité d'entretenir pendant six mois les bestiaux clos à l'étable, et par suite, de faire des provisions et des cultures de fourrages, des constructions de granges, etc.; enfin, à raison de la modicité des produits du sol... De son côté, l'habitant du nord vantant sa santé, son activité, effets du froid de son climat, de la maigreur de son sol, et de la nécessité du travail, décriera les États du sud à cause de l'insalubrité de leurs marais et de leurs cultures de riz, de l'incommodité de leurs insectes, mosquites et mouches, de la fréquence de leurs fièvres, de la violence de leurs chaleurs, de l'indolence et de la faiblesse de constitution qui en résultent et qui produisent les habitudes oiseuses, la vie dissipée, l'abus des liqueurs, l'amour du jeu, etc., tout cela favorisé encore par l'abondance même du sol et la richesse des produits; de plus, l'habitant de la Caroline s'accordera avec celui du Maine pour décréditer les États du Centre comme ayant les inconvénients des extrêmes sans en avoir les avantages; ainsi, j'ai entendu moi-même à Philadelphie les Caroliniens se plaindre de la chaleur, et les Canadiens du froid, parce que l'on ne sait y prendre de précaution ni contre l'un, ni contre l'autre; enfin, si dans un même canton reconnu pour insalubre, l'émigrant veut prendre des informations précises, chaque habitant l'assure que ce n'est pas sur sa ferme, mais sur celle de son voisin qu'est le foyer d'insalubrité, et que c'est d'*un sol étranger* que lui vient la fièvre... En résultat, le fait est que chaque individu, chaque nation, tout en se plaignant de leur sol, de leur situation, préfèrent néanmoins leur pays, leur ville, leur ferme, par égoïsme, par intérêt, et par-dessus tout, par un motif moins senti, mais bien plus puissant, le motif de l'*habitude*. L'Égyptien préfère son fleuve, l'Arabe ses sables brûlants, le Tartare ses prairies découvertes, le Huron ses immenses forêts, l'Indien ses plaines fertiles, le Samoïède et l'Eskimau, les rivages stériles et glacés de leurs mers boréales; aucun d'eux ne voudrait changer, abjurer son sol natal; et cela uniquement par la puissance de cette *habitude* dont on parle si souvent, mais dont on ne connaît toute la magie que quand on est sorti de son cercle pour éprouver les effets des habitudes étrangères. L'habitude est une atmosphère physique et morale que l'on respire sans s'en apercevoir, et dont l'on ne peut connaître les qualités propres et distinctives qu'en respirant un air différent. Aussi les gens qui ont *le plus d'esprit*, lorsqu'ils ne sont pas sortis de leurs habitudes, et qu'ils veulent parler de celles d'autrui, c'est-à-dire, de sensations qu'ils n'ont pas éprouvées, sont-ils de véritables aveugles qui veulent parler des couleurs : et parce que la sobriété à porter de tels jugements, constitue l'*esprit raisonnable* si décrié par les *aveugles* ou les *hypocrites*, sous le nom *d'esprit philosophique*, je me bornerai à dire que, comparativement aux pays que j'ai vus, et sans renoncer aux préjugés de mes sensations et de ma constitution natale, le climat de l'Égypte, de la Syrie, de la France et de tout ce qui entoure la Méditerranée, me paraît très-supérieur en bonté, salubrité et agrément aux États-Unis; que dans l'enceinte même des États-Unis, si j'avais à faire un choix sur la côte atlantique, ce serait la pointe de Rhode-Island, ou le chaînon de *Sud-ouest* en Virginie, entre le Rappahannok, et le Rônoake; dans le pays d'Ouest, ce serait les bords du lac Érié en cent ans d'ici, lorsqu'ils n'auront plus de fièvres; mais pour le présent, ce serait, sur la foi des voyageurs, les coteaux de la Géorgie et de la Floride lorsqu'ils ne sont pas sous le vent des marais.

APPENDICE (*Voyez page* 159).

Les débordements excessifs qui, pendant l'été de 1800, eurent lieu en Suède, sans que l'on pût en rendre raison par les pluies tombées dans le pays, m'ayant fait soupçonner que ces débordements étaient dus aux nuages accumulés sur des montagnes limitrophes par un courant d'air ou vent dominant, je m'adressai pour éclaircir ce fait à un ami zélé des sciences et des arts, le C. Bourgoing, ministre de la république à Copenhague, et je le priai de me procurer des réponses exactes à diverses questions que je lui envoyai. Il communiqua ces questions à plusieurs savants, tels que MM. Melanderhielm, Svanberg, Lœvener, Schœnhenter, Wibbe, Grove, Buch; et les notes séparées qu'ils eurent la complaisance de lui fournir, m'ayant présenté dans leur comparaison un ensemble de faits corrélatifs, je crus devoir en envoyer le résumé au ministre, à titre de remercîments. Comme ce résumé se lie au sujet que j'ai traité dans cet ouvrage, je l'insère ici avec l'intention ultérieure et additionnelle, d'attirer l'attention des météorologistes sur la totalité du système des vents de la zone polaire, et de parvenir à connaître le jeu correspondant du nord-ouest et du nord-est d'Amérique, avec les vents de la Russie et de la Suède.

Lettre au citoyen Bourgoing, ministre de la république française près le roi de Danemarck.

Paris, 1er ventôse an 9 (20 février 1801).

Vos obligeantes notes, citoyen ministre, me sont parvenues précisément dans l'ordre inverse de leurs dates.... et par cette raison j'ai dû attendre la dernière pour vous faire tous mes remercîments ; j'ai d'ailleurs désiré de vous envoyer un résultat de travail qui me disculpât près de vous et près de quelques-uns de vos consultés, de l'emploi de votre temps en systèmes et en théories sans fondement comme sans utilité. Quel que soit le résultat de mon travail, il ne serait pas sans utilité s'il prouvait qu'*il y a*, ou *même qu'il n'y a pas* de marche fixe dans les courants de l'air; et que l'on peut ou que l'on ne peut pas juger du vent qui règne dans un lieu par le vent qui a régné ou qui règne dans un autre. La navigation, l'agriculture, sont intéressées à ce problème, puisque sa solution influerait beaucoup sur les spéculations de commerce, d'achats ou de ventes de grains. — Quant au reproche d'*esprit systématique*, j'en suis peu affecté, parce que je ne me sens point du tout atteint de l'engouement qui en fait le vice et le ridicule. — A vingt ans j'avais des systèmes dont j'étais très-persuadé. — Nos maîtres, vous le savez, citoyen ministre, nous enseignaient à ne point douter, à tout prouver par *atqui* et *ergo*, à tout expliquer sans demeurer *à quia*; mais à mesure que l'expérience a refait mon éducation, j'ai vu qu'il fallait renoncer à l'esprit doctoral, et s'il m'est resté une doctrine à suivre et à prêcher, c'est celle de douter beaucoup; de ne pas être pressé d'*assurer*, et d'être toujours prêt à revoir la question et à écouter d'autres faits. Après cela, je n'ai pas néanmoins la duperie d'accorder à mes adverses plus d'infaillibilité qu'à moi; et quel que soit d'ailleurs leur mérite, s'ils n'ont pas fait une étude particulière de la question en débat, s'ils prétendent en juger par aperçu et analogie, je leur rétorque à mon tour l'esprit de système, et j'invoque le jury des faits; car je suis, selon l'expression de S***, *de la faction des faits*. Or, voici mon dire dans le cas présent.

Il résulte des diverses notes que vous m'avez envoyées, et entre autres de l'exposé court, clair et méthodique de M. Schœnhenter (évêque de Drontheim):

1° Que la Norwège est traversée de l'est à l'ouest, par un chaînon appelé *Dovrefield* ou *Dofre*, qui la partage en sud et en nord.

2° Que ce chaînon, l'un des plus élevés de ce royaume, a environ trois mille pieds rhinlandais d'élévation (— 2901 pieds de Paris — 941 mètres — 483 toises).

3° Qu'il forme dans le système de l'air, une ligne de démarcation tellement positive, que le nord et le sud n'ont presque jamais les mêmes vents en même temps. S'il pleut dans le pays d'Agherrhous, Christiansandt, etc., il fait sec dans le Drontheim, dans le Nordland, etc.: M. Buch dit les mêmes choses.

4° Ce dernier cas a été surtout remarquable dans l'été de 1800, où le pays de Drontheim, nord du Dofre, a éprouvé des pluies continuelles, au point de perdre toute la récolte; tandis que les gouvernements d'Agherrhous et de Berghen, sud du Dofre, ont éprouvé une sécheresse excessive. — Dans le Drontheim, les vents, depuis juin jusqu'au vingt août, furent si constamment nord-ouest, qu'à peine y eut-il vingt jours d'exception; et le thermomètre variant de six à huit, ne passa point 11° de Réaumur.—Dans l'Agherrhous et le Berghen, les vents furent habituellement sud, sud-est, même sud-ouest, le mercure variant de 14 à 18°; à peine y eut-il sept jours pluvieux, avec cette différence remarquable, que les tables météorologiques de Drontheim et de Christiansandt, comparées l'une à l'autre, offrent plus de vingt exemples, où il pleuvait dans le Drontheim par le vent nord-ouest, tandis qu'il faisait beau et sec dans l'Agherrhous par le vent sud-est; c'est-à-dire, qu'il régnait à la fois deux vents diamétralement opposés. M. Schœnhenter observe que le Iempterland en Suède, à l'est du Drontheim, essuya les mêmes pluies, mais il ignore si le vent y fut le même. —

D'accord avec MM. *Wibbe*, *Grove* et *Buch*, il dit que sur la côte de Norwège les vents dominants sont du quart de l'ouest; qu'ils y sont les vents pluvieux (à raison de l'océan), tandis que le nord-est, le sud-est et l'est, y sont les vents secs : qu'au nord du Dofre, le nord-ouest domine avec le sud-ouest; que l'ouest pur et l'est pur sont rares : que sur la côte de Berghen et dans le bassin de Louken, les dominants sont le sud-ouest et l'ouest, tous deux pluvieux : et que dans le bassin du Glomen et tout le golfe d'Agherrhous, ce sont le sud-ouest grand pluvieux, et le sud-est tantôt sec et tantôt pluvieux : voilà pour la Norwège.

A Stockolm, MM. Svanberg et Melanderhielm, disent que les vents dominants sont l'ouest et le sud-ouest qui sont secs : que les vents pluvieux, plus rares, sont l'est, le nord-est, et en été le sud-est; mais que la péninsule de Scanie et le Smaland, participent au climat du golfe d'Agherrhous : ils observent que juin et juillet, dans l'été de 1800, furent très-pluvieux à Stockholm; mais ils n'ont point joint les tables des vents (qui durent souffler de l'est); alors le nord-ouest régnait à Drontheim, le sud et le sud-est dans l'Agherrhous, et l'est sur le golfe Bothnique; de manière que le Dofre était le point de rencontre et de choc de trois courants opposés.

Expliquer ce qui se passait dans l'air en ce lieu, me menerait trop loin; je me borne à vous observer : 1° Que les inondations de la Suède n'ont pu provenir de la fonte des neiges, comme le pense M***; en juin et juillet les neiges d'hiver sont fondues : 2° qu'il est évident que le Dofre, encore qu'il ne soit pas une chaîne pleine comme muraille, a cependant exercé sur les courants de l'air une action incontestable : si M*** le nie, ce sera de sa part une *théorie* plus que *hasardée*. Quoique des groupes de montagnes ne soient pas immédiatement joints, surtout quand leurs vallons marchent en sens divers, il n'en résulte pas moins un obstacle capable de ralentir le fleuve aérien; de la même manière que des files de rocs dans les lits des rivières, barrent et ralentissent le courant des eaux. Au reste, j'aurai l'occasion de développer plus amplement ma *théorie* à cet égard. — Agréez mes remercîments de l'exemplaire de la Théorie des vents de la Coudraye, qui se trouve être exactement ce que j'attendais d'un marin instruit et observateur.

ÉCLAIRCISSEMENTS

SUR DIVERS ARTICLES

INDIQUÉS DANS CET OUVRAGE.

ARTICLE PREMIER.

SUR LA FLORIDE.

Et sur le livre de BERNARD ROMANS, intitulé *A concise natural and moral History of east and west Florida*; New-York, 1776, sold by Aitken, in-12-

Courte Histoire naturelle et morale de la Floride orientale et occidentale.

« L'AUTEUR, qui a passé plusieurs années dans le
« pays en observateur et en médecin éclairé, dis-
« tingue deux climats en Floride; l'un qu'il appelle
« *climat de nord*, lequel s'étend du 31° au 27° 40'
« latitude; l'autre, le *climat de sud*, qui s'étend
« du 27° 40' au 25° : il fonde cette distinction sur

« ce que dans l'un les gelées sont habituelles pen-
« dant l'hiver, tandis que dans l'autre elles sont
« extraordinairement rares : il eût été simple et
« plus clair de dire qu'*il gèle dans tout le parallèle*
« *du continent*, et qu'*il ne gèle point dans la pres-*
« *qu'île propre.*

« Dans ce pays l'air est pur et clair. L'on ne voit
« de brouillards que sur la rivière Saint-John ;
« mais les rosées sont excessives. Le printemps et
« l'automne sont extraordinairement secs ; l'au-
« tomne très-variable du chaud au frais. Le com-
« mencement de l'hiver, c'est-à-dire janvier, est
« humide et tempétueux ; février et mars sont secs
« et sereins ; de la fin de septembre à la fin de
« juin, il n'y a peut-être pas au monde de climat
« plus doux ; mais juillet, août et septembre sont
« excessivement chauds ; et cependant les varia-
« tions du froid au chaud sont bien moindres
« qu'en Caroline, et la gelée bien plus rare.

« En toute saison, à midi, le soleil est cuisant ;
« jamais le froid n'affecte même l'oranger chinois,
« dont le fruit est exquis. Saint-Augustin est sur
« la frontière des deux climats.

« Sur la côte *est* ou *atlantique*, règne le vent
« alisé d'*est*. Sur la côte *ouest* ou du *golfe mexi-*
« *cain*, les brises de mer venant de l'ouest au nord-
« ouest rafraîchissent en été toute la presqu'île.
« Tous les genres de fruits y prospèrent sans y
« être desséchés de chaleur ou de froid. Dans toute

« la presqu'île la pluie s'annonce 24 et 48 heures
« d'avance, par l'excès de la rosée ou par son
« manque total. Les vents y sont également moins
« variables qu'un peu plus au nord en remontant
« vers le continent. Pendant une grande partie du
« printemps, de même que pendant l'été et le
« début de l'automne et dans la première partie
« de l'hiver, ils sont au quart de nord-est; à la fin
« de l'hiver et dans le commencement du prin-
« temps, ils sont ouest et nord-ouest.

« Les quinze à vingt jours qui précèdent l'équi-
« noxe d'automne et les deux ou trois mois qui le
« suivent, sont redoutables en Floride et dans la mer
« adjacente; c'est-à-dire, que du commencement de
« septembre jusqu'au solstice d'hiver, il arrive fré-
« quemment de violentes tempêtes. B. Romans n'a
« jamais ouï parler de grands accidents à l'équi-
« noxe de printemps. Les terribles ouragans de
« 1769 arrivèrent le 29 octobre et jours suivants;
« celui de 1772 fut les 30, 31 août, 1er, 2 et 3
« septembre : il souffla d'abord *sud-est* et *est* à
« *Mobile;* en allant plus ouest il était nord-nord-
« est. Notez que depuis Pensacola il ne fut pas sen-
« sible dans l'est. Le vent fit gonfler toutes les
« rivières; et, par un cas étrange, il fit pousser
« une seconde moisson de feuilles et de fruits aux
« mûriers.

« Les vents sud et sud-ouest donnent un air
« épais et fâcheux aux poumons : il en est de même

« de cet air étouffé dont on se plaint si fort en
« juillet et août. — Les vents, depuis le sud-est
« jusqu'au nord-est, sont humides et frais et don-
« nent de fréquentes ondées qui rendent le sable
« même fertile. De l'est au nord les vents sont
« frais et agréables; du nord au nord-ouest ils sont
« presque froids. Le thermomètre est habituelle-
« ment entre 84 et 88° Fah. (22 $\frac{1}{2}$ à 25° R.) à l'om-
« bre, là où l'air circule. Pendant juillet et août il
« est à 94° (27 $\frac{1}{2}$ R.); mais au soleil, il est promp-
« tement à 114° (36 $\frac{1}{2}$ R.). Il ne tombe jamais de
« plus de deux degrés au-dessous du point de la
« gelée. Il est impossible de se figurer combien
« l'air est charmant depuis la fin de septembre
« jusqu'à la fin de juin. La côte orientale de la
« presqu'île est plus chaude que l'occidentale, et
« que tout le climat nord dont le rivage est exposé
« aux piquants vents de l'hiver.

« *La pointe de Floride, à sa partie d'ouest, est*
« *très-sujette aux rafales et aux tornados, depuis*
« *mai jusqu'en août; ils viennent chaque jour du*
« *sud-sud-ouest et du sud-ouest; mais ils passent*
« *vite.* » (Voyez la carte des vents, où la théorie
des courants de l'air s'accorde précisément à placer les tournoiements à cet endroit.)

« Le docteur Mackensie, médecin (différent du
« voyageur) a beaucoup parlé de la moisissure, de
« la rouillure et de la liquéfaction du sel, du su-
« cre, etc. Tout cela, il est vrai, se voit plus à

« Saint-Augustin qu'ailleurs; et cependant il n'est
« pas de lieu plus sain dans tous ces parages. L'on
« y vit très-vieux et très-sain. Les Havanais y vien-
« nent comme à leur Montpellier.

« Le climat nord, c'est-à-dire la partie ouest et
« continentale de Floride, a les mêmes caractères
« que la partie nord de la péninsule; mais il y fait
« des vents plus froids. L'on a beaucoup parlé de
« l'épidémie de la Mobile en 1765 : la vraie cause
« fut l'excessive intempérance des soldats. Les An-
« glais, même les médecins, conseillent dans tous
« ces climats de boire le *verre de vin; mais on fait
« ce verre trop large et trop fréquent.*

« Le plus dangereux de tous les inconvénients
« en Amérique, *n'est ni le chaud, ni l'humide, ni
« le froid, c'est le terrible et subit changement des
« extrêmes* qui vous donne 30° (14° R.) de diffé-
« rence en 12 heures, et cela est *pire au nord
« qu'au sud.* Le sol de Floride est généralement
« un sable blanc qui a par-dessous lui une couche
« d'argile blanche. Le rivage de la mer est sans
« arbres; l'intérieur est plein de pins.

« *Oldmixon*, dans son ouvrage du *British em-
« pire*, est le seul qui ait dit des choses raison-
« nables sur le caractère des sauvages. *Tous les
« Européens, avec leurs rêves de la belle nature,
« n'ont dit que d'absurdes folies.* »

Bernard Romans, dans les pages 38 et suivantes,
peint les sauvages tels que je les ai vus; sales,

ivrognes, fainéants, voleurs, d'un orgueil excessif, d'une vanité facile à blesser, et alors cruels, altérés de sang, implacables dans leur haine, atroces dans leur vengeance, etc., etc. Il représente les *Chicasaws* pires que les autres. « Les *Chactas* va-
« lent mieux; ils ont de la bonne foi, quelque
« idée de propriété mobilière et personnelle. Ils
« sont plus laborieux que tous les autres. Ils ven-
« dent tout aux passants; mais ils sont adonnés au
« jeu. » (L'auteur déduit de cela même l'idée qu'ils ont du *mien* et du *tien*.) « Le suicide n'est pas rare
« chez eux ni chez les autres. Ils sont aussi pédé-
« rastes que les *Chicasaws*, et les Chicasaws le sont
« autant que les Grecs. (Ces honnêtes gens-là
« auraient bien besoin du missionnaire *Atala*.)

« Les Chicasaws comptaient en
« 1771.................... 250 guerriers.
« Les Chactas.......... 2600
« Les Creeks confédérés. 3500

« *Tous ces sauvages s'arrachent la barbe avec*
« *des petites pincettes ou avec des coquilles.*

« Les enfants lancent à 20 et 30 *yards* (mètres)
« des flèches longues d'un pied, qui sont garnies de
« coton sur les 4 pouces du gros bout. Ils usent
« pour cet effet de sarbacanes de 8 pieds, et ils
« tuent des oiseaux et des écureuils.

« Au reste, le pays des *Creeks* est de la plus ex-
« cellente terre et du plus agréable paysage, sus-
« ceptible de toute production.

FLORIDE. 327

« Celui des Chactas est très-bon aussi; mais
« celui des Chicasaws est une haute plaine sèche,
« ayant peu d'eau et mauvaise. Leur nord jus-
« qu'à l'Ohio est très-montueux. »

L'auteur a joint trois gravures, représentant
les traits physionomiques de ces trois peuples; et
quoiqu'elles paraissent avoir été exécutées sur
bois ou sur étain, le caractère n'est pas mal
saisi.

Tout le livre de Bernard Romans est d'un détail intéressant sur leurs mœurs, leurs manières, et sur les productions du sol.

Il traite avec intelligence des maladies du pays, réfute les assertions du docteur *Lind*, en ce qu'elles ont d'exagéré; il convient de l'excessive humidité rouillante et moisissante à *Saint-John* et à *Saint-Augustin*, et pourtant Saint-Augustin est très-sain, parce qu'il n'a pas les marais de Saint-John.

Les grandes variations subites du chaud au froid, avec de fortes rosées, sitôt après le coucher du soleil, sont le cas de *Saint-John*, de la rivière *Nassau*, de *Mobile* et de *Campbelton*; mais à *Pensacola* et à son est, à New-Orléans et sur le Mississipi, il ne les a point vues, et l'on ne s'en plaint pas. Ces variations d'ailleurs, et cette humidité, ne sont pas comparables à celles de la *Géorgie*, et surtout des *Carolines*. L'on s'en préserve avec du feu dans la maison, et un vêtement de laine le soir. Il n'y a de marais saumaches qu'à *Saint-John*, tandis que la *Géorgie* et les *Carolines* en sont infectées, ainsi que de mosquites et de puantes exhalaisons.

Les mouches et les mosquites n'abondent qu'aux rizières et aux indigoteries. Il faut convenir que le Mississipi en est couvert au delà de toute idée. L'on n'y vit que sous la mosquetière. Ils disparaissent à mesure que l'on cultive. En résultat, B. Romans conseille aux gens replets, aux biberons, aux gloutons d'Europe et aux pléthoriques, de ne pas venir ici sans changer entièrement de régime.

Les fièvres sont très-répandues depuis la fin de juin jusqu'au milieu d'octobre, c'est-à-dire précisément après les grandes pluies, combinées avec les violentes chaleurs. Elles sont plus tenaces près des rizières et des indigoteries. Il entre dans de très-bons détails sur cet article, dans les pages 131 et suivantes.

Les marais doux ou saumaches sont malsains, mais non pas les marais d'eaux salées. Au reste, la figure et le teint des habitants suffisent à indiquer leurs maladies.

« Les mosquites ne sont pas si abondants sur les « eaux fraîches et sur le courant du Mississipi, « qu'au bas de la rivière et sur toute la plage ma- « ritime, où ils sont intolérables ; » (mais ils le sont tellement dans les bois le long du fleuve depuis l'Ohio, que le soir quand on allume le feu il faut les écarter de l'homme qui prend ce soin, car ils l'aveugleraient).

Le *tétanos* est terrible en Floride, et il est commun aux gens qui *abusent des liqueurs et qui couchent au frais*.

Enfin l'auteur parle du naufrage de M. *Viaud* et de madame *Lacouture*, comme d'un fait réel et positif qui eut lieu sur le rivage d'*Apalachicola;* mais ils en ont fait un roman. Les œufs qu'ils trouvèrent ne furent pas des œufs de dinde, mais de tortue. Il cite des personnes qui ont secouru ces deux naufragés.

Il est fâcheux pour la science que ce ne soit pas le livre de Bernard Romans qui ait été traduit à la place de celui de *Bartram*.

ARTICLE II.

SUR

L'HISTOIRE DE NEWHAMPSPHIRE.

Par Jérémie Belknap, Membre de la Société philosophique de Philadelphie ;

Et sur l'Histoire du *Vermont*, par Samuel Williams, membre de la Société météorologique d'Allemagne, et de la Société philosophique de Philadelphie.

§ I.

L'ouvrage de M. Belknap, intitulé *The History of Newhampshire* que j'ai plusieurs fois cité, et qui n'est point traduit en français, est composé de trois volume in-8°, imprimés à Boston. Dans les deux premiers, l'auteur n'a eu pour but que de faire connaître les événements historiques de la colonie de cet État, depuis son premier établissement ; le tableau qu'il en présente est d'autant plus curieux, que l'on y trouve l'origine d'une foule d'usages qui, alors établis par des lois coactives et très-sévèrement exécutées, ont tourné en *habitudes*, et composent aujourd'hui plusieurs parties du *caractère* des Anglo-américains. — L'on y voit l'esprit intolérant des premiers colons, prescrire par des réglements rigoureux les formules de communication, soit entre hommes, soit entre les deux sexes; la manière de faire l'amour avant de se marier, le maintien et la contenance, soit dehors, soit dedans la maison, comment on doit porter la tête, les bras, les yeux, causer, marcher, etc., etc. (d'où sont venus le ton cérémonieux, l'air grave et silencieux, et toute l'étiquette guindée qui règne encore dans la société des femmes des États-Unis). Il etait défendu aux femmes de montrer les bras et le cou; les manches devaient être fermées aux poignets, le corset clos jusqu'au menton; les hommes devaient avoir les cheveux coupés courts, pour ne pas ressembler aux femmes; il leur était défendu de porter des santés, comme étant un acte de *libation paienne;* défendu même de faire de la bière dans le jour du samedi, de peur qu'elle ne *travaillât* le dimanche : tous ces délits étaient susceptibles de *dénonciation*, et la dénonciation emportait *peine;* ainsi régnait une véritable *inquisition terroriste*, et les esprits durent contracter toutes les habitudes que donne la persécution; habitudes de silence, de réserve dans le discours, de dissimulation, de combinaisons d'idées et de plans, d'énergie dans la volonté, et de résistance lorsqu'enfin la patience est à bout. Comme ouvrage moral, ces deux premiers volumes sont intéressants à consulter, vu le soin qu'à pris l'écrivain de recueillir des faits constatés. Mais la quantité d'autres détails en rendrait peut-être la traduction trop longue pour nous autres Français, auquels ils sont étrangers.

Il n'en est pas ainsi du troisième volume, qui est une description méthodique du climat, du sol, de ses produits naturels et artificiels, de la navigation, du commerce, de l'agriculture, et de tout l'état du pays. L'on peut comparer ce volume à celui de M. Jefferson sur la Virginie : l'un et l'autre sont des statistiques aussi exactes, aussi instructives qu'il est permis aux forces et aux moyens de simples particuliers d'en produire. M. Jefferson, en publiant dès 1782, a eu le mérite de surmonter les principales difficultés, en traçant le premier plan d'un travail alors inusité. M. Belknap, en publiant le sien en 1792, après 22 ans d'observation, a celui d'avoir profité de ce que les progrès de la science ont accumulé de faits et de méthode : son livre (volume troisième), composé de 480 pages, gros caractère, y compris l'appendice, serait susceptible de quelques réductions, à raison de divers détails qui nous sont superflus; et quoique l'auteur y paie un double tribut à son caractère d'Américain et de ministre du saint Évangile, en déclamant quelquefois contre les *philosophes* et contre les *voyageurs européens*, cet ouvrage n'en est pas moins l'un des plus *philosophiquement* instructifs, dont on puisse faire présent à notre langue sur les États-Unis.

§ II.

J'en dirai autant de l'Histoire du Vermont, par M. Samuel Williams; elle forme un volume in-8° d'environ 400 pages, d'un caractère plus fin (petit-romain), y compris aussi un appendice sur divers sujets. — L'ouvrage est partagé en 17 chapitres d'une division méthodique. — Situation, limites, superficie, sol, aspect du pays, montagnes, leurs hauteurs, leurs directions, les cavernes, sources, etc., rivières et lacs, climat et saisons, productions végétales et animales, sont les sujets des six premiers chapitres. Le septième et le huitième traitent des sauvages, de leur caractère, de leur éducation, de leur état moral et politique. Les neuf, dix et onze détaillent tous les incidents de la formation de l'État de Vermont et de l'origine de ses premiers colons. Les six autres, sous le titre d'*État de la Société*, font connaître, 1° l'*emploi du temps* en arts et en commerce; 2° les *coutumes et usages*, comprenant l'éducation, le mariage, la vie civile, etc.; 3° la *religion*, et l'importance du principe *de la parfaite égalité* des cultes (l'auteur est ministre du saint Évangile); 4° le gouvernement du pays; 5° la population; 6° la *liberté*, qu'il dit être bien moins le produit du *gouvernement* américain que de la condition et situation du peuple.

L'on pourrait quelquefois trouver que l'auteur entre dans trop de détails, d'explications et de digressions; mais il en résulte tant de faits et d'observations utiles et instructifs, que je regarde ce livre comme l'un de ceux qui ont le plus répandu de connaissances physiques dans le peuple des États-Unis. J'en avais fait exécuter la traduction littérale, ainsi que du troisième volume de Belknap, dans l'intention de la *franciser* (1) à mon premier loisir, et de la publier : mais outre que ce travail excéderait maintenant mes forces, j'apprends qu'il est entrepris par une personne qui ne doit pas tarder d'en enrichir le public.

---

(1) Je fais cette remarque, parce que la seule bonne méthode que je connaisse, consiste à traduire d'abord le plus littéralement et le plus près possible du sens et de la valeur des mots. — Or, comme dans cette opération il arrive ordinairement que les expressions et les constructions de la langue étrangère écartent celles qui sont propres à notre langue naturelle, il faut laisser reposer ce premier jet, et ne le reprendre que lorsque l'on a presque oublié l'original ; alors relisant ce mauvais français, les formes naturelles du style viennent se présenter d'elles mêmes, et l'on peut faire un *excellent* travail. Ce serait déja beaucoup d'en faire un *bon*, car il est bien peu de traductions qui méritent cette épithète.

ARTICLE III.

GALLIPOLIS,

OU

COLONIE DES FRANÇAIS SUR L'OHIO.

L'on ne doit pas encore avoir oublié à Paris une certaine compagnie du *Sioto* qui, en 1790, ouvrit avec beaucoup d'éclat une vente de terres dans *le plus beau canton des États-Unis, à six livres l'acre.* Son programme, distribué avec profusion, promettait tout ce que l'on a coutume de promettre en pareil cas : « un climat délicieux et *sain*; à peine
« des gelées en hiver; — une rivière, nommée par
« excellence *la belle Rivière* (1), riche en poissons
« excellents et monstrueux; des forêts superbes,
« d'un arbre qui distille le sucre,(l'érable à sucre),
« et d'un arbuste qui donne de la chandelle (my-
« rica cerifera); — du gros gibier en abondance,
« sans loups, renards, lions, ni tigres; une ex-

---

(1) C'est le nom que les Canadiens et les geographes français donnent à l'Ohio. L'on y pêche entre autres poissons du *Cat-fish*, qui pèse quatre-vingts et quatre-vingt-dix livres.

« trême facilité de nourrir dans les bois des bes-
« tiaux de toute espèce; les porcs seuls devaient,
« d'un couple unique, produire sans soins en trois
« ans 3oo individus; et dans un tel pays l'on ne
« serait sujet ni à la taille, ni à la capitation, ni à la
« milice, ni aux logements de guerre, etc., etc., etc.»
Il est vrai que les distributeurs de tant de bienfaits
ne disaient pas que ces belles forêts étaient un
obstacle préliminaire à tout genre de culture; qu'il
fallait abattre les arbres un à un, les brûler, nettoyer le terrain avec des peines et des frais considérables; que pendant au moins une année il fallait
tirer de loin toute espèce de vivres; que la chasse
et la pêche, qui sont un plaisir quand on a bien
déjeuné, sont de très-dures corvées dans un pays
désert et sauvage; ils ne disaient pas surtout que
ces terres excellentes étaient dans le voisinage d'une
espèce d'animaux féroces, pires que les loups et
les tigres, les hommes appelés *sauvages* alors en
guerre avec les États-Unis. — En un mot, qu'au
cours actuel des marchés d'Amérique, ces terres
ne valaient effectivement que six à sept sous l'acre;
et qu'aucun acheteur du pays n'en eût offert davantage : — mais en France, mais à Paris, alors
surtout, qu'une sorte de contagion d'enthousiasme
et de crédulité s'était emparée des esprits, le tableau était trop brillant, les inconvénients étaient
trop distants, pour que la séduction n'eût pas son
effet; les conseils, l'exemple même de personnes

riches et supposées instruites, ajoutèrent à la persuasion ; l'on ne parla dans les cercles de Paris que de la vie champêtre et *libre* que l'on pouvait mener aux bords du *Sioto* : enfin, la publication du Voyage de M. Brissot, qui précisément à cette époque revenait des États-Unis, acheva de consolider l'opinion : les acquéreurs se multiplièrent, principalement dans les classes moyennes et honnêtes où les mœurs sont toujours les meilleures.

— Des individus, des familles entières vendirent leurs fonds, et crurent faire un marché excellent d'acheter des terres à six francs l'arpent, parce qu'autour de Paris le moindre prix des bonnes était de cinq ou six cents. Muni de ces titres, chaque propriétaire partit à son gré, s'embarqua dans le cours de 1791, l'un au Havre, l'autre à Bordeaux, d'autres à Nantes, à la Rochelle, et le public parisien, toujours occupé ou distrait, n'a plus entendu parler de cette affaire.

Dès mon arrivée à Philadelphie, en octobre 1795, j'en demandai des nouvelles; mais je n'en pus obtenir de suffisantes. — L'on me dit seulement d'une manière vague, que cette colonie devait être sur l'Ohio *en terres sauvages*, et qu'elle n'avait pas prospéré. L'été suivant je dirigeai ma route par la Virginie, et après avoir fait plus de 120 lieues de Philadelphie à *Blue-Ridge* près Staunton ; après avoir traversé plus de 80 lieues de pays montueux et presque désert, depuis Blue-Ridge jusqu'au delà du chaînon de *Gauley* ou *Great Laurel;* puis encore avoir descendu 22 lieues en canot la rivière du *Grand-Kanhawa*, encore plus déserte depuis l'Elk jusqu'à son embouchure dans l'Ohio, je me *trouvai le 9 juillet* 1796, au village de *Pointe-Plaisante*, distant d'une lieue et demie de *Gallipolis* : là, j'eus des nouvelles positives de cette *ville des Français*, puisque tel est le sens du nom grec qu'il leur a plu de se donner: l'empressement de voir des compatriotes, d'entendre parler ma langue, que déja je *désapprenais* dans un pays tout anglais, me fit désirer de m'y rendre sur-le-champ : et le colonel *Lewis*, parent du général *Washington*, m'en facilita les moyens; mais pendant ma route, au déclin du jour, songeant que j'allais voir des Français déçus de leurs espérances, mécontents de leur sort, blessés dans leur amour-propre, et peut-être humiliés de leur situation devant un ex-constituant, qui pouvait l'avoir pronostiquée à quelques-uns, je trouvai des raisons de calmer mon impatience. La nuit commençait lorsque j'atteignis le village de *Gallipolis*; je pus reconnaître seulement deux rangs de petites maisons blanches, placées sur la banquette de l'Ohio, qui en cet endroit est encaissé de 50 pieds à pic : les eaux étant très-basses, je grimpai cette banquette par un talus rapide, pratiqué dans l'écore. L'on me conduisit à une hutte de *troncs d'arbres* (log-house), qui a le nom d'auberge. — Les Français que j'y trouvai me firent quelques questions, mais bien moins que je n'en attendais, et je pus m'apercevoir de la justesse de ma réflexion antérieure.

Le lendemain mon premier soin fut de visiter le local : je fus frappé de son aspect sauvage, du teint hâve, de la figure maigre, de l'air malade et souffrant de tous ses habitants. — Ils ne recherchaient point ma conversation. Leurs maisons, quoique blanchies, n'étaient que des *huttes de troncs* (log-houses), mastiquées de terre grasse, couvertes de bardeaux, et par conséquent mal abritées et humides. Le village forme un carré long, composé de deux rangs de maisons bâties en file contiguë, sans doute afin de brûler toutes par un seul accident fréquent aux États-Unis : c'est la compagnie qui a commis cette faute grossière parmi une foule d'autres. Quelques jardins clos d'épines et nus d'arbres, mais passablement fournis de légumes, adossent le village au nord-ouest; derrière ces jardins, et au-delà de quelques taillis, est un gros ruisseau qui coule presque parallèlement au fleuve où il se verse, et forme une presqu'île de tout le sol du village. Ce ruisseau, en eaux basses, est plein de boues noirâtres, et quand l'Ohio déborde, il reflue et nourrit de fâcheux marécages. Du côté du *sud-est*, l'on a sous les yeux le vaste lit de l'Ohio; mais les coteaux en face et au nord, les vallées à l'est et à l'ouest, ne présentent à la

vue que l'*universelle* forêt. Au-dessus du village, le sol d'argile retient opiniâtrément les eaux, et forme encore des marécages malsains en automne. — Chaque année les fièvres intermittentes s'établissent dès la fin de juillet, et durent jusqu'en novembre. — Je ne trouvai personne dans cette colonie qui m'eût été précédemment connu; mais comme les Français refusent rarement leur confiance à qui leur témoigne de l'intérêt; j'obtins de trois ou quatre Parisiens qui m'en inspirèrent, des renseignements dont la substance est : « qu'envi-
« ron cinq cents colons, tous artistes ou artisans,
« ou bourgeois aisés et de bonnes mœurs, arri-
« vèrent dans le cours de 1791 et 1792 aux ports
« de New-York, Philadelphie et Baltimore; ils
« avaient payé chacun cinq à six cents livres de
« passage, et leurs voyages par terre, tant en
« France que dans les États-Unis, leur en avaient
« coûté pour le moins autant: ainsi épars sans di-
« rection centrale, sans rassemblement combiné,
« ils s'acheminèrent sur des renseignements pres-
« que vagues vers Pittsburg et le cours inférieur de
« l'Ohio où le terrain était désigné; après bien du
« temps et des frais perdus en fausses routes, ils
« parvinrent à un point géographique, où la com-
« pagnie de Sioto faisait construire des baraques :
« bientôt après, cette compagnie de *Sioto* faillit
« envers la compagnie d'Ohio, vendeur et proprié-
« taire primitif, qui ne se tint point liée par les actes

« de son débiteur, et refusa aux Français la terre
« que déja ils avaient payée : il s'ensuivit un grave
« procès d'autant plus fâcheux pour les colons,
« que leur argent était déja dévoré. Pour comble
« de malheur, les États-Unis étaient en guerre avec
« les *sauvages*, qui contestaient cette partie du
« pays, et qui, fiers d'avoir dissipé l'armée du
« général *Saint-Clair* sur le grand Miami (4 no-
« vembre 1791), bloquèrent les colons de Gallipo-
« lis pendant 1792 et 1793, en enlevèrent quatre
« et en *scalpèrent* un cinquième, qui a survécu à
« cette horrible opération; le découragement s'em-
« para des esprits. — Le plus grand nombre aban-
« donna l'entreprise et se dispersa, partie dans
« le pays peuplé, partie en Louisiane; enfin, après
« quatre ans de vexations et de litiges de toute
« espèce, ceux qui demeurèrent obtinrent de la
« compagnie d'Ohio un terrain de neuf cent douze
« acres pour une nouvelle somme de onze cents
« piastres. — *Cette faveur* fut due surtout à la bien-
« veillance de l'un des membres de la compagnie,
« le fils du général *Putnam*, qui y ajouta un service
« encore plus important pour la communauté,
« celui de refuser l'offre de douze cents piastres
« que firent deux des colons, dans le dessein d'ac-
« caparer le tout, et de rançonner ensuite à leur
« gré leurs infortunés compagnons. — (Quel nom
donner à cette lâche avarice, qui ne sait se faire
de richesse que de la misère d'autrui....?) — Par

« un autre bonheur, à la même époque, le con-
« grès de 1795, mû d'un sentiment de compassion
« et d'équité, décréta un don de vingt mille acres,
« à prendre en face de *Sandy-Creek*, pour ces
« pauvres Français dépouillés : » et cet acte est
d'autant plus digne d'une respectueuse gratitude,
que déja prévalaient dans ce corps les sentiments
d'animosité qui éclatèrent l'année suivante contre
le gouvernement et le peuple français. De ces vingt
mille acres, quatre mille appartiennent à celui ou
à ceux dont les soins avaient promu le don, et le
reste dut se répartir entre quatre-vingt-deux à
quatre-vingt-quatre têtes subsistantes du nombre
premier.

Il n'y avait qu'un an lors de mon passage que
tous ces arrangements venaient d'être conclus, et
déja l'industrie s'était ranimée de manière à faire
sentir et regretter tout ce qu'elle eût opéré, sans
des contre-temps si longs et si cruels; néanmoins,
l'existence des colons était loin d'être agréable ;
chaque famille était obligée de vaquer à tous les
travaux pénibles d'un établissement nouveau; l'on
n'y trouvait qu'à des prix grévants ces bras mer-
cenaires dont l'utilité n'est bien sentie que là où
ils manquent. Il était dur à des gens élevés dans
la vie aisée de Paris, d'être obligés de semer, de
sarcler, de scier le blé, de faire les gerbes, de
les porter au logis, de cultiver le maïs, l'avoine,
le tabac, les melons d'eau ou pastèques, par des

chaleurs de 24 à 28 degrés ; il est vrai que toute culture réussissait à souhait, même le coton; pendant l'automne et l'hiver, la livre de daim coûtait un sou ou six liards; le pain, de deux à quatre sous ; mais l'argent était d'une excessive rareté. L'érable à sucre exploité en février, donnait à quelques familles qui couraient les bois, jusqu'à cent livres de grosse cassonade noire, souvent brûlée, toujours mélasseuse. L'on trouve dans les îles du fleuve une espèce de vigne basse à grain rond, rouge et assez doux, que l'on suppose venue des plants que les Français avaient faits au fort *Duquesne*, et dont les semences ont été répandues par la friandise des ours ; mais son vin, que l'on m'a qualifié de *méchant suréne*, diffère peu de celui des vignes indigènes qui croissent dans les bois jusqu'à soixante pieds de hauteur, et qui ne produisent qu'un raisin noir, petit, dur et sec. Les porcs ont été d'une bonne ressource, et ces colons ont appris des Américains à les préparer si parfaitement, que dans ma route ultérieure je consommai un jambon entier, que je crus avoir été cuit, et qui se trouva être cru et seulement fumé ; quelquefois on les préfère tels, et on a toute raison ; car la partie maigre de leur viande, lorsqu'on ne la sale pas trop, ou qu'on la fait dessaler à point, est reconnue pour être plus légère et moins maladive en pays chaud que la viande de bœuf.

Telle est la situation de la colonie projetée au *Sioto* ; il y a un peu loin de là au bonheur poétique chanté par le *cultivateur américain*, et aux délices de la capitale future de l'*empire d'Ohio* prophétisé par un autre écrivain. Si les faiseurs de pareils romans pouvaient s'entendre panégyriser sur place, sûrement ils se dégoûteraient de ce banal talent de rhétorique, qui dans le cas présent a détruit l'aisance de cinq cents familles. Partout aux États-Unis, j'ai entendu, de la part des Français, des plaintes amères à ce sujet. Cependant, pour être entièrement juste, il faut avouer que tous les torts ne sont pas d'un seul côté; car si l'on observe que plusieurs expériences notoires auraient dû mettre en garde contre la séduction ; qu'en promettant des avantages exagérés, les auteurs n'avaient cependant pas prétendu à une extravagante crédulité, ni exclu les précautions de la prudence ; et si j'ajoute que malgré cet exemple, et depuis mon retour à Paris, il s'est encore trouvé des spéculateurs de ce genre qui n'ont pas désiré, qui ont même évité d'être éclairés, l'on sera obligé de convenir que ce sont les *dupes*, qui à force d'engouement et de niaise crédulité, provoquent et créent l'art des charlatans.

J'aurais voulu emporter l'idée que cette colonie pourrait s'affermir et prospérer ; mais outre le vice radical de sa situation trop mal choisie, il m'a paru que les impressions de découragement avaient encore trop de motifs subsistants pour pouvoir s'effacer; d'ailleurs j'ai cru m'apercevoir dans mes voyages aux États-Unis, que les Français n'ont pas la même aptitude à y former des établissements agricoles, que les immigrants d'Angleterre, d'Irlande et d'Allemagne. — De quatorze à quinze exemples de *farmers* ou *cultivateurs* français que j'ai ouï citer sur le continent, deux ou trois seulement promettaient de réussir ; et quant aux établissements en *masse de villages*, tels que *Gallipolis*, tous ceux que les Français avaient ci-devant entrepris ou formés sur les frontières de Canada ou de Louisiane, et qui ont été abandonnés à leurs seules forces, ont langui et fini par se détruire, tandis que de simples individus irlandais, écossais, ou allemands, s'enfonçant seuls avec leur femme dans les forêts, et jusque sur le sol des sauvages, ont généralement réussi à fonder des fermes et des villages solides. A l'appui de mon opinion ou plutôt des faits, je vais citer l'exemple de la colonie française du *Poste-Vincennes* sur la Wabash, que je visitai après Gallipolis ; — et dans cette visite je portai des dispositions d'autant plus propres à bien observer, qu'outre l'intérêt de la question générale, j'avois l'intérêt particulier et personnel de savoir quel genre d'asile le sol si vanté du Mississipi et de la Haute-Louisiane pouvait, dans un besoin éventuel, offrir à des Français d'Europe amis d'une sage liberté.

ARTICLE IV.

DE LA COLONIE

DU POSTE-VINCENNES

SUR LA WABASH;

Et des colonies françaises sur le Mississipi et le lac Érié.

Ayant descendu l'Ohio par *Preston*, *Washington* (1), *Charleston* (de Kentucky), et par *Cincinnati*, chef-lieu de North-West Territory, j'arrivai à Louisville, distant d'environ trois cent cinquante milles (cent seize lieues) de Gallipolis. Tout cet espace est encore si peu habité, qu'à

---

(1) Il y a plus de soixante endroits divers du nom de Washington aux États-Unis. Il y a aussi une douzaine de Charleston; en général la nomenclature géographique de ce pays est pleine de répétitions de ses propres noms ou de noms d'Europe, par la raison que chaque colon, anglais, irlandais ou écossais, donne à son nouveau séjour le nom de son lieu natal : et l'on peut dire, sous plus d'un rapport, que les États-Unis sont une seconde édition de l'Angleterre; mais cette copie est tirée sur un bien plus grand format que l'original. On en jugera dans un siècle.

peine put-on me montrer cinq villages et huit fermes en embryon. Louisville est un lieu de Kentucky d'environ cent maisons, situé deux milles au-dessus des *falls* ou *chutes* d'Ohio, qui sont seulement des *rapides* que l'on me fit franchir en canot. Pendant huit jours j'y attendis la formation d'une caravane de quatre à cinq cavaliers, nécessaire pour traverser trente-six à quarante lieues de forêts et de *prairies*, si parfaitement désertes, qu'on n'y trouve pas une cabane pour gîter. Après trois jours de marche forcée, nous arrivames le 2 août 1796 au village louisianais, nommé *Poste-Vincennes*, sur la rivière *Wabash*; l'aspect du local est une *prairie* irrégulière d'environ trois lieues de long sur une de large, bordée de tous côtés de l'*éternelle* forêt, parsemée de quelques arbres et d'une grande quantité de plantes à ombelle, hautes de trois à quatre pieds; des champs de maïs, de tabac, de blé, d'orge, de pastèques, même de coton, entourent le village, composé d'une cinquantaine de maisons, dont la blancheur égaie la vue après la longue monotonie des bois. Ces maisons sont rangées sur la rive gauche de *la Wabash*, qui est large d'environ cent toises, et qui en basses eaux est inférieure de vingt pieds au sol du village. Ici il n'y a pas de banquettes comme sur l'Ohio; au contraire, la berge forme une espèce de digue avec talus, dominant de plusieurs pieds le niveau de la prairie. Ce talus est l'ouvrage des débordements successifs de *la Wabash*. Chaque maison, selon la bonne coutume canadienne, est isolée de toute autre, et environnée de sa cour et de son jardin, clos de palissades. Mon œil fut réjoui de la vue des pêchers chargés de fruits, mais attristé de celle de l'odieux *stramonium*, qui foisonne universellement aux lieux habités depuis Gallipolis et plus haut. Attenant au village et à la rivière, est un enclos fermé de pieux pointus de six pieds de hauteur; un fossé de huit pieds de large au plus règne tout autour : cela s'appelle un *fort* ; et en effet, c'en est assez pour se défendre d'un coup de main des sauvages.

J'étais adressé à l'un des principaux propriétaires né hollandais, parlant bien français ; je reçus chez lui pendant dix jours, tous les bons offices d'une hospitalité aisée, simple et franche. Le lendemain de mon arrivée, il y avoit audience des juges du canton ; je m'y rendis pour faire mes observations sur le physique et le moral des habitants rassemblés. Dès mon entrée, je fus frappé de voir l'auditoire partagé en deux races d'hommes totalement divers de visage et d'habitude de corps; les uns ayant les cheveux blonds ou châtains, le teint fleuri, la figure pleine, et le corps d'un embonpoint qui annonçait la santé et l'aisance ; les autres ayant le visage très-maigre, la peau hâve et *tannée*, et tout le corps comme exténué de jeûne, sans parler des vêtemens qui annonçaient la pauvreté. Je reconnus bientôt que ces derniers étaient les colons français établis depuis environ soixante ans dans ce lieu, tandis que les premiers étaient des colons américains qui depuis quatre à six ans seulement y avaient acheté des terres qu'ils cultivaient. Les Français, à la réserve de trois ou quatre, ne savaient point l'anglais; les Américains, presqu'en totalité, ne savaient guère plus de français; comme j'avais appris, depuis un an, assez d'anglais pour converser avec eux, j'eus l'avantage, pendant mon séjour, d'entendre les récits et les rapports des deux parts. (*Extrait de mon Journal.*)

« Les Français, lamentant leur détresse, me
« racontèrent que depuis quelques années, et
« particulièrement depuis la dernière guerre des
« sauvages (1788), la fortune avait pris à tâche de
« les accabler de pertes et de privations; aupa-
« ravant, et depuis la paix de 1763, époque de
« la cession du Canada à l'Angleterre, et de la
« Louisiane à l'Espagne; ils avaient joui sous la
« protection de cette dernière puissance d'un degré
« et d'un genre singulier de bien-être. Presque
« abandonnés à eux-mêmes, au sein des déserts,
« éloignés de soixante lieues du plus prochain
« poste sur le Mississipi, sans charge d'impôts,
« en paix avec les sauvages, ils passaient la vie
« à chasser, à pêcher, à faire la traite des pelle-

« teries, à cultiver quelques grains et quelques
« légumes pour le besoin de leurs familles. Plu-
« sieurs d'entr'eux avaient épousé des filles de sau-
« vages, et ces alliances avaient consolidé l'amitié
« des tribus environnantes. Le *Poste* avait compté
« jusqu'à trois cents habitants. Pendant la guerre
« de l'indépendance, l'heureux éloignement où
« ils étaient de son théâtre les préserva long-temps
« d'y être compromis ; mais vers 1782, sur des
« motifs bien ou mal fondés, un officier kento-
« kois ayant dirigé contre eux un petit corps, ils
« furent pillés, et leurs bestiaux, richesse prin-
« cipale, dévorés et enlevés. Le traité de 1783
« annexa leur colonie aux États-Unis, et sous ce
« régime ils commencèrent de réparer leurs pertes.
« Malheureusement, vers 1788, des hostilités se
« déclarèrent entre les sauvages et les Américains.
« Il fut dur d'opter entre deux amis ; mais le de-
« voir comme la prudence les ayant joints aux
« Américains, les sauvages commencèrent contre
« eux une guerre d'autant plus cruelle, qu'elle
« fut celle d'une amitié déçue et irritée. Les bes-
« tiaux furent tués, le village bloqué, et pendant
« plusieurs années, à peine les habitants purent-
« ils cultiver à la portée du fusil ; des réquisitions
« militaires vinrent se joindre à ces calamités ;
« cependant en 1792, le congrès, ému de pitié,
« donna quatre cents arpents à chaque tête contri-
« buable, et cent arpents de plus à chaque homme

« de milice. C'eût été la fortune de familles amé-
« ricaines ; ce ne fut pour ces colons, plutôt chas-
« seurs que cultivateurs, qu'un don passager que
« sans prudence, sans lumières, ils vendirent
« chacun moins de deux cents livres à des Amé-
« ricains ; encore ceux-ci les payèrent-ils en toiles
« et autres marchandises leur rapportant vingt et
« vingt-cinq pour cent de bénéfice. Ces terres,
« de qualité excellente, se vendaient déja en 1796,
« deux dollars l'arpent (total, 2000 livres au lieu
« de 200 livres), et j'oserais assurer qu'aujourd'hui
« elles en valent dix. Ainsi réduits la plupart à
« leurs jardins ou au terrain le plus indispensable,
« les habitants du *Poste* n'ont plus eu pour vivre
« que le secours de leurs fruits, de leurs légumes,
« des pommes de terre, du maïs, et très-rare-
« ment quelque viande de chasse. Il n'est donc pas
« étonnant qu'ils soient devenus maigres comme
« des Arabes. — Ils crient à la supplantation, à la
« spoliation, et surtout ils se plaignent qu'en tout
« procès et contestation, étant jugés par des lois
« américaines qu'ils n'entendent pas, et par cinq
« juges, dont deux français n'entendent que mé-
« diocrement les lois et la langue, il leur est im-
« possible de soutenir la concurrence. Les Amé-
« ricains repoussent ces reproches par ceux de
« l'ignorance, du défaut de toute industrie et d'une
« indolence *indienne*. Il est vrai que cette igno-
« rance est extrême en tout genre ; jamais dans

« ce village il n'avait existé d'école avant que la
« révolution française y eût poussé M. l'abbé R....
« que j'y trouvai missionnaire, et missionnaire
« poli; instruit; bien élevé, et, chose admirable!
« *tolérant*. Sur quatre-vingt-dix têtes françaises, à
« peine en pouvait-on citer six qui sussent lire et
« écrire; tandis que parmi les Américains, sur cent
« individus, hommes ou femmes, quatre-vingt-
« dix au moins savent l'un et l'autre. Le langage
« de ces Français n'est pas un patois comme on
« me l'avait dit, mais un français passable, mêlé
« de beaucoup de termes et de locutions de sol-
« dat. Cela devait être ainsi; tous ces postes ayant
« été primitivement fondés ou habités en ma-
« jeure partie par des troupes; le régiment de
« Carignan a servi de souche au Canada: Je vou-
« lus savoir l'époque de fondation et l'histoire pre-
« mière du Poste-Vincennes; mais en dépit de l'au-
« torité et du crédit que quelques savants attri-
« buent aux traditions, à peine pus-je tirer quel-
« ques notions précises sur la guerre de 1757,
« quoiqu'il y ait là des vieillards de temps anté-
« rieur. Ce n'est que par aperçu que je suppose
« l'origine première vers 1735. »

De leur côté, les colons américains me confir-
mèrent la plupart de ces récits; mais envisageant
les faits sous un autre point de vue « Si les *Ca-*
« *nadiens* (1), me dirent-ils, se trouvent dans une

---

(1) C'est le nom que les Américains donnent à tous les ha-

« fâcheuse situation, ce n'est pas à nous, c'est à
« eux mêmes ou à leur gouvernement qu'ils en
« doivent adresser le reproche. Ce sont, il est
« vrai, de bonnes gens, hospitaliers et sociables;
« mais il sont d'une ignorance, d'une paresse
« demi-sauvages ; ils n'entendent rien en affaires
« ni domestiques, ni civiles, ni politiques; leurs
« femmes ne savent ni coudre, ni filer, ni faire
« du beurre : elles perdent tout leur temps à voi-
« siner, à babiller, et la maison reste sale et en
« désordre. Les maris n'ont de goût que pour la
« chasse, la pêche, les voyages de long cours, et
« une vie toute dissipée. Ils ne font jamais comme
« nous des provisions d'une saison à l'autre ; ils
« ne savent ni saler, ni fumer le porc, le daim,
« ni faire la bière, le *saour-crout*, ni distiller le
« blé ou les pêches, toutes choses *capitales* pour
« un cultivateur. S'ils ont quelques denrées ou
« marchandises, ils veulent, pour s'indemniser
« de la petite quantité, les vendre quinze et vingt
« pour cent plus cher que nous qui avons abon-
« dance ; et tout leur argent s'en va en achats de
« babioles, de futilités, et en amourettes de *sau-*
« *vagesses*, espèce de filles aussi coquettes et bien
« plus gaspilleuses que les blanches : de même
« tout leur temps se consume en causeries, en

---

bitants français des postes de leur frontière à l'ouest et au
nord.

« narrations interminables d'aventures insigni-
« fiantes, et en courses *à la ville* (1) pour voir
« leurs amis. Lorsque la paix de 1783 rendit ces
« habitans *citoyens* des États-Unis, au lieu de *su-*
« *jets* du roi d'Espagne qu'ils étaient, leur pre-
« mière demande fut celle d'un *officier comman-*
« *dant;* et ils eurent toute la peine possible à
« comprendre ce que c'était qu'une administra-
« tion municipale, choisie par eux et dans leur
« sein. Aujourd'hui même ils n'ont pas de sujets
« capables de la former. Ils ne veulent pas ap-
« prendre notre langue ; et nous, qui sommes
« les maîtres du pays, nous ne sommes pas faits
« pour apprendre celle d'une peuplade de quatre-
« vingts à quatre-vingt-dix personnes qui demain
« se dégoûteront et s'en iront en Louisiane, et
« qui feront bien ; car avec leur peu d'industrie,
« ils sont incapables de soutenir notre concur-
« rence, etc. »

D'après les récits des Américains et des *Cana-*
diens, pareil état de choses a lieu dans les établissements illinois et de la Haute-Louisiane ; le
découragement, l'apathie, la misère, règnent
également chez les colons français de Kaskaskias,
de Cahokias, de la Prairie du Rocher, de Saint-

---

(1) C'est-à-dire *à la Nouvelle-Orléans*, distante de près de
cinq cents lieues par le fleuve. Au Poste-Vincennes on dit d'un
homme qui va à la Nouvelle-Orléans, *il va en ville*, comme
si l'on était dans le faubourg.

Louis, etc.; la nature du gouvernement y a contribué d'une part, en ce que le régime, d'abord français, puis espagnol, étant purement militaire, l'officier commandant est un véritable aga ou pacha, qui donne, vend, ôte à son gré les priviléges d'entrée, de sortie, d'achat et d'accaparement de denrées; en sorte qu'il n'existe aucune liberté, ni de commerce, ni de propriété, et que pour deux ou trois maisons riches, la totalité des habitans est dénuée et pauvre. C'est absolument le régime turk, au sabre près; car j'aime à rendre cette justice aux Espagnols de nos jours, que leur gouvernement n'est pas sanguinaire comme ci-devant.

D'autre part, les mœurs et les habitudes des premiers colons ont été une cause originelle et fondamentale de non-succès et de ruine : soldats dans le principe, ou contraints de le devenir par leurs guerres avec les voisins, ces colons ont été conduits par la nature des choses à préférer une vie tour-à-tour agitée et dissipée, indolente et oiseuse, comme celle des sauvages, à la vie sédentaire, active et patiente des laboureurs Anglo-Américains. Aussi, lorsque dans ces dernières années, ceux-ci ont pu s'introduire dans les établissemens illinois sur la rive gauche du Mississipi, qui dépendent d'eux, leur industrie y a pris un tel ascendant, qu'en cinq ou six ans ils sont devenus les acquéreurs et les possesseurs de la majeure partie des villages. Les anciens colons en détresse leur ont vendu à vil prix, comme au Poste-Vincennes, leurs inutiles possessions ; et tel a été le progrès de leur supplantation, qu'en 1796, le village de Kaskaskias, presque en son entier, appartenait à la seule maison E...., et que la maison V...... possédait ailleurs 60,000 acres d'excellentes terres. Sur la rive droite du Mississipi, *terrain espagnol*, quelques Américains se sont liés avec les plus riches maisons du pays, et déja, par ce moyen, ils sont devenus négociants et propriétaires principaux. D'autre part, le gouvernement espagnol, pour donner de la valeur à ses terres, ayant adopté la mesure de les concéder à des Américains qui se *naturalisent*, ces Américains supplantent en commerce, en agriculture, en industrie, en activité, les colons français qui se retirent peu à peu devant eux, et passent en Canada ou en Basse-Louisiane. Deux de mes quatre compagnons de voyage Kentockois se rendaient ainsi au Missouri pour s'y établir ; ils me dirent que déja plus de huit cents Américains étaient fixés dans le pays, et que si l'on continuait d'afféager des terres, il y passerait sous trois ans quatre ou cinq milles familles du Kentucky, où les terres sont devenues trop chères, et où les titres de propriété ont été de tout temps trop sujets à procès.

J'avais eu l'intention de passer avec eux jusqu'à

Saint-Louis, distant de soixante-dix lieues du Poste-Vincennes; mais plusieurs inconvénients m'en détournèrent. Je me contentai de prendre note des faits que m'attestèrent plusieurs témoins oculaires qui, cette année même, et dans les quatre précédentes, avaient visité les lieux ; d'après ces informations, il y a du Poste-Vincennes au *Kas* (c'est-à-dire Kaskaskias), quarante-trois heures de marche (1), estimées par M. Arrow Smith

---

(1) Je joins l'itinéraire qui m'a été communiqué comme chose très-connue. L'on y remarquera le peu d'accord qu'il y a entre les lieues et les heures, et la trivialité des dénominations canadiennes, indice du caractère et des mœurs des gens qui les ont imposées.

Itinéraire du Poste-Vincennes à Kaskaskias.

	lieues ou	heures
Jusqu'au ruisseau *Ombra*...............	3	2
De là à l'Orme au milieu d'une prairie......	4 1/2	3
De là à la rivère du Chat................	4 1/2	3
De là au Joug.........................	5	3
A la Saline...........................	2	1 1/2
Au poteau de l'Esclave................	5	3
A la grosse Pointe....................	5	2 1/2
A la Cafetière........................	4	2
A l'Écorce jaune......................	5	3
A la Pointe au Noyer (un joli ruisseau)...	5	2 1/2

Après ce ruisseau est une chaussée détruite de castors : on prend à un carrefour le sentier gauche qui abrége ; mais l'on est sans eau pendant cinq lieues ; on rejoint à la pointe aux Fesses.

43	25 1/2

environ cent soixante milles. Le pays, à partir du ruisseau *Ombra*, à trois lieues du Poste, n'est plus une forêt continue, mais une *prairie* tartare, clair-semée en quelques endroits de petits bouquets de bois, plate, nue, venteuse et froide en hiver : elle est garnie en été de plantes hautes et fortes qui froissent tellement les jambes du cavalier dans l'étroit sentier où l'on marche, que l'aller et le venir usent une paire de bottes. Les eaux y sont rares, et l'on peut s'y égarer, comme l'avait fait un de mes compagnons qui, lui troisième, y avait erré dix-sept jours trois ans auparavant. Les orages, les pluies, les mouches, les taons y sont excessivement incommodes en été. Il y a cinq ans, l'on ne traversait point ces prairies sans voir des troupes de quatre à cinq cents buffles ; aujourd'hui il n'en reste plus : ils ont passé le Mississipi à la nage, importunés par les chasseurs, et surtout par les sonnettes des vaches

---

	lieues ou	heures
D'autre part.	43	25 ½
De la Pointe au Noyer à la Chaussée.	1 ½	1
Au Fevier.	4	2
A la Pointe aux Fesses.	5	3
A la prairie du Trou.	5	3
A la Grande Côte.	5	3
A l'Épronier.	4	2
Au Kas.	6	4
	73 ½	43 ½

américaines.. A. l'extrémité de ces prairies, près du Mississipi, est le village de *Kas*, situé en vallée excessivement chaude; il est tellement ruiné qu'il n'y reste pas douze familles *canadiennes*, et cependant en 1764, le colonel *Bouquet* y comptait quatre cents têtes : en face, à l'autre bord du fleuve, était ci-devant *Sainte - Geneviève*, assez gros village cité pour sa saline : le Mississipi, dans ses débordements, l'a totalement balayé : les habitants se sont retirés à deux milles de là, sur des hauteurs, où ils vivent dans des maisons à pans de bois, chacun sur sa terre. Cinq lieues au-dessus du *Kas* et du même côté, était le fort de *Chartres*, construit en murailles, avec une magnificence extraordinaire : le terrible fleuve l'a pareillement renversé; il attaque déja un bastion de la *Nouvelle-Madrid*, établissement formé en 1791, en face de l'embouchure d'Ohio, à cent toises du Mississipi qui en a miné le pied de manière qu'aux premières pluies, une forte partie s'éboulera. Ce grand, ce magnifique Mississipi, vanté comme une terre promise par M. B...., est un très-mauvais voisin ; fort d'une masse d'eaux boueuses et jaunâtres, large de mille à quinze cents toises, que chaque année il fait déborder de vingt-cinq pieds perpendiculaires, il va poussant cette masse à travers un terrain meuble de sable et d'argile ; il forme des îles et les détruit; charrie des arbres qu'ensuite il bouleverse; varie sa route à travers les obstacles qu'il se donne, finit par vous atteindre à des distances où vous ne l'auriez jamais soupçonné : semblable en ceci à la plupart des grands agens de la nature, volcans, orages, etc., qui sans doute sont admirables, mais que la prudence conseille de n'admirer qu'à distance : ajoutez que ses rives chaudes et humides sont très-fiévreuses pendant l'été et l'automne. Tel est le cas du village de la *Prairie du Rocher*, où l'on compte dix familles ; et tel celui de *Cahokias* ou *Caho*, qui n'a pas plus de quarante feux, au lieu de quatre-vingts qu'il avait en 1790 : en face de *Caho* (rive droite), est *Saint-Louis* ou *Pancore*, ville ou bourg de soixante-dix maisons rassemblées, ayant un beau et utile fort en pierre, de deux acres de superficie, avec seulement cinq ou six familles riches, sur cinq cents têtes blanches d'un peuple pauvre, indolent et fiévreux. Ces cinq ou six familles possèdent le peu qu'il y a d'esclaves noirs, et elles les traitent avec douceur ; les lois espagnoles sur les noirs dans la Louisiane, sont les plus douces de tous les codes européens. Cela n'empêcha pas qu'il n'y eût, de la part de ces Africains, en 1791, une insurrection en *Basse*-Louisiane ; et cette insurrection fut cause qu'ayant fait armer dans la *Haute* tous les blancs enregistrés, l'on connut que leur nombre précis était de cinq cents. M. le colonel *Sargent*, secrétaire-général du North-West-

Territory, homme d'un esprit distingué, qui, dans l'année 1790, inspecta les établissements de la rive gauche, dits *illinois*, m'a attesté que la totalité des familles françaises n'excédait pas cent cinquante ; ainsi toute la ci-devant *Haute*-Louisiane ne peut s'estimer à sept cents hommes de milice, c'est-à-dire à plus de deux mille cinq cents têtes françaises.

Ces récits, je l'avoue, sont très-différents de ceux que l'on a faits à Paris dans ces derniers temps, où l'on représentait ce pays comme un empire bientôt florissant. Mais je les tiens de plusieurs témoins oculaires sans intérêt de *spéculation de terres ou d'emplois*, et je les raconte impartialement, comme j'ai fait de l'Égypte et de la Syrie, sans prétendre empêcher qu'on aille les vérifier. Je me trouve trop bien de mon système pour le changer.

Ce dépérissement général des établissements français sur les frontières de la Louisiane et même du Canada (1), comparé à l'accroissement non moins général de ceux des Anglo-Américains, a été pour moi un sujet fréquent de méditation, afin de connaître les causes d'une issue si diverse dans

---

(1) Par exemple, au *Fort Détroit*, le caractère ne diffère pas de celui que je viens de citer ; et lorsque j'y passai en septembre suivant, le plus grand nombre des Français parlait de se retirer sur le terrain *du Roi (Georges)*, plutôt que de se former au régime *municipal* et laborieux des Américains.

des circonstances semblables de sol et de climat. Croire avec quelques personnes que les Français ne supportent pas bien ce climat, est un moyen d'explication que je ne puis admettre; car l'expérience a convaincu tous les officiers et médecins de l'armée *Rochambeau*, que le tempérament français résiste mieux au froid, au chaud, aux variations et aux fatigues que le tempérament anglo-américain. Il paraît que notre fibre a plus d'élasticité et de *vie* que la leur; et la balance penche encore en notre faveur par le vice de leur régime diététique que j'ai exposé, et par l'abus des spiritueux auxquels ils sont presque aussi adonnés que les sauvages. On a remarqué, dans l'expédition du général Wayne et dans d'autres, que les buveurs d'eau-de-vie résistent moins que les buveurs d'eau : et quant aux sauvages, l'on sait que l'eau-de-vie va extirpant leur race bien plus activement que la guerre et la petite-vérole.

En analysant ce sujet très-digne d'intérêt, il m'a paru que les véritables raisons de la différence d'issue se trouvaient dans la différence des moyens d'exécution et de l'emploi du temps ; c'est-à-dire, de ce qu'on nomme *habitudes* et *caractère national*; or, ces habitudes et ce caractère ont pour causes principales le système d'éducation domestique et la nature du gouvernement, l'un et l'autre plus puissans que le fond même du tempérament physique. Quelques traits comparés de la vie journalière des colons des deux peuples, rendront sensible la vérité de cette opinion.

Le colon américain de sang anglais ou allemand, naturellement froid et flegmatique, calcule à tête reposée un plan de ferme; il s'occupe sans vivacité, mais sans relâche, de tout ce qui tend à sa création ou à son perfectionnement. Si, comme quelques voyageurs lui en font le reproche, il devient paresseux, ce n'est qu'après avoir acquis ce qu'il a projeté, ce qu'il considère comme nécessaire ou suffisant.

Le Français, au contraire, avec son activité pétulante et inquiète, entreprend par passion, par engouement, un projet dont il n'a calculé ni les frais, ni les obstacles ; plus ingénieux peut-être, il raille son rival allemand ou anglais, sur sa lenteur, qu'il compare à celle des bœufs ; mais l'Anglais et l'Allemand lui répondent avec leur froid bon sens, que, pour le labourage, la patience des *bœufs* convient mieux que la fougue de *coursiers* fringants et piaffants ; et en effet, il arrive souvent qu'après avoir commencé et défait, corrigé et changé, après s'être tourmenté l'esprit de désirs et de craintes, le Français finit par se dégoûter et par tout abandonner.

Le colon américain, lent et taciturne, ne se lève pas de très-grand matin; mais une fois levé, il passe la journée entière à une suite non interrompue de travaux utiles : dès le déjeuner, il donne froidement des ordres à sa femme, qui les reçoit avec timidité et froideur, et qui les exécute sans contrôle. Si le temps est beau, il sort et laboure, coupe des arbres, fait des clôtures, etc.; si le temps est mauvais, il inventorie la maison, la grange, les étables, raccommode les portes, les fenêtres, les serrures, pose des clous, construit des tables ou des chaises, et s'occupe sans cesse à rendre son habitation sûre, commode et propre. — Avec ces dispositions se suffisant à lui-même, s'il trouve une occasion, il vendra sa ferme pour aller dans les bois, à dix et vingt lieues de la frontière, se faire un nouvel établissement; il y passera des années à abattre des arbres, à se construire d'abord une hutte, puis une étable, puis une grange; à défricher le sol, à le semer, etc.; sa femme, patiente et sérieuse comme lui, le secondera de son côté, et ils resteront quelquefois six mois sans voir un visage étranger; mais au bout de quatre ou cinq ans, ils auront conquis un terrain qui assure l'existence de leur famille.

Le colon français, au contraire, se lève matin, ne fût-ce que pour s'en vanter; il délibère avec sa femme sur ce qu'il fera, il prend ses avis; ce serait miracle qu'ils fussent toujours d'accord : la femme commente, contrôle, conteste; le mari insiste ou cède, se fâche ou se décourage : tantôt la maison lui devient à charge, et il prend son fusil, va à la chasse ou en voyage, ou causer avec ses voisins. Tantôt il reste chez lui, et passe le temps à causer de bonne humeur, ou à quereller et gronder. Les voisins font des visites ou en rendent; voisiner et causer sont, pour des Français, un besoin d'habitude si impérieux, que sur toute la frontière de la Louisiane et du Canada l'on ne saurait citer un colon de cette nation, établi hors de la portée et de la vue d'un autre : en plusieurs endroits, ayant demandé à quelle distance était le colon le plus écarté : « Il « est dans le désert, me répondait-on, avec les « ours, à une lieue de toute habitation, *sans* « *avoir personne avec qui causer.* »

Ce trait, lui seul, est l'un des plus caractéristiques et des plus distinctifs des deux nations ; aussi, plus j'y ai réfléchi, plus je me suis persuadé que le silence domestique des Américains, ce qui s'entend aussi des Anglais, des Hollandais et des autres peuples du nord dont ils dérivent, est l'une des causes les plus radicales de leur industrie, de leur activité, de leur réussite en agriculture, en commerce, en arts ; avec le silence ils concentrent leurs idées et se donnent le loisir de les combiner, de faire des calculs exacts de leurs dépenses et de leurs rentrées; ils acquièrent plus de netteté dans la pensée, et par suite, dans l'expression ; d'où résulte plus de précision et d'aplomb dans tout leur système de conduite pu-

blique ou privée. Par inverse, avec la causerie et le perpétuel caquet domestique, le Français évapore ses idées, les soumet à la contradiction, suscite autour de lui des tracasseries féminines, des médisances et des querelles de voisins, et finit par avoir gaspillé son temps sans résultats utiles à lui et à sa famille. L'on croit que ces détails sont des bagatelles ; mais ils sont l'emploi *du temps* ; et le temps, comme l'a dit *Franklin*, est *l'étoffe dont nous fabriquons la vie.* Il faut que cette dissipation morale et physique ait une efficacité particulière à rendre l'esprit superficiel; car, ayant plusieurs fois questionné des *Canadiens de frontière* sur des distances de lieux et de temps, sur des mesures de grandeur ou de capacité, j'ai trouvé qu'en général ils n'avaient pas d'idées nettes et précises ; qu'ils recevaient les sensations sans les *réfléchir ;* enfin, qu'ils ne savaient faire aucun calcul un peu compliqué. « Il y a, me disaient-
« ils., d'ici à tel endroit, la distance d'une ou de
« deux *fumées* de pipe; l'on peut ou l'on ne peut
« pas y arriver entre deux soleils, etc. » Tandis qu'il n'est pas de colon américain qui ne réponde avec précision sur le nombre des milles, des heures ; sur les grandeurs en pieds et *yards*, sur les poids en livres ou gallons, et qui ne fasse très-bien un calcul composé de plusieurs éléments actuels ou contingents : or, ce genre de science pratique a des conséquences très-importantes et

très-étendues sur toutes les opérations de la vie; et ce qui pourra surprendre, il est bien moins répandu chez le peuple français, même d'Europe, qu'on ne serait porté à le penser.

L'on pourra dire, comme je l'ai ouï assez souvent, que ce besoin de conversation ou de causerie, est un effet de la *vivacité du sang*, et d'une gaieté expansive de tempérament et d'esprit ; mais si j'en juge par ma propre expérience, il est bien plutôt un produit factice de l'*habitude* et de l'*opinion*; étant allé en Turkie, *causeur comme un Français*, j'en revins après trois ans de résidence, *silencieux comme un musulman*; de retour en France, je repris aisément mes habitudes natives; mais à peine eus-je vécu quelques mois aux États-Unis, que je contractai de nouveau la taciturnité américaine qui a encore disparu depuis que je suis revenu en France ; et je remarque que l'empire de ces *habitudes nationales* est d'autant plus puissant et plus subjuguant, qu'il est fondé sur des préjugés d'amour-propre et de *bon ton social*; chez les Turks et chez les Américains, parler beaucoup est un attribut de basse classe, un signe de peu d'éducation ; tandis que chez les Français, se *taire* est une affectation de *morgue* et de *hauteur; entretenir* est un témoignage d'esprit et de politesse ; et l'on manque de l'un ou de l'autre si *on laisse tomber la conversation*.

C'est encore par un préjugé de ce genre, né de

l'éducation et de l'opinion, que souvent les Français taxent d'immoralité la facilité avec laquelle les Américains vendent et abandonnent leur sol natal ou acquis et amélioré par leurs soins, pour aller s'établir dans un autre ; car l'on ne voit pas quel genre de moralité il peut y avoir à rester dans un lieu où l'on ne se trouve pas bien ; mais quand on remonte à l'origine de cette idée, l'on découvre qu'elle a été inventée par les lois et entretenue par les gouvernants d'un peuple primitivement serf. Enchaîner les hommes à leur glèbe par des préjugés d'affection, fut de tout temps le but secret ou découvert d'une politique oppressive, et craintive de perdre sa proie. Or, comme ce fut pour rompre de telles chaînes religieuses et civiles, que les Américains émigrèrent d'abord, il ne serait pas étonnant que l'*émigration*, en devenant pour eux un besoin d'habitude, ne réunît encore à leurs yeux le charme d'user de leur liberté. Au reste, les effets en sont et en seront bien autrement utiles à la civilisation du monde que l'esprit végétatif des peuples sédentaires, qui préfèrent de se consumer chez eux d'oisiveté et de guerres, à s'en aller former au loin de brillantes et utiles colonies.

Ce serait peut-être ici le lieu de rechercher l'origine des *habitudes taciturnes* ou *causeuses* des deux nations dont je m'occupe ; d'examiner quelle analogie existe entre un ciel habituellement brumeux, sombre, et un tempérament mélancolique et sérieux ; si un temps froid et humide porte au *spleen*, par quelque action physique sur les nerfs et sur les entrailles : si, par inverse, un ciel clair, un soleil brillant, portent à la gaieté, par un effet stimulant du fluide lumineux sur le fluide nerveux, électrique comme lui ; mais parce qu'une telle question, traitée sous tous ses aspects, se compliquerait d'une foule d'éléments divers ; qu'il faudrait discuter pourquoi des peuples méridionaux, tels que les *Indous*, les *Turks*, les *Espagnols*, sont aussi *taciturnes* que des peuples septentrionaux ; pourquoi en Angleterre même les habitans des villes très-actives, telles que Londres, ne sont pas moins causeurs que des Français ; pourquoi dans ces derniers temps nous-mêmes avions cessé de l'être, selon la remarque des étrangers ; pourquoi dans tous les pays les femmes le sont plus que les hommes, et les esclaves plus que les libres ; parce qu'enfin il faudrait analyser ce qu'on entend par *nation* ; voir si chaque classe, chaque profession n'a pas un caractère moral propre, et si le caractère général politique est autre chose que celui de la classe ou des individus qui gouvernent ; je me bornerai à dire que les prétendus principes généraux, hâtivement posés par quelques écrivains politiques, sont en grande partie démentis par une analyse exacte des faits ; et que le climat et le tempérament, alors même qu'ils sont une cause physique primordiale du *caractère* d'un peuple, sont soumis à une cause postérieure et secondaire encore plus énergique, l'action des gouvernements et des lois qui ont la faculté de violenter nos actions, de créer des habitudes nouvelles et contraires aux anciennes, et par là de changer le *caractère* des nations, ainsi que l'histoire en fournit de nombreux exemples. Le sujet que j'ai traité dans les deux articles précédents m'en fournirait un lui-même; car en étudiant les mœurs des colons de Gallipolis et du Poste-Vincennes, j'ai trouvé des différences remarquables à beaucoup d'égards, et je me suis clairement aperçu que les Français de Louis XIV et de Louis XV, avec leurs idées féodales et chevaleresques, étaient de beaucoup inférieurs en industrie, en idées de police, à la génération qui, depuis 1771, a reçu l'impression de tant d'idées libérales en organisation sociale. J'ai vivement regretté que cette colonie de Sioto, précieuse par la moralité et l'industrie de ses membres, n'ait pas été dirigée dès le principe vers la Wabash ou vers le Mississipi : l'addition de ses moyens à ceux des anciens colons y eût formé une masse capable de se défendre de l'invasion des Sauvages et des agioteurs américains, et eût pu devenir un noyau de ralliement pour d'autres Français prévoyants, et désireux de laisser à leurs enfants un héritage de liberté et de paix.

ARTICLE V.

OBSERVATIONS GÉNÉRALES

SUR LES INDIENS (1) OU SAUVAGES

DE L'AMÉRIQUE-NORD,

Suivies d'un vocabulaire de la langue des *Miâmis*, tribu établie sur la *Wabash*.

Mon séjour au Poste -Vincennes me fournit l'occasion d'observer les Sauvages, que j'y trouvai rassemblés pour vendre le produit de leur chasse *rouge* (2); on portait leur nombre à quatre ou cinq cents têtes de tout âge, de tout sexe, et de diverses nations ou tribus, telles que les

---

(1) Les Américains, d'après les Anglais, désignent les Sauvages par le nom d'*Indian*, qu'ils prononcent presque *indigène :* et ils feraient mieux de s'en tenir à ce dernier terme ; car il est bizarre d'avoir donné le nom des habitants de l'Indus d'abord à ceux de l'Amazone, puis de toute l'Amérique ; et cela par suite de la méprise de l'un des premiers navigateurs portugais, qui, voulant se rendre dans l'Inde, s'écarta si fort à l'ouest, qu'il se trouva au Brésil, à qui, pour se consoler, il donna le nom d'*Inde occidentale.*

(2) Les Sauvages appellent *peau rouge* celle de daim, dont la chasse tombe en juillet et août.

24.

Ouyas, les *Péouryas,* les *Sakis*, les *Piankichas*, les *Miâmis*, etc., tous vivant sur la haute Wabash. C'était la première fois que je voyais à loisir cette espèce d'hommes déja devenue rare à l'est des Alleghanys : leur aspect fut pour moi un spectacle nouveau et bizarre. Imaginez des corps presque nus, bronzés par le soleil et le grand air, reluisants de graisse et de fumée ; la tête nue, de gros cheveux noirs, lisses, droits et plats ; le visage masqué de noir, de bleu et de rouge, par compartimens ronds, carrés, losanges ; une narine percée pour porter un gros anneau de cuivre ou d'argent ; des pendeloques à trois étages tombant des oreilles sur les épaules, par des trous à passer le doigt ; un petit tablier carré couvrant le pubis, un autre couvrant le coccyx, tous deux attachés par une ceinture de ruban ou de corde ; les cuisses et les jambes tantôt nues, tantôt garnies d'une longue guêtre d'étoffe (1) ; un chausson de peau fumée aux pieds ; dans certains cas, une chemise à manches larges et courtes, bariolée ou chinée de bleu, de blanc, flottante sur les cuisses ; par dessus elle une couverture de laine ou un morceau de drap carré jeté sur une épaule, et noué sous le menton ou sous l'autre aisselle : s'il y a prétention de parure pour

---

(1) En Anglais, *leguins* (*jambières*) : les chaussons s'appellent *mocassons*.

guerre ou pour fête, les cheveux sont tressés, et les tresses garnies de plumes, d'herbes, de fleurs, même d'osselets : les guerriers portent autour de l'avant-bras de larges colliers de cuivre ou d'argent, ressemblants aux colliers de nos chiens, et autour de la tête des diadèmes formés de boucles d'argent et de verroterie : à la main, la pipe ou le couteau, ou le casse-tête, et le petit miroir de toilette dont tout sauvage use avec plus de coquetterie pour admirer *tant de charmes*, que la plus coquette petite-maîtresse de Paris. Les femmes, un peu plus couvertes sur les hanches, diffèrent encore des hommes, en ce qu'elles portent, presque sans cesse, un ou deux enfants sur le dos, dans une espèce de sac, dont les bouts se nouent sur leur front. Qui a vu des bohémiennes et des bohémiens a des idées très-rapprochées de cet attirail.

Telle est l'esquisse du tableau, et je le montre du beau côté. Car si l'on veut le voir tout entier, il faut que j'ajoute que, dès le matin, hommes et femmes vaguaient dans les rues avec le but unique de se procurer de l'eau-de-vie ; que vendant d'abord les peaux de leur chasse, puis leurs bijoux, puis leurs vêtements, ils quêtaient ensuite comme des mendiants, ne cessant de boire jusqu'à perte absolue de facultés. Tantôt c'étaient des scènes burlesques, comme de tenir la tasse à deux mains pour y boire à la manière des singes ; puis de relever la tête avec des éclats de joie, et de se gargariser de la liqueur délicieuse et funeste; de se passer le vase de l'un à l'autre avec de bruyantes invitations; de s'appeler à tue tête, quoiqu'à trois pas seulement de distance ; de prendre leurs femmes par la tête et de leur verser de l'eau-de-vie dans la gorge avec de grossières caresses, et tous les gestes ridicules de nos ivrognes de place. Tantôt succédaient des scènes affligeantes, comme de perdre finalement tout sens, toute raison ; de devenir furieux et stupides, de tomber ivres-morts dans la poussière ou dans la boue, pour y dormir jusqu'au lendemain. Je ne sortais pas le matin sans les trouver par douzaines dans les rues et chemins autour du village, vautrés littéralement avec les porcs. Heureux si, chaque jour, il n'arrivait pas des querelles et des batteries à coups de couteaux ou de casse-têtes qui, année commune, produisent dix meurtres. Le 9 août, quatre heures du soir, à vingt pas de moi, un sauvage poignarda sa femme de quatre coups de couteau. Quinze jours auparavant, même accident était arrivé, et cinq semblables l'année précédente. De là des vengeances immédiates ou dissimulées des parents et de la famille, causes renaissantes d'assassinats et de guet-apens. J'avais d'abord eu l'intention d'aller vivre quelques mois avec eux et chez eux pour les étudier, comme je l'ai pratiqué envers les Arabes bedouins ; mais lorsque j'eus vu ces échantillons de leurs mœurs domestiques; lorsque divers habitants du *Poste*, qui leur servent d'aubergistes, et vont traiter parmi eux, m'eurent attesté que le droit d'hospitalité n'existait point chez eux comme chez les Arabes; qu'ils n'avaient ni subordination ni gouvernement; que le plus grand chef de guerre ne pouvait, même en campagne, frapper ni punir un guerrier, et qu'au village il n'était pas obéi par un autre enfant que le sien; que dans ces villages ils vivaient isolés, pleins de méfiances, de jalousies, d'embûches secrètes, de *vindettes* implacables; qu'en un mot leur état social était celui de l'anarchie et d'une nature féroce et brute, où le besoin et la force constituent le droit et la loi; que d'ailleurs, ne faisant point de provisions, un étranger était exposé à manquer de tout nécessaire, de toute ressource; je sentis la nécessité de renoncer à mon projet. Mon plus vif regret fut de ne pas acquérir quelques notions sur leur langage, et de n'en pouvoir obtenir un vocabulaire; livre dont j'ai indiqué ailleurs (1) l'importance chez les peuples qui n'ont pas d'autres monumens. Le missionnaire dont j'ai parlé, M. l'abbé R...., ne me laissa aucun espoir à cet égard. Lui-même avait

---

(1) Voyez la cinquième séance de mes leçons d'histoire professsées à l'école normale, imprimées séparément in - 8°. 1821, chez Bossange frères.

fait des tentatives et avait rencontré des obstacles insurmontables : encore que plusieurs habitants du Poste entendissent la langue de quelques tribus, leur prononciation était si défectueuse, ils avaient si peu d'idées d'aucune règle de grammaire, qu'il lui fut impossible d'en tirer parti. Il m'en convainquit dans une conférence que voulut avoir avec moi un chef des *Ouyas*, ancien et constant ami des Français. Nous ne pûmes jamais astreindre l'interprète canadien à traduire littéralement, et phrase à phrase. — Il résulta, de toutes mes informations sur cette matière, que la personne la plus capable et presque la seule capable de remplir mes vues était un Américain nommé M. Wels, qui, enlevé par les sauvages à l'âge de treize ans, et adopté par eux, avait appris plusieurs de leurs dialectes avec les moyens que lui donnait une bonne éducation assez avancée. Depuis que les sauvages avaient été battus et soumis par le général Wayne (août 1794), M. Wels avait eu la faculté de rentrer dans son pays natal : il servait dans ce moment d'interprète au général Wayne, qui concluait, au fort Détroit, un traité définitif avec plus de sept cents sauvages réunis en grand conseil. Tout cela s'accordait fort bien avec mon projet de me rendre par le lac Érié à Niagara : je retournai donc sur mes pas à Louisville, traversai le *Kentucky* par Francfort, sa capitale, par Lexington, qui n'avait

pas une maison en 1782, et qui en a près de
cinq cents, la plupart en-briques, bien bâties ;
de là je me rendis à Cincinnati, où, profitant d'un
convoi d'argent qui se rendait à Détroit, je pus
commodément, grâce au major Swan, suivre la
route militaire que venait de tracer l'armée du
général Wayne à travers une forêt de cent lieues,
où nous ne trouvâmes de gîtes que cinq forts
palissadés nouvellement construits. L'accueil que
me fit ce général me donna lieu de croire que
j'avais atteint mon but au delà de mon espoir ;
mais le tribut que je payai aux fièvres du pays
et de la saison me priva de tous mes avantages.
Il fallut me résoudre à profiter d'un vaisseau unique pour passer le lac avant l'hiver, et revenir à
Philadelphie. La fortune capricieuse m'y atten-
dait pour m'y satisfaire à moins de frais : elle y
amena, l'hiver suivant (1797-98), M. Wels, ac-
compagnant un chef de guerre des Miâmis, célèbre chez les sauvages sous son nom de *Michi-
kinakoua*, et chez les Anglo-Américains sous celui
de *Petite-Tortue*, qui en est la traduction. Il fut
l'un de ceux qui contribuèrent le plus à la dé-
faite du général Saint-Clair en 1791 ; et si l'on
eût suivi son plan de ne combattre le général
Wayne qu'en interceptant ses convois, il eût également détruit cette armée, ainsi que je l'ai entendu exprimer à des officiers d'un mérite et d'un
grade distingués. Après avoir été un ennemi re-

doutable aux États-Unis, *Petite-Tortue*, convaincu de l'impuissance finale de leur résister, a eu le bon esprit de porter sa tribu à une capitulation raisonnable : par un degré d'intelligence plus remarquable, il a senti la nécessité de la faire vivre d'agriculture au lieu de chasse et de pêche comme vivent les sauvages. C'était dans ce dessein qu'il venait à Philadelphie solliciter le congrès et la bienfaisante société des *Amis* (1), de lui procurer les moyens d'exécuter cette louable entreprise. Il avait d'ailleurs été inoculé de la petite-vérole dès son arrivée, et il demandait à la médecine, contre la goutte et les rhumatismes dont il était attaqué, des secours que le gouvernement s'empressa de lui procurer. Cet incident me présenta une occasion plus heureuse que je ne l'avais espérée, en m'offrant non-seulement une bouche interprète pour communiquer mes idées, mais encore une

---

(1) Vulgairement appelés les *Quakers*, société dont on a peut-être trop dit de bien en Europe, et trop de mal aux États-Unis (à cause des Nègres), mais qui, tout bien considéré, me paraît la secte religieuse dont la morale théorique et pratique est la plus favorable à l'amélioration de la société et de la condition humaine en général. L'on peut dire que tout ce qu'il y a de bons établissements de bienfaisance, de bons réglements administratifs en Pensylvanie, est son ouvrage; et il ne lui manque que d'introduire dans son plan d'éducation plus de connaissances physiques, pour mériter d'être *l'église* de tous les hommes raisonnables. Comment des *dévôts* peuvent-ils appeler *profane* l'étude des ouvrages de *Dieu* ?

bouche indigène pour me fournir les sons dans toute leur pureté. Je me fis donc introduire auprès de M. Wels et du chef sauvage ; je leur expliquai mon plan avec ses motifs ; et ayant obtenu leur agrément, j'employai neuf à dix séances, dont je pus jouir dans les mois de janvier et de février 1798, à dresser le vocabulaire que je publie : il fut la base de mon travail ; mais par épisodes de conversation, il s'y mêla beaucoup de notes curieuses que je recueillis avec d'autant plus de soin, que les faits, venant sans préparation, étaient par cela même moins suspects d'altération ; et que l'habitude de me voir, jointe à ma qualité de Français, diminua dans *Petite-Tortue* cet esprit de méfiance et de soupçon que portent les sauvages dans tous leurs discours. Chaque jour, après notre séance, j'écrivis ce qui m'avait paru le plus intéressant ; et ce sont ces observations qui, réunies à celles que dans mes voyages j'avais recueillies des témoins les plus judicieux, forment aujourd'hui le texte que j'ai mis en ordre. Mon dessein n'est pas et n'a pu être de traiter généralement des sauvages : un tel plan serait d'une trop vaste étendue, puisqu'il existe une très-grande différence de genre de vie, d'habitudes et de mœurs, entre les sauvages de divers climats, des pays chauds ou des pays froids, boisés ou découverts, féconds ou stériles, arides ou baignés d'eau. Je me borne uniquement aux sauvages de l'Amérique du nord, avec l'intention de fournir, dans cette question obscurcie par des paradoxes, le contingent de mon témoignage sur ce que j'y ai vu et reconnu de plus certain et de mieux prouvé en faits. Je suppose même que mon lecteur n'est point novice en cette matière, et qu'il a lu les relations des voyageurs qui, depuis quarante ans, ont visité et décrit ces contrées (1).

(1) Tel est le capitaine Carver, voyageur en 1768, dont nous avons une bonne traduction en 1784, un vol. in-8°. L'auteur paraît avoir été un peu crédule et très-vaniteux ; mais malgré son penchant pour les sauvages, qui avaient flatté sa vanité, on voit dans ses récits de la droiture et de la bonne foi. Les aveux qu'il fait de son peu d'instruction, et de son incapacité à rédiger une grammaire et un dictionnaire sauvage, me font beaucoup douter qu'il soit le rédacteur de son ouvrage, et je pense que ce service lui a été rendu par son éditeur, comme il est arrivé chez nous à un autre voyageur connu.

Un second voyageur est Jean Long, Anglais, commis et facteur pendant vingt ans dans la traite des pelleteries du Canada : il a publié ses voyages in-4° en 1791 : ils ont été traduits et publiés in-8° en 1793. Il est fâcheux que le traducteur se soit permis de supprimer les vocabulaires pour quelque économie de librairie. Cet ouvrage mérite réimpression avec corrections, car il est le plus fidèle tableau que je connaisse de la vie et des mœurs des sauvages et des trafiquants canadiens.

Un troisième est Bernard Romans, dont j'ai assez parlé.

Un quatrième est Umfreville que j'ai fait connaître. Je ne parle point du livre d'Adair sur les Creeks et les Chérokis, parce que, à quelques faits vrais, il a mêlé une foule de faits altérés ou faux, dans l'intention de prouver que les sauvages

SAUVAGES.

Notre premier entretien débuta par des renseignements sur le climat et le sol des *Miâmis*. M. Wels me dit que cette tribu vivait sur les branches nord de *la Wabash*, que son langage se parlait chez toutes les peuplades répandues le long de cette rivière jusque vers le lac de Michigan; telles que les *Ouyas*, *Péouryas*, *Piankichas*, *Poteouatamis*, *Kaskaskias*, et les Indiens de la *longue île;* qu'il a beaucoup d'affinité avec celui des *Chipéwas*, des *Outaouas*, des *Chaûnis*, qui ne diffèrent que comme dialectes; mais il est tout-à-fait distinct du *Delaouaise;* le son nasal est fréquent dans le Miâmi, et je crus à la première fois entendre du turc. M. Wels m'ajouta que leur pays était partie boisé, partie en *prairies*, et sensiblement plus froid que le Poste-Vincennes. Ayant quitté ce dernier lieu après un dégel complet, il avait retrouvé la même neige 50 lieues plus nord, sans avoir remarqué d'élévation montueuse dans le terrain. L'air à Philadelphie lui semblait moins piquant. Les vents régnants aux Miâmis sont presque les mêmes qu'à la côte atlantique; en hiver nord-

---

descendent des juifs. Cette extravagante idée, qui, d'ailleurs, lui est commune avec plusieurs missionnaires, ne l'a conduit qu'à faire envisager sous un faux jour tout ce qui appartient aux sauvages. Ce n'est qu'avec de saines notions sur la nature de l'entendement humain, sur sa marche, et sur tous les principes qui gouvernent et modifient l'homme de la nature, que l'on peut bien étudier et suivre l'histoire des nations.

ouest rapide, clair et tranchant; rare et doux en été. Alors domine le sud-ouest chaud, nuageux, quelquefois orageux. Le sud est le grand pluvieux; le nord, le grand neigeux en hiver, mais en été clair et doux. Le sud est rare; le nord encore plus. Le sol est fertile, le maïs plus beau, la chasse plus abondante que sur toute la côte atlantique. Aussi les naturels, surtout les *Poteouatamis*, sont-ils une race grande et belle (et moi-même j'en puis dire autant des *Chaûnis* du fort Miâmi, dont les femmes m'ont étonné par leur taille, mais nullement par leur beauté).

Pendant ce temps j'avais observé *Petite-Tortue*, qui faute d'entendre l'anglais ne prenait point part à l'entretien; il se promenait en s'épilant les poils de la barbe, et même des sourcils; il était vêtu à l'américaine, en habit bleu, pantalon, et chapeau rond. Je lui fis demander comment il se trouvait de cet habillement si différent au sien : «L'on est « d'abord gêné, dit-il; puis l'habitude vient, et « comme cela garantit du froid et du chaud, on le « trouve bon.» Il avait retroussé ses manches; je fus frappé de la blancheur de sa peau entre le pli du coude et le poignet. J'y comparai la mienne; elle n'en différait point. Le hâle avait bruni le dessus de mes mains autant que les siennes, et nous paraissions tous deux avoir une paire de gants. Je trouvai sa peau très-douce au toucher; en tout, la peau d'un Parisien. Alors s'engagea entre nous

une longue discussion sur la couleur des sauvages ; cette couleur dite de cuivre rouge, que l'on prétend leur être innée comme le noir aux Africains, et les constituer une race distincte. Les faits résultants de cette discussion furent « que les sauvages
« se désignent eux-mêmes par le nom d'*hommes*
« *rouges*; qu'ils estiment, comme de raison, leur
« couleur plus que le blanc; que cependant ils nais-
« sent blancs comme nous (1); que dans l'enfance
« ils sont tels (2) jusqu'à ce qu'ils aient été bru-
« nis par le soleil et par les graisses et les sucs
« d'herbes dont ils s'oignent; que les femmes même
« ont toujours blanche la portion de la ceinture,
« des hanches et des cuisses qui ne cesse pas d'être
« couverte de vêtements; en un mot, qu'il est ra-
« dicalement faux que cette couleur, prétendue
« cuivrée, soit innée, ni qu'elle soit la même pour
« tous les indigènes de l'Amérique du nord; qu'au
« contraire elle varie de nation à nation, et qu'elle
« est un de leurs moyens de se reconnaître. »

J'observai que M. Wels, qui vit depuis quinze années chez eux et comme eux, avait leur teint et non celui des Américains; et quant à la vraie nuance de ce teint, elle m'a paru couleur de suie ou de jambon fumé, nettoyé et luisant, parfaitement semblable au teint de nos paysans de la

---

(1) Le nègre aussi; mais il noircit dans les 24 heures.
(2) C'est ce que dit Oldmixon, tom. 1, pag. 286.

Loire et du Bas-Poitou, qui, comme les sauvages, vivent d'un air chaud et un peu marécageux; semblable encore au teint des Espagnols andalous. Sur cette remarque que je communiquai, *Petite-Tortue* répondit : « J'ai vu des Espagnols de Loui-
« siane, et n'ai trouvé entre eux et moi aucune
« différence de couleur; pourquoi y en aurait-il?
« Chez eux comme chez nous, elle est l'ouvrage
« du *père des couleurs*, le soleil qui nous brûle.
« Vous mêmes, blancs, comparez la peau de votre
« visage à celle de votre corps. » Et cela me rappela qu'au retour de Turkie, quand je quittai le turban, une moitié de mon front au-dessus des sourcils était presque bronzée, tandis que l'autre près des cheveux était blanche comme le papier. Si, comme la physique le démontre, il n'y a de couleur que par la lumière, il est évident que les diverses couleurs des peuples ne sont dues qu'à diverses modifications de ce fluide avec d'autres éléments qui agissent sur notre peau, et qui même la composent. Tôt ou tard il sera démontré que le noir des Africains n'a pas d'autre origine (1).

Les traits de *Petite-Tortue* me frappèrent par

---

(1) Chaque jour de nouveaux faits, en apparence bizarres, viennent fournir de nouveaux moyens de solution; l'un des plus remarquables est le cas du Nègre virginien, appelé *Henry Moss*, originaire du Congo, troisième génération; lequel, dans l'espace de six à sept ans, est devenu *homme blanc*, à cheveux longs, lisses et châtains, comme un Eu-

leur ressemblance avec ceux de cinq Tartares chinois qui étaient venus à Philadelphie, à la suite de l'ex-ambassadeur hollandais Vanbraam. Cette ressemblance des Tartares avec les sauvages de l'Amérique du nord a frappé tous ceux qui ont vu les uns et les autres; mais peut-être s'est-on trop pressé d'en induire que ceux-ci sont originaires d'Asie. Comme les sauvages ont des idées de géographie, je communiquai à *Petite-Tortue* nos systèmes sur cette question; et pour les lui faire mieux entendre, je lui portai une mappemonde comprenant la partie orientale d'Asie et le nord-ouest d'Amérique. Il reconnut fort bien les lacs du Canada, Michigan, supérieur, et les fleuves Ohio, Wabash, Mississipi, etc.; il examina le reste avec une curiosité qui me prouva la nouveauté du sujet pour lui. Mais l'astuce d'un sauvage est de ne jamais marquer de surprise. Quand je lui eus expliqué les moyens de communication par le détroit de *Baring* et par les îles *Aléutiennes*, « Pour-« quoi, me dit-il, ces *Tartares* qui nous ressem-« blent ne seraient-ils pas venus d'Amérique? y « a-t-il des preuves du contraire? ou bien pour-« quoi ne serions-nous pas nés chacun chez nous? » Et en effet, ils se donnent une épithète qui signi-

---

ropéen : c'est lui dont Liancourt parle tome v, page 124. J'ai vu un procès verbal authentique de sa transmutation de peau.

fie *né du sol* (1) (*Metoktheniaké*). Je n'y vois pas d'objection, lui dis-je; mais nos *robes noires* ne veulent pas le permettre (2). Il y a seulement la difficulté d'imaginer comment les races quelconques ont commencé. Il me semble, dit-il en souriant, que c'est tout aussi obscur pour les *robes noires* que pour nous.

J'ai dit que ces sauvages d'Amérique ressemblent aux Tartares; mais pour que cette assertion ait toute sa précision, il est nécessaire d'y faire une exception; car les Eskimaux qui habitent le nord vers la mer Glaciale, ne soit point *Tartares;* et la race d'hommes *aux yeux gris* qui peuplent l'archipel de Noutka-Sund et tous les rivages adjacents, sont également une race distincte. C'est à celle qui habite le reste du continent et qui forme l'immense majorité, qu'appartient le caractère *tartare;* et ici je mets encore les Kalmouks à part, car les sauvages n'ont pas, comme eux, le nez écrasé, ni toute la face aplatie. En général, leurs traits sont, un visage triangulaire par le bas et presque carré par le haut; le front bien pris; les yeux très-noirs, enfoncés, vifs, plutôt petits que grands; les pommes des joues un peu saillantes; le nez droit; les lèvres plutôt fines qu'épaisses; les cheveux noirs-jais, lisses, plats, sans

---

(1) Le *k* est jota; et le *th* a la valeur anglaise.
(2) C'est ainsi qu'ils désignent les missionnaires.

aucun exemple d'un blond ; le regard soupçonneux et décelant un fonds de férocité. Telle est en général leur physionomie, qui se modifie ensuite selon les peuplades et les individus. Au Poste-Vincennes et au Détroit, je remarquai beaucoup de leurs figures, qui me rappelèrent celles des *Fellahs* d'Égypte, et même de plusieurs *Bedouins* : outre la couleur de la peau, la qualité des cheveux et plusieurs autres traits, ils ont cela de commun avec les uns et les autres, que la bouche est taillée en requin, c'est-à-dire, les côtés plus abaissés que le devant, et que les dents, petites, blanches, et très-bien rangées, sont aiguës et tranchantes comme celles des chats et des tigres(1). La raison naturelle de ces formes ne serait-elle pas leur habitude de mordre à plein morceau, sans jamais user de couteau? Cette habitude donne évidemment aux muscles une attitude qu'ils finissent par retenir, et cette attitude finit aussi par modifier les solides. En partant de cette idée, la ressemblance des traits entre des peuples, surtout sauvages, très-distants, n'est pas une preuve d'origine ou de parenté aussi certaine qu'on veut le dire; car il pourrait très-bien arriver que ce fût l'analogie des influences du climat, du sol, des aliments, des habitudes, en un mot, de tout le

---

(1) Aussi percent-elles si facilement aux enfants, qu'ils n'éprouvent jamais de maux de dents.

régime qui fût la cause de la ressemblance des corps et des physionomies. Je ne dis rien de leurs femmes, parce que leurs traits ne m'ont point paru différents. Je ne m'oppose point d'ailleurs à ce qu'il y en ait de jolies, comme le prétendent quelques voyageurs. En voyage, l'appétit donne souvent du goût à des mets que l'on trouverait insipides ailleurs. Je dirai très-peu de chose aussi de l'usage qu'a la tribu des *Chactás*, de donner au crâne des enfants nouvellement nés la forme d'une pyramide tronquée, en pressant leur tête encore molle avec un moule fait de petites planchettes : cette bizarre pratique est si efficace, que la nation entière est reconnue à sa *tête plate*, qui est devenue son épithète.

Quelques écrivains même de mérite ont prétendu que tous les sauvages se ressemblaient si fort, que l'on avait peine à les distinguer les uns des autres. Sûrement ces écrivains diraient aussi que tous les nègres et tous les moutons se ressemblent; mais cela prouve seulement qu'ils n'y ont pas regardé de si près que le berger et le marchand d'esclaves. « De nation à nation, me dit
« *Petite-Tortue*, nous nous reconnaissons au pre-
« mier coup-d'œil : le visage, la couleur, la taille,
« les genoux, les jambes, les pieds sont pour nous
« des indices certains; la piste distingue non-
« seulement les hommes, les femmes et les en-
« fants, mais encore les peuplades. Vous autres

« blancs, vous êtes frappants avec vos pieds en de-
« hors : nous les portons tout droits pour trouver
« moins d'obstacles dans les broussailles. Quelques
« peuples les portent plus en dedans, ont le pied
« plus large, plus court, appuient plus du talon,
« ou de l'orteil, etc ».

Ce sont sans doute les mêmes écrivains, ou de semblables, qui ont accrédité dans le monde l'erreur que les sauvages n'ont point de barbe : il est vrai qu'ils n'en montrent point; mais c'est parce qu'ils prennent un soin particulier, continuel, presque superstitieux, de se l'arracher et de s'épiler tout le corps. C'est le témoignage unanime de tous les voyageurs qui les ont bien observés, tels que Bernard Romans, Carver, Jean Long, Umfreville, etc. : l'auteur du *British-Empire* qui, en 1707, écrivait sur la foi des meilleurs témoignages, Oldmixon dit, tom. I, pag. 286 : « Les « Indiens n'ont point de barbe, parce que pour « l'extirper ils usent de certaines recettes qu'ils « ne veulent pas communiquer. » L'expérience a fait connaître que ces recettes étaient de petites coquilles avec lesquelles ils la pincent : depuis qu'ils ont connu les métaux, ils ont imaginé de rouler un fil de laiton sur un bois rond, de la grosseur du doigt, et d'en faire une spirale ou boudin à ressort, qui saisit entre ses plis et arrache une quantité de poils à la fois. Il est inconcevable que le baron *Lahontan* chez nous, et lord

Kaims chez les Anglais, aient ignoré ou nié un fait si général; mais il est tout simple que le paradoxal docteur *Paw* se soit emparé de cette anomalie pour en étayer l'édifice de ses rêveries. *Petite-Tortue* et M. *Wels* ne me laissèrent aucun doute sur cette question : le premier s'amusait sans cesse à s'arracher même les poils des sourcils, comme les Turks s'amusent à rouler leur barbe. Il ne serait pas étonnant que cet exercice, continué sur plusieurs générations, affaiblît les racines de la barbe. Quant aux poils du corps, j'ai vu moi-même à plusieurs sauvages, ceux des aisselles longs et droits à m'étonner. Serait-ce parce qu'étant exposés à l'air, ils croissent plus en liberté? cette idée d'arracher la barbe a-t-elle eu pour cause première l'intention d'ôter à l'ennemi une prise dangereuse sur la figure? Cela me semble probable.

L'on vante, avec raison, la taille des sauvages : elle est, en général, svelte et bien prise, plus grande, plus forte chez ceux qui ont un sol arrosé et fertile comme ceux de la Wabash; plus mince, plus courte chez ceux qui ont un mauvais sol, comme tous ceux du Nord, passé le 45°. Mais si l'on ne voit jamais parmi eux ni boiteux, ni manchot, ni bossu, ni aveugle, avant d'en tirer des inductions trop favorables pour leur genre de vie, il est bon d'observer que tout sujet né faible périt nécessairement de bonne heure par l'effet des fafigues : il arrive même que les parents délaissent ou détruisent l'enfant mal conformé qui leur serait à charge. Ainsi, la loi de Lycurgue à Sparte se trouve en activité chez les sauvages, non par transmission ou communication, mais par identité de circonstances; parce que chez les peuples pauvres, faibles et toujours en guerre, il n'y a pas de superflu pour nourrir des bras inutiles. C'est par la suite de cette pauvreté que chez beaucoup de sauvages, particulièrement au nord du Lac supérieur, quand les vieillards deviennent à charge, *on les envoie vivre dans l'autre climat*; c'est-à-dire qu'on les tue, comme il se pratiquait chez des sauvages de la mer Caspienne et de la Scythie, selon le récit d'Hérodote. Et pour prouver combien est misérable la vie sauvage, c'est eux-mêmes ordinairement qui demandent à cesser d'exister. Si par accident de maladie ou de guerre un sauvage est mutilé, c'est un homme perdu. Comment un invalide pourrait-il résister à un ennemi muni de tous ses membres? comment pourrait-il chasser, pêcher, se procurer une subsistance quelconque, que personne, à défaut de lui-même, ne lui donnera? Car, chez eux personne n'a et ne peut avoir de réserves, et dans ce genre de vie, chacun est réduit à ses propres moyens casuels et variables. Par ces mêmes motifs, l'on ne voit chez eux ni hernies, ni maladies chroniques; « Sois fort ou meurs, » semble leur dire la nature sauvage qui les environne, et qui dans sa dureté ne laisse pas même l'égalité du choix, puisqu'elle-même souvent rend les obstacles plus grands que la force.

L'on a aussi vanté la santé robuste des sauvages : sans doute l'habitude de toute intempérie donne à leur constitution une vigueur que l'on n'attend pas de la vie efféminée des cités; mais pour apprécier leurs avantages à cet égard, il faut observer que leur manière de vivre les soumet à des irrégularités et à des excès incompatibles avec une santé constante et un tempérament vraiment robuste. Haïssant la vie agricole, sédentaire et captive, préférant la vie vagabonde et aventurière de la chasse et de la pêche, ils n'ont et ne peuvent avoir de magasins ni de provisions durables : par conséquent ils sont exposés à de dures alternatives de famine et de satiété : quand le gibier abonde, quand ils peuvent chasser sans crainte de surprise, c'est un temps de jouissance et de gloutonnerie; mais lorsque le gibier manque plusieurs jours de suite, comme il arrive chaque hiver, ou qu'ils n'osent s'écarter de crainte de l'ennemi, alors ils sont souvent réduits à vivre comme des loups, d'écorces d'arbres ou de bulbes terrestres. Ils ont bien imaginé, et je crois depuis peu de temps, de sécher les viandes et de les réduire en poudre très-fine; mais jamais ces secours ne sont capables de durer toute une saison. Qu'après de violents jeûnes, il leur tombe une proie, un daim, un ours, un bison, ils s'asseyent dessus comme des vautours, et ne cessent de dépiécer et de dévorer le cadavre, jusqu'à ce qu'ils tombent suffoqués d'aliments. Cet usage en fait des guides intraitables dans tout voyage régulier. Ce qu'en de telles occasions leur estomac engloutit, serait une chose incroyable, si des témoignages authentiques et nombreux n'excluaient tout doute : il est notoire sur toutes les frontières que deux sauvages affamés feront aisément, en un seul repas, disparaître un daim tout entier, et ne seront pas encore rassasiés. Cela rappelle ces *héros* de la guerre de Troie, qui dévoraient des agneaux et des moitiés de veaux; et cela nous prouve que ces héros n'étaient que des sauvages vivant dans des circonstances semblables. Or, de tels excès ne peuvent manquer de produire des désordres de santé : aussi est-il maintenant constaté que les sauvages sont sujets aux maux d'estomac, aux fièvres bilieuses, aux intermittentes, aux phthisies et aux pleurésies. Les fractures et les luxations ne sont pas rares chez eux, mais ils les remettent assez bien. Les rhumatismes les fatigueraient davantage s'ils n'avaient pas l'usage des fumigations, au moyen des cailloux ardents. L'on sait les ravages qu'exerce la petite vérole, sans doute par l'obstacle qu'oppose à l'éruption une peau endurcie. M. Jefferson leur procurera un bienfait immense en leur faisant enseigner l'art de la vaccine, ainsi que l'ont publié les journaux. Depuis quelques années, des missionnaires quakers et moraves, qui ont succédé aux jésuites, nous ont appris que les tribus converties par ceux-ci étaient devenues plus robustes, portaient de plus lourds fardeaux, étaient moins souvent malades; et ils ont très-bien vu que la raison en était le régime plus régulier, la nourriture plus égale, auxquels on les avait assujettis. Un autre fait également notoire, est que tout Européen qui s'est adonné à la vie sauvage est devenu plus fort, en a mieux supporté tous les excès que les sauvages mêmes. La supériorité des Virginiens et des Kentockois sur eux, a été constatée, non-seulement de troupe à troupe, mais d'homme à homme dans toutes les guerres. Je ne citerai pas, en preuve de faiblesse, le battement du pouls que M. le docteur *Rush* prétend être plus lent chez les sauvages : car dans le même temps et sur les mêmes individus, M. le docteur Barton n'observait rien de semblable; et le pouls de *Petite-Tortue* m'a paru tout-à-fait semblable au mien. Je ne citerai pas non plus la faiblesse de leurs appétits vénériens, parce qu'elle tient à une cause tout-à-fait différente. C'est par principe, par nécessité de conservation, que le sauvage est continent et presque chaste : la moindre perte de ses forces par la débauche, pourrait lui coûter la vie dès le lendemain, en diminuant ses moyens de défense ou de résistance dans une attaque de la part des hommes ou de la nature.

En traitant des inconvénients de la vie sauvage, je demandai à M. Wels s'il était vrai que beaucoup de blancs la préférassent, et pourquoi ils la préféraient à la vie que nous appelons civilisée. Sa réponse, qui fut longue et détaillée, s'accorda avec tout ce que j'ai appris en Kentucky, au Poste-Vincennes et à Détroit, de personnes sensées et expérimentées. Le résultat unanime des faits est que « les Canadiens, c'est-à-dire le sang français,
« fournissent plus de ces sujets que les Américains,
« c'est-à-dire que le sang allemand et anglais. Ces
« derniers ont pour les sauvages une antipathie
« naturelle, que les cruautés des Indiens sur les
« prisonniers ont encore exaltée. Les Anglo-Amé-
« ricains répugnent à mêler leur sang avec les
« *Sauvagesses*, tandis que pour les Canadiens c'est
« une friandise de libertinage. Néanmoins, le goût
« de la vie sauvage a moins lieu chez les hommes
« faits que chez les jeunes gens au-dessous de
« 18 ans : parmi les Américains, ceux-là seulement
« s'y attachent, qui ont été enlevés prisonniers en
« bas âge; parce que l'excessive liberté qu'elle leur
« procure pour s'amuser, jouer et courir, plaît bien
« plus aux enfants que la contrainte des écoles
« dans les bourgs, et que les punitions que l'on y
« inflige à leur paresse. L'enfance, comme l'on
« sait, ne respire que dissipation et désœuvre-

« ment. Il faut des années pour lui faire contracter
« l'habitude du travail et de l'étude ; il ne faut que
« quelques jours de congé pour lui donner celle
« de l'indépendance et de l'oisiveté. Il paraît que ce
« sont là les deux penchants naturels de l'homme
« auxquels il revient machinalement. Quant aux
« adultes, surtout Américains, pris et adoptés par
« les sauvages, presque aucun ne peut s'habituer
« à leur vie : moi-même, dit M. Wels, quoique
« emmené à l'âge de 13 ans (il m'a paru en avoir
« 32), puis adopté, bien traité, jamais je n'ai pu
« perdre le souvenir des jouissances sociales que
« j'avais déja goûtées. A l'égard de ceux qui de
« plein gré passent chez les sauvages, et la plu-
« part sont des Canadiens, ce sont en général de
« mauvais sujets, libertins, paresseux, de tempé-
« rament violent ou de peu d'intelligence. L'espèce
« de crédit qu'ils acquièrent chez les sauvages,
« flatte leur amour-propre, en même temps qu'une
« vie licencieuse avec les *sqaws* ou *sauvagesses*
« séduit la passion dominante de leur fougueuse
« jeunesse ; mais lorsqu'ils vieillissent, réduits à
« l'extrême misère, ils ne manquent presque ja-
« mais de se rapatrier, déplorant trop tard leurs
« écarts. Parmi nous, dit M. Wels, pour peu que
« l'on ait d'industrie, l'on se procure au présent
« une vie commode, et l'on se prépare pour l'a-
« venir, des douceurs dont la vieillesse fait sentir
« tout le prix. On crée une ferme, on élève des

« enfants qui, lorsqu'on est impotent, vous clo-
« sent doucement les yeux. Dans l'état sauvage, au
« contraire, toute jouissance se borne à boire, à
« manger (encore pas toujours), à chasser; toute
« carrière d'ambition se réduit à être un grand
« guerrier, célèbre chez cinq ou six cents hommes.
« L'âge vient, les forces baissent, la considération
« décline, et l'on finit par les infirmités, le mé-
« pris, l'extrême misère, et la nécessité ou le be-
« soin de se faire tuer. L'Indien n'en peut jamais
« employer un autre à son service : chez eux,
« obéir et servir, même de bon gré, est une sorte
« d'opprobre réservé aux femmes. Un grand guer-
« rier ne doit rien faire que combattre et chasser.
« Les femmes portent tout le fardeau du ménage,
« du labourage, s'il y en a, et en voyage du trans-
« port des enfants et des ustensiles. Ce sont litté-
« ralement des bêtes de somme. Elles n'héritent
« pas même des maris : que demain Petite-Tortue
« retourne chez lui et meure; tous les présents
« qu'il a reçus, habits, chapeaux, colliers, seront
« partagés, presque pillés; rien ne passera à ses
« enfants. C'est un usage de sa tribu, commun à
« bien d'autres : vivants, ils ont la propriété de
« leurs meubles, armes et bijoux; mais comme à
« leur mort leurs couteaux, leurs pipes même ne
« passent point aux enfants, l'on peut dire qu'ils
« n'en ont que l'usufruit. Encore moins connais-
« sent-ils de propriété foncière en maisons et en

« terres : ainsi, toute l'ambition du sauvage est
« concentrée dans un petit cercle de besoins, plu-
« tôt défensifs qu'extenseurs de son existence. Cette
« existence sans cesse menacée, est elle-même con-
« centrée au présent. La possibilité de périr à tout
« instant est la plus constante, la plus radicale des
« pensées du sauvage ; il use de la vie comme
« d'un meuble prêt à se briser à toute heure par
« la foule des accidents qui l'entourent. Familia-
« risé dès l'enfance avec cette idée, il n'en est
« point affecté : c'est la nécessité, il s'y résigne ou
« il la brave. Mais par une conséquence naturelle,
« il n'est attaché à rien au monde qu'à ses armes,
« et peut-être à un compagnon ou ami, qui est
« pour lui un moyen additionnel de défense et de
« conservation. Il caresse ses enfants, comme tout
« animal caresse ses petits. Quand il les a ballot-
« tés, embrassés, il les quitte pour aller à la chasse
« ou à la guerre sans y plus penser; il s'expose au
« péril sans s'inquiéter de ce qu'ils deviendront :
« ils lutteront contre le sort, contre la nature; ils
« mourront jeunes ou vieux, peu importe, puis-
« qu'il faut qu'ils meurent. Aussi le suicide n'est-il
« point rare parmi eux; ils se tuent par dégoût
« de la vie, quelquefois par dépit amoureux, par
« colère contre un grand affront qu'ils ne peuvent
« repousser. Ils vivent tout en sensations, peu en
« souvenirs, point en espérances. S'ils sont bien
« portants, ils folâtrent, dansent et chantent : s'ils

« sont malades ou fatigués, ils se couchent, fu-
« ment et dorment; mais comme très-souvent leur
« repos et leurs aliments ne sont point à leur dis-
« position, il est difficile de voir là de la liberté
« et du bonheur. »

Telle fut ce jour-là la substance de notre entretien, qui me frappa d'autant plus, qu'il était le
résultat d'une expérience de 12 à 15 ans. Je vou-
lais, par contre-partie, m'informer des motifs qui
empêchent les sauvages de s'établir chez les blancs,
et qui ont déterminé en plusieurs rencontres ceux
que l'on y avait élevés à préférer le retour à leurs
habitudes natives; le temps et la convenance me
manquèrent; mais peu de jours après, je fus plus
heureux, et ce fut *Petite-Tortue* lui-même qui
m'en développa les raisons.

Des quakers étaient venus lui faire visite, et
entre diverses offres de service, ils lui proposèrent
de rester aussi long-temps qu'il voudrait, même
pour toujours, l'assurant qu'il ne manquerait de
rien. Quand ils furent partis, je fis dire à *Petite-
Tortue* : « Vous connaissez ces gens-là; ils offrent
« peu et rarement, mais quand ils offrent, on y
« peut compter. Qui vous empêcherait de rester
« chez les blancs? N'êtes-vous pas mieux ici que
« sur la Wabash? » Il ne se pressa point de me répondre, selon le caractère froid et réservé des
sauvages. Quand il eut un peu rêvé en se promenant et s'épilant, voici ce qu'il me dit : « Oui, je

« me suis assez bien habitué à tout ceci; ces habits
« sont chauds et bons à ma goutte; ces maisons
« garantissent bien de la pluie, des vents, du so-
« leil; on y a sous la main tout ce qui est commode;
« ce marché (celui de la rue *Seconde* était sous les
« fenêtres) fournit tout ce qu'on désire, et l'on
« n'est pas obligé de courir après le daim dans les
« bois. Au total, cela vaut mieux que chez nous;
« mais ici, moi, je me trouve sourd et muet. Je
« ne parle pas comme vous; je n'entends et ne
« puis me faire entendre. — Quand je vais dans
« les rues, je regarde chacun dans sa boutique
« occupé à un travail. L'un fait des souliers, l'au-
« tre des chapeaux, l'autre vend de la toile, et
« chacun vit de ce travail. Je me demande, que
« sais-tu faire de tout cela? Rien du tout. Je sais
« faire un arc, une flèche, prendre du poisson,
« tuer du gibier, aller à la guerre; mais de toutes
« ces choses aucune ne sert ici. Apprendre celles
« que l'on y fait serait long, difficile, incertain.
« L'âge vient; si je restais avec les blancs, je se-
« rais un meuble inutile aux miens, inutile aux
« blancs et à moi. Que fait-on d'un meuble inu-
« tile? Il faut retourner chez moi. »

Ce peu de mots bien analysé, contient la solution du problème. Pour toute transplantation, la langue est un obstacle majeur; car vivre dans un pays sans y pouvoir converser, est un état insupportable; apprendre cette langue est un travail d'esprit long et pénible. Long-temps après qu'on la parle, s'énoncer avec correction et à volonté est encore une difficulté sentie à chaque instant, et qui à chaque instant décourage. Cet obstacle vaincu, et il ne l'est jamais bien que par la jeunesse, il en reste trois autres puissants : 1°. l'impression des habitudes premières de l'enfance, dont l'effet est tel, qu'après bien des observations, il me paraît certain que dès l'âge de cinq ans le système moral d'un homme a pris la direction et le pli qu'il conservera toute sa vie. Il y a développement selon les circonstances, mais il ne se produit rien de neuf dans le caractère; tout part d'un même fond; 2° la privation des parents et des amis, dont la fréquentation est un lien physique et moral; 3° l'échafaudage de travaux et de peines qu'exige notre état social de la part d'un sauvage, sans compter la difficulté physique de se soumettre à la vie contrainte et captive de nos cités, et de renoncer à ses habitudes insouciantes et vagabondes. Ces hommes sont réellement dans l'état des oiseaux et des animaux farouches que l'on n'apprivoise jamais quand on les prend adultes. Les missionnaires ont fort bien senti cette vérité, et ils conviennent tous qu'on ne civilisera les sauvages qu'en commençant leur éducation dès l'enfance, dès la naissance, et en les prenant pour ainsi dire dans le nid, comme les petits oiseaux que l'on appelle *Niais*. Ce penchant vers l'indépendance, qui est celui de la paresse et de l'oisiveté, est si naturel, que l'on a fait aux États-Unis l'observation suivante; savoir : que, parmi les artisans émigrants de l'Europe, tous ceux qui n'ont pas assez de moyens intellectuels pour se procurer de bons établissements dans les villes, se hâtent, sitôt qu'ils ont gagné une petite somme, d'acheter des terres dans l'intérieur où elles sont à un demi-dollar ou un quart de dollar l'acre, pour s'y établir propriétaires libres; et parce que bientôt ils trouvent fort dure la vie d'abatteurs de bois, ils y mêlent la vie de chasseur et de pêcheur, c'est-à-dire, qu'ils deviennent demi-sauvages; mais de quel prix paie-t-on cette liberté sauvage? Nous en avons déja quelques échantillons; continuons d'en examiner les détails.

« *Petite-Tortue*, me dit M. *Wels*, a toute raison
« de penser comme il fait; s'il tardait de retourner
« chez lui, il perdrait son crédit parmi ses compa-
« triotes. Déja ce n'est qu'avec bien des ménage-
« ments qu'il peut le conserver. En arrivant, il
« faudra qu'il reprenne d'abord le costume et les
« usages indiens, qu'il ne dise pas trop de bien
« des nôtres, de peur de choquer leur orgueil, qui
« est extrême. Dans ces villages, la jalousie de
« chaque guerrier, de chaque sauvage, rend la si-
« tuation des chefs aussi délicate que celle d'un
« chef de parti dans l'état le plus démocratique;
« et le leur est en effet une démocratie extrême

« et terrible. Cet homme a chez lui de bons vête-
« ments, du thé, du café; il a même une vache;
« sa femme fait du beurre; mais il se garde d'user
« de ces douceurs, il les réserve pour la réception
« des étrangers blancs. Dans les premiers temps
« où il eut une vache, elle lui fut tuée de nuit,
« méchamment, et il dut feindre de ne pas con-
« naître l'auteur, et de la croire malade. » Quoi!
repris-je avec l'air de l'étonnement, est-ce que
ces hommes de la nature connaissent l'envie, la
haine, les basses vengeances? Nous avons chez
nous de brillants esprits qui assurent que ces
passions ne naissent que dans nos sociétés civilisées. — Eh bien! répondit M. *Wels*, qu'ils viennent passer trois mois chez les sauvages, et ils s'en
retourneront convertis. Alors il me confirma tout
ce que j'avais appris au Poste-Vincennes et en
Kentucky, de la vie anarchique et tracassière des
peuplades, soit errantes, soit sédentaires. Il m'observa que les vieillards assemblés n'avaient aucun
pouvoir coërcitif sur les jeunes; que le premier
jeune guerrier mutin ou superstitieux, pouvait en
un matin ameuter une jeunesse toujours turbulente, parce qu'elle est oiseuse, et déterminer une
guerre qui compromettait toute la peuplade; que
de tels accidents n'avaient pas seulement pour
cause l'ivresse, et par conséquent le commerce
avec les blancs, mais des idées superstitieuses
communes à tous les sauvages, et une certaine

inquiétude d'esprit et de corps, une soif particulière de sang tenant de la nature des tigres et des bêtes féroces. Il me donna des détails curieux sur toutes les petites tracasseries de village et de voisinage, sur les grandes et fortes animosités qui en résultaient, ainsi que sur les haines implacables pour le moindre affront et sur les *vindettes* ou vengeances de talion pour toute mort ou mutilation. J'en avais eu un exemple saillant sous les yeux au Fort Miâmi, dans la personne du chef célèbre *Blue-Jockey;* ce sauvage s'étant enivré, en rencontra un autre à qui il gardait haine depuis 22 ans. Se voyant seul, il profita de l'occasion, et le tua. Le lendemain, toute la famille en armes de demander sa mort. Il vint au fort Miâmi trouver le capitaine Marshal, commandant, de qui je tiens le fait, et il lui dit : « Qu'ils veuillent me tuer, cela
« est juste; mon cœur a éventé son secret; la *li-*
« *queur m'a rendu fou*, mais tuer mon fils, comme
« ils en menacent, cela n'est pas juste. Père, voyez si
« cela peut s'arranger. Je leur donnerai tout ce que
« je possède : deux chevaux, mes bijoux d'or et d'ar-
« gent : mes plus belles armes, excepté une paire.
« S'ils ne veulent pas accepter, qu'ils prennent jour
« et lieu; je me rendrai seul, et ils me tueront. »
Cette loi du talion se trouve chez tous les peuples barbares, c'est-à-dire, sans gouvernement régulier, parce qu'à défaut de l'autorité publique, elle est le seul préservatif des individus et des fa-

milles. Imaginer que ce soit une transmission ou une communication des Hébreux ou des Arabes, est une rêverie qu'il faut laisser aux visionnaires qui bâtissent toute l'histoire des nations sur un fétu. Ce peut bien être les Arabes qui l'ont établie en Italie, en Espagne, en Corse, etc. (1); mais il serait très-possible que la barbarie l'y eût établie avant eux et sans eux.

« Cependant, ajoute M. *Wels*, les Indiens de la « Wabash, les Miâmis, les Potéuottamis, etc., va- « lent mieux qu'il y a 60 ou 80 ans. La paix que l'a- « baissement de la ligue *iroquoise* leur a procurée, « leur a permis de cultiver avec la houe, le maïs, « les pommes de terre, même nos choux et nos « turneps; nos prisonniers ont élevé des pêchers, « des pommiers; enseigné à nourrir de la volaille, « des porcs, depuis peu des vaches; en un mot, « les Chactâs et les Creeks de Floride ne sont pas « plus avancés. »

Maintenant, lorsque je remarque que les premiers voyageurs et historiens de la Virginie et de la Nouvelle-Angleterre nous peignent ces sauvages dans un état encore plus avancé; qu'ils nous disent qu'à l'arrivée des premiers colons, chaque peu-

---

(1) Pendant treize mois que j'ai passés en Corse, j'eus la note certaine de cent onze assassinats de guet-apens par effet de ces *vindettes*, ou vengeances de talion : sous le gouvernement génois, il y en a eu jusqu'à neuf cents par an. *Quel gouvernement! et quel peuple!*

plade avait un *Sétchém* ou *Sédjemore*, exerçant une sorte d'autorité monarchique; qu'il existait des familles privilégiées, presque nobles, à la manière des Arabes; et que ces peuplades assez populeuses étaient renfermées dans des limites de peu d'étendue : je me crois autorisé à en conclure qu'alors leur civilisation était plus avancée; qu'ils auraient fini eux-mêmes par l'élever au degré des peuples de l'autre continent; que leurs guerres avec les Européens, en détruisant leurs gouvernements, les ont plongés dans l'anarchie; en sorte que chez les sauvages il faut, comme chez les civilisés, distinguer différentes époques d'histoire, et que leurs états ont aussi leurs révolutions d'autant plus faciles, qu'ils sont plus petits et plus faibles. « Avant la guerre (la dernière année de 1788 à 94), me disait le chef *Ouya*, qui me ha-
« rangua au Poste-Vincennes, nous étions unis et
« tranquilles; nous commencions à cultiver le maïs
« comme les blancs. Aujourd'hui nous ressemblons
« à une bande de daims poursuivie par des chas-
« seurs; nous n'avons plus ni feu ni lieu : chacun
« de nous se disperse, et bientôt nous ne laisse-
« rons plus de traces si quelqu'un ne vient à notre
« aide. »

Pendant ces éclaircissements, *Petite-Tortue* me paraissait fort occupé à regarder à travers le vitrage de l'une des fenêtres, ce qui se passait dans le marché de *Second-Street*. Pour le ramener à la

conversation, je lui fis dire que j'avais voyagé
chez un peuple étrangement différent du sien; que
là, une poignée d'hommes, peut-être de 5 à 6,000
cavaliers, avait trouvé le moyen inconcevable
d'emprisonner, pour ainsi dire; sur une étendue de pays presque égale à l'Ohio, une nation
entière de deux millions et demi d'ames; en sorte
qu'environ 370 individus se laissaient piller, emprisonner, bâtonner, vexer de toute manière par
un seul homme, qui n'était pas plus fort que chacun d'eux. Je m'attendais, vu les idées d'indépendance et de fierté que portent les sauvages, qu'il
allait beaucoup se récrier; mais en se frottant le
menton d'un air rêveur : « Sans doute, » me répon-
dit-il ; « avec tout cela, ils ont aussi leur manière
« de se trouver bien. » J'avoue que ce fut moi qui
fus étonné de cette réponse, qui démontre un esprit dégagé des préjugés de sa nation, de son
éducation, et qui a su apprécier le pouvoir prodigieux de l'habitude. Pour terminer notre séance,
je lui demandai ce qui l'occupait si fort dans la
rue et dans le marché, et qu'est-ce qui le surpre-
nait davantage dans la ville de Philadelphie. « En
« regardant tout ce monde, me dit-il (c'était jour
« de marché), je suis toujours étonné de deux
« choses : l'extrême différence des visages et la
« nombreuse population des blancs : nous autres
« hommes rouges, nous ne ressemblons pas l'un
« à l'autre, chacun a sa figure, mais encore y a-t-il

« un air de famille. Ici c'est une confusion où je
« n'entends rien. Il y a dix couleurs du blanc au
« noir ; et les traits, le front, le nez, la bouche,
« le menton, les cheveux noirs, bruns, blonds,
« les yeux bleus, gris, roux, offrent tant de di-
« versité, que l'on ne sait comment l'expliquer. »
—Alors je lui fis sentir que Philadelphie étant
l'abord des nations de toutes les parties du globe,
et ces nations se mêlant ensuite par le mariage, il
en résultait que les diversités des climats produisaient des sous-diversités d'alliage, et des combinaisons à l'infini ; mais, ajoutai-je, si vous veniez
dans l'intérieur de nos pays, soit en France, soit
en Angleterre, vous verriez que les habitants des
villages, qui se marient entre eux depuis plusieurs
générations, ont une ressemblance générale dans la
physionomie. (Et c'est en effet ce que j'ai souvent
remarqué dans les paroisses du fond des campagnes, particulièrement dans les pays forestiers de
Rennes, Laval, Châteaubriant, etc. ; en me pla-
çant à la porte de l'église, au moment où le peuple sortait, j'observais des caractères généraux frappants par leur ressemblance dans chaque lieu, et
par leur particularité d'un lieu à un autre.)

« Quant à la population, » me dit *Petite-Tortue*,
« c'est une chose inconcevable que la multiplica-
« tion des blancs. Il ne s'est pas écoulé la vie de
« plus de deux hommes (supposée de 80 ans pour
« chaque) que les blancs ont mis le pied sur cette

« terre, et déjà ils la couvrent comme des essaims
« de mouches et de taons; tandis que nous au-
« tres qui l'habitons on ne sait depuis quand,
« sommes encore clair-semés comme des daims. »
— Le voyant sur la route d'une intéressante question : Et pourquoi, lui dis-je, ne multipliez-vous
pas autant? — « Ah! me dit-il, notre cas est bien
« différent. Vous autres blancs, vous avez trouvé
« le moyen de rassembler sous votre main en un
« petit espace, une nourriture sûre et abondante;
« avec un terrain grand comme 15 ou 20 fois cette
« chambre, un homme cueille de quoi vivre toute
« l'année; s'il y ajoute un pièce de terre semée
« d'herbes, il élève des bêtes qui lui donnent de la
« viande et du vêtement; et voilà qu'il a tout son
« temps de reste pour faire ce qu'il lui plaît. Nous
« autres, au contraire, il nous faut pour vivre un
« terrain immense, parce que le daim que nous
« tuons, et qui ne peut nous nourrir que deux
« jours, a eu besoin d'un terrain considérable pour
« croître et grandir. En en mangeant, ou en en
« tuant 2 ou 300 dans l'année, c'est comme si nous
« mangions le bois et l'herbe de tout le terrain
« sur lequel ils vivaient, et il leur en faut beau-
« coup. Avec un tel état de choses, il n'est pas
« étonnant que les blancs nous aient, d'année en
« année, repoussés des bords de la mer jusqu'au
« Mississipi. Ils s'étendent comme l'huile sur une
« couverture; nous nous fondons comme la neige

« devant le soleil du printemps ; si nous ne chan-
« geons de marche, il est impossible que la race
« des hommes rouges subsiste. » Cette seconde
réponse me prouva, et prouvera sans doute à
tout lecteur, que ce n'est pas sans raison que cet
homme a acquis dans sa nation et dans les États-
Unis, la réputation d'un homme d'un sens supérieur à la plupart des sauvages.

Ainsi, c'est un sauvage qui, contre les préjugés
de sa naissance, de ses habitudes, de son amour-
propre, contre d'anciennes opinions encore dominantes chez ses compatriotes, s'est trouvé conduit par la nature des choses, à regarder comme
base essentielle de l'état social, la *culture de la
terre*, et par une conséquence immédiate, la *propriété foncière* ; car il n'y a point de culture active
et stable sans la possession exclusive et illimitée
qui constitue la propriété. J'ai dit, *contre d'anciennes opinions encore dominantes* chez ses compatriotes, parce que chez toutes ces peuplades il
existe encore une génération de vieux guerriers
qui, en voyant manier la houe, ne cessent de
crier à la dégradation des mœurs antiques, et qui
prétendent que les sauvages ne doivent leur dé-
cadence qu'à ces *innovations*, et que pour recou-
vrer leur *gloire* et leur *puissance*, il leur suffirait
de revenir à leur mœurs primitives (1).

---

(1) Il est curieux d'observer que ces vieillards raisonnent
précisément comme le coryphée des politiques italiens (Ma-

Maintenant, que l'on compare à cette doctrine celle du citoyen de Genève, qui prétend que la dépravation de l'état social dérive de l'introduction du droit de propriété, et qui regrette que la horde sauvage chez laquelle furent posées les premières bornes d'un champ, ne les ait pas arrachées comme des entraves sacriléges mises à la liberté naturelle (1); que l'on pèse lequel des deux opinants a le plus de droit et d'autorité à prononcer dans cette question, ou de l'homme public qui, comme *Petite-Tortue*, a été à portée de connaître les avantages et les inconvénients de l'un et l'autre genre de vie, en passant 50 ans de sa vie à manier des affaires difficiles, des esprits turbulents et ombrageux, et cela avec un succès qui lui a valu une réputation non contestée d'habileté et de prudence; ou de l'homme privé qui, comme Rousseau, ne mania jamais une affaire publique, ne sut pas même gérer les siennes propres; qui, s'étant créé un monde d'abstractions, vécut pres-

---

chiavelli), qui, dans ses Commentaires sur les décades de Tite-Live, lib. 3, chap. 1er, prescrit également pour restaurer les états, de ramener leurs institutions civiles et religieuses à leur origine. Le paradoxe est palpable dans le cas présent. Aujourd'hui, que je relis cet écrivain, je trouve que la plupart de ses principes, s'ils étaient bien analysés, le laisseraient beaucoup au-dessous de sa réputation de savoir et d'habileté.

(1) Voyez le Discours sur l'origine de l'inégalité des conditions.

que aussi étranger à la société où il naquit qu'à celle des sauvages, qu'il ne connut que par des comparaisons tirées de la forêt de Montmorenci ; qui même ne traita d'abord cette question sous son point de vue paradoxal, que par jeu d'esprit et par escrime d'éloquence ; et ne la soutint en thèse de vérité, que par le dépit d'une humeur contrariée et d'un amour-propre offensé (1). Il est

---

(1) Ce que j'avance ici se fonde sur des petits faits très-intéressants dans l'histoire des grandes choses ; je les tiens de deux témoins dignes de confiance, feu M. le baron d'*Holbach* et M. *Naigeon*, membre actuel de l'Institut. Dans le temps où l'académie de Dijon proposa son prix trop célèbre, Diderot était détenu au château de Vincennes pour sa lettre *sur les Aveugles*. Rousseau allait le voir quelquefois : dans l'une de ses visites, il lui montre l'annonce du prix. « Ce sujet, dit-il, est piquant, j'ai envie de concourir. — Fort bien, reprit Diderot ; mais dans quel sens prendrez-vous la question ? Dans son sens, reprit Rousseau ; est-ce qu'elle peut en avoir deux ? les sciences et les arts peuvent-ils avoir d'autre effet que de concourir à la prospérité des états ? — Eh bien ! reprit Diderot, vous serez un *enfonceur de portes ouvertes*. (Ce furent ses propres termes). Il serait bien plus piquant de soutenir l'inverse. « Rousseau part frappé de cette idée, compose dans ce sens, et est couronné par l'*académie de province*. Quelque temps après d'Holbach et Diderot se promenant au Cours-la-Reine, rencontrent Rousseau, l'abordent, le complimentent sur *son tour de force*, et Rousseau plaisante avec eux du succès de son paradoxe et de la *bonhomie* des académiciens. Les critiques et les contradictions survinrent : Rousseau en fut irrité : d'Holbach et Diderot, compagnons habituels de promenade, le rencontrent encore aux Tuileries : la question revient sur le tapis, et ils sont étonnés de trouver Rousseau tellement aigri et changé d'opinion, qu'il soutient sérieuse-

d'autant plus fâcheux que cet écrivain ait embrassé une si mauvaise cause, que la question vue dans son vrai jour lui eût fourni encore plus de moyens de développer son talent et de fronder la dépravation et les vices de la société; car s'il eût d'abord établi ou admis les faits tels qu'ils sont; si traçant le tableau vrai de la vie sauvage, il eût montré qu'elle est un état de *non-convention* et d'anarchie dans lequel les hommes vagabonds, incohérents, sont mus par des besoins violents, par des passions analogues à ces besoins, et réagissent sans cesse les uns sur les autres avec des forces abusives, dont l'*inégalité* empêche l'*équilibre* que l'on nomme *justice*; si ensuite, définissant la *civilisation*, il eût puisé le sens de la chose dans celui même du mot radical (*civitas*), il eût montré que par *civilisation* l'on doit entendre la réunion de ces mêmes hommes en *cité*, c'est-à-dire, en un enclos d'habitations munies d'une défense commune, pour se garantir du pillage étran-

---

ment avec la véhémence de son caractère, comme *vérité*, ce qu'il avait d'abord traité lui-même de plaisanterie. D'Holbach en fut frappé, et dit à Diderot : *Mon ami, cet homme, dans son premier ouvrage, fera marcher l'homme à quatre pattes*; et la prophétie ne fut que trop vraie. — Ainsi voilà le point de départ du système de l'homme qui a affiché pour devise : *Vitam impendere vero*; et cet homme aujourd'hui trouve des sectateurs tellement voisins du fanatisme, qu'ils enverraient volontiers à Vincennes ceux qui n'admirent pas les *Confessions*.

ger et du désordre intérieur; il eût fait voir que cette réunion emporte avec elle les idées de consentement volontaire des membres, de conservation de leurs droits naturels de sûreté de personne et de propriété; de supposition ou d'existence d'un contrat réciproque, régularisant l'usage des forces, circonscrivant la liberté des actions, en un mot, établissant un régime d'équité; ainsi, il eût démontré que la *civilisation* n'est autre chose qu'un état social *conservateur* et *protecteur* des *personnes* et des *propriétés;* qu'il n'y a de véritablement civilisés que les peuples qui ont des lois justes et des gouvernements réguliers; que ceux, au contraire, chez qui n'existe point un tel ordre de choses, quelle que soit la nature et la dénomination de leur gouvernement, sont dans une condition barbare et sauvage, et ne méritent point le nom de peuples policés; il eût soutenu avec l'avantage que donne la vérité, que si ces peuples sont vicieux et dépravés, ce n'est point parce que la réunion en société y a fait naître des penchants vicieux, mais parce qu'ils y ont été transmis de l'état sauvage, souche originelle de tout corps de nation, de toute formation de gouvernement; et cela par un mécanisme semblable à celui qui fait qu'un individu élevé dans de pernicieuses habitudes, en conserve les impressions pendant toute sa vie. D'autre part, examinant le rôle que jouent les sciences et les beaux-arts dans le système des corps politiques, il eût pu contester que, particulièrement les beaux-arts, poésie, peinture et architecture, soient des parties intégrantes de la civilisation, des indices certains du bonheur et de la prospérité des peuples; il eût pu prouver, par les exemples tirés de l'Italie et de la Grèce, qu'ils peuvent fleurir dans des pays soumis à un despotisme militaire ou à une démocratie effrénée, l'un et l'autre également de nature sauvage; que pour faire fleurir, il suffit qu'un gouvernement momentanément fort, quel qu'il soit, les encourage et les salarie; mais que la conséquence ordinaire de ces encouragements portés au delà de leurs bornes, est la ruine même de ces gouvernements; par la même marche qui fait que tous les jours des particuliers, amateurs imprudents, renversent les plus belles fortunes par leurs fantaisies en tableaux, en meubles, en luxe de tout genre, et par-dessus tout, en constructions de bâtiments; en sorte que les beaux-arts fomentés aux dépens des tributs des peuples, et au détriment des arts d'utilité grossière et première, peuvent très-souvent devenir un moyen subversif des finances publiques, et par suite, de l'état social et de la civilisation; et il eût pu appuyer sa thèse sur les exemples d'Athènes, de Rome, de Palmyre, etc.; et nous rendre l'important service de donner aux esprits une direction mesurée et juste, qui eût empêché ou contrebalancé la direction fausse et exagérée dont ces derniers temps nous ont montré les tristes conséquences; mais revenons aux sauvages de l'Amérique et à leur genre de vie.

Nous avons vu le principal motif qui la rend incompatible avec une nombreuse population : il serait intéressant de comparer, sous ce rapport, ses résultats à ceux de la vie civilisée, soit commerciale, soit agricole, et de connaître en général et par terme moyen, combien il existe de têtes sauvages par lieue carrée de terrain. Malheureusement nous manquons de données exactes pour la solution de ce problème; néanmoins, comme nous en avons quelques-unes approximatives, essayons de nous en faire un aperçu.

Le voyageur *Carver* qui, en 1768, vécut plusieurs mois chez les *Nudouessis des plaines du Missouri*, établit comme un fait certain que les huit tribus qui forment cette nation ne comptent pas plus de 2,000 guerriers : ce nombre ne comporte pas plus de 4,000 enfants, vieillards et femmes; ainsi c'est un total de 6,000. Or, *l'immense pays* que ces huit tribus occupent paraît surpasser quatre ou cinq fois l'étendue de la Pensylvanie; supposons 4 fois : la Pensylvanie contient 44,813 milles carrés qui, quadruplés, donnent 179,242 milles carrés; pour les réduire en lieues, prenons le neuvième, et nous avons 19,918 lieues carrées; c'est-à-dire, qu'il n'existe pas tout-à-fait une tête de sauvage par trois lieues carrées.

Dans son voyage au pôle, *Maupertuis* estime la population de la Laponie à trois têtes par lieue carrée, et les Lapons vivent en paix sous un gouvernement civilisé : cette donnée, quoique inverse, prouve néanmoins que l'autre n'est pas une pure supposition. Tous les traitants canadiens s'accordent à dire que, passé le 45° degré allant au nord vers le pôle, les sauvages sont si clair-semés, le pays est si stérile, que l'on ne peut guère admettre une évaluation plus forte que pour les *Nadouessis*; mais parce que venant au sud le sol est meilleur, et que les bords de la mer Pacifique paraissent plus peuplés, admettons pour toute l'Amérique du nord une tête par deux lieues carrées; l'on peut estimer la superficie de ce continent, non compris le Mexique et les États-Unis, à six fois celle des États-Unis, c'est-à-dire, six fois 112,000 lieues carrées; égal à 672,000 lieues carrées : ce serait 336,000 têtes sauvages (1);

---

(1) Ceci nous mène à évaluer d'une manière probable la population de tout ce continent. Les États-Unis sont connus pour une quotité de............ 5,215,000
Les Espagnols admettent le Mexique pour une population totale de...................... 3,000,000
Le Canada, en 1798, comptait 197,000, supposons.................................. 200,000
La Louisiane haute et basse ne peut s'admettre pour plus de............................ 40,000

8,455,000

mais par impossible, admettons 672,000 têtes; il n'en résulte pas moins que chez des peuples

D'autre part...	8,455,000
Les deux Florides, à peu près même nombre, ci..	40,000
Les Creeks, Chactas, Chicasaws, qui ont 8,000 guerriers, total............................	24,000
Tous les sauvages de la Wabash et de Michigan, au plus.................................	15,000
La masse de tous les autres sauvages de tout le continent jusqu'à la mer glaciale et à la mer de Nouthka-Sund...............................	600,000
Total......	9,134,000

Ainsi l'Amérique-nord n'excède que très-peu neuf millions, et l'on peut compter que le dernier article des sauvages est forcé peut-être de moitié.

L'Amérique-sud ne paraît pas atteindre même ce nombre. Les Espagnols instruits n'évaluent toutes leurs possessions dans cette partie, savoir : Pérou, Chili, Paraguay, Plata, même Caracas, qu'à une population de quatre millions d'ames................................. 4,000,000
Les Indiens non soumis n'y sont pas compris.
Le Brésil compte 500,000 Portugais et 600,000 Nègres... 1,100,000

Total....... 5,100,000

Les Indiens non soumis ne peuvent guère s'évaluer avec précision ; mais à raison de leur territoire, ils ne sauraient égaler la moitié des blancs ; je ne les compte que pour............ 1,000,000
Les colonies des Antilles et de l'isthme de Panama, ne passent pas............................ 1,800,000
La Guyanhe hollandaise et française ne comportent pas plus de........................... 75,000

Total..... 7,975,000

Voilà environ 8,000,000 : supposons-en 10, il n'en est

civilisés, ce ne serait la population que d'une médiocre province de 7 à 800 lieues carrées. Et ce fait seul résout de quel côté est l'avantage du genre de vie; il résout aussi, sans doute, la question de savoir si des sauvages ont le droit raisonnable de refuser du terrain à des peuples cultivateurs qui n'en auraient pas suffisamment pour subsister.

---

pas moins vrai que les deux Amériques réunies ne sauraient arriver à plus de 20,000,000.
 Ce calcul diffère beaucoup de ceux de mon honorable confrère de l'Institut M. Lalande, astronome, qui, dans l'annuaire des années VIII et IX, comptait 180,000,000 d'habitants dans le nouveau monde : il est vrai que dans les années IX et X il s'est subitement réduit à 90,000,000, c'est-à-dire à la moitié. Enfin, cette année (XII) je le trouve rangé à l'évaluation que j'établis, et que lui ont communiquée des amis intermédiaires, membres du bureau des longitudes. Il devra faire une opération semblable sur les 580,000,000 qu'il donne à l'Asie : sans doute il compte la Chine pour deux ou trois cents millions, comme on nous l'a dit depuis quelques années. Mais dans le dénombrement que publièrent les Anglais l'an dernier, la population des campagnes ne s'élève qu'à 55 millions. En supposant que celle des villes soit égale, ce qui est beaucoup supposer, ce serait 110 millions, et par comparaison à l'Europe, cet empire ne saurait ^{têtes.}
excéder............,................. 120,000,000
 La Perse, selon Olivier, n'a que......... 3,000,000
 En détaillant toute la Turquie d'Asie, je ne puis trouver plus de......................,.... 11,000,000
 . Et je ne crois pas que l'Asie entière en contienne plus de....',..............;....., 240,000,000
 L'Europe est bien connue pour 140 à 142 millions, ci.................................. 142,000,000
 L'Afrique, y compris l'Egypte, ne peut guère

27.

Sous ce double rapport de la population, et de la manière d'occuper le territoire, il y a de l'analogie entre les sauvages américains et les Arabes-Bedouins d'Afrique et d'Asie; mais il existe entre eux cette différence essentielle, que le Bedouin vivant sur un sol pauvre d'herbage, a été forcé de rassembler près de lui, et d'apprivoiser des animaux doux et patients, de les traiter avec économie et douceur, et de vivre de leur produit, lait et fromage, plutôt que de leur chair; comme aussi

---

excéder l'Amérique ; mais supposons......... 30,000,000
Enfin pour les îles de la mer du Sud, la Nouvelle-Guinée, etc., admettons (et c'est trop................................. 5,000,000
Nous avons pour tout le globe un total de 437,000,000 et l'on ne saurait arriver à 500,000,000.

Il n'est pas étonnant que l'on se trompe beaucoup en calculs de population dans les pays non civilisés, puisque chez nous-mêmes, nous avons des exemples d'*erreurs inconcevables;* par exemple : jusqu'en 1792 la Corse ne comptait que 158,000 habitants, comme je l'ai vu porté sur les états du directoire *à Corté :* aujourd'hui la Corse figure dans tous nos tableaux officiels pour 230,000. On demandera comment cela se trouve possible; le voici : en 1793, des *Patriotes corses*. trouvèrent utile d'avoir deux départements au lieu d'un, afin d'avoir doubles salaires de toute espèce, le tout payé par la France. L'on donna au département de *Golo* l'ancien nombre total de 158,000 ; et l'on ajouta au département de *Liamône* les 72,000 têtes qu'il pouvait avoir, quoique déja comprises dans le nombre premier ; et la Corse, en un matin, acquit un tiers de plus d'habitants, quoique bien certainement ils soient diminués depuis 1790 ; et voilà pourtant un compte officiel sans réclamation.

de se vêtir de leur poil plutôt que de leur peau ;
en sorte que, par la nature de ces circonstances
topographiques, il a été conduit à se faire pasteur
et à vivre frugalement sous peine de périr tout-à-
fait : tandis que le sauvage américain, placé sur
un sol luxuriant d'herbes et de bocages, trouvant
difficile de captiver des animaux toujours prêts à
fuir dans la forêt, trouvant même plus attrayant
de les y poursuivre, et plus commode de les tuer
que de les nourrir, a été conduit par la nature
de sa position à être chasseur, *verseur de sang*, et
mangeur de chair. Or, de cette différence dans la
manière de subsister, en a dérivé une proportionnelle dans les inclinations et les mœurs. D'une part,
l'Arabe pasteur soumis à la nécessité habituelle de
la parcimonie, n'osant se livrer gratuitement au
meurtre de ses bestiaux, s'accoutumant même à
les aimer par esprit de propriété, a naturellement
contracté des mœurs moins farouches; a été plus
propre à se réunir en société, à prendre l'esprit de
famille, à connaître, à établir des droits de propriété, d'héritage, et à recevoir tous les sentiments
qui en découlent : et en effet, il existe chez les
Bedouins un état social bien plus avancé, un véritable gouvernement tantôt patriarcal, c'est-à-dire,
un gouvernement de chef de famille étendu sur la
parenté et sur les serviteurs : tantôt aristocratique,
c'est-à-dire, le gouvernement de plusieurs chefs de
famille associés; et comme les mœurs privées ont

influencé et même composé les mœurs des tribus entières, ces tribus n'éprouvant que des besoins lents et graduels d'étendre leur domaine *pâturager*, n'ont point déployé au dehors un caractère si guerrier, c'est-à-dire, si querelleur et si sanguinaire : ayant plus d'objets de propriété, plus de désirs et de besoins de conservation, elles ont eu plus d'idées d'équilibre mutuel et de justice, des droits plus sûrs, des pactes plus précis de possession territoriale, d'asile, de refuge hospitalier, en un mot une civilisation plus avancée. Au contraire, le sauvage américain, chasseur et *boucher*, qui a eu le besoin journalier d'égorger et de tuer, qui dans tout animal n'a vu qu'une proie fugitive qu'il fallait se hâter de saisir, a contracté un caractère vagabond, dissipateur et féroce, est devenu un animal de l'espèce des loups et des tigres; il s'est réuni en bandes et en troupes, mais point en corps organiques de société; ne connaissant point l'esprit de propriété ni de conservation, il n'a pas connu l'esprit de famille, ni par conséquent les sentiments conservateurs qu'il inspire; borné à ses seules forces, il a été contraint de les tenir sans cesse tendues au *maximum* de leur énergie; et de là, une humeur indépendante, inquiète, insociable; un esprit altier, indomptable, hostile envers tous; une exaltation habituelle à raison d'un danger permanent; une détermination désespérée de risquer à chaque instant une vie sans cesse menacée; une insouciance absolue d'un passé pénible, comme d'un avenir incertain; enfin une existence toute bornée au présent : et ces mœurs individuelles formant les mœurs publiques des peuplades, les ont rendues également dissipatrices, avides et sans cesse nécessiteuses, leur ont donné le besoin habituel et croissant d'étendre leur fief de chasse, leurs frontières de territoire, et d'envahir le domaine de l'étranger : de là au dehors des habitudes plus hostiles, un état plus constant de guerre, d'irritation et de cruauté; tandis qu'au dedans l'excessive indépendance de chaque membre, et la privation de tout lien social par l'absence de toute subordination et de toute autorité, ont constitué une démocratie si turbulente et si *terroriste*, que l'on peut bien l'appeler une véritable et effrayante anarchie.

J'ai dit que chez les sauvages il n'existait point de droit de propriété; ce fait, quoique vrai en général, demande cependant quelques distinctions plus précises. En effet, les voyageurs s'accordent à dire que le sauvage, même le plus vagabond et le plus féroce, possède exclusivement ses armes, ses vêtements, ses bijoux, ses meubles; et il est remarquable que tous ces objets sont le produit de son travail et de son industrie propre; en sorte que le droit de ce genre de propriété, qui entre eux est sacré, dérive évidemment de la propriété que chaque homme a de son corps et de sa personne, par conséquent est une propriété naturelle. Ces voyageurs ajoutent que la propriété foncière ou territoriale est absolument inconnue; cela est vrai généralement, surtout chez les peuplades constamment errantes; mais il existe des cas d'exception chez celles que la bonté de leur sol, ou quelque autre raison, a rendues sédentaires. Chez de telles peuplades qui vivent dans des villages, les maisons construites soit de troncs d'arbres, soit de terre mastiquée, soit même de pierre, appartiennent sans contestation à l'homme qui les a bâties. Il y a propriété réelle de la maison, du fonds qu'elle couvre, même du jardin, qui quelquefois lui est annexé. De tels cas ont des exemples chez les Creeks, chez les Poteouttamis, et en ont eu dès le commencement du siècle, chez les Hurons, chez les Iroquois et ailleurs. Il paraît encore que chez certaines nations, où la culture avait fait quelques progrès, les enfants et parents héritaient de ces objets; par conséquent il y avait propriété plénière. Mais chez d'autres, à la mort du possesseur, tout était confus, et devenait un objet de partage par sort ou par choix. Alors il n'y avait qu'usufruit. Si la tribu émigre pendant quelque temps et laisse à l'abandon son village, l'homme ne conserve pas de droits positifs au sol ni à la hutte dégradée, mais il a ceux de premier occupant et de travail émané de ses mains.

Hors cette légère portion, le reste du terrain,

chez toutes ces nations, est indivis et en état de
commune, comme nous le voyons encore se pratiquer pour certaines portions de territoire dans
quelques cantons de la France, surtout dans les
pays de la Loire-Inférieure, et de la presqu'île
Bretonne, mais bien plus généralement en Espagne, en Italie, et dans tous les pays riverains de
la Méditerranée. Ce que j'ai vu en Corse, à cet
égard, m'a frappé par son extrême analogie. Là
comme chez les sauvages, la majeure partie des
terres de la plupart des villages sont en *communes*;
chaque habitant a le droit d'y faire paître ses bestiaux, d'y prendre du bois, etc. Mais parce qu'en
Corse la culture est un peu plus avancée, une portion de quart ou de cinquième de ces terres est
ensemencée l'une après l'autre d'année en année;
pour cet effet, cette portion est divisée en autant
de lots qu'il y a de familles ou de têtes ayant droit.
Chacune ensemence le lot qui lui est échu au sort,
et possède, pendant cette année, le terrain qu'elle
a labouré; mais sitôt le grain enlevé, ce lot redevient propriété publique, ou pour mieux dire,
rapine et *dévastation publique*, car tout le monde
a droit d'y prendre et d'en ôter, et personne n'a le
droit d'y rien mettre; on ne peut y placer ni maison, ni arbre, et c'est un vrai désert *sauvage* livré
au parcours et au vagabondage des troupeaux, qui
sont en grande partie des *chèvres*; or, comme ces
ruineux animaux, ainsi que leurs guides, ne de-

mandent qu'à étendre leurs ravages, il en résulte pour les propriétés particulières un besoin renaissant de clôture qui en rend finalement la possession presque plus onéreuse qu'utile; aussi ayant souvent recherché et analysé les causes de l'état de barbarie et de *demi-sauvagerie* où la Corse persiste depuis tant de siècles, quoique environnée de pays policés, j'ai trouvé que l'une des plus radicales et des plus fécondes, était l'état indivis et commun de la majeure partie de son territoire, et le nombre petit et restreint des propriétés particulières (1).

---

(1) C'est à la même cause qu'il faut attribuer la pauvreté et la grossièreté du peuple de *nos landes de Bretagne*. En Angleterre et en Écosse, M. le chevalier Sinclair en a si bien développé les nombreux inconvénients, qu'il me suffit d'indiquer au lecteur ses Mémoires sur les *biens communaux*; mais j'ajouterai, quant aux Corses, que de cette même source dérive chez eux la fréquence des assassinats de guet-apens, attendu que les campagnes étant désertes, les assassins sont encouragés par l'absence de tout témoin. — En méditant sur les moyens de civiliser cette île et les autres pays de la Méditerranée, qui sont dans un cas analogue ou semblable, je me suis convaincu que la première loi doit être partout l'abolition de ces *communaux*. Une seconde loi non moins indispensable, quoique moins évidente, devrait être une loi, qui, pour empêcher la concentration des terres dans quelques familles, fixerait, comme à Sparte, un nombre d'héritages indivisibles et non cumulables dans une même main; en sorte qu'il y aurait autant de propriétaires, cultivateurs aisés, qu'il y aurait de ces héritages. Les petits pays ne peuvent pas se gouverner comme les grands; l'équilibre y est trop

Il existe cette autre analogie entre les sauvages de l'Amérique et les montagnards de la Corse, que les villages des uns et des autres sont ordinairement formés de maisons éparses et distantes, en sorte qu'un village de cinquante maisons occupera quelquefois un quart de lieue carré. En recherchant les motifs de cette coutume totalement contraire à celle des pays d'Orient, j'ai trouvé que pour le sauvage américain ils sont l'aversion d'être observé et gêné par ses voisins, et surtout la défiance des embûches dont il pourrait être investi par suite de haines connues ou dissimulées, et d'offenses même involontaires envers des hommes aussi irritables et aussi ombrageux, qu'il se connaît lui-même. Une expérience journalière leur donne une si mauvaise opinion les uns des autres, les rend si soupçonneux, si défiants, qu'ils se rencontrent le moins possible, et ne sortent jamais qu'en armes.

---

variable. Notre coutume de Bretagne avait un *usément* semblable dans les domaines *congéables* des pays de Cornouailles et de Rohan; ces domaines passaient toujours au plus jeune des fils; les enfants aînés recevaient seulement quelque légitime, come étant plus en état de se faire un autre établissement; et les cantons où cette loi avait lieu ont été les mieux cultivés. La Corse pourrait nourrir 30,000 semblables familles, aisées et industrieuses; elle n'en a pas davantage qui sont presque toutes pauvres et indolentes. Or, sans aisance, point de lumières, point d'agriculture, point d'industrie, point de caractère individuel ni national. — Peut-être est-ce pour tout cela que *Pascal Paoli*, à l'imitation des Génois, n'a jamais rien changé aux anciens usages.

Le terrible usage des *vindettes* ou vengeances de talion, qui est commun à tous les sauvages, ajoute encore à ces motifs de précaution et de cautèle. Ceux qui connaissent la Corse savent si les mêmes usages, les mêmes habitudes, y ont des causes différentes; et si cette comparaison, qui pourrait se continuer sur bien d'autres objets, semblait fâcheuse et mortifiante, je demanderai si c'est au peuple, victime de son ignorance et de ses passions, que s'adresse le reproche de ses maux, ou à ce gouvernement génois qui les maintint ou les causa par l'un des régimes les plus pervers que présente l'histoire. Pour moi, que la douceur du climat et la fécondité du sol, en certaines parties, avaient attiré dans cette île avec l'intention d'y former un établissement agricole d'un genre singulier (1), je me suis convaincu pendant un an

---

(1) Dès 1790 ayant pressenti les conséquences qu'auraient sur nos colonies les principes et surtout la conduite de quelques amis des noirs, je conçus que ce pourrait être une entreprise d'un grand avantage public et privé d'établir dans la Méditerranée la culture des productions du Tropique; et parce que plusieurs plages de Corse sont assez chaudes pour nourrir en pleine terre des orangers de 20 pieds de hauteur, des bananiers, des dattiers; et que des échantillons de coton, de canne à sucre et de café, y avaient déja réussi, je conçus le projet d'y cultiver ces denrées, et de susciter par mon exemple ce genre d'industrie. Pour cet effet, j'achetai en 1792 un local très-favorable, appelé le *domaine de la Confina*, près d'Ajaccio. Je comptais que *Pascal Paoli*, traité

d'étude et de séjour, qu'il ne manquait à ce peuple, digne d'un meilleur sort, que cinq ou six institutions fondamentales, calculées sur sa situation, pour en faire un peuple aussi industrieux, aussi policé qu'aucun autre, puisqu'il a des moyens intellectuels aussi parfaits que j'en aie rencontré dans aucun pays, et que son sol est beaucoup plus pro-

---

avec tant de confiance et de générosité, n'emploierait sa vieillesse qu'à maintenir la paix du pays et à le garantir des secousses du reste de la France. Malheureusement les hommes sont des machines d'habitude, qui, dans leur vieillesse, répètent comme des automates les premiers mouvements qui les ont animées. *Paoli* revint à tous ses anciens projets de domination personnelle, de principauté de famille, et à sa manie de s'asseoir dans un trône qu'il avait fait dresser dès 1768, et dont on m'a montré à Corté des restes de crépines attachés à des embrasures de plancher. D'après ce système, chassant les Français par les Anglais, pour chasser ensuite les Anglais par les Corses, puis soumettre les Corses par son parti et sa parenté, il me mit dans la nécessité de tout quitter ; et par cette amitié (*d'homme d'état*), dont il m'avait tant de fois donné l'assurance, il mit à l'encan le domaine de mes *Petites-Indes*.... Mais le sort a été plus juste : à son tour, ce grand politique italien se trouva déçu et chassé comme un crédule Français, et son exemple a confirmé l'axiôme de ces moralistes, aujourd'hui vainement décriés, qui disent que les machiavélistes, à force de tromper les autres, se trompent eux-mêmes, et qu'il ne manque aux fripons que de vieillir pour être toujours dupes de leur friponnerie. J'ai, depuis, revendu mon domaine avec peu de perte (il est aux mains du cardinal *Fesch*), et je doute fort que *Paoli* trouvât aucun homme d'honneur en France ou en Angleterre qui voulût acheter pour aucun prix le seul bien qui lui reste, après la pension du roi d'Angleterre, *la place de son nom dans l'histoire.*

ductif que l'on n'en a communément l'opinion ;
mais trouver en trois siècles 30 années continues
d'un gouvernement pacifique et législateur, *voilà
le bienfait dont les dieux furent toujours avares.*

Ce que j'ai exposé des motifs de guerres entre
peuples sauvages, fait assez sentir qu'elles doivent
être fréquentes et presque habituelles; et déja c'est
une raison de les rendre cruelles, puisque l'habitude de verser le sang, ou seulement de le voir
verser, corrompt tout sentiment d'humanité; mais
à cette raison s'en joignent plusieurs autres très-
actives, dérivées du fond et des accessoires du sujet.

1° L'égoïsme ou esprit de personnalité que chaque sauvage porte dans ces guerres; égoïsme fondé
sur ce que chaque membre de la peuplade, vu l'état
indivis du territoire, considère le gibier en général
comme le moyen fondamental de sa propre subsistance, et par conséquent se regarde comme attaqué ou menacé dans son existence par tout ce qui
tend à détruire ce moyen.

Chez les nations policées et riches en propriétés
particulières, la guerre est un mal qui n'attaque
immédiatement qu'une fraction souvent assez faible de la masse totale, et qui n'enlève à la majorité, sous le nom de tributs, qu'une partie de biens
et de jouissances dont elle peut rigoureusement
se passer. Il est donc naturel qu'un tel genre de
guerre n'excite que des passions faibles dans ses
moteurs et dans ses instruments qui se battent et

se font tuer, moins par nécessité que par vanité, et par une sorte de commerce qui leur donne de l'honneur et de l'argent. — Au contraire chez les peuples sauvages, pauvres et peu nombreux, la guerre met directement en péril l'existence de toute la société et de chacun de ses membres. Son premier effet est d'affamer la tribu; son second est de l'exterminer. Il est donc également naturel que chaque membre s'identifie étroitement au tout, et qu'il déploie une énergie portée à son degré extrême, puisqu'elle est stimulée par l'extrême besoin de la défense et de la conservation.

2° Une seconde raison de l'animosité de ces guerres, est la violence des passions, telles que le point d'honneur, le ressentiment, la vengeance dont chaque guerrier se trouve animé. Le nombre des combattants étant borné, chacun est exposé aux regards de ses amis et de ses ennemis; toute lâcheté y est punie d'une infamie dont la suite prochaine est la mort. Le courage y est stimulé par la rivalité des compagnons d'armes, par le désir de venger la mort de quelque ami ou parent, par tous les motifs personnels de haine et d'orgueil, souvent plus actifs que ceux de la conservation.

3° La nature des dangers de ces guerres, où l'on n'attend, ne reçoit, ne donne aucun quartier; le moindre des périls est de perdre la vie; car si le sauvage n'est que blessé ou fait prisonnier, sa perspective est d'être scalpé immédiatement, ou brûlé vif et mangé sous quelques jours. Veut-on savoir en quoi consiste le *scalpe* ou *arrachement de la chevelure*, écoutons un facteur anglais, Jean Long, témoin oculaire, qui a aimé la vie des sauvages et habité 20 ans parmi eux.

« Lors, dit-il, que le sauvage a abattu son en-
« nemi, il lui saisit à l'instant une poignée de che-
« veux, la tortille fortement autour de son poing
« pour détacher la peau du crâne; puis lui ap-
« puyant le genou sur la poitrine, il tire le fatal
« couteau de sa gaîne, incise et cerne la peau tout
« autour de la tête, et avec les dents il arrache la
« chevelure à mesure que le couteau la détache;
« comme ils sont *fort adroits*, dit Jean Long, l'opé-
« ration ne dure que deux minutes, et elle n'est
« pas toujours mortelle. L'on a vu, aux États-Unis,
« plusieurs personnes de l'un et de l'autre sexe qui
« y ont survécu, et qui seulement sont obligées
« de porter une calotte d'argent ou d'étain pour
« se préserver des atteintes du froid. Cette che-
« velure ou perruque est ensuite tendue sur trois
« cerceaux, puis lorsqu'elle est sèche, on la peint
« de vermillon, et c'est un trophée de gloire; l'hon-
« neur consiste à en avoir beaucoup. »

Je puis ajouter que la colonie de Gallipolis en a fourni un exemple dans la personne d'un Allemand.

Quant à être brûlé vif et mangé, il ne faut qu'avoir ouvert une relation quelconque des guerres des sauvages, pour savoir que le sort ordinaire des prisonniers de guerre est d'être attaché à un poteau près d'un bûcher enflammé, pour y être, pendant plusieurs heures, tourmenté par tout ce que la rage peut imaginer de plus féroce et de plus raffiné. Ce que racontent de ces affreuses scènes les voyageurs, témoins de la joie cannibale des assistants, et surtout de la fureur des femmes et des enfants, de leur plaisir atroce à rivaliser de cruauté (1); ce qu'ils ajoutent de la fermeté héroïque, du sang-froid inaltérable des patients, qui non-seulement ne donnent aucun signe de douleur, mais qui bravent et défient leurs bourreaux par tout ce que l'orgueil a de plus hautain, l'ironie de plus amer, le sarcasme de plus insultant; chantant leurs propres exploits; énumérant les parents, les amis des spectateurs qu'ils ont tués, détaillant les supplices qu'ils leur ont fait souffrir, et les accusant tous de lâcheté, de pusillanimité, d'ignorance à savoir tourmenter, jusqu'à ce que tombant en lambeaux, et dévorés vivants sous leurs propres yeux par leurs ennemis enivrés de fureur, ils perdent le dernier souffle de la voix avec celui de la vie : tout cela, dis-je, serait incroyable chez les nations civilisées, et serait un jour traité de fable par la postérité lorsqu'il n'existera plus de sau-

---

(1) Voyez *Carver*, chap. IX; *Jean Long*, fin du chap. VIII et chap. IX; *Lahontan*, *Adair*, etc.

vages, si la vérité n'en était pas établie par des témoignages incontestables. Chaque jour des exemples se passent encore dans l'Amérique au-delà du Mississipi, ont lieu d'année en année chez les sauvages de la Wabash, quelquefois même chez ceux de la Floride. Qu'après cela des rêveurs sentimentalistes viennent nous vanter la bonté de l'homme de la nature! Une erreur presque égale est celle des écrivains qui, comme *Paw*, supposent que ce peut être faute de sensibilité physique, que les sauvages supportent si patiemment de si effroyables tourments. Certes, il faudrait qu'ils fussent plus insensibles que des huîtres et des arbres! La vérité est que ce phénomène physiologique tient à un état particulier de l'ame, violemment exaltée par des passions; état dont nous voyons des exemples nombreux dans les martyrs religieux et politiques de toutes les nations et de tous les pays. Le sauvage, ainsi que ces martyrs, est dans la disposition d'ame que l'on appelle *fanatisme*, qui est une violente persuasion, une certitude aveugle d'avoir tout droit, toute vérité dans sa cause; de voir, du côté de ses ennemis, toute erreur et toute méchanceté; de n'admettre ni doute, ni raisonnement: par ces motifs, d'être profondément imprégné, ainsi que les martyrs, d'un sentiment d'orgueil qui, à ses yeux, l'élève infiniment au-dessus de ses bourreaux; qui établit entre lui seul et eux tous, une lutte d'amour-propre, une gageure de vanité à qui ne cédera pas; et nous voyons dans la société que ce genre de lutte produit journellement les effets les plus exaltés, tels que ceux de la fureur du jeu, de la fureur de la guerre, des combats, des conquêtes, etc. — Le fanatisme des martyrs religieux a communément pour mobile l'espoir d'une autre vie : celui du sauvage manque de cet appui, et par cela même son courage est plus étonnant, a en quelque sorte plus de mérite; mais il a pour stimulant son désespoir et l'impossibilité de se sauver par une rétractation ou par une faiblesse; il ressemble à ces animaux qui, attaqués dans leur dernier point de retraite, se défendent sans aucun espoir d'échapper; et l'on sait quels prodigieux efforts la nature sait alors déployer chez les plus timides et chez les plus faibles. Chez le sauvage, c'est l'action cumulée du fanatisme et de la nécessité, et c'est sur cette double base que le Tartare *Odin* a pu élever sa religion forcenée; mais il n'en reste pas moins un problème physiologique très-intéressant à résoudre, savoir : quel est cet état singulier de nerfs, quel est ce mouvement du fluide électrique par lequel la sensibilité s'émousse ou s'exalte au point d'annuler la douleur. Cette question mériterait d'être un sujet de prix dans les écoles de médecine (1); de même que

---

(1) Les médecins et les chirurgiens des hôpitaux militaires ont souvent occasion d'observer que des patients qui, dans

c'en serait un autre digne des sociétés savantes qui s'occupent de morale, que de rechercher en quoi consiste la situation d'esprit appelée *fanatisme* : quelles sont ses causes disposantes et préparatoires, tant dans l'éducation que dans le tempérament? quels sont les moyens d'y remédier? comme aussi d'examiner si les effets du fanatisme appliqués à n'importe quelle opinion, sont plus pernicieux à l'individu et à la société, que l'esprit de doute, d'incertitude et de non crédulité?

4° Enfin, un dernier motif de férocité dans les guerres des sauvages et dans tout leur caractère, est le système entier de leur éducation et la direction que, dès le plus bas âge, les parents s'efforcent de donner à leurs penchants. « Dès le berceau, » dit Jean Long (chap. VIII), « les mères s'attachent à
« inculquer à leurs enfants des sentiments d'in-
« dépendance. Elles ne les frappent ni ne les gron-
« dent, de peur d'affaiblir les inclinations fières et

---

un état calme d'esprit et de sens, auraient jeté des cris de douleur dans les amputations et autres opérations, montrent au contraire de la fermeté s'ils sont préparés d'une certaine manière : cette manière consiste à les *piquer*, comme l'on dit, d'*amour-propre* et d'*honneur*; à prétendre d'abord avec ménagement, puis avec contradiction irritante, qu'ils ne sont pas en état de supporter l'opération sans crier : il arrive presque toujours que cette irritation morale et physique établit un état d'orgasme par lequel ils supportent la douleur avec une fermeté qui autrement leur eût manqué. Dire ce qui se passe alors dans le système nerveux et dans la circulation sanguine, est un des éléments du problème.

« martiales qui doivent faire l'ornement de leur
« vie et de leur caractère. Elles évitent même de
« les contrarier en rien, afin qu'ils s'accoutument
« à penser et agir avec la plus grande liberté. »
— J'ajoute qu'ici, comme dans tout le système de
la vie sauvage, c'est encore le mobile de la conservation qui agit, car c'est pour se donner des
défenseurs plus intrépides que ces mères gâtent
ainsi leurs enfants, qui, un jour, selon la pratique générale de ces peuples, les mépriseront,
les asserviront, et même les battront. — Tantôt
elles emploient le temps des veillées à raconter
les hauts faits, les traits de courage des parents,
des héros de la tribu; comment ils tuèrent, scalpèrent, brûlèrent, pendant leur vie, tel nombre
d'ennemis; où comment ayant eu le malheur d'être
pris, ils endurèrent avec un sublime courage les
tourments les plus affreux; tantôt elles les entretiennent des querelles domestiques de la tribu;
des griefs contre quelques voisins, des ménagements à garder pour s'en venger en temps opportun; et ainsi elles leur donnent à la fois des
leçons de dissimulation, de cruauté, de haine, de
discrétion, de vengeance et de soif de sang. Elles
ne manquent pas de saisir les premières occasions
d'un prisonnier de guerre pour faire assister leurs
enfants au supplice, pour les styler à l'art de tourmenter, et pour leur faire partager le festin cannibale qui termine ces scènes. L'on sent quelle

profonde impression doivent faire sur de jeunes cerveaux de telles leçons. Aussi leur effet constant est-il de donner aux jeunes sauvages un caractère indocile, impérieux, mutin, ennemi de toute contradiction, de toute contrainte, et cependant dissimulé, fourbe et même poli; car les sauvages ont une étiquette de politesse aussi composée que celle d'un corps diplomatique; en un mot, elles parviennent à leur faire réunir toutes les qualités nécessaires à atteindre le but de leur passion dominante, la passion de la vengeance et du meurtre. Leur frénésie sur ce dernier article est un sujet d'étonnement et d'effroi pour tous les blancs qui ont vécu avec eux.

« L'on ne peut, » dit encore Jean Long (chap. VIII),
« refuser aux sauvages une connaissance parfaite
« de la vie des bois : ils se dirigent sans soleil,
« sans étoiles, par l'aspect des arbres dont les bran-
« ches sont toujours plus fortes du côté sud que
« du côté nord, et par la mousse qui s'attache
« au côté nord à l'exclusion de tout autre. Le sen-
« timent de ce genre de supériorité leur donne
« l'opinion la plus orgueilleuse de leur intelligence :
« ils se regardent comme les plus fins et les plus sa-
« ges de l'espèce humaine; ils ont un grand mépris
« pour nous autres blancs, et cependant les Vir-
« giniens, depuis vingt ans, les ont surpassés dans
« toutes leurs pratiques chasseresses et guerrières.
« Quand ils viennent en guerre avec nous, ils sont

« très-choqués si on ne suit pas leurs avis ; le grand
« Washington lui-même a, par ce motif, encouru
« leur censure. Ils se moquent d'ailleurs de notre
« subordination, et trouvent ridicule que l'on
« puisse obéir à des chefs et à des rois. Toute dé-
« pendance leur est odieuse ; ils s'offensent de
« toute contradiction ; ils sont jaloux et envieux
« de toute préférence, soupçonneux de toute pa-
« role, de toute action ; et une fois prévenus, ils ne
« se désabusent plus, et couvent une rancune im-
« placable. L'on peut admirer leur courage intré-
« pide, leur patience et leur fermeté ; mais leurs
« meilleurs amis redoutent leur humeur exigeante,
« ombrageuse, facile à heurter, qui s'aigrit sans
« motif, sans bornes : flattez-les, ils sont insolents ;
« réprimez-les, ils s'irritent ; leur accordez-vous ce
« qu'ils veulent, ils demandent davantage ; ils se
« font un droit de la moindre promesse ; enfin les
« refuse-t-on une seule fois, tous les bienfaits sont
« oubliés, et ils deviennent de cruels ennemis.
« Leur soif du sang est surtout une rage incon-
« cevable ; elle les porte à traverser des espaces im-
« menses, à souffrir des fatigues excessives, des
« famines cruelles pour avoir le plaisir infernal
« de tuer et de scalper ; et ce qui n'est pas moins
« étrange, c'est le plaisir diabolique (voyez *Carver*,
« chap. IX et XVI, et le voyage de *Hearne*) qu'à
« leur tour ils trouvent à raconter les incidents de
« leur route et les tourments qu'ils ont fait endurer.

« Les plus terribles excès de maniaques n'égalent
« pas une telle férocité. »

Ainsi, en résultat, l'on peut dire que les vertus des sauvages se réduisent à un courage intrépide dans le danger, à une fermeté inébranlable dans les tourments, au mépris de la douleur et de la mort, et à la patience dans toutes les anxiétés et détresses de la vie. Sans doute ce sont là d'utiles qualités, mais elles sont toutes restreintes à l'individu, toutes égoïstes et sans aucun fruit pour la société; et de plus, elles sont la preuve d'une existence réellement misérable, et d'un état social si dépravé ou si nul, que l'homme n'y trouvant, n'y espérant aucun secours, aucune assistance, est obligé de s'envelopper dans le manteau du désespoir, et de tâcher de s'endurcir contre les coups de la fatalité.

Cependant, pourrait-on me dire, ces hommes dans leurs loisirs rient, chantent, jouent, vivent sans souci du passé comme de l'avenir; leur refuserez-vous plus de bonheur qu'à nous?—A ceci je répondrai comme *Petite-Tortue* : « Sans doute
« ils ont aussi leur manière de se trouver bien. »
L'homme est un être si souple, si divers, les habitudes exercent sur lui un empire si puissant que, dans les situations les plus fâcheuses, il trouve toujours quelque attitude qui le repose, qui le console, et qui, par comparaison aux souffrances antérieures, lui paraît *bien-être* et *bonheur*; mais si rire, jouer et chanter constituent le bonheur,

il faut que l'on m'accorde aussi que les soldats sont des être parfaitement heureux, puisqu'il n'est pas d'hommes plus insouciants et plus gais dans les dangers et à la veille des batailles; il faut que l'on m'accorde encore que dans ces derniers temps, dans la plus fatale de nos prisons, à la Conciergerie, les prisonniers étaient très-heureux, puisqu'ils étaient généralement plus insouciants et plus gais que ceux qui les gardaient, que ceux qui craignaient le même sort : hors des prisons l'on avait des soucis, nombreux comme les jouissances que l'on désirait conserver. Dans les prisons, les soucis se réduisaient à un seul, celui de conserver la vie. A la Conciergerie, où l'on était condamné en attente ou en réalité, l'on n'avait plus de soucis pour rien; chaque instant de la vie devenait au contraire une acquisition, une conquête sur un bien que l'on regardait comme perdu. Telle est à peu près la situation du soldat en guerre, et telle est réellement celle du sauvage dans le cours de toute sa vie. Si c'est là le bonheur, malheur aux pays où l'on peut l'envier.

En suivant mon analyse, je ne me vois pas conduit à des idées plus avantageuses de la liberté du sauvage; je ne vois au contraire en lui qu'un esclave de ses besoins et des caprices d'une nature stérile et avare. Les aliments ne sont point sous sa main, son repos n'est point à sa volonté; il faut qu'il coure, qu'il se fatigue, qu'il endure la soif, la faim, le chaud, le froid, toutes les intempéries de l'air, selon les variations des saisons et des éléments; et parce que l'ignorance dans laquelle il naît, dans laquelle il est élevé, lui donne ou lui laisse une foule d'idées fausses et déraisonnables, de préjugés superstitieux, il est encore l'esclave d'une foule d'erreurs et de passions dont l'homme civilisé s'est affranchi par les sciences et par les connaissances de tout genre qu'a produites l'état social perfectionné.

Les limites de mon travail ne me permettant pas tous les développements que comporte cet intéressant sujet, je me bornerai à dire que plus on approfondit le genre de vie et l'histoire des sauvages, plus l'on y puise d'idées propres à éclairer sur la nature de l'homme en général, sur la formation graduelle des sociétés, sur le caractère et les mœurs des nations de l'antiquité. Je suis surtout frappé de l'analogie que je remarque chaque jour entre les sauvages de l'Amérique du nord et les anciens peuples si vantés de la Grèce et de l'Italie. Je retrouve dans les Grecs d'*Homère*, surtout dans ceux de son Iliade, les usages, les discours, les mœurs des *Iroquois*, des *Delawares*, des *Miamis*. Les tragédies de *Sophocle* et d'*Euripide* me peignent presque littéralement les opinions des *hommes rouges*, sur la nécessité, sur la fatalité, sur la misère de la condition humaine, et sur la dureté du destin aveugle. Mais le morceau le plus remarquable par la variété et la réunion des traits de ressemblance, est le début de l'histoire de Thucydide, dans lequel il rappelle et trace sommairement les habitudes et la manière de vivre, des Grecs, avant et depuis la guerre de Troie jusqu'au siècle où il écrivait. Ce fragment me semble si bien adapté à mon sujet, que je crois faire une chose agréable au lecteur en le lui soumettant ici, afin qu'il fasse lui-même la comparaison.

Extrait de l'histoire de Thucydide, *traduction de* Levêque, *tom.* 1, *pag.* 2, *art.* 2,

« Jusque vers le temps de la guerre du Pélopo-
« nèse, le pays qui porte aujourd'hui le nom de
« *Grèce* ne fut point habité d'une manière cons-
« tante ; mais il était sujet à de fréquentes émigra-
« tions, et ceux qui s'arrêtaient dans une contrée,
« l'abandonnaient sans peine, repoussés par de
« nouveaux occupants qui se succédaient toujours
« en plus grand nombre. Comme il n'y avait point
« de commerce, que les hommes ne pouvaient sans
« crainte communiquer entre eux, ni par terre,
« ni par mer ; que chacun ne cultivait que ce qui
« suffisait à sa subsistance, sans connaître les ri-
« chesses ; qu'ils ne faisaient point de plantations,
« parce que, n'étant pas défendus par des murailles,
« ils ne savaient pas quand on viendrait leur en-
« lever le fruit de leur labeur ; comme chacun
« enfin croyait pouvoir trouver partout sa sub-

« sistance journalière, il ne leur était pas difficile
« de changer de place. Avec ce genre de vie, ils
« n'étaient puissants ni par la grandeur des villes,
« ni par aucun autre moyen de défense. Le pays
« le plus fertile était celui qui éprouvait les plus
« fréquentes émigrations : telles étaient les con-
« trées qu'on nomme à présent *Thessalie*, la *Béotie*,
« la plus grande partie du Péloponèse, dont il faut
« excepter l'Arcadie, et les autres enfin, en pro-
« portion de leur fécondité : car dès que, par la
« bonté de la terre, quelques peuplades avaient
« augmenté leur force, cette force donnait lieu à
« des séditions qui en causaient la ruine, et elles
« se trouvaient d'ailleurs plus exposées aux en-
« treprises du dehors. L'Attique, qui, par l'infer-
« tilité de la plus grande partie de son sol, n'a point
« été sujette aux séditions, a toujours eu les mêmes
« habitants ; et ce qui n'est pas une faible preuve
« de l'opinion que j'établis, c'est qu'on ne voit pas
« que des émigrations aient contribué de même
« à l'accroissement des autres contrées. C'était
« Athènes que choisissaient pour refuge les hom-
« mes les plus puissants de toutes les autres parties
« de la Grèce, quand ils avaient le dessous à la
« guerre, ou dans des émeutes : ils n'en connais-
« saient point de plus sûr ; et devenus citoyens,
« on les vit, même à d'anciennes époques, aug-
« menter la population de la république : on en-
« voya même dans la suite des colonies en Ionie,

« parce que l'Attique ne suffisait plus à ses ha-
« bitants. »

(P. 7, art. VI.) « Sans défense dans leurs de-
« meures, sans sûreté dans leurs voyages, les Grecs
« ne quittaient point les armes; ils s'acquittaient
« armés des fonctions de la vie commune, à la ma-
« nière des barbares. Les endroits de la Grèce où
« ces coutumes sont encore en vigueur prouvent
« qu'il fut un temps où des coutumes semblables
« y régnaient partout. Les Athéniens les premiers
« déposèrent les armes, prirent des mœurs plus
« douces et passèrent à un genre de vie plus
« sensuel. »

(P. 13, art. X.) « Sparte n'est pas composée de
« bâtiments contigus, mais la population y est dis-
« tribuée par bourgades, suivant l'ancien usage
« de la Grèce. »

(P. 24, art. XX.) « Tel j'ai trouvé l'ancien état
« de la Grèce; il est difficile d'en démontrer l'exac-
« titude par une suite de preuves liées entre elles :
« car les hommes reçoivent indifféremment les uns
« des autres, sans examen, ce qu'ils entendent dire
« sur les choses passées, même lorsqu'elles appar-
« tiennent à leur pays....

« Ainsi on croit que les rois de Lacédémone
« donnent chacun deux suffrages au lieu d'un, et
« que les Lacédémoniens ont un corps de troupes
« nommé *Pitanate*; bien qu'il n'ait jamais existé :
« tant la plupart des hommes sont indolents à re-

« chercher la vérité, et aiment à se tourner vers
« la première opinion qui se présente. »

(P. 26, art. XXII.) « Quant aux événements, *je*
« *ne me suis pas contenté* de les écrire sur la foi
« du premier qui m'en faisait le récit, ni comme
« il me semblait qu'ils s'étaient passés : mais j'ai
« pris des informations aussi exactes qu'il m'a été
« possible, même sur ceux auxquels j'avais été pré-
« sent. Ces recherches ont été pénibles, car les
« témoins d'un événement ne disent pas tous les
« mêmes choses sur les mêmes faits; ils les rap-
« portent au gré de leur mémoire ou de leur par-
« tialité. Comme j'ai rejeté ce qu'ils disaient de
« fabuleux, je serai peut-être écouté avec moins
« de plaisir; mais il me suffira que mon travail
« soit regardé comme utile par ceux qui voudront
« connaître la vérité de ce qui s'est passé, et en
« tirer des conséquences pour les événements sem-
« blables ou peu différents qui, par la nature des
« choses humaines, se renouvelleront un jour. »

(P. 36, art. XXX.) « Après le combat naval, les
« Corcyréens dressèrent un trophée à Leucymne,
« promontoire de Corcyre, et *firent mourir* tous
« leurs prisonniers, excepté les Corinthiens qu'ils
« tinrent en captivité. »

En lisant tous ces articles, il n'est pas une ligne
dont on ne puisse faire l'application aux sauvages
de l'Amérique, à l'exception de ce qui concerne
l'Attique, dont les causes occasionelles de civi-

lisation sont trop remarquables pour que je les aie écartées.

L'on ferait un ouvrage extrêmement instructif, si l'on considérait et si l'on représentait sous ce point de vue de comparaison l'histoire de l'ancienne Grèce et de l'ancienne Italie. L'on y apprendrait à évaluer à leur juste prix une foule d'illusions et de préjugés dont on égare, dont on fausse nos jugements dans l'enfance et l'éducation. L'on y verrait ce qu'il faut penser de ce prétendu âge d'or, où les hommes erraient nus dans les forêts de l'Hellas et de la Thessalie, vivant d'herbes et de glands : l'on sentirait que les anciens Grecs furent de vrais sauvages, de la même espèce que ceux d'Amérique, et placés presque dans les mêmes circonstances de climat et de sol, puisque alors la Grèce, couverte de forêts, était beaucoup plus froide qu'aujourd'hui. L'on en induirait que ces *Pelasges*, crus un seul et même peuple, errant ou répandu depuis la Crimée jusqu'aux Alpes, n'ont été probablement que le nom générique des hordes sauvages des premiers indigènes, vagabonds à la manière des Hurons et des Algonkins, des anciens Germains et des Celtes ; et l'on supposerait avec raison que des colonies d'étrangers plus avancés en police, venues des côtes d'Asie, de Phénicie, et même d'Égypte, en s'établissant sur celles de la Grèce et du Latium, ont eu avec ces indigènes des rapports, tantôt hostiles et tantôt conciliants, de la nature de ceux des premiers colons anglais dans la Virginie et dans la Nouvelle-Angleterre. Par ces comparaisons, l'on expliquerait et les mélanges et les disparitions de quelques-uns de ces peuples; les mœurs et les coutumes de ces temps inhospitaliers où tout étranger était un ennemi, où tout brigand était un héros, où il n'existait de loi que la force, de vertu que le courage guerrier; où toute tribu était une nation, toute réunion de baraques une métropole; l'on verrait dans cette époque d'anarchie et de désordre de la vie sauvage, l'origine de ce caractère d'orgueil et de jactance, de perfidie et de cruauté, de dissimulation et d'injustice, de sédition et de tyrannie, que montrent les Grecs dans le cours entier de leur histoire : l'on y verrait la source de ces fausses idées de gloire et de vertu, accréditées par les poètes et les rhéteurs de ces temps farouches, qui ont fait de la guerre et de ses lugubres trophées le but le plus élevé de l'ambition humaine, le moyen le plus brillant de la renommée; l'objet le plus imposant de l'admiration de la multitude ignorante et trompée : et parce que, dans ces derniers temps surtout, nous avons pris à tâche d'imiter ces peuples, et que nous regardons leur politique et leur morale, à l'égal de leurs arts et de leur poésie, comme le type de toute perfection; il se trouve en dernier résultat que c'est aux mœurs et à l'esprit des temps sauvages et barbares que notre culte et nos hommages sont adressés !

Les bases de la comparaison que j'établis sont si vraies, que l'analogie se continue jusque dans les opinions philosophiques et religieuses; car les principes de l'école *Stoïcienne* des Grecs se retrouvent tous dans la pratique des sauvages américains : et si l'on s'en prévalait pour donner à ceux-ci le merite d'être des *philosophes*, rétorquant le raisonnement, je dirai qu'il en faut conclure par inverse que l'état social dans lequel furent inventés des préceptes si contraires à la nature humaine, avec l'intention de faire supporter la vie, fut un ordre de choses et de gouvernement aussi misérable que l'état sauvage ; et j'aurais pour soutiens de mon opinion l'histoire entière de ces peuplades grecques, même dans leurs plus belles époques, et la série non interrompue de leurs séditions, de leurs massacres démocratiques, de leurs proscriptions oligarchiques et tyranniques, etc. jusqu'à la conquête de ces autres sauvages de l'Italie, appelés les *Romains*, qui, par leur caractère, leur politique et leur agrandissement, ont une analogie frappante avec les *cinq nations iroquoises*.

A l'égard des idées religieuses, elles ne forment pas un système régulier chez les sauvages, parce que chaque individu, dans son indépendance, se fait une croyance à sa manière. Il semble même que l'introduction des missionnaires européens parmi eux a modifié leurs opinions anciennes et propres néanmoins, à juger par les récits des historiens des premiers colons, et par ceux des voyageurs actuels dans le nord-ouest, il me paraît que les sauvages composent assez généralement leur théologie de la manière suivante :

Un grand *Manitou* ou *Génie* supérieur, qui gouverne la terre et les météores aériens dont l'ensemble visible compose tout l'univers pour un sauvage. — Ce grand *Manitou*, placé en haut, sans qu'on sache trop où, régit le monde sans prendre beaucoup de peine, donne la pluie, le beau temps, le vent, selon sa fantaisie, fait quelquefois du bruit (du tonnerre) pour se désennuyer, ne s'inquiète pas plus des affaires des hommes que de celles des autres êtres vivants qui peuplent la terre; il fait le bien sans y attacher d'importance, laisse faire le mal sans en troubler son repos, et, au demeurant, livre le monde à une destinée ou fatalité dont les lois sont antérieures et supérieures à tout. La plupart de ces peuples lui donnent le nom ou l'épithète de *Maître de la vie* ou de *celui qui nous a faits* : mais cette dénomination pourrait bien venir des missionnaires. Sous son commandement sont d'innombrables *Manitous* ou *Génies* subalternes qui peuplent l'air et la terre, président à tout ce qui arrive, et ont chacun leur emploi distinct. De ces génies les uns sont bons, et ceux-là font tout

ce qui se passe de bien dans la nature; les autres
sont méchants, et ceux-ci causent tout le mal qui
arrive aux êtres vivants. C'est à ces derniers *Génies*
de préférence et presque exclusivement, que les
sauvages adressent leurs prières, leurs offrandes
propitiatoires et ce qu'ils ont de culte religieux :
leur but est d'apaiser la malice de ces *Manitous*,
comme l'on apaise la mauvaise humeur des gens
hargneux et envieux; ils n'offrent rien, ou que
très-peu de chose, aux bons génies, parce qu'ils
n'en feront ni plus ni moins de bien; ce qui prouve
combien *Lucrèce* a eu raison de dire : *Primus in
orbe deos fecit timor*.

> C'est la peur qui d'abord peupla de dieux le monde.

Cette peur des mauvais génies est une de leurs
pensées les plus habituelles, et qui les tourmen-
tent le plus : leurs plus intrépides guerriers sont,
à cet égard, comme les femmes et les enfants;
un songe, un fantôme vu la nuit dans les bois, un
cri sinistre, alarment également leur esprit crédule et superstitieux; mais comme partout où il
y a des dupes, il croît des fripons, l'on trouve
dans chaque tribu sauvage quelque *jongleur* ou
prétendu *magicien* qui fait le métier d'expliquer
les songes, et de négocier avec les Manitous les
demandes et les affaires de chaque *croyant.* Il joue
exactement le rôle de ces anciens valets de comé-
die, porteurs de paroles entre les amants qui ne

peuvent se voir : et l'on imagine bien que ce courtage n'est pas sans profit pour son auteur. Les missionnaires ont une aversion particulière pour ces jongleurs, qu'ils traitent de *charlatans*, d'*imposteurs*, de *fripons*; et les jongleurs, qui les appellent *supplanteurs envieux*, leur rendent les mêmes sentiments : malgré leurs entretiens avec les génies, ils sont fort embarrassés à en expliquer la nature, la forme, la figure. — N'ayant pas nos idées sur les *purs esprits*, ils les supposent des êtres corporels, et pourtant légers, volatiles, de vraies ombres et mânes à la manière des anciens. — Quelquefois, eux et les sauvages en choisissent quelqu'un en particulier qu'ils imaginent résider dans un arbre, un serpent, un rocher, une cataracte, et ils en font leur *fétiche*, à la manière des nègres d'Afrique. L'idée d'une autre vie est aussi une croyance assez générale chez les sauvages; ils se figurent qu'après la mort ils passeront dans un autre climat et pays où abonderont le gibier, le poisson, où ils pourront chasser sans fatigue, se promener sans crainte d'ennemis, manger des viandes bien grasses (1), vivre sans

---

(1) Tous ceux qui mènent la vie des bois finissent par n'aimer que la graisse des viandes. — La partie maigre passe trop vite dans l'estomac : par cette raison, les *traitants* canadiens l'appellent *viande-pain*. J'ai moi-même fait l'expérience de ce goût, et comme eux j'en étais au point de préférer un morceau d'ours à une aile de dinde.

peines et sans soucis, en un mot, être heureux de tout ce qui fait le bonheur dans la vie actuelle. Ceux du nord placent ce climat vers le *sud-ouest*, parce que c'est de là que vient le vent de la belle saison, et de la température la plus agréable et la plus fécondante. — Les missionnaires ajoutent qu'ils mêlent à ces tableaux des idées de récompense et de châtiments, une sorte d'Élysée et de Tartare ; mais ceci aurait besoin d'observateurs sans partialité.

Au reste, l'esquisse que je viens de tracer suffit pour prouver qu'il y a une analogie réelle entre les idées théologiques des sauvages de l'Amérique-nord et celles des Tartares d'Asie, telles que nous les ont dépeintes les savants russes, qui les ont visités depuis 30 ans. Cette analogie est également évidente avec les idées des Grecs ; on reconnaît le grand *Manitou* dans le *Jupiter* des temps héroïques, c'est-à-dire sauvages, avec cette différence, que le *Manitou* des Américains est *triste*, *pauvre* et *ennuyé* comme eux ; tandis que le *Jupiter* d'*Homère* et d'*Hésiode* déploie toute la magnificence de la cour d'*Éthiopie*, c'est-à-dire de *Thèbes Hécatompyle*, dont l'âge présent nous a révélé les étonnants secrets (1).

On reconnaît également bien dans les *Mani-*

---

(1) Voyez dans le bel ouvrage de M. *Denon* le haut degré de goût, de luxe, de perfection, où étaient parvenus les arts

tous, les dieux subalternes des Grecs, les génies des bois, des fontaines, les *daimónes*, honorés d'un même culte superstitieux. Prétendre que les sauvages américains ont tiré leurs idées de la Grèce ou de la Scythie, n'est point ma conclusion ; il est possible que d'un même foyer primitif, le *Chamanisme* ou système *Lamique* de *Beddou* se soit répandu chez tous les sauvages de l'ancien monde où on le retrouve jusqu'aux extrémités de l'Espagne, de l'Écosse et de la Cimbrique : mais il me paraît également possible qu'il soit la production naturelle de l'esprit humain, parce que son analyse le montre tout entier formé de comparaisons, tirées de la condition et des affections des hommes et des peuples chez qui il existe ; j'ai développé ailleurs cette idée de manière à n'avoir pas besoin de la reproduire ici (1).

---

de cette Thèbes, déja ensevelie dans la nuit de l'histoire quand il n'était pas encore question de la Grèce ni de l'Italie.

(1) Voyez les *Ruines. Généalogie des idées religieuses :* les missionnaires chrétiens, catholiques, protestants, moraves, se sont donné beaucoup de soins pour *convertir* les sauvages : la société des Jésuites, par ses manières insinuantes, avait mieux réussi à les soumettre à des pratiques extérieures ; mais le bon sens grossier de ces hommes n'a jamais pu se plier ou s'ouvrir à la croyance des dogmes incompréhensibles ; ils allaient à l'office et disaient le chapelet uniquement afin d'avoir le verre d'eau-de-vie et le pain qu'on leur distribuait, et dont le don favorisait leur paresse. Je n'ai jamais ouï citer aux États-Unis l'exemple d'un seul sauvage réellement chrétien ; aussi lorsque chez nous un auteur préconisé a fondé l'in-

Une transmission de ces idées religieuses qui supposerait une trop longue série de générations me paraît surtout difficile, en ce qu'il n'existe chez les sauvages ni livres, ni écriture, ni aucun moyen monumental : tout s'y réduit à la tradition orale, c'est-à-dire à ces récits qui, en passant d'une bouche à l'autre, s'altèrent tellement, que même des faits voisins deviennent méconnaissables en peu de temps : je crois avoir raisonnablement démontré en traitant des Arabes (1), combien les traditions sont nulles chez les Orientaux, malgré le préjugé contraire de quelques savants, et principalement des théologiens, qui ont besoin de ce moyen pour appuyer diverses opinions : j'ai prouvé que chez ces peuples les individus conservent à peine le souvenir des années de leur âge et des événements de leur enfance ; que ce caractère oublieux ou négligent, leur est commun avec notre propre peuple, celui surtout des campagnes, qui leur ressemble le mieux par son ignorance ; et qu'enfin ce caractère est inhérent à la nature humaine en général : les sauvages d'Amérique sont un nouvel exemple à l'appui de mon

---

térêt d'un roman récent sur la *dévotion* presque *monacale* d'une *Sqwa* ou *fille sauvagesse*, il a manqué à la règle des vraisemblances, de laquelle naît cet intérêt : mais s'il n'a eu en vue que de plaire à un parti et d'arriver à un but, il a parfaitement réussi ; et c'est particulièrement le cas de dire : *Tout chemin mène à Rome.*

(1) Voyage en Syrie.

opinion, car tous les témoins que j'ai eu occasion de consulter et de citer si souvent, se sont accordés à me dire qu'il n'existe chez eux aucun souvenir régulier, aucune tradition exacte d'un fait qui ait cent ans de date; et leur vie errante, vagabonde, leurs dispersions par la guerre, leurs distractions par les malheurs et les calamités, enfin leur insouciance foncière, seront, pour quiconque en calculera les effets, autant de preuves évidentes que cela doit être ainsi. — Un seul moyen de souvenir a lieu dans leur situation, c'est celui des phrases à *syllabes comptées et rimées*, ce que plus noblement on appelle des *vers*, soit déclamés, soit chantés : en effet, par les *mesures* comptées de ces *vers* et par leurs rimes, les mots et les idées sont fixés d'une manière précise et certaine dans le discours et dans la mémoire, et l'on peut toujours s'assurer que le discours est entier et non tronqué : aussi est-ce réellement à cette idée simple et rustique que l'art *divin* de la poésie doit son origine; et c'est par cette raison que ses premiers essais, ses plus anciens monuments sont des contes extravagants de mythologie, de dieux, de génies, de revenants, de loups-garoux, ou de sombres et fanatiques tableaux de combats, de haines et de vengeances; tels que les chants des Bardes d'Ossian et d'Odin, j'ose dire même du chantre de la colère d'Achille, quoiqu'il ait eu plus de connaissances et de talent; tous contes et tableaux analogues à l'esprit ignorant, à l'imagination déréglée et aux mœurs farouches des peuples chez qui ils se produisent.

L'on pourra me dire que les sauvages ont des espèces d'hiéroglyphes avec lesquels ils se communiquent des idées ; comme de dessiner un homme *la main appuyée sur la hanche*, pour signifier un Français ; un autre *les bras liés*, pour signifier un prisonnier ; mais l'on sent combien une telle méthode est imparfaite, équivoque et bornée. La vérité est en résultat, qu'ils n'ont ni moyens de transmission, ni monuments, pas même des vestiges d'une antiquité quelconque. Jusqu'à ce jour, l'on ne cite dans toute l'Amérique du nord (le Mexique excepté), ni un édifice, ni un mur en pierre taillée ou sculptée qui atteste des arts anciens. Tout se borne à des *buttes de terre* ou *tumulus* servant de tombeaux à des guerriers ; et à des lignes de *circonvallation* qui embrassent depuis un jusqu'à trente arpents de surface. J'ai vu trois de ces lignes, l'une à *Cincinnati*, et deux autres en *Kentucky*, sur la route de ce même lieu à *Lexington* par *Georgetown* ; ce sont tout simplement des crêtes de fossés, ayant au plus quatre ou cinq pieds d'élévation et huit à dix de base ; la forme de leur enceinte est irrégulière, tantôt ovale, tantôt ronde, etc., et elle ne donne aucune idée d'art militaire ou autre. Le plus grand de ces ouvrages, celui de *Moskingum*, est à la vérité carré, et à de plus grandes dimensions ; mais d'après le dessin et la description qu'en a donné M. le docteur *Barton* dans ses *Observations d'histoire naturelle* (1), l'on voit qu'il n'a ni bastions, ni tours, comme on l'avait dit, et qu'il a dû être un simple retranchement de défense, tel que *Oldmixon* et ses autorités attestent que les sauvages les pratiquaient à l'arrivée des Européens, lorsqu'ils avaient des demeures plus fixes, et un équilibre plus égal de forces. — Tous ces retranchements ont eu la même cause, et tous ont pu être faits avec des houes et des paniers.

Quant aux *tumulus*, j'ai vu celui de *Cincinnati*, à six ou sept cents pas du fort vers l'ouest; c'est un monceau de terre, en pain de sucre, qui peut avoir quarante pieds de saillie au-dessus du sol; il est recouvert d'arbres qui ont crû spontanément. — Il m'a rappelé les *buttes* du désert de Syrie et de sa frontière; mais elles sont infiniment plus fortes, ayant eu pour objet de poser des tours. Il paraît que dans la Tartarie russe et chinoise l'on en rencontre beaucoup dont la taille a plus d'analogie. L'on a fouillé quelques-uns de ces *tumulus* américains, et l'on n'y a trouvé que des os, des arcs, des haches, des flèches de guerriers sauvages. — Le général Sinclair ayant fait scier l'un des plus

---

(1) Première Partie, in-8°, 76 pages, *Philadelphie*, 1787. Voyez la page 30.

gros arbres implantés sur leur pain-de sucre, y a compté plus de quatre cent trente-deux cercles de végétation; et comme il paraît qu'il se forme un de ces cercles par année, cela reporterait la date du tombeau de 1300 à 1350.

Au reste, il faut laisser de plus amples recherches et de plus solides conjectures aux savants américains qui sont sur les lieux, et qui chaque jour peuvent faire de nouvelles découvertes. Je me résume à dire que le plus certain, le plus instructif de tous les monuments que présentent les sauvages, c'est leur langage. — M. le docteur *Barton* a publié sur ce sujet un essai curieux (1), dans lequel il compare plusieurs mots de leurs langues et dialectes. Il a même étendu ses confrontations aux langues de quelques tribus tartares, à l'aide du recueil que le docteur *Pallas* en a fait et publié sur près de trois cents nations asiatiques par ordre de l'impératrice *Catherine II* (2). Les confronta-

---

(1) Voyez *New Views on the origin of the tribes and nations of America*, 1 vol. in-8°, Philadelphia, 1798.

(2) Ce travail, dont l'idée vraiment philosophique a pour but d'éclaircir et de diminuer la confusion *Babélique* des langues, a été imprimé en *caractères russes* : me serait-il permis d'observer que ce moyen d'exécution est contradictoire à l'intention ? Les caractères russes sont bornés à une nation peu riche en livres, peu avancée en science : les caractères dit Romains, sont devenus ceux de toute l'Europe ; ils sont prêts à devenir les seuls en Allemagne, et le seront dans toute l'Amérique ; les Russes ne prétendent sûrement pas

tions du docteur *Barton* l'on conduit à plusieurs conclusions intéressantes pour la science; mais malgré les vœux d'estime et d'amitié que je forme pour ses succès, je ne trouve pas toutes ses conclusions également fondées; je ne puis admettre, par exemple, l'affinité qu'il établit entre les dialectes caraïbes, brésiliens, péruviens, etc., et les langues ou dialectes des Potéouattamis, des Delawares, des Iroquois, fondée sur la ressemblance de deux ou trois mots. Il me semble être plus heureux dans quelques rapports qu'il découvre avec les langues du nord-est de l'Asie; l'on ne peut d'ailleurs que lui savoir gré d'avoir ouvert une mine curieuse et riche en nouveauté; mais cette mine a besoin d'être exploitée à fond et en grand, et ce travail veut les forces combinées de plusieurs savants. Il serait à désirer que le congrès, sentant l'importance du sujet, formât, ne fût-ce que temporairement, une école de cinq ou six interprètes uniquement occupés à recueillir des vocabulaires et des grammaires sauvages. — Dans

---

les supplanter. N'eût-il pas été, ne serait-il pas encore plus convenable aujourd'hui que les Russes les adoptassent, et se réunissent à la grande masse, en faisant pour les prononciations qui leur sont particulières, une opération semblable à celle que le gouvernement français vient de faire pour les alphabets arabe, turk et persan; c'est-à-dire, en leur adaptant des lettres également particulières ? ils s'épargneraient bien des frais et des difficultés.

cent ans, dans deux cents ans, il n'existera peut-être plus un seul de ces peuples. — Depuis deux siècles, déja un grand nombre a disparu ; si l'on ne profite pas du moment, l'occasion se perdra sans ressource de saisir le seul fil d'analogie et de filiation de ces nations avec celles du nord-est de l'Asie ; la dépense d'un tel établissement est un bien mince objet pour un pays économe et riche ; d'ailleurs, ce genre de dépense a des résultats avantageux, et même lucratifs, ne fût-ce que sous le rapport des facilités de commerce qu'il donne, et des produits de librairie. — En soumettant cette idée aux membres du congrès, amis des sciences et des lettres, j'ose la recommander à leur attention avec d'autant plus d'instance, que j'ai vu régner dans les États-Unis un préjugé pernicieux ; savoir qu'il ne faut pas que le gouvernement encourage la culture des lettres et des sciences, mais qu'il les abandonne comme les autres arts à *l'industrie des particuliers ;* cette comparaison aux *arts* est totalement erronée, en ce que pour bien cultiver les sciences et les lettres, il faut renoncer à toute ambition d'emploi, de place, même de fortune ; il faut avoir l'esprit libre des soucis de la richesse et de la pauvreté ; il faut n'aimer que le travail et la gloire, ou, si l'on veut, la célébrité ; or, pour bien remplir cette vocation, il faut être au-dessus du besoin, posséder le nécessaire, même l'utile, et avoir une douce médiocrité tout acquise. — C'est ce qu'effectuent les dotations et les traitements alloués par les gouvernements, et les fonds consacrés à l'établissement des corporations savantes. Si la France a acquis en Europe une sorte de prééminence en ce genre, qui ne lui est pas contestée, c'est à un tel régime qu'elle le doit; et les avantages même pécuniaires, commerciaux, financiers, etc., qu'elle en a constamment retirés sont si évidents, qu'aucune de ses diverses formes de gouvernement n'a voulu changer de système. Il dépend du gouvernement des États-Unis d'acquérir la même influence, la même prépondérance sur tout le Nouveau-Monde, où leur peuple a pris l'initiative de la liberté. Un fonds annuel de cent mille dollars serait une dépense bien médiocre pour un tel peuple, et pourtant elle suffirait déja à y créer une *académie* ou *institut* américain, qui rendrait en peu de temps d'importants services, ne fût-ce que d'empêcher de dire, comme je l'ai ouï, non-seulement aux étrangers, mais aux hommes les plus éclairés du pays, que le goût et la culture des sciences, loin d'avoir fait des progrès, se sont au contraire très-sensiblement refroidis aux États-Unis, depuis leur indépendance, et que l'instruction et l'éducation de la jeunesse y sont tombées dans un désordre et un abandon effrayant.

Il me reste à joindre le Vocabulaire *miámi* que j'ai annoncé au commencement de cet article : ce dialecte paraît appartenir à la langue des nombreuses peuplades *chipéwanes* qui, selon M. *Mackensie*, se disent venues du *nord-est* de l'Asie. Quelque imparfait que soit mon travail, il a néanmoins assez d'étendue pour fournir des moyens de comparaison aux savants russes et allemands qui connaissent les langues de ces contrées; j'aurai rempli mon but, s'il sert à procurer de ce côté quelques découvertes, et à provoquer aux États-Unis un plan de recherches plus vastes et plus approfondies.

VOCABULAIRE

DE LA

LANGUE DES MIAMIS.

AVIS.

Le lecteur est prévenu que l'x a toujours la valeur du *jota* espagnol, et χ grec.

L'н, celle de la forte aspiration arabe.

Le *th*, la valeur anglaise.

En représentant avec tout le soin possible la prononciation des mots *midmis* en français, j'ai joint quelques exemples de la manière dont les Anglais la représentent aussi, afin de faire sentir la confusion qui résulte de la valeur différente des lettres chez eux et chez nous, et de la nécessité d'un alphabet unique.

Dans la colonne de l'orthographe anglaise, les mots marqués B. sont tirés du livre de M. *Barton ;* les autres appartiennent à M. *Wels.*

VOCABULAIRE
DE LA LANGUE DES MIAMIS.

Français.	Miâmi.	Orthogr. anglaise.

Je et moi........ Nêlah (1)........ Nalaugh.
Toi et vous...... On se sert du *vous*.
Lui, elle......... Voyez *Eux, elles*. Awaleaugh
Nous............. Kélônah......... Calonough.
Vous............. Kélah............ Calaugh.
Eux et elles...... Aouèloùa (*oua*,
                    bref)......... Awalewaugh.
Mon, mien....... Nélâh-nénéh..... Nalaugh-nenigh.
Ton.............. Ki. Voyez *Votre*... Voyez *Votre*.
Son, sien........ Aouèla-nénéh.... Awalelah-nennegh.
Notre............ Kélônah......... Calonaugh.
Votre............ Kélêla-nénéh..... Kalelaug-nennagh.
Leur............. Voyez *Son, sien*..
Père (mon)..... Noxsâhé......... { Nosh saugh.
 { Noch san. B.
Pères (les)...... Oxsema.........
Mère (votre).... Kekiah.......... Kakecaugh.
Mères (les)..... Akèmémah....... Aukeemeemauh. B.
Fils.............. Akouissimâ.
Fils (son)....... Akouissâléh...... Augwissaulay
Fille (sa)........ Ataualéh
Frère (mon)..... Ouedsà-milâné.... Sheemah, pris pour
                                                 sœur.
Frère (notre).... Ouedsa monkouà...
Sœur (ma)...... Ningo chema.
Sœur (leur)..... Agoz-chimouâlé... Augosshimwauley.

---

(1) *é* vaut notre *éé*, c'est-à-dire, *e* long.

VOCABULAIRE MIAMI.

Français.	Miâmi.	Orthogr. anglaise.
Mari (mon)	Nèma pèma. Littéral. Maître de la faiblesse	
Femme (ma)	Niouéouah	Neeweewah. B.
Femme une	Métamsah.	
Homme (un)	Helaniah (1)	Hellanniare.
Petit garçon (un)	Apilossah	Apeelotsaugh.
Vieillard (un)	Kéocha	Kaowshaw.
Un (nombre)	Ingôté	Ingótay.
Deux	Nichoué	Neshsway.
Trois	Nexsoué	Nessweh.
Quatre	Nîoué	Neeway.
Cinq	Yàlanoué	Yallawnwee.
Six	Kakotsoué	Cau cutsweh.
Sept	Souaxtetsoué	Swattessweh.
Huit	Pollâné	Pullawneh.
Neuf	Ingôté-ménéké	Ingotim maneeka
Dix	Matatsoué	Mautotsweh.
Tête	Indépékôné.	
OEil	Kéchékoué.	
Nez	Kiouâné.	
Nez (mon)	Nin-kiouâné.	
Nez (votre)	Ki-kiouâné.	
Oreille	Taouâké.	
Front	Mayaouinguité.	
Cheveux et poil	Nélissah.	
Bouche	Tenénéh.	
Langue	Ouélàné	
Dent	Ouipîtâh.	
Barbe	Messetoningué.	

(1) En *Delaware*, Lenno.
En *Chipèwâ*, Lennis.
En *Chaoni*, Linni.
Pourquoi les anciens sauvages de la Grèce s'appelaient-ils *Hellènes* ? et une tribu tartare *Alani* ?

VOCABULAIRE MIAMI.

Français.	Miâmi.	Observations.
Main	Onexkà.	
Pied	Kâtah.	
Peau	Lôkaié.	
Chair	Ouioxsé.	
Sang (*V.* rouge)	Nixpékénoué.	
Cœur	Tâhé.	
Ventre	Moïgué *ou* Moïtczé,	*Prononcé à la russe.*
Vie (la)	Mahtsanéouingué.	
Mort (la)	Nahpingué	Nipou (*il est mort*).
Sommeil (le)	Nipangué	Nipahanoué (*le froid*) (1).
Tuer	Anguéchéouingué.	
Jour (le)	Ifpêté.	
Soleil (le)	Ifpêté-kilixsoua, (*lumière de jour*).	
Nuit (la)	Pekontèoué.	
Lune (la)	Pekontèoué kili xsoua, (*lumière de nuit*).	
Matin (le)	Cheïpaoué.	
Soir (le)	Elakouîkéx.	
Étoile	Alangouâ.	
Firmament	Kechekoué.	
Vent	Alamthenoué.	
Tonnerre	Tchingouia.	
Pluie	Petilenoué.	
Neige	Monê toua,(génie).	
Glace	Achoukonéh.	
Chaud	Chilitèoué.	
Froid	Nipâhanoué.	
Été (l')	Nihpênoué.	
Hiver (l')	Piponoué	
Terre (la)	Akinkeoué.	
Ile	Menàhanoué.	

(1) Il n'appartient qu'à des habitants du Nord de classer dans une même famille les idées de sommeil, mort et froid.

Français.	Miámi.	Observations.
Eau (l')	Népé.	
Feu (le)	Kohteoué.	
Flamme	Pankouâleoué.	
Rivière	Sipioué.	
Lac	Nipinsi.	
Ruisseau	Maxtchékomeké.	
Mer	Kitchi-kâmé.	
Montagne	Atchioué.	
Colline	Ifpotéhkiké.	
Arbre (un)	Mctèhkoué.	
Arbres (des)	Metèhkouah.	
Bois (du)	Tàouânè.	
Forêt	Mtènkokè.	
Piste (une)	Pamehkaouangué.	
Chasser	Donamanoua.	
Chasse (la)	Nantonamaouingué.	
Arc (un)	Métèhkouapa.	
Flèche	Tàouanthalouà.	
Feuilles (les)	Mechipakoua.	
—— qui tombent.	Papintingué.	
Homme (un) tombe	Mejechenouà.	
Gibier	Aouâssâh.	
Poisson	Kikonassah.	
Guerrier	Atâthià.	
Guerre	Méjékatoué.	
—— (aller en)	Dopaléouah.	
Casse-tête	Taka-kané.	
Peindre (se) la face	Ouèchihouingué.	
Couteau (un)	Malsé.	
Couteaux (des.)	Malsa.	
Scalper	Laniok-koué.	Koué (chevelure).
Prisonnier (un)	Kikionna.	
Sentier (un)	Mioué.	
Calumet	Poàkâné.	

VOCABULAIRE MIAMI.

Français.	Miami.	Observations.
Fumée.	Axkoleoué.	
Maison	Ouikâmé.	
Canot	Missôlé, *plur.* Missola.	
Filet	Sàpá, *plur.* Sapaké.	
Viande séchée	Pohtekia.	
— fumée	Oxkolé Saminguià.	
Tombeau	Eouissi–kâné.	
Paix (la)	Pèhkokia (bon, abondance).	
Bien (le)	Pèhkoké.	
Mal (le)	Méléoxké.	
Bon (homme)	Tipéoua.	
Méchant	(Forté) Matchi (1).	
Doux (2)	Ouékapanké.	
Amer	Ouèssakangué.	
Long	Kenouaké.	
Court	Ixkouaké.	
Colline (haute)	Ifpatingué.	
Haut dans le ciel	Ifpamingué.	
Bas	Mataxké.	
Lent, aisé	Ouèhkeoué.	
Prompt	Rinsehkaoué.	
Nuage (rapide)	Kintche scoué.	
Rivière (profonde)	Kenonoué.	
Uni	Tétipaxkeoué.	
Grand	Manchôké, Kitchi.	
Petit	Apiliké.	
Large	Metchahkeoué.	
Étroit	Apassianoue.	
Pesant	Ktchokouâné.	

(1) Le *p* commence en général tous les mots qui désignent *beau* et *bon*, l'*m* au contraire, tous les mots qui désignent *mauvais* et *laid*.

(2) Ils appellent l'abeille, la *mouche* qui fait le *doux* ; ils disent qu'elle est *étrangère*, et qu'elle a précédé d'un an les colons.... Amohouia se dit de tout le genre ; Houzâoué-amohouia, *mouche jaune*, veut dire un frelon.

VOCABULAIRE MIAMI.

Français.	Miámi.	Observations.
Léger	Nanguétchéoué.	
Fer	Kepikàtoué.	
Cuivre	Naxpekacheké.	
Or	Honzaouéchoulé.	
Argent	Choûlé, *ou* Tsoulé.	
Plomb	Lontsàh.	
Pierre	Sâné.	
Blanc	Ouàpekingué.	
Noir	Maнkateouekingué.	
Rouge	Nèнpèkékingué.	
Bleu	Ixkepakingué.	
Jaune	Honzàouékingué.	
Vert	Anzanzékingué.	
Bison *ou* Buffle	Alanantsoua.	
Castor. v. p. Daim.	Moнsoké.	
Ours	Moxkoua, *plur.* Maxkóké.	
Chien	Alamo, *plur.* Alamòké.	
Maïs	Mintchepé.	
Oiseau	Ahouèhsensa.	
Ami	Aouiнkanemah.	
Ennemi	Kitaнkianouna.	
Amour (l')	Têpaletingué.	
Rire (le)	Kéouélingué.	
Rire	Kéoueleouàh.	
Pleurer	Séhkouingué.	
Larme (une)	Sèhpingouah.	
Parler	Kilàkilàxkouingué.	
Discours	Atchimouna.	
Marcher	Pampelingué.	
Courir	Mahmikouingué.	
Respirer	Nèssingué.	
Souffler	Alamsenoué.	
Soupir	Kéouèneoua.	
Craindre	Kouahtamingué.	
Esprit (l') *ou* Ame (l')	Atchipaïa, *c'est-à-dire*, fantôme volant.	

Français.	Miámi.	Observations.
Dieu............	Kitchi-Mané-toua (*le grand esprit*), ou Kajehelangouá (*celui qui nous a faits*).	
Génies *ou* Esprits.	Manétouâ, *analogue à* manes, mani-um *des Latins.*	
Diable..........	Matchi Manitou.	
Beau...........	Pèнkesina.	
Laid...........	Moléïousina.	
Bon homme......	Tipéoua-heleniah.	
Bonne femme....	Tipéoua-metams.	
Sauvages (les)...	Metoxthéniaké (*nés du sol*).	
Européens (les)..	Ouâbkilokèta (*peau blanche*).	
Français (les)....	Méhtikôcha (Ouémistergôch, *bâtisseur de vaisseaux*, en langue Chipewa).	
Anglais (un).....	Axàlàchima (Anglichman).	
Américain (un)...	Mitchi-Malsà (*grand couteau*).	
Oui............	I-yé.	
Non...........	Moxtché.	
Avec..........	Mâmàoué, *en arabe* Mà.	

Ils n'ont point le verbe *être*.

Les adjectifs sont de commun genre, comme en anglais. Voyez les exemples *bon homme*, *bonne femme*.

En général, le pluriel des substantifs se forme en ajoutant au singulier la finale *ké*: *Métamsa*, une femme; *Métamsake*, les femmes.

VOCABULAIRE MIAMI.

Français.   *Miámi.*

Verbe *Manger.*

Je mange.............	Nioussini.
Tu manges.............	Kiouissini.
Il *ou* elle mange.............	Ouissinioua.
Nous mangeons.............	Niouissini mina.
Vous mangez.............	Kiouissini moua.
Ils *ou* elles mangent.............	Ouissiniouàké.

J'ai mangé.............	Chaïani ouissiné.
Tu as mangé.............	Chaïaki ouissiné.
Il *ou* elle a mangé.............	Chaïaé ouissinoua.
Nous avons mangé.............	Chaïaé kiouissini mina.
Vous avez mangé.............	Chaïaé kiouissini moua.
Ils *ou* elles ont mangé.............	Chaïaé ouissiniouaké.

Je mangerai.............	Nouissini-kâté.
Tu mangeras.............	Kiouissini-kâté.
Il *ou* elle mangera.............	Ouissinioua-kâté.
Nous mangerons.............	Kiouissini-mina-kâté.
Vous mangerez.............	Kiouissini-mo-kâté.
Ils *ou* elles mangeront.............	Ouissiniouaké-kâté.

Le manger.............	Ouessiningué.
La faim.............	Aïxouingué.
J'ai faim.............	Indâïexkoui.

Verbe *Boire.*

Je bois.............	Néméné.
Tu bois.............	Kiméné.
Il *ou* elle boit.............	Ménouà.

Français.	Miámi.
Nous buvons	Kiméné mena.
Vous buvez	Kiméné moua.
Ils *ou* elles boivent	Mènò-ké.
Le boire	Méningué.

Verbe *Battre*.

Je bats	Indáné èhoué.
Tu bats	Kidáné èhoué.
Il *ou* elle bat	Anè èhoué.
Nous battons	Kidáné èhouemena.
Vous battez	Kidáné kioué *ou* hioué.
Ils ou elles battent	Anéhé èhouaké.

Verbe *Passif*.

Je suis battu	Indáné ekoua.
Tu es battu	Kidáné ekoua.
Il *ou* elle est battu	Ané haouà.
Nous sommes battus	Kidáné ekona.
Vous êtes battus	Kidáné ekoha.
Ils *ou* elles sont battus	Anè haouaké.

J'ai été battu	Indáné nehèkoua.
Tu as été battu	Kidáné nehèkoua.
Il *ou* elle a été battu	Anènè haoua.
Nous avons été battus	Kidáné nehekomena.
Vous avez été battus	Kidáné nehekouà.
Ils *ou* elles ont été battus	Anènè haouaké.

Je serai battu	Indáné heko-káté.
Tu seras battu	Kedáné heko-káté.

Français.	Miámi.
Il *ou* elle sera battu........	Ané haoua-kâté.
Nous serons battus........	Kidâné hekomena-kâté.
Vous serez battus..........	Kedâné hekomo-kâté.
Ils *ou* elles seront battus....	Ané haouaké-kâté.

FIN' DU VOCABULAIRE.

TABLE DES MATIÈRES.

Page.

Chapitre premier.— Situation géographique des États-Unis, et superficie de leur territoire. — Comparaison de quelques unes de leurs parties avec celles de l'ancien continent.................................... 1

Chap. II. — Aspect du pays. Forêt presque universelle divisée en trois grandes régions.................. 6

Chap. III. — Configuration générale. Division naturelle du pays par les chaînes des montagnes. Élévation extrême et moyenne de ces chaînes................. 11

Chap. IV. — Structure intérieure du sol. Pierres et roches fondamentales occupant diverses régions....... 40

Chap. V. — Des lacs anciens qui ont disparu. Conjectures sur l'ancien état du pays......................... 71

Chap. VI.—De la chute de Niagara et de quelques autres chutes remarquables.......................... 94

Chap. VII. — Des tremblements de terre et des volcans. 113

Chap. VIII. — Du climat. Sa comparaison avec celui d'Europe aux mêmes latitudes. Différence singulière de température entre l'est et l'ouest des Alleghanys. 118

Chap. IX. — Système des vents aux États-Unis. Cause du courant du golfe de Mexique.................... 152

Chap. X. — Comparaison du climat des États-Unis avec celui de l'Europe quant aux vents, à la quantité de pluie, à l'évaporation et à l'électricité............. 222

Chap. XI. — Conclusion : la lune influe-t-elle sur les vents? Action du soleil sur tout leur système, et sur le cours des saisons. Changements opérés dans le climat par les défrichements..................... 239

Chap. XII. — Des maladies dominantes aux États-Unis. 266

Appendice... 317

Lettre sur les vents de la Suède et de la Norwège.... ibid.

ÉCLAIRCISSEMENTS.

Article Ier — Sur la Floride et sur le livre de Bernard Romans, intitulé : *Courte Histoire Naturelle et morale de la Floride Orientale et Occidentale*............ 321

Art. II. — Sur l'histoire de Newhampshire, par Belknapp, et sur l'Histoire de Vermont, par Samuel Williams... 330

Art. III. — Sur Gallipolis, ou la Colonie des Français au Scioto, en 1789......................... 335

Art. IV. — Sur diverses Colonies Franco-Canadiennes.. 346

Art. V. — Observations générales sur les Indiens ou sauvages de l'Amérique-Nord................... 371

Vocabulaire de la langue des *Miâmis*, tribu établie sur la rivière *Wabash*............................ 467

FIN DE LA TABLE.

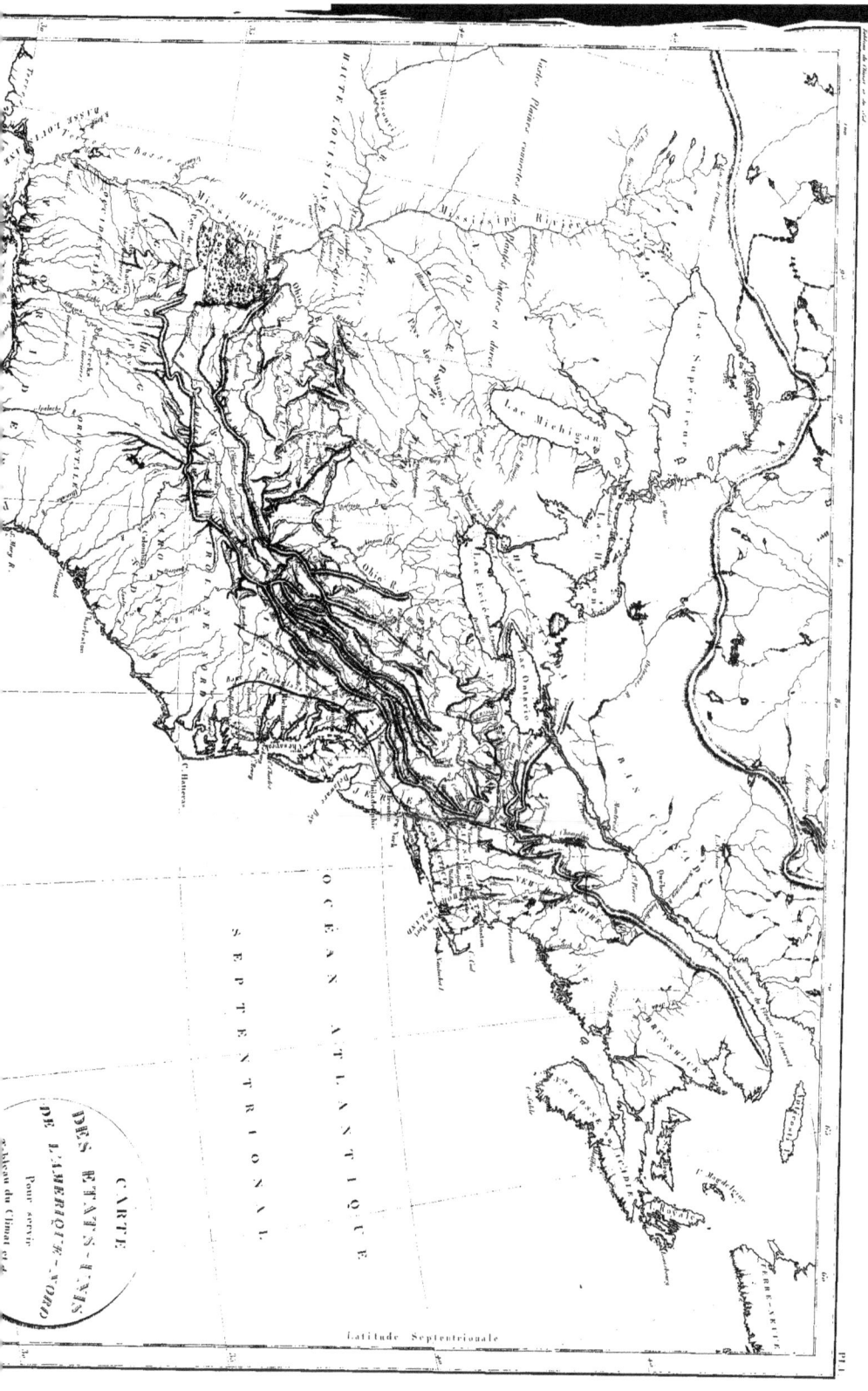

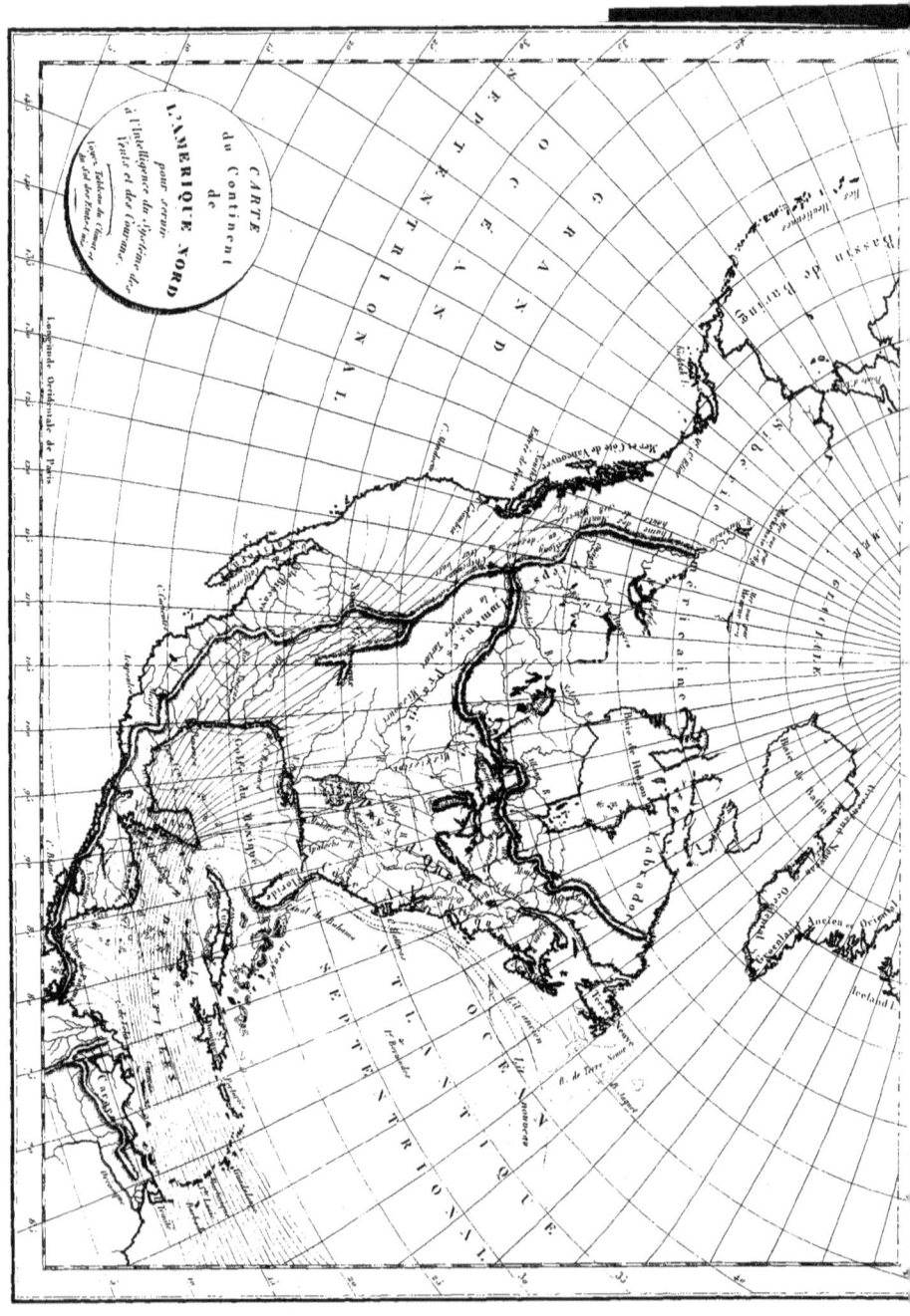